LA

CHARITÉ

A

ANGERS

LA CHARITÉ
a
ANGERS

PAR

Léon COSNIER

TOME I

Qui donne aux pauvres prête à Dieu.

ANGERS
LIBRAIRIE LACHÈSE ET DOLBEAU
4, Chaussée-Saint-Pierre, 4

PARIS
RETAUX-BRAY, ÉDITEUR
82, rue Bonaparte, 82.

1889

Monseigneur,

Votre Grandeur a bien voulu me confier le soin de réunir des Notices sur les œuvres de charité dans sa ville épiscopale. Comme vous avez été l'inspirateur de plusieurs d'entre elles et que vous êtes le protecteur de toutes, c'est à vous, Monseigneur, qu'appartient la dédicace de ce petit livre. Vous en êtes l'auteur plus que moi, puisque vous m'avez fourni le sujet; mais pour qu'il fût traité dignement, il eût fallu posséder votre art inimitable, qui se prête, avec tant de charme et d'élévation, à toutes les nuances du savoir et du sentiment. Vous eussiez fait un tableau achevé de ce qui ne sera, sous ma plume, malgré tout mon désir de répondre à votre attente, qu'une esquisse décolorée.

Daignez agréer l'hommage du profond respect et de la reconnaissance avec lesquels j'ai l'honneur d'être,

Monseigneur,

de Votre Grandeur,

le serviteur très humble et très obéissant.

L. Cosnier.

Angers, 21 mars 1880.

ÉVÊCHÉ
D'ANGERS

Paris, 22 mars 1889.

Cher Monsieur Cosnier,

J'ai lu avec un vif intérêt le premier volume de votre ouvrage, intitulé : *la Charité à Angers*, et je m'empresse de vous en témoigner toute ma satisfaction. Dans ces pages écrites avec le cœur, et dans lesquelles vous rappelez de si beaux dévouements, vous n'avez oublié qu'une chose, la part qui vous revient à vous-même. La reconnaissance de vos compatriotes suppléera à cette lacune ; et, ce qui est autrement précieux, vos œuvres demeureront inscrites dans le livre de vie. Je souhaite que votre ouvrage soit bientôt dans toutes les mains, comme une récompense pour les morts et un encouragement pour les vivants.

Agréez, cher Monsieur Cosnier, l'assurance de mes meilleurs sentiments d'estime et d'affection.

† Ch.-Émile, Év. d'Angers.

AVANT-PROPOS

La charité à Angers ! cadre bien simple, mais difficile à remplir ! Je m'étonne, le premier, d'en avoir pris l'engagement. Pourrai-je l'exécuter ? A part le poids des ans, ne serai-je pas arrêté par des obstacles imprévus, indépendants de ma volonté ? Cette tâche a été entreprise dans plusieurs villes : j'ai sous les yeux des essais tentés à Nimes, à Bordeaux ; les auteurs sont restés en route. Nulle part, que je sache, l'étude n'a été complétée. A Rome, M. Paul Lallemand ; à Paris, MM. Maxime Du Camp et d'Haussonville ont admirablement traité le sujet, mais ils n'en n'ont envisagé que des côtés choisis. Il ne pouvait en être autrement, puisqu'à Rome les établissements de bienfaisance, en majeure partie fondés par les papes, sont, en quelque sorte, infinis, et qu'à Paris, l'excellent *Manuel des œuvres et institutions religieuses et charitables*, par M. Lecour, ancien chef de division à la Préfecture de Police, ne contenant que des titres et de brèves indications, ne forme pas moins de 640 pages, grand in-18.

Notre cité est loin de posséder cette surabondance ; mais, toutes proportions gardées, on y peut soutenir la comparaison avec d'autres villes plus importantes. On ne compte, chez nous, pas moins d'une soixantaine d'œuvres, bien distinctes, dues presque toutes à l'initiative privée, sous l'inspiration du sentiment chrétien.

Sans nous arrêter à des considérations générales sur la charité, nous en abordons promptement les résultats. Ce grand sujet a été si souvent et si merveilleusement développé par les orateurs de la chaire, que ce serait une prétention aussi vaine qu'inutile de vouloir le traiter après de tels maîtres.

Comme préface de notre travail, contentons-nous d'un extrait de l'Epître de saint Paul aux Corinthiens : « Mes « frères, quand je parlerais toutes les langues des hommes, « et des anges mêmes, si je n'ai la charité, je ne suis que « comme un airain sonnant et une cymbale retentissante. « La charité est patiente ; elle est douce et bienfaisante ; « la charité n'est point envieuse ; elle n'est point précipitée « et ne s'enfle point d'orgueil ; elle ne cherche point ses « propres intérêts ; elle ne pique point et ne s'aigrit point ; « elle ne pense point le mal et ne se réjouit point de l'in- « justice ; mais elle se réjouit de la vérité ; elle supporte « tout, elle croit tout, elle espère tout, elle souffre tout. La « charité ne finira jamais, au lieu que les langues cesseront « et que la science sera abolie... »

Que dire et que faire après de telles paroles ? Garder le silence, invoquer les lumières du Saint-Esprit et prier nos guides sur la voie de la charité, saint François d'Assise, saint François-Régis, saint Vincent-de-Paul, d'aider leur humble serviteur à l'accomplissement de sa téméraire entreprise.

Dans un livre dont la lecture est aussi édifiante qu'elle est agréable, M**lle** Julie Gouraud [1] qui tient à l'Anjou par des liens intimes, développe un plan fort ingénieux : elle suppose que deux jeunes époux, appartenant à l'aristocratie anglaise, sont venus à Paris pour jouir des prémices de leur bonheur. Parmi les personnes auxquelles on les a recommandés se trouve une dame de haute **naissance** et de

---

[1] M**lle** Julie Gouraud, sœur de M. le D**r** Gouraud, l'ancien ami d'Ozanam, occupe un rang distingué dans la littérature féminine et chrétienne ; le livre auquel nous faisons allusion a pour titre : *Les Œuvres de charité à Paris*, Albanel, in-12.

grandes relations, mais qui, à la suite de pertes cruelles, a quitté la vie du monde pour se livrer au soulagement des pauvres, des petits, des malheureux de toute sorte.

La baronne de G. s'informe de la manière dont les jeunes étrangers ont rempli les premiers jours de leur arrivée. On lui répond qu'ils ont été consacrés à la visite des monuments, des musées, et le soir à un choix de concerts, de spectacles. — « C'est très bien, dit-elle, mais l'esprit profite de ces choses plus que le cœur; c'est le Paris extérieur que les étrangers recherchent exclusivement, quitte à en médire ou à le blâmer, de retour chez eux; mais, il y a le Paris intérieur, inconnu des profanes, et qui peut défier toutes les autres capitales, c'est le Paris de la charité. Nulle part au monde elle ne s'exerce avec plus d'intelligence, de dévouement et de variété. Vous êtes catholiques et, par conséquent, vous n'avez point contracté les préjugés des protestants. Si cela peut vous plaire, je vous intéresserai aux différentes œuvres dont je m'occupe, et croyez-moi, vous emporterez des idées que vous sèmerez autour de vous, comme des germes de bienfaisance inappréciables; surtout vous pourrez affirmer sans crainte que si, d'après les pessimistes, Paris présente à l'observateur l'excès du mal, il est plus que balancé par l'apogée du bien. »

Les voyageurs s'empressent d'accepter une offre aussi séduisante, et la jeune femme est conduite d'abord dans une réunion de l'*Œuvre des faubourgs*. Là un certain nombre de dames, appartenant à divers rangs de la société, même des plus élevés, s'occupent de protéger, de vêtir et de faire instruire les enfants des familles d'ouvriers, vivant loin du centre de Paris et formant comme une population à part, où l'ignorance de la religion, l'absence de toute morale et de toute consolation, au milieu d'une vie de travail et de souffrances, produisent trop souvent la haine contre les classes supérieures. C'est ce mal que l'*Œuvre des faubourgs* se propose de guérir. Des femmes courageuses et sympathiques pénètrent dans les familles, se font les protectrices des enfants et leur procurent le nécessaire. Le bienfait de l'instruction s'ajoute à celui de l'aumône, et la famille ainsi secourue se moralise et retrouve, malgré les peines et les fatigues du travail, la paix et le bonheur qu'elle croyait bannis du pauvre ménage.

La baronne continue avec une grâce charmante de satisfaire la curiosité de ses hôtes ; elle les initie successivement à la connaissance de la *Société Maternelle*, des *Crèches*, des *Asiles*, etc.

« Jusqu'ici, écrit à sa sœur lady ***, nous n'avions entendu parler que de la corruption de Paris. Vraiment les voyageurs sont injustes ou très indifférents. Pour connaître le bien il faut le chercher, tandis que le mal se présente toujours à nous, comme ce vilain chardon que vous ne pouvez souffrir dans l'allée *verte*.

« D'un coup d'œil on voit que la France est le foyer de la charité. Toutes les souffrances y sont comprises et soulagées. L'assistance privée est beaucoup mieux organisée que chez nous et à moins de frais. La misère est prise au berceau, et assistée jusqu'à la tombe. Grâce à l'obligeance de notre nouvelle amie, j'ai déjà un aperçu des héroïsmes de la charité en France... »

Le jugement que la jeune Anglaise porte sur les deux Paris, le Paris des yeux et des sens et le Paris de l'âme et de la vertu, ne peut-il pas s'appliquer, sans comparaison ambitieuse, à nos villes de province, et particulièrement à notre chère ville d'Angers? Assurément, si un touriste, présenté dans nos premiers salons, se contente d'assister à quelque fête somptueuse, ou emploie le jour à parcourir les boulevards et à visiter, d'un air indolent, nos quartiers d'élégance banale, sans prendre goût aux vestiges, trop rares, hélas! du vieil et pittoresque Angers, assurément, il ne comprendra guère le renom de la sociabilité angevine, et le charme que regrettent ceux qui ont eu l'occasion de le ressentir ; mais si, après un certain séjour, l'étranger a le bonheur d'être introduit dans une de ces familles encore nombreuses, où l'on réunit la culture de l'esprit à l'attrait d'une tendre piété, oh! alors, il se laissera facilement gagner par cette double influence, et il prendra goût aux œuvres de charité qui en sont la conséquence salutaire.

Ah ! les œuvres, les bonnes œuvres ! il y en a trop, entendons-nous souvent dire. Elles se nuisent les unes aux autres. Ce n'est pas notre avis. Bien que le chiffre en soit considérable, il n'est pas encore suffisant ; le moyen de le prouver n'est pas seulement de le dire, mais de consacrer à chacune de ces œuvres une notice qui en démontre l'avantage et qui plus est, la nécessité.

— Soit, objecte-t-on encore, chacune de ces œuvres est utile ; mais comment peut-on en soutenir soixante ? il faudrait avoir une fortune, et je ne possède qu'un bien-être fort modeste. On peut répondre d'abord que toutes n'ont pas besoin de secours ; plusieurs vivent de leurs propres ressources, telles que : l'Hospice Sainte-Marie, le Dépôt de Mendicité, le Mont-de-Piété, les Sourds-Muets, la Caisse d'Épargne, etc.

Un ami que nous avons perdu et qui possédait près de vingt mille francs de rente, nous disait un jour : Toutes ces souscriptions me ruinent, je vais les refuser toutes. — Gardez-vous en bien, lui répondis-je. Quoique vous passiez avec raison pour excellent calculateur (c'était un ancien notaire des plus honorables) je gage que vous n'avez pas fait l'addition de vos libéralités ? — Elles doivent monter à plus de mille francs, reprit-il ; je lui prouvai facilement qu'elles ne dépassaient guère trois cents francs, et, avec cette annuité, multipliée par six cents (c'est le nombre à peu près de nos concitoyens jouissant du pouvoir et de la volonté d'être généreux), vous faites vivre le quart peut-être de la population. Oui, c'est avec cent quatre-vingt mille francs environ que produisent les quêtes des œuvres, en y ajoutant le chiffre inconnu des aumônes faites directement aux pauvres, que l'on renouvelle chaque jour, l'hiver surtout, le miracle de la multiplication des pains. C'est grâce aux combinaisons ingénieuses imaginées par le génie de la charité catholique, de la charité française, que l'on est parvenu à soulager des misères de tout genre, sans emprunter à l'Angleterre la *taxe des pauvres*. Cet impôt égoïste, qui produit des sommes énormes, est sans mérite devant Dieu et devant les hommes, parce qu'il ne vient pas de l'effusion du cœur, et qu'il n'est point distribué par la main compatissante des vrais amis de l'humanité souffrante.

Il va sans dire que ce raisonnement auquel il n'avait pas songé, réussit sans peine à convaincre mon ami, et l'excellent homme resta, jusqu'à sa mort, l'un des fidèles souscripteurs de toutes les bonnes œuvres angevines.

Un autre motif d'en retracer l'histoire, c'est de rappeler les noms des fondateurs et des fondatrices ; le temps passe comme une flèche, et les générations qui se succèdent, ont trop de soucis à notre époque confuse, pour remonter à celles qui les ont précédées. Il faut donc, pour se dévouer à cette pieuse tâche, que de vieux amis des anciens jours, doués d'un peu de mémoire et de quelque loisir, se plaisent à reproduire l'image de ces bienfaiteurs dont le souvenir, le nom même, se perdraient trop souvent dans l'abîme de l'oubli, s'ils n'étaient recueillis par leurs admirateurs contemporains.

Quoi de plus utile en effet, que de mettre sous les yeux de la jeunesse, qui commence bravement les combats de la vie, l'exemple de ces âmes d'élite qui, après avoir semé le bon grain autour d'elles sur la terre, en recueillent maintenant la moisson au ciel ? Remontons seulement à quarante ans, et ne disons qu'un mot de personnes dont le passage ici bas n'était marqué que par des bienfaits, source de tant de bénédictions. On ne peut pas comprendre dans ce choix les prêtres et les religieuses ; la liste en ferait plus d'un volume, depuis l'abbé Gruget, curé de la Trinité, jusqu'à l'abbé Pineau, curé de Saint-Joseph ; depuis la sœur Jeanne, de l'Hôpital Saint-Jean, jusqu'à la sœur Joséphine, supérieure de la communauté de Saint-François ; je ne peux m'arrêter, en ce moment, qu'à sept ou huit personnes du monde dont les qualités éminentes ont laissé comme un parfum de vertu dans les cœurs de tous ceux qui ont eu le bonheur de les connaître.

Mme *Fillon*, vêtue en pauvre sœur quêteuse, et dont la pureté de traits et l'aimable enjouement rappelaient la grâce des femmes de l'Évangile ; Mme Fillon qui passait le matin dans les mansardes des indigents, et l'après-midi dans les salons des favorisés de la fortune, où elle tendait la main pour ses chers et innombrables protégés ; Mlle *Boguais*, la fondatrice des *Enfants de Marie*, si aimée de sa congrégation et si admirée du public, quand, à la procession du Vœu de Louis XIII, elle s'avançait avec la majesté d'une reine, en portant la bannière de la Reine des cieux ; Mme *de Villoutreys* dont l'abord bienveillant charmait avant même qu'elle parlât, si simple et si distinguée à la fois, consacrant aux pauvres la moitié de ses revenus, avec un esprit de charité qui allait jusqu'à se donner elle-même ; grande zélatrice des missions étrangères, elle savait sous le regard de Dieu seul, atteindre, à l'horizon, les misères les plus lointaines, ainsi que, dans son voisinage, les pauvres honteux les plus ignorés.

N'oublions pas non plus Mesdames de Neuville, de la Roche, de Couespel, d'Andigné, de Villebois, Joûbert-Bonnaire, Brouard, de Villemorge, Desmazières, Chevré, Guibert, Leclerc-Guillory, Vergne, de Quatrebarbes, de Las Cases, du Reau, de la Villebiot, de la Grandière, Le Motheux, etc. ;

Mesdemoiselles Bordillon, Barbot, de Montergon, Prou, Bellanger, Lemasson, Grosbois, Zoé Ollivier, Letondal, etc.

Et après ces personnes charitables dont la mémoire mérite de passer à la postérité, citons avec leurs noms ceux de nos dévoués serviteurs des pauvres, membres souffrants de N. S. Jésus-Christ.

Victor Pavie et Jean-Baptiste Renier, l'âme et le bras de notre société de Saint-Vincent-de-Paul, qui après avoir consacré fraternellement aux pauvres quarante-cinq ans de leur vie, viennent de se présenter ensemble devant le souverain Juge, les mains pleines de bonnes œuvres. Président et vice-président de nos conférences, ils s'entendaient à merveille pour les diriger, et cependant leurs natures étaient disparates ; l'un procédait par la synthèse et l'idéal, selon l'ingénieuse remarque de son successeur, et l'autre par l'analyse et la réalité. Tous deux partant de points opposés, ne tardaient pas à s'entendre, réunis par le double entraînement de l'affection et de l'esprit de sacrifice.

Qui n'envierait leur sort et ne serait heureux de les imiter?

Initié aux pratiques de la charité par Mme Swetchine, la sœur Rosalie et le Vte de Melun, M. de Falloux s'honorait d'avoir pris part à la conférence Ozanam, dès les premiers temps, et dans les derniers jours de sa vie, se plaisait encore à visiter les pauvres. Non content de distribuer des aumônes avec une abondance dont la bonne grâce doublait le prix, il passait des heures au chevet des malades indigents, pour s'édifier, disait-il, de leur courage et de leur résignation. L'incognito était soigneusement gardé ; cependant les intéressés finissaient par le découvrir. C'est ainsi qu'un pauvre menuisier paralytique, dans la rue Rangeard, à qui M. de Falloux, indisposé, ne pouvait porter les secours habituels, dévoila le mystère par l'indiscrétion du suppléant. — *Ah ! j'avais bien deviné*, s'écria le grabataire, *que ce bon monsieur était de la haute !*

C'est en tête que doit être placé M. de Quatrebarbes. Parmi nos contemporains, ce fut lui qui approcha le plus de la perfection. Toute sa fortune fut employée de la manière la plus louable et la plus intelligente, au soulagement des malheureux, au progrès de l'agriculture, à l'embellissement de sa ville natale, à la défense de toutes les causes de la religion et de la patrie ; M. de Quatrebarbes qui se peignait lui-même dans sa réponse à sa noble femme, lui disant un jour en plaisantant : — Mais, mon cher, si vous ne m'aviez pas, vous finiriez par n'avoir d'autre asile que l'hôpital. — Je n'y serais point à plaindre, reprit le plus généreux des hommes, puisque j'y serais en compagnie des Sœurs et des pauvres, mes grands amis, et puis, vous viendriez bien m'y voir quelquefois, ajoutait-il avec ce sourire irrésistible auquel on était heureux de céder, car il avait toujours raison [1].

A propos de générosité, qu'il nous soit permis d'émettre une réflexion que nous suggère l'exemple de ces apôtres de la charité. Ce n'est pas assez de donner, il faut comme eux donner d'un air affable. Quand on a souvent rempli la pénible mission de quêteur pour des œuvres sérieuses, il est difficile de se défendre de certains froissements ; on a beau se désintéresser dans ces visites, se dire que le but est la gloire de Dieu et l'amour du prochain, on n'est pas moins atteint par les réponses peu bienveillantes. Ces refus, rares

---

Le nom de M. de Quatrebarbes nous fait toujours penser que dans la nouvelle nomenclature des rues et places de la Ville, on a omis l'éminent historien du roi René, le donateur à sa ville natale de l'un des chefs-d'œuvre de David.

C'est ici le lieu de rappeler qu'un autre nom a été oublié aussi par nos diverses administrations, celui du maire héroïque qui, au mois de juin 1793, sacrifia sa vie pour ses concitoyens. Quand rendra-t-on à ces nobles mémoires l'hommage auquel elles ont si bien droit ? le jour sans doute où l'on effacera sur nos murs, le nom de Choudieu ; Choudieu que La Revellière-Lépaux peu suspect de rigueur à juger les républicains, qualifie, dans ses *Mémoires*, d'un terme plus que sévère.

du reste, ont deux torts : ils ne satisfont point ceux à qui on les adresse, et ne causent guère plus de plaisir à ceux qui les prononcent. Soyons donc toujours reconnaissants envers les personnes qui se donnent la peine de venir implorer notre sympathie pour les malheureux ; c'est une preuve d'estime qu'elles vous témoignent, et ce n'est pas juste de méconnaître ce sentiment. Donnons peu, si nos moyens sont bornés, mais donnons toujours avec un encouragement qui accroit notre offrande. Un sourire, une parole aimable, valent presque autant qu'une grosse pièce. Ces défaites, telles que : il y a trop d'œuvres ; je ne puis donner à toutes ; j'ai mes pauvres ; je me réserve pour ceux de la campagne ; j'exerce la charité par moi-même etc., ne sont que des formules égoïstes qui ne satisfont point et que l'on regrettera amèrement plus tard.

Ces observations ne s'adressent qu'à un petit nombre de chefs de maison. La douceur des mœurs angevines, si justement renommée, se fait toujours remarquer dans l'accueil bienveillant que reçoivent les avocats des pauvres. Entre les portes hospitalières — ne pouvant citer celles du jour — qui s'ouvraient devant eux avec le plus d'empressement, nous aimons à rappeler celles de MM. de Neuville, d'Andigné de Mayneuf, de Sapinaud, de Buzelet, de Villoutreys, Retailliau, Louis Pavie, des docteurs Garnier et Guillon, Méry de Contades, Gougis, Grangeard, Similien père et fils, Bougler, Cesbron-Lamotte, F. Hébert, C. Myionnet, Lardin, Bourcier, Th. Le Bault, Des Varannes, Aug. Giraud, Chollet, F. Parage, Guinoyseau, Dély, Achille Joûbert, de la Villeboisnet, Loriol de Barny, Courtigné, Aimé d'Andigné, Jallot, Joseph de Mieulle, Lelong, de Maillé, de Boissard. etc. Ces messieurs, presque tous, ne se contentaient pas de recevoir gracieusement les dames avec la courtoisie du bon vieux temps, ils leur offraient le bras pour les conduire jusqu'à la porte extérieure ; et quant aux hommes, après avoir lu sur leur visage l'objet de leur supplique, ils les prévenaient libéralement, les remerciant de leur peine et de l'honneur qu'ils leur faisaient en les choisissant comme associés de leur charitable mission.

Enfin pour clore cette liste incomplète de grands cœurs, saluons l'image de notre éloquent ami qui vient de succomber sur la brèche, après avoir soutenu de glorieux combats pour l'Église et pour les nobles traditions de la France. En se vouant surtout à la défense des travailleurs manuels, Hervé-Bazin avait bien compris que ce sont les premiers des indigents, isolés, sans espoir, tant que le rétablissement des corporations, réformées, n'aura pas rendu possibles les associations entre patrons et ouvriers. Ce défenseur de la bonne cause, si regretté, ne semblait-il pas prévoir sa perte prématurée, en même temps que le triomphe de ses espérances, quand il adressa ses dernières paroles aux jeunes gens dont il aimait à s'entourer :
« Avant le vingtième siècle, vous verrez vos efforts couron-
« nés de succès ; la paix rendue à l'Eglise, l'ordre et l'hon-
« neur à notre pays. Nous ne serons plus là sans doute,
« mais dans la tombe nos ossements tressailliront d'allé-
« gresse... »

Lui seul avait le pressentiment d'un prochain appel de Dieu, tandis que nous nous plaisions à prévoir, d'après l'honneur du passé, le souriant avenir qui l'attendait sur terre.

Parmi les difficultés de ce travail, il en est une que le meilleur vouloir ne peut éviter, c'est la certitude d'omissions ; comment y obvier ? Est-il possible, dans un si grand nombre de faits et de noms propres, de ne pas commettre quelque oubli, soit par défaut de mémoire, soit par manque de renseignements ? Oh ! je n'en serai pas surpris : aussitôt que le pauvre livre sera mis en circulation, aussitôt que l'on aura la bonté de l'ouvrir, les plaintes ne tarderont pas à pleuvoir. Pourquoi, dira-t-on, avoir négligé ces détails, plus importants que ceux que vous avez signalés? Pourquoi n'avez-vous pas fait mention de M. X ou de Mme Z, non moins méritants que M. A et que Mme B, dont vous avez raconté les hauts faits ou célébré les vertus? Je prie d'avance ces bienveillants interprètes de réclamations fondées que, loin de leur montrer de l'humeur, je les accueillerai avec plaisir; ils me rendront le service d'améliorer mon travail, en le complétant; de plus ils me confirmeront dans la douce certitude que nul pays n'est plus riche que le nôtre en gens de bien et en belles actions.

Quelle satisfaction pour nous, de penser que toutes ou presque toutes les œuvres de bienfaisance ont pour origine une inspiration pieuse, cet amour du prochain, de nos frères en Dieu, tant recommandé par l'Évangile. En dehors de ces croyances fécondes, qu'entendons-nous ? De vaines promesses, des paroles sonores, non suivies d'effet, ou aboutissant à des résultats misérables. Il y a quelque temps, le principal organe de la franc-maçonnerie, *La Chaîne d'union*, faisait à ce propos un humiliant aveu : « Nous sommes les maîtres du pouvoir en France, disait-elle, nous disposons de tout : autorité, finances, armée, administration, et qu'avons-nous produit avec nos ressources personnelles ? Un orphelinat fondé il y a vingt ans dans la banlieue de Paris, et qui végète, faute d'accord et de dévouement. Ah ! si les cléricaux s'avisaient de le visiter, ils auraient pitié de notre impuissance, eux qui font tant de choses sans avoir d'autres moyens que le produit de leurs sacrifices! » Cependant, ne nous enorgueillissons pas du résultat auquel sont arrivées nos œuvres; sans doute elles se soutiennent; aucune d'elles n'est en danger de périr, mais à la condition d'être assistées avec énergie. La persévérance est le propre des inspirations chrétiennes; ne manquons pas à cette vertu essentielle ; songeons qu'ouvriers de la bonne cause, sans réserves, sans revenus assurés, nous vivons au jour le jour. Ne nous ralentissons pas ; tâchons au contraire, de faire chaque lendemain mieux que la veille. A notre mort, la récompense sera si magnifique, hors de toute proportion avec nos efforts !

« Mon Dieu, redisait souvent sainte Thérèse, la patronne des âmes généreuses et reconnaissantes, mon Dieu, tant recevoir et si peu rendre ! » A cette pensée, elle eût voulu se mettre en pièces pour la gloire de Dieu, et ne concevait pas qu'on pût vivre dans ce monde d'une autre vie que de la vie du ciel, qui est un cantique éternel d'actions de grâces. Tâchons donc de nous approcher des sentiments de cette grande sainte, et comprenons que le meilleur moyen de remercier Dieu de ses bienfaits, est d'en répandre autour de nous, autant que notre condition le permet; car la fortune ne nous appartient point, nous n'en sommes que les dépositaires et les économes. Ce n'est pas le bon vouloir qui nous manque, nous dira-t-on peut-être, mais comment voulez-vous que nous prenions part aux bonnes œuvres autrement que par nos offrandes ? Elles relèvent presque toutes de la compétence des femmes ; en fait d'élan du cœur, de sacrifices et d'ingénieuses organisations, nous n'avons rien à leur apprendre. — Votre réponse est spécieuse, répliquerons-nous ; au fond elle n'est pas juste. S'il est vrai que les femmes nous soient supérieures dans le grand art de la charité pratique, comme en une foule d'autres choses, il nous reste encore bien du terrain à cultiver dans ce champ sans limites. Pour ne parler ici que d'un seul sujet, quelle magnifique porte d'entrée, dans ce domaine béni, nous ouvre la Société de Saint-Vincent-de-Paul, cette œuvre d'origine et de nature toutes françaises qui, par sa constitution merveilleuse, convient à tous les âges et à toutes les conditions !

Fondée en 1836, elle est aujourd'hui disséminée sur le globe entier. Lors du dernier recensement, la recette générale fut évaluée pour 1884, à 9,351,928 francs. La France y figurait pour 2.655,054 francs ; la pauvre Irlande, pour 419,900 francs. Entre les divers diocèses de France, la contribution du nôtre, au seizième rang, était de 33,000 francs.

« Quand, à la fin de son rapport sur notre conférence,
« en 1886, dit un de nos vétérans, contemporain des sept
« fondateurs, on a vieilli dans la société de Saint-Vincent-
« de-Paul, sous l'égide de laquelle on avait abrité sa jeu-
« nesse ; quand sortie de son obscurité, après ses modestes
« débuts, on considère cet épanouissement merveilleux qui
« nous éblouit aujourd'hui, et qu'associé à ces humbles fils
« de saint Vincent, on voit le Père commun des fidèles
« dans son encyclique *Humanum genus*, nous recommander
« au monde catholique, on tombe à genoux d'admi-
« ration et l'on s'écrie : Que vos œuvres sont belles, ô mon
« Dieu ! »

Entre autres vertus, la société de Saint-Vincent-de-Paul est, pour les jeunes gens, un puissant préservatif contre les dangers qui, au sortir des études classiques, entourent leur entrée dans le monde. Elle est réglementée avec tant de sagesse et de connaissance des choses, que l'on en concilie les prescriptions avec les occupations nécessaires ; ainsi il est expressément recommandé d'observer scrupuleusement, avant les pratiques de dévotion, les devoirs d'état et les obligations envers la famille.

Notre livre, si imparfait qu'il soit, pourra servir aux jeunes gens qui, possédant de l'aisance et des loisirs, voudront, en rayonnant autour de la Conférence, étendre le cercle de leurs fonctions charitables. Tout en étant un simple aperçu, ce sera une sorte de cours sans prétention des œuvres catholiques qui caractérisent notre civilisation actuelle. S'il se répand au loin, il pourra donner l'idée d'en publier d'analogues. Supposons, ce qui est peut-être trop ambitieux, que chaque diocèse publiât un livre à l'imitation du nôtre, il deviendrait possible de dresser un inventaire à peu près exact des institutions charitables de France, genre de supériorité où elle ne connaît point de rivaux. Ce serait une démonstration éclatante de la propagande française en faveur des faibles et des malheureux de toute sorte ; ce serait le gage assuré d'un avenir réparateur.

Il est entendu que notre plan se renferme dans les œuvres de charité, c'est-à-dire de secours matériels en même temps que moraux, aux classes nécessiteuses de la société. Nous ne nous adressons ni aux œuvres de piété comme l'association des Mères de famille, l'Adoration nocturne, l'Œuvre dominicale, le Tiers-Ordre de Saint-François, etc., ni aux établissements monastiques, bien qu'ils soient aussi dans leur genre, des modèles de charité chrétienne : mais ces divers sujets nous entraînant trop loin, dépasseraient nos forces et doivent faire l'objet d'études spéciales.

Quel beau livre en effet, on pourrait composer sur les communautés d'hommes et de femmes, qui entourent notre ville comme une couronne de salutaire protection ! Sans compter celles dont nous parlerons comme rentrant dans notre cadre, il suffit de citer : la Retraite, le Collège Mongazon et son annexe Saint-Urbain, les Ursulines, les Carmélites, le Calvaire, Belle-Fontaine, les Augustines, Saint-Martin-la-Forêt, Saint-Charles, les Dames de Saint-Gildas, la Visitation, les Sœurs de Torfou, etc.

Par une limpide matinée de juin 1871, un de nos amis avait conduit un ministre anglais sur la plate-forme de Saint-Maurice, au pied des flèches, pour lui faire connaître les environs. Après avoir admiré le magnifique panorama, le docte étranger s'informa de la destination des vastes bâtiments qui entourent la ville ; comme pour en désigner la plupart, notre ami se servait de leurs titres de communautés : — Oh ! mais, interrompit le *clergyman*, votre cité est donc une capucinière ? — Juste, grâce à Dieu, et nous en sommes fiers, lui répondit en souriant son aimable *cicerone* ; c'est surtout aux prières de tous ces religieux et religieuses, que notre chère cité a dû sa préservation de l'invasion prussienne.

Nous n'avons point non plus à parler de ces établissements d'instruction catholique, tels que la Pension Saint-Julien et l'Externat Saint-Maurille, dont la situation heureusement prospère et l'influence bienfaisante rendent aux familles chrétiennes des services inappréciables. De même ne rentre point dans notre sujet l'Université, cette création capitale, salutaire à tous égards sans restriction, à laquelle notre illustre évêque a consacré, j'allais dire, a sacrifié sa vie entière : l'Université, si précieuse, quant au présent, et qui sera pour Angers, au retour de l'ordre, comme elle a été dans le passé, la plus féconde des fortunes et la plus pure des gloires.

Combien il est regrettable que tous nos compatriotes, favorisés par l'opulence, n'aient pas compris la grandeur de cette œuvre maîtresse entre toutes! Comment par exemple, M. le marquis de Préaulx n'a-t-il pas eu la noble ambition d'attacher sa mémoire à ce modèle d'institution, en lui léguant la dîme de son héritage princier ? Son nom est déjà tombé dans l'oubli, tandis qu'une heureuse libéralité l'eût rendu immortel.

Qu'on nous permette de terminer cette trop longue préface en répondant à deux reproches probables, et d'apparence un peu contradictoires. Les uns se plaindront, avec juste motif, de l'insuffisance et, peut-être, de l'inexactitude de certaines parties de notre travail. Nous les prierons de nous indiquer les passages à rectifier, et nous profiterons de leur obligeance pour améliorer une seconde édition, s'il y a lieu. Les autres se récrieront sur divers détails, en les trouvant trop minutieux. Nous ne pourrons mieux nous défendre de cette observation également juste, qu'en citant les paroles de feu M. le duc de Broglie, pour excuser **les digressions d'un rapport à l'Académie sur les prix de vertu :** « *L'histoire de la bienfaisance est une petite Sœur des* *pauvres. Elle doit se servir de tout et ne rien laisser traîner.* »

Je termine par où j'aurais dû commencer, c'est-à-dire par acquitter la dette de ma reconnaissance envers les personnes qui ont bien voulu m'assister de leurs conseils et me confier des documents. Je serais bien ingrat de ne pas remplir ce doux devoir, car je n'ai trouvé que bienveillant concours et précieux encouragements. Loin d'avoir la science infuse, je n'aurais pu achever mon recueil d'études si l'on ne m'eût pas apporté des articles tout faits sur des questions spéciales. Ainsi parmi les vingt-cinq notices qui composent ce premier volume, six sont entièrement de la main de complaisants collaborateurs, deux ecclésiastiques, deux demoiselles et deux anciens magistrats. Les auteurs ayant exigé l'anonyme, je ne puis les désigner autrement. Ce sera un plaisir pour les esprits lettrés de tâcher de les découvrir. Avec un peu d'habitude, on distingue facilement le style féminin du style clérical ; ce sera plus difficile pour les notices des anciens représentants de la loi, dont le talent d'écrivain est moins caractérisé. En somme, pour les uns et pour les autres, bien fin qui pourra mettre un nom au bas de ces excellents chapitres, qui rehaussent mon petit ouvrage et que je puis d'autant mieux louer qu'ils ne m'appartiennent pas.

Pour les autres parties du volume, je me suis servi de notes et même de fragments d'articles que l'on me communiquait. Ce n'était pas la disette de documents qui m'arrêtait, c'était au contraire l'abondance de matériaux qui m'embarrassait. Comment faire le triage de richesses suffisantes pour une encyclopédie, lorsque je n'avais qu'un nombre restreint de pages à ma disposition ? Le lecteur jugera si j'ai eu la main heureuse, où si je n'ai pas su choisir. Sans fausse modestie, je pencherais volontiers vers cette crainte, si je n'avais été soutenu par une idée très naturelle, et cependant de peu de mise aujourd'hui, bien qu'elle soit la cause essentielle du bonheur, autant qu'on peut en jouir ici-bas.

Cette idée, ou plutôt cette fortune, c'est d'avoir trouvé un sujet de livre, qui ne permet que de dire du bien de tout le monde, sauf de très légères exceptions. A une époque où l'on n'entend parler que de crimes et de félonies, où l'on se pique de tout blâmer, où d'honnêtes esprits, mais pas des meilleurs, étouffant les velléités d'enthousiasme, s'abaissent à de continuels dénigrements, ne dois-je pas rendre mille fois grâce à Dieu, de n'avoir à m'occuper, pour me distraire des tristesses du temps, que de belles actions, de nobles sentiments, de modèles de générosité, de patriotisme et de piété, enfin de toutes les vertus florissant sur notre sol natal?

Ce n'est pas le premier éloge de notre ville sous le rapport de la bienfaisance chrétienne. Ce n'est pas non plus un mouvement soudain à signaler, c'est une tradition. En 1846, M. Pavie père, secrétaire de la Société maternelle, terminait par cette délicate pensée, le compte-rendu de la gestion annuelle :

..... « Placée dans une autre contrée, au milieu de ce peuple ingénieux à poétiser tout ce qui l'environne, et qui appelle Rome *la Sainte*, Gênes *la Superbe;* notre cité recevant à son tour sa glorification, se nommerait Angers *la Charitable* !... »

Ah! je l'avoue, c'est la joie au cœur que, depuis des années, j'ai poursuivi le dessein de ce recueil, et tâché de le réaliser, avec admiration sans doute, mais sans cesser d'être vrai. J'espère donc que l'on voudra bien, pardonnant à notre insuffisance, rendre justice à notre sincérité. Trop heureux si mes jeunes compatriotes, en vue desquels, surtout, j'ai réuni ces souvenirs, éprouvent à leur lecture — en auront-ils le temps? — une petite part du plaisir que j'ai ressenti à les évoquer!

LA SOCIÉTÉ MATERNELLE

C'était dans l'année *terrible*, un soir de la fin de novembre. Les cloches venaient de sonner l'*Angelus*; le silence régnait dans la ville. Mme X..., sortie de table, relisait pour la dixième fois, au coin du feu, une lettre reçue le matin, tout en veillant sur ses deux enfants qui, assis près d'elle, répétaient leurs leçons.

Cette lettre, datée d'Orléans, était écrite par une main bien chère, celle de son mari. Un mois auparavant, M. X..., en revenant de son cercle, avait dit simplement à sa femme : « Les nouvelles de la guerre sont très graves ; je ne puis plus rester dans l'inaction. Je viens te demander la permission de partir pour l'armée. » Sa jeune femme s'était jetée tout en larmes dans ses bras en disant : « Que Dieu nous protège ! C'est lui qui t'a inspiré. Pendant ton absence, je tâcherai de n'être pas indigne de ton brave cœur ! » Et il partit, engagé volontaire dans les Mobiles de Maine-et-Loire.

La lettre du matin engageait sa femme à ne pas concevoir d'inquiétudes : il ne souffrait pas trop des rigueurs de l'hiver. Les Angevins avaient pleine confiance dans leur commandant, M. de Place, et le général Chanzy, par ses habiles manœuvres, rendait l'espoir à toute l'armée.

Mme X... repliait sa lettre, en étouffant un soupir

pour ne pas affliger ses enfants, lorsque retentit un coup de sonnette, et peu après la fidèle Jeanne, une de ces servantes qui meurent dans la maison où elles sont entrées jeunes filles, dit en ouvrant la porte du salon : — Madame ! c'est Pierre, le maçon, qui vient prévenir que sa femme est malade. — Eh bien ! qu'il entre. — Il n'ose pas, car il est couvert de neige. Mme X.... allant au-devant de lui, apprit qu'un quatrième enfant venait, plus tôt qu'on ne pensait, accroître la pauvre famille : elle dit au père : — Vous allez passer chez Mme Lemesle, et vous prendrez le berceau en lui disant que je vais vous suivre pour me charger de la layette. — Mais, Madame, vous ne pouvez sortir, la neige tombe à plein temps, je prendrai bien le paquet avec le berceau, reprit l'honnête maçon. — Ceci me regarde, lui répondit-elle : ce sont des affaires de femme ; les hommes n'y entendent rien.

Quelques minutes à peine écoulées, Mme X..., après avoir résisté aux supplications de Jeanne, pour remplacer sa maîtresse ou du moins l'accompagner, s'acheminait vers le logis de sa cliente. La neige tombait sans bruit, à flocons épais ; une bise glaciale la fouettait au visage des rares passants qu'un devoir impérieux contraignait à sortir. Mme X..., enveloppée de la tête aux pieds, rasait les murs pour s'abriter contre les rafales. A la traversée du boulevard, elle faillit perdre son chemin, aveuglée par les blancs tourbillons que soulevait la tempête. Enfin elle réussit à s'engager dans le faubourg Bressigny et parvint à l'entrée d'une longue allée sombre. Après avoir gravi les degrés d'un escalier vermoulu, jusqu'au troisième étage, une porte s'ouvrit laissant voir la malade sur un humble grabat très propre — la propreté est le luxe du pauvre — : à côté, le petit enfant reposait déjà dans son berceau.

Deux tisons s'éteignaient au fond du foyer. Mᵐᵉ X... pria Pierre d'aller acheter un fagot. Une flamme joyeuse pétilla bientôt dans l'âtre. La prévoyante visiteuse, à défaut de bouillon, fit chauffer devant le feu de vieux vin de Bordeaux dans lequel fut plongé un bloc de sucre. En même temps on procédait à la toilette du nouveau-né, et quand elle fut terminée, le père alla chercher les autres enfants, recueillis par une voisine. On s'imagine sans peine leur émerveillement à la vue de ce petit frère et de la dame inconnue qui, pensaient-ils, l'avait apporté.

Le vin chaud était à point. On apporta deux tasses, — il y a rarement des verres chez les pauvres —, et la dame en présenta une toute fumante à la malade. — Pas à moi, s'il vous plaît, dit-elle avec l'admirable abnégation des femmes chrétiennes. à Pierre d'abord et aux enfants.

Après une distribution de gâteaux, Mᵐᵉ X..., assurée de laisser toutes choses en bon état, se disposait à sortir, lorsque la malade dit : — A genoux, mes enfants. faites une prière pour la bonne dame et pour sa famille. Les enfants s'agenouillèrent devant une Sainte-Vierge. en plâtre, gagnée à une loterie de la foire Saint-Laud. attachée à la muraille entre un rameau de romarin et un petit bénitier en faïence bleue. L'aînée du groupe, une gentille fillette de dix ans, récita avec candeur la *Salutation angélique*. Mᵐᵉ X... l'embrassa une dernière fois, et laissa l'humble famille dans un sentiment de reconnaissance qui n'eût pas été plus vif après une apparition de la Reine des cieux.

Mᵐᵉ X..., rentrée chez elle sous la garde de Pierre, le maçon, dont elle ne put refuser l'escorte, trouva ses enfants qui l'attendaient avec anxiété. Elle leur raconta sa visite à la pauvre famille non sans effusion de douces larmes de part et d'autre, et tous trois, en la compagnie des deux servantes, selon l'ancien usage des pieuses familles, récitèrent en commun la prière du soir. Puis on se livra à un sommeil réparateur qui fut sans doute bercé par des songes angéliques, car la noble femme, en se dévouant pour les pauvres, s'était montrée, ainsi qu'elle l'avait promis; digne du sacrifice de son mari.

La création de la Société de charité maternelle remonte au règne de Louis XVI. Une sainte femme, Mme du Fougeret, en eut l'initiative. La princesse de Lamballe en fit l'éloge à la reine Marie-Antoinette qui accueillit avec un tendre empressement l'idée de cette institution. Fondée en 1788, à la veille de la Révolution, elle fut emportée par la tempête, ainsi que toutes les œuvres de bienfaisance, pour ne reparaître qu'au retour de la tranquillité. A peine avait-on passé du Directoire au Consulat que la *Société maternelle* sortit des ruines, comme la religion, mère de la charité.

Mme du Fougeret n'eut pas besoin d'adresser un appel à une autre grande chrétienne, la marquise de Pastoret[1]. Cette institution n'était qu'un moyen de régulariser et d'étendre les élans de sa générosité. Elle y entra, pour ainsi dire, comme une seconde fondatrice. Mme du Fougeret reconnut dans Mme de Pastoret une auxiliaire selon les besoins de cette époque, et ils étaient immenses. En même temps qu'elle reprenait la présidence du conseil de cette œuvre, elle désigna sa nouvelle amie comme secrétaire.

L'œuvre à laquelle Mme de Pastoret avait consacré le

---

[1] M. de Falloux : *Études et Souvenirs.*

premier usage de ses forces, rendues à leur libre arbitre, porte en tête de son règlement :

Article premier

La Société de charité maternelle a pour objet d'assister les pauvres femmes en couches, de les encourager à nourrir elles-mêmes leurs enfants et d'empêcher ainsi l'exposition d'enfants légitimes aux Enfants-Trouvés.

La Société de charité maternelle a été formée par des femmes, parce que ce sont elles que la Providence a plus particulièrement appelées au secours de l'enfance et des mères indigentes.

La Société étend son secours aux enfants nés de parents appartenant aux divers cultes.

Art. 18

La quotité de la part affectée à chaque enfant adoptif est réglée d'après la recette de l'année écoulée. L'expérience a démontré qu'un secours trop faible ne remplit pas le but de la Société, de même qu'une part trop forte, qui bornerait à un petit nombre de familles les bienfaits de l'institution, serait contraire à l'esprit de justice et de charité qui la soutient et la conserve.

Art. 30

Le caractère distinctif de la Société ressort principalement des rapports qu'elle établit entre les mères de famille pauvres et les dames charitables qui veillent à leurs besoins, les consolent et cherchent à les rendre meilleures par leurs avis répétés. Pour remplir ce but, il est nécessaire qu'aucune dame ne puisse en aucun cas se faire remplacer dans ses fonctions, si ce n'est par une des dames du comité qui signera ses rapports, ou par les Sœurs de charité de son arrondissement...

Ces dernières clauses, conditions indispensables de

la charité qui ne doit point se faire par procuration, n'étaient pas de celles dont Mme de Pastoret dut songer à s'affranchir. C'est au contraire en accomplissant ses devoirs en ce genre qu'elle en comprit mieux la portée et qu'elle en vit grandir l'horizon. Le coin de terre qu'habite le pauvre est un pays plein de mystères et de beautés, qu'il ne faut pas seulement connaître par la géographie, et dont on ne pénètre les profondeurs qu'en l'explorant et à pied.

Mme de Pastoret travailla sans relâche au développement de l'œuvre de la *charité maternelle*. Mme du Fougeret, Mme Grivel et quelques autres de leurs compagnes avaient essayé d'y intéresser Mme Bonaparte. Joséphine leur témoigna une vive mais stérile bienveillance. Le moment n'était pas encore venu pour le pouvoir de patronner officiellement une création de Marie-Antoinette. Cependant l'Empereur se souvint plus tard de ces premières tentatives. En 1810, il voulut que l'impératrice Marie-Louise prit le titre de présidente. Un décret de 1811 mit une somme considérable à la disposition de la trésorière. Mme de Pastoret fut nommée vice-présidente. Le cardinal Fesch, Cambacérès, reçurent des titres pompeux dans l'œuvre et prirent part à plusieurs de ses séances. Un jour même Napoléon fit venir ces dames à Saint-Cloud et voulut leur imposer un uniforme. Quelques objections firent ajourner cette idée emportée dans le tourbillon des derniers jours de l'Empire. Cependant, même à ces heures suprêmes, Napoléon conserva le souvenir de ses courtes relations avec Mme de Pastoret, tant était ineffaçable le charme de sa grâce et de ses vertus.

Dès les premiers jours de la Restauration, Mme la Dauphine s'empressa d'accepter la présidence de l'œuvre de sa sainte mère et confirma le titre de vice-présidente à Mme de Pastoret. Le procès-verbal du 9 janvier 1815 constate le versement de cinq mille francs, pour contribution des quatre premiers mois de l'année, entre les mains de M. Grivel, trésorier, de la part de la duchesse d'Angoulême.

Nous avons relevé également dans le registre des délibérations de notre Société maternelle plusieurs sommes importantes adressées par la reine Amélie et accompagnées de lettres exprimant une cordiale sympathie.

L'impératrice Eugénie s'empressa de suivre ces nobles exemples avec une constance dont toutes les opinions honnêtes doivent conserver un souvenir reconnaissant.

On sait avec quelle élévation d'intelligence et quelle générosité de sentiments la maréchale de Mac-Mahon, dans sa sphère de femme chrétienne, seconda le patriotique dévouement de son mari. Nous aimons à croire que Mmes Grévy et Carnot, revenues de l'éblouissement de leur fortune inattendue, ont tenu à honneur d'imiter ces augustes modèles, mais nous regrettons de ne pouvoir en offrir de preuves positives.

Au cours de 1837, divers pourparlers, provoqués par Mme Gauja, avaient eu lieu, dans le but de faire jouir notre ville des bienfaits de la Société maternelle. Des dames zélées se partageant les diverses paroisses, pour y organiser des quêtes, obtinrent de suite le concours moral et pécuniaire de tous les rangs de la société angevine et l'appui des autorités religieuse, administrative et municipale.

La première réunion des quêteuses se tint, le 1er décembre de la même année, dans le salon de la préfecture. Étaient présentes : Mmes Gauja, Leclerc-Guillory, Toussaint Grille, Mordret, Jouvet, Deschères. Boisrobert, Letourneau, Bordillon, Adolphe Lachèse. Rousseau, Guitet, Perou, Désiré Richou, Larivière, Prosper Gennevraye, Chevré.

On décida qu'un comité de dix membres serait chargé de rédiger un règlement. Mmes Gauja, Leclerc-Guillory et Chevré sont désignées pour préparer ce travail, avec l'assistance de MM. Bigot, Gaultier, Gourdon, curé de Saint-Maurice, et Mossion qui déjà s'étaient occupés d'un projet; on leur adjoignit MM. Cheux, Planchenault et Guépin.

Dans la séance suivante, M. Planchenault, alors à la tête du tribunal civil, est nommé, par acclamation, président du comité d'organisation; Mme Chevré, secrétaire.

Dans la première assemblée générale, du 20 juin 1838, présidée par M. Planchenault, Mme Gauja communique une lettre que la reine lui a adressée, et dans laquelle Sa Majesté exprime la vive sympathie qu'elle éprouve pour notre société maternelle d'Angers. Mme Chevré donne ensuite lecture d'un rapport qui est écouté avec une profonde attention; il se termine ainsi :

« Guidées par le désir de hâter l'instant de l'organisation, nous avons l'espoir que votre approbation viendra sanctionner nos démarches. Réunissons donc maintenant tous nos efforts pour soulager le plus promptement possible toutes ces pauvres femmes dont la misère rend la tâche si pénible, dont les jouissances maternelles sont empoisonnées dès le premier instant par la pensée de tout ce qu'elles souffrent, de tout ce qui leur manque, de toutes les dures privations auxquelles est condamné leur enfant !... »

Ce rapport excite un si vif intérêt que l'impression en est votée d'une voix unanime, ainsi que l'insertion dans les journaux.

A la séance du 5 novembre 1838, Mme Gauja, présidente provisoire, fait connaître que la reine l'a nommée à titre définitif sur la liste de trois candidates présentées par l'assemblée. Mme Chevré est élue vice-présidente.

L'institution était fondée et le règlement adopté. L'administration ne sera plus composée que de dames. Après avoir voté des remerciements aux amis des pauvres qui ont bien voulu prêter leur concours à la formation de l'œuvre, on décide que pour conserver le fruit de leurs lumières, on priera l'un d'eux d'accepter les fonctions de secrétaire-trésorier. Ce fut l'obligeant et courtois M. Drouart qui, le premier, voulut bien remplir cette fonction délicate. A partir de ce jour, le secrétaire rédigea les procès-verbaux qui, jusque-là, étaient dûs au style clair et précis, à la belle écriture de Mme Chevré.

L'œuvre était constituée, et malgré les embarras de la nouveauté, peu de temps avait suffi pour l'établir définitivement. Ce rapide succès était redevable à l'entente des personnes qui en avaient pris l'initiative, et surtout à la direction de Mmes Gauja et Chevré.

Qu'on nous permette de nous arrêter un instant au sujet de ces deux femmes, éminentes à différents titres par l'intelligence et le caractère. Mme Gauja, issue d'une famille distinguée de Belgique, avait beaucoup d'esprit, une instruction variée, une piété solide et le talent bien rare de l'organisation. Elle brillait de plus par la justesse d'aperçus et un tact qui furent bien précieux à son mari, au lendemain d'une révolution dont les suites funestes se font encore sentir, et arrivant dans une province où la société était divisée en deux partis hostiles. Par la modération de ses idées, la bonhomie de ses relations, la bienveillance de son abord, M. Gauja se concilia autant que possible les diverses opinions.

1.

Sa femme le seconda efficacement dans cette voie réparatrice, tout en s'effaçant derrière son mari, bien qu'elle lui fût supérieure en intelligence, mais non en bonté. Par leur accord et leur impartialité, les deux époux ont laissé dans notre pays les souvenirs les plus enviables, ceux de cœurs droits et d'esprits justes.

Mme Chevré avait reçu de son père, M. Lofficial, ancien sous-préfet de Baugé, fort capable mais plein de préjugés, une éducation virile et quelque peu philosophique. La hauteur de sa raison et le besoin de croire, si naturel aux femmes, avaient triomphé de ces influences critiques. Mme Chevré joignait à l'attrait de la beauté le talent d'écrire et de parler; elle était pleine de zèle pour les œuvres de dévouement et les soutenait avec une ardeur et une fermeté que l'on considérait parfois comme un peu dominantes et originales, mais qui ne provenaient chez elle que du désir de voir prospérer ce qu'elle considérait comme bienfaisant.

On conçoit qu'avec ces qualités, Mme Gauja trouva dans Mme Chevré une précieuse collaboratrice, et quand après deux ans à peine, en 1840, Mme Bellon vint succéder à Mme Gauja, suivant son mari à la préfecture du Pas-de-Calais, on ne souffrit pas de la transition, tant Mme Chevré continua d'occuper le second rang avec le zèle et l'abnégation qui la rendaient digne d'aspirer au premier.

Cependant nos deux éminentes dames n'étaient pas toujours d'accord : lors de l'élaboration du règlement, travail fort difficile, à cette époque surtout où il y avait peu de précédents, les opinions différèrent plus d'une fois. Quand la discussion se prolongeait, Mme Gauja avait coutume de dire : — Je vais chercher mon mari, il nous donnera son avis. L'absence ne durait que deux minutes, tout juste suffisantes pour que la spirituelle présidente prévînt le complaisant arbitre, et quand on lui posait la question, il ne manquait jamais de la résoudre dans le sens de sa femme. Mme Chevré n'était pas dupe de cette fine stratégie ; mais elle ne la relevait pas, par amour de la concorde.

Voici les principaux articles de ce règlement si bien étudié qu'on l'applique encore aujourd'hui, après cinquante années, dans toute son étendue, sauf de légères modifications.

D'abord pour affirmer le caractère de l'institution nouvelle et pour attirer sur elle les bénédictions célestes, on commença par demander à Mgr Montault l'autorisation de célébrer chaque année une messe, suivie de quêtes, dans toutes les églises d'Angers.

Aux termes de ses statuts, la Société de charité maternelle a pour objet d'assister les pauvres femmes en couches, de les encourager à nourrir elles-mêmes leurs enfants, de prévenir ainsi les expositions dans les hospices et de préserver les nouveau-nés des suites de l'abandon et du dénuement.

La Société accorde des secours aux mères pauvres, sans distinction des cultes auxquels les mères appartiennent.

Les ressources de la Société consistent dans :

1° Le montant des souscriptions annuelles de ses membres ;

2° Les quêtes faites à domicile et dans les églises ;

3° Les dons, donations ou legs qui peuvent lui être faits par des personnes bienfaisantes ;

4° Les subventions qui, depuis sa fondation, lui ont été gracieusement accordées par le gouvernement et la ville d'Angers ;

5° Les rentes et capitaux appartenant à la Société.

Elle est administrée par un Conseil composé de vingt et une dames (parmi lesquelles une présidente et une vice-présidente) et d'un secrétaire-trésorier.

Ces dames sont réparties en comités pour chacun des trois arrondissements de la ville. Chacun de ces comités choisit dans son sein une présidente et une secrétaire.

Toutes les fonctions de la Société sont gratuites.

Sont admises aux secours de la Société les femmes indigentes mariées légitimement et domiciliées à Angers depuis six mois au moins, au moment de la naissance de leur second enfant, le premier enfant légitime vivant étant au-dessous de quinze ans.

Tous les secours sont distribués en nature ; ils consistent :

En prêts de draps et chemises pour la mère ; en bons de pain, viande, bois, dont le nombre maximum est fixé d'une manière générale par le Conseil, suivant les saisons ; chaque dame administrante ayant à apprécier les besoins des femmes secourues et ceux de leurs familles,

En une layette donnée pour l'enfant, avec berceau, ballin et couverture.

Tous les secours sont délivrés aux mères sur des bons signés par une dame du Comité, et ces bons sont gardés par la personne chargée du dépôt du linge, et par les fournisseurs qui les présentent, à l'appui de leurs notes, au secrétaire-trésorier chargé d'en payer la valeur.

Jusqu'en 1883, la Société accordait aux femmes secourues l'assistance d'un médecin ou d'une sage-femme, mais la ville ayant, à cette époque, créé un service d'accouchement gratuit, ce mode de secours a été supprimé.

Au moment de son accouchement, la mère admise fait prévenir la dame chargée de veiller sur elle, et sur la présentation du bulletin de naissance, celle-ci fait délivrer la layette et un premier secours en bons de pain, viande et bois. Cette dame doit ensuite visiter la nouvelle accouchée pour l'encourager de ses conseils et distribuer de nouveaux secours, suivant les besoins qu'elle constate, en veillant à ce qu'il en soit fait bon emploi.

La Société maternelle, si bien commencée, ne devait

point subir d'épreuves graves durant son existence déjà longue, cinquante ans. Elle dut cette heureuse fortune principalement au petit nombre et au bon esprit de ses présidentes, qui furent seulement quatre : Mme Gauja, de 1838 à 1840 ; Mme Bellon, de 1840 à 1848 ; Mme Camille Guibert, de 1848 à 1872, et enfin Mme Montalant, depuis 1872.

La révolution du 24 février avait fait sortir M. Bellon de la préfecture. Habile administrateur, modéré de caractère, n'ayant point d'ennemis, il était resté quelque temps à Angers, après son remplacement par M. Bordillon. Mme Bellon continua de présider la Société maternelle avec autant d'aménité que de distinction. Ce ne fut que dans la séance du 28 novembre que, victime aussi de la politique, elle fit ses adieux à ses compagnes. Quand l'ordre du jour fut épuisé, celles-ci se levèrent spontanément, entourèrent leur présidente en lui témoignant leurs regrets avec une vive effusion de sensibilité, preuve évidente qu'elle avait inspiré à toutes non moins d'affection que de respect.

Le plus long règne des présidentes de la maternité fut celui de Mme Guibert, vingt-quatre ans ; il fut constamment heureux, parce qu'il fut constamment sage. Plus d'une fois j'ai eu l'honneur d'être reçu par Mme Guibert dans sa belle habitation du clos Sainte-Catherine, autrefois couvent et maintenant transformé en la rue Hoche. Elle y demeurait avec sa sœur, Mme Lemée-Cherbonnier. Dès l'abord on était gagné par l'aimable visage et le doux sourire de la maîtresse de la maison. On ne pouvait en attendre que des paroles de bon sens et de conciliation, se traduisant au besoin par un gracieux talent d'écrivain, privilège fréquent du sexe qui, en France, se distingue souvent par le don de la parole.

Aujourd'hui la présidente de la Maternité, depuis 1872, est Mme Montalant. Le moment d'en prononcer l'éloge est fort lointain, nous en avons l'espoir ; mais dût sa modestie en souffrir, nous devons croire qu'elle est à l'abri des atteintes du temps. D'après le jugement sur une femme célèbre qui n'avait rien perdu de ses facultés en dépit de ses cheveux blancs, on peut dire : Mme Montalant n'est point âgée, seulement elle est jeune depuis longtemps.

Toutefois la vaillante dame se livre parfois à des réflexions mélancoliques. Elle nous disait dernièrement : — Je crains de ne pouvoir continuer les quêtes que je fais chaque hiver pour combler les vides de la mort et de l'absence dans la liste de nos souscripteurs : mes vieilles jambes se refusent à gravir les escaliers. Or l'aimable femme s'abuse. Le cœur l'emportera sur les jambes. Elle continuera sa mission, toujours fructueuse : qui peut résister à des sollicitations faites avec tant d'à-propos et de bonne grâce ?

Du reste, la meilleure preuve de l'habile gestion de Mme Montalant, de son esprit d'ordre et d'arrangement, c'est que le budget de sa Société s'élève maintenant à 12,000 francs, tandis qu'au début de l'œuvre il n'était que de 3,000. De plus, le nombre des femmes secourues a monté l'année dernière à près de 350, chiffre qui n'avait pas encore été atteint.

N'oublions pas non plus qu'après le décès de Mme Chevré, elle fut remplacée comme vice-présidente par Mme Prosper Gennevraye qui occupa cette fonction jusqu'en 1886, en suivant fidèlement les traditions de sa devancière, bien qu'elle se distinguât par un autre genre de qualités. La mémoire de Mme Gennevraye est trop présente à tous les esprits pour qu'il soit nécessaire de la caractériser. Qu'il nous suffise d'observer que par l'agrément de sa personne, ses talents divers, la considération dont elle jouissait dans la société angevine, Mme Gennevraye ajoutait un lustre réel à la position secondaire dont elle était heureuse de remplir les devoirs avec autant de conscience que de dignité.

Les secrétaires ne montrèrent pas autant de constance que les présidentes et vice-présidentes, démonstration nouvelle que cette vertu est moins l'apanage du sexe fort que du sexe faible. Après M. Drouart, on ne compte pas moins de six secrétaires. Ce furent M. Pavie père et M. Saulnier qui gardèrent ce poste le plus longtemps.

J'ai heureusement retrouvé les comptes de gestion de 1846 et 1847, rédigés par M. Louis Pavie. Ne pouvant reproduire les exposés généraux qui les précèdent, petits chefs-d'œuvre d'imagination douce et courtoise, de grâce et de distinction, j'en extrais quelques passages, suffisants pour donner l'idée de ce goût des lettres, de cette fleur de sentiments dont les fils et petits-fils du vénérable aïeul perpétuent la tradition sous des formes plus jeunes, mais non plus délicates et touchantes.

« ... Pour vous, mesdames, qu'unit une même pensée, plus louables dans votre but et plus assurées du succès — dans la phrase précédente, l'auteur fait allusion aux intérêts matériels qui préoccupent le plus grand nombre — vous ne cherchez que des intérêts à secourir, des infortunes à consoler. Depuis dix années, rien n'a pu ébranler votre constance ni ralentir votre charité ; depuis dix années, dispensatrices des dons de vos concitoyens, anges tutélaires des pauvres mères de famille, c'est à peine si, contentes d'avoir pu faire le bien, vous avez prêté l'oreille aux bénédictions des unes et aux applaudissements des autres.

« Ah ! s'il vous fallait chercher d'autres motifs à un si beau dévouement, quand ils ne seraient pas écrits au fond de vos cœurs, vous les puiseriez dans les considérations les plus élevées de la morale publique. Ces secours, versés avec tant d'abondance aux mères légitimes — mais à celles-là seulement — en même temps qu'ils sont à l'égard des autres un encouragement pour accomplir un devoir sacré, n'ont-ils pas aussi le pouvoir salutaire de prévenir l'abandon, nous pourrions dire la mort de ces victimes de la misère et de l'inconduite ?

« Quelles ne sont point encore les heureuses conséquences de la charité maternelle comme vous savez la pratiquer ? car les bienfaits que vous distribuez, grossis plus d'une fois dans le mystère, reçoivent un nouveau prix de vos soins attentifs et de vos paroles de consolation ! Pour les maux du corps, pour les plaies de l'âme, la main d'une femme est si légère, sa voix si persuasive !

« Cet enfant que la Société accueille à sa naissance, ne va-t-il pas lui appartenir par les liens de la reconnaissance ? Grâce aux leçons de sa mère, il apprendra à ne voir que des bienfaiteurs dans ceux qui l'entourent...

« Eh ! qui parle plus haut à nos cœurs que la maternité souffrante ? La soulager, c'est satisfaire le premier de nos vœux, c'est accomplir la plus impérieuse de nos obligations.

« Si donc l'active charité ouvre ses hospices à la vieillesse, ses écoles à la jeunesse, ses asiles et ses crèches à l'enfance, ne se sent-elle pas tout d'abord pressée de voler aux cris de cette infortunée sur le point de donner le jour à la créature débile qu'assiègeront tous les besoins, et dont la destinée sans doute est de parcourir successivement ces divers refuges — échelonnés en quelque sorte sur la route de l'indigence.

« Aussi que d'encouragements secondent vos efforts, ou plutôt les récompensent!...

« Où trouver plus d'élan pour le bien ? Oui, notre cité, si intéressante d'ailleurs par les souvenirs qu'elle réveille, que ses sociétés studieuses et ses précieux établissements recommandent au savant non moins qu'au penseur et à l'artiste, mais dont il ne nous appartient pas ici de marquer le rang dans la hiérarchie intellectuelle; oui, placée dans une autre contrée, au milieu de ce peuple ingénieux à poétiser tout ce qui l'environne, et qui appelle Rome *la Sainte*, Gênes *la Superbe*, notre cité recevrait à son tour sa glorification, se nommerait Angers *la Charitable*... »

M. Saulnier, qui succéda comme secrétaire à M. Pavie, fit un don de 1,000 francs à l'œuvre après lui avoir consacré pendant vingt et une années ses loisirs et son expérience des affaires.

« Personne plus que lui — nous copions le procès-verbal — n'a secondé la Société maternelle avec plus de zèle, de dévouement et un amour plus constant. Personne ne pouvait apporter à son service plus d'ordre, de régularité, de soins intelligents. Aussi est-ce avec un élan bien justifié que toutes les personnes présentes se sont réunies à la présidente pour voter à M. Saulnier les remerciements les plus sincères et les mieux mérités. »

Nous trouvons encore parmi les bienfaiteurs : Mme Bouché-Lesourd, 2,000 francs; Mme Gennevraye, un legs de 600 francs ; Mme Lemée-Cherbonnier, 26,810 francs ; Mme Cesbron-Lamotte, un legs de 5,000 francs ; Mme Guichard, 1,000 francs......

M. Saulnier eut pour successeur dans les fonctions

de secrétaire-trésorier de la Société, M. Dély, qui consacra à son service tous ses avantages d'urbanité et de capacité. Il ne fut arrêté dans son obligeante carrière que par la maladie, bientôt suivie d'une mort prématurée et bien regrettée.

Après M. Dély, MM. Neveu, Gardereau, Porché et Daburon viennent prêter à la Société, pendant une période plus ou moins longue, le concours de leur obligeance et de leur bonne renommée.

Enfin, le 7 février 1884, M. Gustave Genest est élu secrétaire d'une voix unanime, et depuis nous voyons son nom figurer au bas de tous les procès-verbaux, qui précédemment furent plus d'une fois rédigés par Mme Montalant comme par Mme Guibert, dans les intérims des secrétaires.

M. Genest remplit donc ces fonctions depuis quatre ans. D'accord avec Mme la Présidente, nous voudrions bien dire de quelle manière il s'en acquitte; mais le temps n'est pas venu : il faut attendre une vingtaine d'années, au moins, au bout desquelles un jeune chroniqueur fera une seconde édition de notre pauvre livre, alors peut-être rare, et à coup sûr bien vieilli.

Dès le 24 septembre 1849, un décret a reconnu la Société comme établissement d'utilité publique.

Aujourd'hui (28 juin 1888), le Conseil d'administration est composé comme suit :

Présidente : Mme A Montalant, 73, rue Bressigny.

Vice-Présidente : Mme L. Beaussier, 3, place des Halles.

1er ARRONDISSEMENT

Mmes P. Gennevraye, 6, rue Ménage ; Billard, 17, rue Ménage ; Vallet-Mottais, 51, rue de Paris ; A. Leroy,

141, rue de Paris ; Dauge, 13, rue Boreau ; Latté-Daviers, 23, rue du Canal.

2ᵉ ARRONDISSEMENT

Mmes Aubry, 29, rue Bernier ; Chaudet, 174, rue de la Madeleine ; Colomb, 47, chemin de Saint-Léonard ; Feillé, 54, rue Saint-Aubin ; E. Juteau, 22, rue de la Préfecture ; L. Boussinot, 12, rue Saint-Évroult ; Lieutaud, 27, rue Desjardins ; de Gargilesse, 79, rue Desjardins.

3ᵉ ARRONDISSEMENT

Mmes Ch. Richou, 44, boulevard Daviers ; Lihoreau, chemin de Montéclair ; Breyer, rue Chef-de-Ville ; Lieutaud-Michel, 29, boulevard Descazeaux ; Houdin, rue Lyonnaise, cour des Carmélites ; Guy, place de la Paix.

Secrétaire-trésorier : **M. G. Genest**, 29, rue Desjardins.

Le dépôt de linge de la Société, situé nº 15, rue Saint-Julien, est ouvert tous les jours, sauf le dimanche, de onze heures à cinq heures.

La garde-magasin, Mme Martin, est chargée de délivrer les secours de linge et layettes indiqués sur les bons qui lui sont présentés, et de donner les renseignements dont peuvent avoir besoin les femmes qui veulent obtenir les secours de la Société, et particulièrement de leur indiquer l'adresse de la dame administrante desservant leur quartier.

Les recettes pour 1887 ont été de. . .	12,776 f.
Les dépenses se sont élevées à. . . .	9.233
Reliquat.	3,543 f.

Les principaux articles des dépenses consistent en achats et en dons de couvertures, étoffes, bois, pain, viande, guinche, frais de blanchissage, confections, etc.

Dans le cours de 1887, la Société a secouru 327 femmes.

Le nombre des naissances a été de 331, 162 garçons et 169 filles.

La mortalité s'établit comme suit :

	Garçons	Filles
Morts-nés	6	7
Morts dans les deux mois	10	16
	16	23

Soit mortalité totale :
Pour les garçons 9,87 pour 100.
Pour les filles 19,52 pour 100.
Pour l'ensemble des 331 naissances, 39 décès, soit 11,78 pour 100.

Depuis sa fondation jusqu'à la fin de 1887, soit en quarante-neuf exercices, la Société maternelle d'Angers a secouru 14,700 femmes indigentes, en prenant pour moyenne 300 par an, presque une par jour.

Suivant un relevé scrupuleux du registre de ses délibérations, elle a distribué en secours 404.282 fr. 51.

De tels chiffres se passent de commentaires. Ils seraient peut-être doublés si l'on pouvait y ajouter les dons particuliers, mais Dieu seul les connaît.

Cependant les pauvres mères de famille, tout en étant puissamment assistées, étaient contraintes, pour garder leurs enfants, de suspendre leurs travaux, du moins en partie. Elles devaient renoncer aux journées du dehors, et même à toute occupation lucrative quand la famille s'accroissait. Des années s'écoulèrent sans que la charité eût à offrir les moyens de parer à ces inconvénients. Enfin, comme elle n'est jamais en peine d'inspirations, elle découvrit les crèches et les asiles.

Ces deux institutions, sans diminuer l'importance de la Société maternelle, pourvoient à d'autres nécessités. Bien que nous ayons beaucoup à dire sur celle-ci, nous allons passer à ses rejetons immédiats, car nous ne devons pas oublier que nous avons encore à discourir sur près de soixante œuvres qui, dans notre chère cité, assistent les petits et les faibles, depuis le berceau jusqu'à la tombe.

LES CRÈCHES

« La misère a tari ma chétive mamelle ;
« Je ne puis plus nourrir mon enfant nouveau-né ;
« Si je vais au travail qui loin d'ici m'appelle,
    « C'en est fait de l'infortuné.

« Si je reste au logis, la mort est prompte et sûre :
« Et c'est aussi la mort si je m'absente un jour,
« Ah ! maudite sois l'heure où cette créature
    « Fut accordée à mon amour ! »

Ainsi parle en pleurant une pauvre ouvrière ;
Une femme l'entend et s'attache à ses pas.
Elle porte des Sœurs la robe hospitalière :
    « Non, dit-elle, il ne mourra pas.

« Voyez-vous, près d'ici, cette simple demeure ;
« Portez-y votre enfant, il aura bon accueil.
« Pour les mères en peine, elle s'ouvre à toute heure.
    « L'Espérance en garde le seuil.

« C'est la petite crèche, asile charitable.
« Où les bébés du pauvre avec faveur reçus,
« Dorment dans la couchette et mangent à la table
    « Que préside l'Enfant-Jésus. »

O merveille d'amour et de charité pure !
Une mère n'a pas plus de soin de son fils
Que ces filles de Dieu dont la robe de bure
    Pour joyau porte un crucifix.

Qui donc leur enseigne ces tendresses humaines ?
Jouer comme l'enfant, chanter comme l'oiseau,
Endormir en riant la souffrance et les peines
    Du nourrisson dans son berceau ;

Se donner toute à tous ; être sœur, être mère.
Dépenser chaque jour des trésors de bonté,
Chérir comme les siens les fils d'une étrangère...
    O dévouement ! O charité [1] !

---

[1] Cette charmante pièce est empruntée à *La Poésie de l'École*, parue en 1875, sans nom d'auteur. La vente de ce petit volume, imprimé gratis par M. Barassé, produisit 450 francs. L'édition fut épuisée en quelques jours.

Nous pouvons dévoiler aujourd'hui l'anonyme si bien inspiré. C'était M. Hippolyte Durand, professeur de seconde au Lycée d'Angers. Après avoir resserré ses liens avec notre pays, en épousant Mlle Gavinet, il fut nommé inspecteur d'Académie à Rouen, puis appelé à Paris à des fonctions supérieures. M. Durand demanda sa mise à la retraite, il y a deux ans, et bien lui en prit, car à l'heure présente, ses vers, si gracieux qu'ils soient, ne lui donneraient qu'un titre médiocre au maintien dans cette haute position.

En 1844, un honorable magistrat de Paris, M. Marbeau, visitant un jour, comme membre du Bureau de bienfaisance, un des quartiers populeux du premier arrondissement, se trouva en présence d'un spectacle qui le saisit d'une pitié profonde. Il avait pénétré dans une impasse ténébreuse et infecte, à la recherche d'une blanchisseuse à laquelle il allait porter un secours. Cette femme, informée qu'une personne la demande, accourt, portant sur le bras un nouveau-né et tenant à la main un enfant de dix-huit mois. Elle avait voulu épargner au bienfaisant visiteur le dégoût, et à elle l'humiliation, de son intérieur délabré.

— N'avez-vous pas trois enfants? lui dit M. Marbeau.

— Oui, mais l'aîné est à l'asile.

— S'y trouve-t-il bien ?

— Oh oui, heureusement ! car que deviendrais-je sans cela, puisqu'il faut que j'aille à mes journées?

— Et ces deux enfants que deviennent-ils alors ?

— Il faut bien que je les mette à la *garderie*; ah ! c'est une dépense, quatorze sous par jour !

— Pour les deux ?

— Non, pour chacun ; huit sous de garde et six sous de nourriture.

— Et combien gagnez-vous ?

— Deux francs... ce n'est pas assez pour les trois...

En remarquant le teint hâve et les traits amaigris de cette pauvre mère, le compatissant visiteur se sentit vivement touché ; il voulut voir pour son édification complète, la *garderie*, où ces enfants étaient déposés. C'était un rez-de-chaussée obscur et humide où une vieille femme, indigente elle-même, recevait tous les nourrissons qu'on voulait bien confier à sa très insuffisante garde.

Cependant, M. Marbeau comprit qu'il y avait une institution précieuse cachée sous tous ces désordres et sous tous ces dangers; *la garderie* renfermait des germes féconds : c'était à la charité à les découvrir et à les dégager des imprévoyances, des cupidités, des brutalités même. Cette tâche était facile, car ces germes féconds étaient la pensée génératrice de cette fondation, c'était l'institution elle-même; les vices, les défauts, c'étaient les abus que l'habitude et l'impunité avaient généralisés, et en quelque sorte consacrés. M. Marbeau eut bientôt reconnu l'existence du principe. Donner à la mère la possibilité de gagner le salaire indispensable à l'existence de sa famille, sans inconvénients et sans danger pour son enfant ; concilier ainsi ses intérêts avec ses affections et ses devoirs, tel était le problème à résoudre. La solution s'offrait d'elle-même : un modeste asile où, moyennant une faible rétribution, seraient reçus, les jours ouvrables, pendant les heures du travail et soignés par des berceuses de confiance, les enfants nouveau-nés que les mères viendraient allaiter aux heures des repas. Exécuté dans ces conditions, cet établissement prévenait toute critique sensée, et réalisait un des plus grands bienfaits qu'il fût donné à la charité de répandre sur le peuple [1].

La religion, cette source inépuisable de tous les grands sentiments, fournit encore sa poésie à l'œuvre nouvelle en lui donnant le nom de *Crèche*. Le souvenir de Bethléem se ranima dans tous les cœurs chrétiens. Il n'y eut qu'un cri d'admiration et de reconnaissance dans Paris pour M. Marbeau. Toutefois, les femmes durent être jalouses d'un homme qui créait une œuvre dont la pensée semblait appartenir exclusivement à

---

[1] *La Charité à Paris*, par Jules Lecomte.

leurs cœurs. « Pour ma part, a dit Mlle Julie Gouraud, je penserai toujours que cette inspiration a été soufflée à M. Marbeau par une femme. »

Le succès obtenu par les crèches à Paris éveilla l'attention du monde religieux en province. Elles ne tardèrent pas à s'établir dans toutes les villes importantes. Il était sérieusement question d'en ouvrir à Angers, lorsque la guerre de 1870 venant à éclater, en ajourna la fondation. Quand le calme revint ce fut une des préoccupations de notre évêque. Monseigneur consulta plusieurs dames qui, par prudence, lui conseillèrent d'attendre à cause de l'élévation de la dépense et de la misère des temps; mais c'était précisément cette seconde considération qui rendait l'œuvre nécessaire. Enfin il se trouva une femme d'un grand cœur et d'une grande énergie, qui, secondée par des auxiliaires actives au bien comme elle, organisa l'œuvre avec une intelligence et un esprit d'ordre véritablement supérieurs.

Mme Appert-Leroy n'était que vice-présidente, avec Mme Christian de Bernard, mais la première présidente Mme Le Guay, étant partie pour Lille où son mari était appelé comme préfet, ensuite Mme Jules Merlet qui lui succéda, ne pouvant pour raison de santé, se consacrer à l'œuvre autant qu'elle l'eût désiré, ce fut vraiment Mme Appert qui eut le principal rôle dans l'habile installation des crèches à Angers.

Elle était assistée dans la première période de leur existence, avec un affectueux dévouement, par Mme Belleuvre, trésorière et par Mme Ernest Oriolle, secrétaire. Les présidentes des quatre crèches étaient : Mme Léon Caillault à la crèche Saint-Maurice ; Mme Eugène Mesnard, à la crèche de la Trinité ; Mme Pitre Bertron, à la crèche Saint-Serge, et Mme O'Diette, à celle de la Madeleine.

M. le Dr Farge avait bien voulu se charger, à titre gratuit, de l'inspection générale des crèches ; et avec le même désintéressement, M. Godard avait accepté le service de la crèche Saint-Maurice ; M. Hacque, celui de Saint-Serge ; M. Lieutaud, celui de la Trinité, et M. Tesson celui de la Madeleine.

Les Sœurs de la Miséricorde furent appelées à diriger la première ; les Sœurs de Saint-Charles, la seconde ; les Sœurs de Saint-Vincent-de-Paul, la troisième, et les Sœurs de Sainte-Marie vinrent à la Madeleine.

Le 25 décembre 1872, Mgr Freppel adressait à MM. les Curés de la ville la lettre suivante, les priant d'en donner lecture en chaire :

« Monsieur le Curé,

« Nous sommes à une époque de l'année où les souvenirs de la crèche de Bethléem remplissent d'émotion tous les cœurs chrétiens. A la vue de ce berceau, qui renferme les espérances du genre humain, l'on se reporte tout naturellement vers les besoins et les intérêts d'un âge que le Sauveur du monde a voulu ennoblir et sanctifier dans sa personne. Aussi les fêtes de Noël sont-elles plus particulièrement les fêtes de l'enfance, et c'est pourquoi la piété des familles s'est toujours plu à y rattacher les pratiques les plus touchantes de la charité chrétienne.

« Il m'a donc semblé, M. le Curé, que le moment serait bien choisi pour appeler l'attention de vos paroissiens sur l'importance d'une œuvre consacrée au soulagement de l'enfance et que l'on désirait depuis longtemps voir s'établir à Angers. Rien n'est assurément plus utile que de multiplier les écoles primaires et les salles d'asile dans la mesure indiquée par les besoins de la population, et vous savez que c'est le but constant de nos efforts. Mais quelques développements que puissent prendre ces deux institutions, il restera toujours une classe d'enfants auxquels la faiblesse de leur âge ne permettra de profiter ni de l'une ni de l'autre : et c'est pour combler cette lacune que la charité chrétienne a imaginé l'œuvre si intéressante des crèches.

« Accueillie d'abord avec quelque défiance, elle a fait ses preuves dans toutes les villes où elle se trouve établie, et il est désormais impossible d'en méconnaître les avantages, pour peu que l'on réfléchisse aux conditions de la classe ouvrière dans nos centres industriels. Que de jeunes mères, en effet, obligées par les nécessités de leur état, à rester toute la journée hors de leur domicile, et incapables dès lors de donner à leurs enfants les soins que réclame un âge si tendre ! A qui confier la garde de ces chères petites créatures ? Si on en charge le frère ou la sœur, c'est le plus souvent au détriment de l'école où ils devraient se trouver eux-mêmes ; et à défaut de membre de la famille, où trouver des personnes ayant assez de loisir et d'abnégation pour remplir une telle tâche. D'autre part, les salles d'asile, destinées à recevoir les enfants de deux à sept ans, ne sauraient, sans de graves inconvénients, s'ouvrir à des enfants d'un ordre inférieur ; ce serait altérer le caractère de ces établissements qui doivent rester des maisons de première éducation. Il y a donc là une situation digne d'intérêt et à laquelle l'institution des crèches vient remédier fort heureusement. Accueillis dans les berceaux que leur ouvre la charité chétienne, les enfants y reposent sous la garde de ces saintes femmes que la religion n'affranchit des liens de ce monde que pour leur mettre au cœur une charité plus ardente. Grâce au dévouement de nos bonnes religieuses, la pauvre mère pourra se livrer sans inquiétude au travail indispensable pour nourrir le reste de la famille ; et, lorsque après une journée laborieuse, elle retrouvera son enfant, souriant dans les bras de la religion, elle bénira le Providence qui inspire de tels sacrifices, et elle se sentira plus de courage devant les épreuves et les difficultés de la vie.

« Voilà pourquoi, Monsieur le Curé, je viens recommander au zèle et à la générosité de vos paroissiens une œuvre que je considère comme la fleur de nos institutions charitables. L'expérience m'a appris qu'il suffit de confier une bonne pensée aux catholiques d'Angers pour qu'ils s'empressent aussitôt de la mettre à exécution. Un Comité de dames patronnesses, déjà institué à cet effet, prendra sous sa protection un établissement qui ne pouvait manquer d'avoir la sympathie de toutes les mères chrétiennes.

« Vous voudrez donc bien, Monsieur le Curé, faire une quête pour l'Œuvre des Crèches, à tous les offices du jour, le dimanche 12 janvier. Nous choisissons pour cet acte de charité la solennité de l'Épiphanie, parce que ce jour-là les premiers représentants de la gentilité sont venus déposer leurs présents devant la Crèche du Sauveur, avec l'hommage de la foi et de l'adoration. A l'exemple des rois Mages, vos pieux fidèles se feront un devoir et un bonheur d'aller vers ces nouvelles Crèches pour y porter leurs offrandes. C'est encore le divin Enfant qui recevra le tribut de leur charité dans la personne de ceux dont il disait lui-même : « Ce que vous faites au moindre des miens, c'est à moi que vous l'aurez fait. » Nous remercions d'avance les personnes charitables qui voudront bien nous aider de leurs dons, et nous prions le Seigneur de bénir une œuvre entreprise pour la gloire de son nom et pour le bien de nos frères. »

Ce fut au commencement de l'année 1873 que Mgr Freppel fit appel aux dames de la ville pour demander leur concours, et les réunit en grand nombre dans les salons de l'Évêché.

L'appel fut entendu, le but de l'œuvre compris, et le plus louable empressement permit à Sa Grandeur de réaliser son projet.

Le 4 avril 1874, Monseigneur bénit trois crèches suffisamment installées.

Quelques semaines après, une quatrième fut établie et bénie par Monseigneur dans la paroisse Saint-Serge. Mme Pitre Bertron en accepta la présidence.

Dès le début de cette excellente Œuvre, cent berceaux furent fondés, et quatre cents souscripteurs annuels répondirent aux vœux de Monseigneur.

MM. les députés de Maine-et-Loire voulurent bien s'intéresser à l'Œuvre naissante en adressant au Comité une somme de 850 francs; la Société de Sainte-Cécile, pendant plusieurs années, ne donna pas un concert qui ne vînt augmenter les ressources; les élèves du Lycée, l'École normale, le Cercle militaire, des œuvres littéraires, offrirent tous dans les premières années un secours en argent qui fut bien nécessaire au développement des crèches.

Il fallait tout créer : logement, literie, lingerie, cuisine, etc., etc. Les dépenses étaient forcément considérables. Accueillies d'abord avec quelque méfiance par des gens qui ne connaissaient ni le fonctionnement des crèches, ni les immenses services qu'elles rendent à la classe laborieuse, ce sentiment a promptement fait

2.

place à la plus grande bienveillance, lorsqu'on a constaté avec quel élan les mères, appréciant cette œuvre, confient aux Sœurs leurs chers petits enfants, et se plaisent à louer les soins parfaits qu'ils reçoivent dans les crèches.

Les postulants sont admis dix à douze jours après leur naissance ; la mère peut venir allaiter son enfant à la crèche, si elle ne demeure pas trop loin. Depuis cinq heures et demie du matin jusqu'à sept heures du soir, les jeunes mères, libres de tous soucis, peuvent donc par leur travail augmenter le bien-être de la famille. Elles savent que la plus scrupuleuse propreté, que la nourriture parfaitement préparée et appropriée à l'âge de l'enfant, la régularité dans les repas comme dans le sommeil, que rien, en un mot, ne manquera au bien-être de leurs petits enfants. La meilleure preuve de leur confiance en l'affectueux dévouement des Sœurs est l'accroissement des jours de présence dans les crèches.

En mettant en regard l'année 1874 et l'année 1887, on jugera des progrès incessants de l'Œuvre.

En 1874 : 14.483 jours de présence d'enfants dans les quatre crèches. — Dépenses de toutes sortes : 7.432 fr.

En 1887 : 27.966 jours de présence d'enfants dans les quatre crèches. — Dépenses toutes comprises : 11.800 fr.

En comptant seulement chaque journée de travail de la mère de famille à 1 fr. 25, l'Œuvre a donc permis à la classe ouvrière de gagner 34.925 fr. 50 dans une année !

Il ne faut pas laisser ignorer aux souscripteurs et bienfaiteurs des Crèches que les ressources ont sensiblement diminué : les souscriptions sont moins importantes, les quêtes moins fructueuses : la gêne générale, la multiplicité des œuvres, si bonnes qu'elles soient, toutes ces causes ont amoindri les ressources.

D'un autre côté, le manque de travail, dans beaucoup de jeunes ménages ouvriers, ne leur a pas permis d'acquitter la légère rétribution de 15 centimes par jour, qu'ils doivent donner à la Crèche.

Pouvait-on laisser les pauvres petits enfants au foyer paternel, alors que la misère, le froid s'y faisaient si cruellement sentir ?

Le Comité n'a pas hésité, et malgré l'augmentation de dépense, a gardé tous ces chers enfants : les soins si intelligents, si dévoués des excellentes Sœurs ne leur ont jamais manqué.

Quand on connaît l'effrayante mortalité qui sévit sur les enfants en bas âge mis en nourrice (de 50 à 70 %), on doit en conscience reconnaître la haute pensée de Monseigneur et le bénir de cette heureuse création, car jamais les épidémies n'ont ravagé les Crèches !

Il arrive bien souvent que des parents, croyant mieux faire, ont mis leur enfant en nourrice, et qu'après quelques mois, voyant leur enfant végéter, l'apportent aux Sœurs dans un état plus ou moins pitoyable.

Nous devons à la vérité de dire que presque tous ces enfants, après quelques semaines, reprennent fraîcheur et santé, à la grande joie des parents.

En dehors du bien-être matériel que tous les pères et mères se plaisent à constater, il faut aussi faire connaître à tous les bienfaiteurs que, depuis sa fondation, l'Œuvre des Crèches a fait bénir cinquante-trois mariages, légitimer par là même un grand nombre d'enfants dont beaucoup n'avaient pas même été baptisés !

Nous devons aussi la plus grande reconnaissance aux excellents docteurs MM. Tesson, Cotelle et Bricard, qui donnent leurs soins les plus dévoués avec un complet et parfait désintéressement.

La gratitude, l'affection respectueuse dont tous les parents entourent les Sœurs si dévouées, sont un sûr garant du bienfait de l'œuvre excellente que Monseigneur a créée et dont il faut le bénir et remercier du fond du cœur.

La fondation des crèches était une nécessité si évidente que leur naissance fut saluée par une approbation presque unanime, sans préoccupation politique ; nous lisons dans les premières listes de souscripteurs bon nombre de noms très honorables, mais qui n'appartiennent point à l'opinion conservatrice. Figuraient entre autres parmi les donateurs, jusqu'en 1880, le Ministre de l'Intérieur qui, par la bienveillante entremise du Préfet, adressait un secours annuel de 200 fr. Chaque année également la précieuse ressource d'une loterie était autorisée ; en 1879, elle produisit près de 3.800 fr.

L'année suivante, les charges augmentant toujours, le Comité renouvela en toute confiance sa demande d'autorisation, mais quelle fut sa surprise en recevant la lettre suivante :

Mairie d'Angers, 15 décembre 1880.

« Mesdames,

« J'ai l'honneur de vous faire savoir que, par déci-
« sion du 10 de ce mois, M. le Préfet a refusé d'autoriser
« la loterie que vous vous proposiez d'organiser en
« faveur des Crèches, par ce motif que cette institution
« doit avoir des ressources propres pour assurer son
« existence, sans avoir recours annuellement, d'une

« façon en quelque sorte permanente, à la charité, sous
« forme de loterie.

« Agréez, etc.

« *Le Maire,*

« Signé : Jules Guitton.

Dans son compte-rendu de l'exercice 1880, le Comité des dames fait suivre cette lettre des réflexions suivantes :

« Que peut faire le Comité en face de ce refus ? L'Œuvre ne peut se suffire à elle-même ; M. le Préfet le sait comme tout le monde, puisqu'il peut, grâce à nos brochures annuelles, contrôler tous nos comptes.

« De plus, chaque année nous mentionnons sur une feuille, exigée par la Préfecture pour être envoyée au Ministère de l'Intérieur, les résultats obtenus par les Crèches et, jusqu'en 1880, l'Œuvre a reçu, sur la demande de MM. les Préfets, à titre d'encouragement, un don annuel de 200 à 250 francs. Cette année l'Œuvre ne croit pas avoir démérité ; les épidémies qui ont décimé les enfants, pendant l'été dernier surtout, n'ont pas atteint ceux des Crèches ; grâce aux soins qu'ils reçoivent, leur santé est excellente. Pourquoi, alors, priver de ses moyens d'existence une Œuvre éminemment utile à la classe ouvrière en refusant d'autoriser sa loterie ?

« Nous faisons donc appel à la générosité de nos souscripteurs. S'ils ne nous viennent en aide, nous nous verrons peut-être dans la dure nécessité de fermer momentanément deux des quatre crèches, et nous ne voudrions prendre cette mesure qu'à la dernière extrémité. Nous préférons aller tendre la main, comptant sur l'intérêt croissant qu'inspire notre Œuvre. Déjà

MM. les Administrateurs de la Caisse d'épargne, nous sommes heureuses de le mentionner ici, viennent de nous envoyer une offrande de 1.000 francs, venue très à propos pour combler le déficit de notre budget. Nous commençons donc l'année sans réserves, mais sans dettes, et nous espérons que la charité angevine ne nous fera pas défaut.

« Le Comité des Crèches. »

Une protestation si digne et si touchante n'a nul besoin de commentaire.

Le refus d'autorisation était d'autant plus inopportun que, dès cette époque, toutes les demandes d'admission ne pouvaient être satisfaites. Ce mouvement n'a fait que s'accentuer depuis. Chaque Crèche contient environ trente berceaux. L'expérience a jugé qu'une réunion d'enfants ne devait pas dépasser ce chiffre sans nuire à la santé générale de ce petit monde. Aujourd'hui on doublerait le nombre des Crèches qu'il ne serait pas encore suffisant, surtout dans les faubourgs.

Si les bornes de cette notice le permettaient, que d'anecdotes nous pourrions raconter à propos des immenses services que rendent les Crèches à la population indigente.

« J'étais présente, nous dit une dame, lorsqu'une pauvre jeune femme apporta un petit enfant pâle comme la mort. « Prenez-le, de grâce, ma sœur, dit-elle, la nourrice ne lui donnait pas de lait. Je viens de saisir le biberon, il ne contenait que de l'eau. »

Il est probable même que si la pauvre femme avait fait analyser cette eau, on eût reconnu la présence de suc de pavot, car c'est le moyen, avec l'attache dans le berceau, que les nourrices emploient encore pour endormir ou maintenir les pauvres petites créatures qu'on a le malheur de leur confier.

Un autre jour, nous remarquions l'air chétif de deux petits jumeaux. — Ils n'existeraient plus, nous dit la Sœur, si je n'avais pas été les chercher avant-hier. La mère, qui est Bretonne, ne sachant pas un mot de français, ne m'apportait point la rétribution de 15 centimes, malgré des réclamations réitérées. Ne pouvant enfreindre plus longtemps le règlement, je dis à la mère de les garder jusqu'à ce qu'elle me donnât un acompte. Inquiète de ne plus la voir, je me rendis chez elle, et quelle fut ma peine de trouver la pauvre famille, car il y a encore deux autres enfants, presque mourants d'inanition ! La mère n'avait pas mangé depuis un jour et demi. Il était onze heures, je courus au fourneau des Augustines et j'en rapportai du bon bouillon bien chaud qui ranima tous ces pauvres êtres. Si vous les aviez vus se reprendre à la vie presque aussitôt, cela faisait en même temps grand plaisir et pitié. Puis, autorisée par Mme ***, présidente de ma Crèche, j'y ramenai les petits jumeaux qui, par exception, continueront d'en profiter gratis.

Nous trouvons encore parmi les bienfaiteurs de l'Œuvre :

Le Cercle militaire, concert en 1875. . .	125 fr.
Concert de l'Union chorale, 1878. . . .	462
Mgr Mermillod, en 1879.	240
La Société des Crèches, de Paris. . . .	100
L'Externat Saint-Maurille, 1876. . . .	100
M. le Dr Grille.	390
Mme la marquise des Cars	280

Parmi les moyens de soutenir l'Œuvre si intéressante des Crèches, une idée aussi ingénieuse que charmante a été mise à exécution. Mme Appert engagea plusieurs de ses amies à former, sous le titre de *Comité des jeunes bienfaitrices*, une association de leurs filles qui plus tard remplaceraient leurs mères dans le touchant patronage des nouveau-nés.

Voici les noms des jeunes associées :

Mesdemoiselles

Batereau. — De Beauvoys. — Blanc, Madeleine. — Bougère. — Cesbron-Chudeau. — Du Chêne. — De Danne. — De la Ferrandière. — Fontaine. — Genest, Gustave. — Godin, Marthe. — Le Guay. — Laboulais. — Moreau-Pouplard. — Mossion. — Le Motheux. — O'Diette. — Renault. — Richou. — Rondeau. — De Soland. — De la Théardière. — Thoré. — Des Varannes.

Depuis le premier jour de leur réunion, ces jeunes apprenties de la charité ont grandi. Quelques-unes même se sont mariées : plus tard, elles apprendront aussi à leurs enfants à remplir les rôles de protectrices des faibles et des petits, qui convient si bien aux femmes et qu'entendent si bien les Françaises. Ce sera la première récompense de nos *jeunes* bienfaitrices qui, fidèles à leur début, ne manquèrent jamais d'apporter à la trésorière leur offrande annuelle, ne montant pas à moins de 500 francs. Outre le charme de cette gracieuse charité, elle est un précieux contingent au budget de l'OEuvre, car celle-ci n'a pas de dotation, pas de revenus fixes, et quelle que soit l'intelligente économie de sa gestion, les frais considérables et nécessaires ne pouvant être réduits, l'actif ne se compose que de la confiance en la générosité des bienfaiteurs.

Après six années d'une direction laborieuse, féconde

en résultats excellents, Mme Appert a pensé que sa mission d'initiative et de vaillant exemple était achevée. Nul ne partageait son avis ; néanmoins, malgré des prières unanimes, elle persista à céder à des mains aussi dignes que les siennes l'œuvre qu'elle avait tant contribué à rendre prospère et bienfaisante.

Nous connaissons trop son héritière pour en dire tout le bien que l'on en pense. Nous nous bornerons donc à répéter, après tout le monde, l'éloge de sa haute raison, de sa bonté ingénieuse et de son obligeance inépuisable, qui sont chez elle des vertus de famille.

Voici la composition actuelle du Comité des Crèches :

Mmes Rochard, présidente ; de Romans, Le Motheux, vice-présidentes ; Marcheteau, trésorière ; A. Lepage, secrétaire ; de la Noue (Saint-Maurice) ; Ch. Richou (La Trinité) ; Ed. Rondeau (Saint-Serge) ; O'Diette (La Madeleine).

Les médecins sont : MM. Tesson, Bricard et Cotelle.

En défalquant les offrandes des administrations, et prenant pour moyenne ou plutôt pour minimum dans la dépense la somme annuelle de 10,000 francs, on trouve que pour leurs quatorze ans d'existence, les Crèches doivent 140,000 francs à l'initiative privée.

LES SALLES D'ASILE

Là-bas, aux portes de la ville,
Dans l'enclos abrité des vents,
S'élève le petit Asile
Bien connu des petits enfants.

Là, tout est pur, chaste et tranquille,
Jamais de larmes dans les yeux ;
L'esprit du Dieu de l'Evangile
Habite et règne en ces lieux.

Selon l'heure de la journée,
On fait de toute chose un peu,
On joue, on rit, on aime Dieu,
Et voilà le train de l'année.

Les jours se ressemblent entre eux,
Pas un pli sur ce lac limpide,
Sur ces beaux fronts pas une ride,
Ils sont sages, ils sont heureux.

Qui les garde ? — Une bonne dame. —
Son nom ? — La seconde maman. —
L'aiment-ils ? — De toute leur âme. —
Pourquoi ? Pour aimer simplement. —

Elle a le don de les distraire
Par des récits des temps lointains ;
C'est Abel tué par son frère,

. . . .

Salut à vous, ô dignes femmes,
Qui vous faites dans tous les temps
Les servantes de nos enfants :
Votre âme est mère de leurs âmes.

Et salut au petit Asile
Bien connu des petits enfants,
Qui s'élève, chaste et tranquille,
Dans l'enclos abrité des vents [1].

---

[1] *La Poésie de l'École*, par Hippolyte Durand.

Dans un sermon admirable en faveur des Salles d'asile, prononcé le 5 mars 1868, et que nous voudrions reproduire tout entier, M. l'abbé Bodaire achève ainsi le tableau des enfants élevés par des parents corrompus :

« Voilà, pauvres petites créatures grandissant dans ces fanges, victimes dévouées d'avance à toutes les flétrissures et à toutes les ignominies, voilà tout ce qu'ils reçoivent de leurs parents, de leur mère qui croit avoir fait pour eux tout ce qu'elle doit quand elle les a allaités, comme la louve ses petits, et qu'elle les a dressés à chercher leur proie !

« Et n'est-ce pas en effet leur proie qu'ils cherchent tous les jours, le long de nos promenades, dans les rues et sur nos places publiques où nous les rencontrons, exposés à toutes les intempéries des saisons, sales, déguenillés, sollicitant avec une importunité qui n'a plus même la grâce de l'enfance, une aumône qu'il est presque aussi douloureux de leur donner que de leur refuser. Ah ! tout en condamnant les parents coupables, plaignons au moins les malheureuses victimes, surtout quand ces victimes sont de petits enfants ! Sauvons, si nous le pouvons, tous ces petits Moyses, exposés par leurs parents sur les eaux d'un fleuve, mille fois plus dangereux que le Nil, le fleuve du vice et de la misère. Ce fleuve-là, il a des monstres, des monstres qui dévorent tout, le cœur, la conscience, la dignité, l'honneur, la vertu, et qui n'en laissent rien... rien que ce qu'en peuvent sauver la pitié divine et la charité chrétienne.

« Mais heureusement la pitié divine et la charité chrétienne font toujours bonne garde ici-bas pour empêcher le vice et le malheur d'infliger à l'humanité des désastres irréparables, et placer à côté du mal, pour lui faire contrepoids, l'institution qui doit les réparer quand elle n'a pu les prévenir ; c'est ce qu'elle a fait dans les premières années du siècle, et pour l'enfant de la mère pauvre, accablée de travail, et pour l'enfant de la mère incapable de former son esprit et son cœur, en leur ouvrant les salles hospitalières de nos asiles.

« Asile, mot charmant comme la création dont il est l'heureux symbole !

« L'asile, en effet, c'est le refuge dans le malheur, c'est le port dans la tempête, c'est le salut dans la proscription. L'antiquité païenne elle-même avait ses asiles dont elle avait élevé les privilèges à la hauteur d'un droit et presque d'une religion.

« Aujourd'hui dans nos sociétés chrétiennes, partout où le nom de Jésus-Christ est invoqué, le malheur a son droit d'asile. Le vieillard, le malade, l'orphelin, le coupable lui-même quand il se repent, le naufragé, le voyageur, ont leurs asiles protecteurs, leurs refuges hospitaliers. Ces asiles de l'infortune, la charité les a semés partout, dans nos villes, dans nos campagnes, au bord des mers, au fond des vallées ; elle les a suspendus au flanc des montagnes, jusque dans la région des neiges éternelles.

« Or, il ne se pouvait pas que les plus dignes d'intérêt et de pitié parmi les malheureux, que les petits enfants aimés de Jésus-Christ, que les petits enfants des familles pauvres n'eussent pas aussi leurs asiles.

« Déjà le héros, ou si vous aimez mieux l'ange de la charité dans notre patrie, déjà saint Vincent de Paul avait recueilli les orphelins, les enfants abandonnés, et leur avait suscité dans le cœur des vierges chrétiennes des dévouements qui leur assuraient de nouvelles mères et une nouvelle famille.

« Depuis, à son exemple, et sous son inspiration, nous avons vu s'établir et se propager parmi nous mille créations charitables, destinées à protéger l'enfance, à l'élever chrétiennement : la Crèche, gracieuse inspiration de celle de Bethléem, qui reçoit l'enfant naissant ; la Maternité qui veille autour des pauvres berceaux, les écoles, les ouvroirs, les œuvres protectrices des jeunes apprentis, des jeunes détenus. Aucune misère d'enfant semblait n'avoir échappé à la vigilante et maternelle tendresse de la charité chrétienne.

« Cependant une lacune se laisse apercevoir.

« Dès l'âge de deux ans où l'enfant sort de la Crèche jusqu'à l'âge de six ans où il entre dans les écoles, à cet âge si important où l'enfant commence à marcher seul, dans tous les sens du mot, où son pas mieux affermi n'a plus besoin de soutien, où sa raison se développe, où sa conscience se forme, où sa sensibilité s'éveille, et, il faut bien ajouter, où son caractère moral se découvre et où ses passions même commencent à poindre, rien n'était créé, rien n'était préparé pour l'éducation des petits enfants des familles ouvrières, rien que ce que nous venons d'en dire tout à l'heure.

« C'est pour combler ou prévenir cette lacune, que dans les premières années de ce siècle, une femme, une mère, une Française — les Françaises ont l'attrait de la charité comme les Français celui de la gloire, — une chrétienne aussi noble que vertueuse, fonda le premier asile à Paris, et s'en fit elle-même la première institutrice. Sous la bénédiction de Dieu, le premier asile, comme le grain de sénevé de l'Evangile, est devenu un grand arbre aux rameaux nombreux et fleuris où les petits oiseaux du ciel viennent de toutes parts s'abriter et chanter..... »

« L'asile [1] est un heureux mélange et un sage tempérament des soins que réclame le développement de l'intelligence et des exercices qui servent à fortifier et à assouplir les organes. Son but, sans enlever l'enfant à sa famille, ce qui est presque toujours un grand malheur, et pour la famille et pour l'enfant, est de les recueillir pendant la journée, pendant que les parents sont occupés au travail, pour les préserver des dangers de l'isolement ; de s'emparer de ses facultés, à mesure qu'elles éclosent, de sa mémoire, de son imagination, de son esprit, de son âme tout entière pour les remplir de saintes images, de récits édifiants, d'idées morales, de sentiments vertueux, de pures et douces affections. Là, l'instruction lui est distribuée goutte à goutte et comme le lait pour ainsi dire, sous l'inspection de dames chrétiennes et la direction de pieuses institutrices, laïques ou religieuses, qui se dévouent à ce touchant ministère avec

---

[1] Mgr Giraud, archevêque de Cambrai.

une intelligence et un zèle au-dessus de tout éloge. Là, dans des leçons accommodées à sa faiblesse, et entremêlées de chants et d'évolutions variées qui tiennent éveillée sa petite imagination sans la fatiguer, l'enfant apprend, presque sans s'en douter, et comme en se jouant, les éléments de la religion, les rudiments de la langue, les premières notions de l'histoire, de la géographie, du calcul, et grâce à la vigilance qui préside à la bonne tenue et au bien-être de ces douces créatures, vous voyez briller sur ces visages ouverts et souriants, un air de santé et de bonheur qui est comme le reflet de l'innocence et des joies de leur âme... »

« Un jour [1] que Mme de Pastoret gravissait l'escalier d'un cinquième étage pour porter des secours à la mansarde d'une pauvre femme en couches, elle s'arrêta aux cris de détresse qui partaient d'une chambre voisine. Elle frappe à la porte ; point de réponse. Elle redouble d'efforts pour ouvrir ou se faire entendre : rien que les cris déchirants et continus d'une pauvre petite créature évidemment abandonnée ! Mme de Pastoret entre alors chez la femme qui l'attendait et, pour la première fois peut-être, distraite en face de la douleur présente, elle interroge d'abord la malade sur la misère d'autrui... « Ne vous étonnez pas de si peu, Madame, répond la pauvre femme, c'est, hélas ! notre sort commun, quand nous avons mis des enfants au monde, faut-il abandonner notre état ? Alors, qui nourrira la famille ? Faut-il travailler à domicile ? Qui nous fournira de l'ouvrage ? Sommes-nous logées de façon à recevoir des métiers ? Travaillerions-nous assez, distraites sans cesse par les soins de nos enfants et par leurs caresses ? » — Vos enfants, reprit Mme de Pastoret, sont donc laissés seuls et livrés à eux-mêmes.

[1] En 1801. (M. de Falloux : *Études et Souvenirs.*)

durant toute la journée? — Oh! pas absolument, Madame; souvent nous les confions à des voisines ou bien à des enfants un peu plus âgés; mais la voisine peut se trouver malade, comme cela m'arrive en ce moment; quelquefois aussi les enfants aînés sont plutôt une occasion d'accidents par leur turbulence qu'une sauvegarde pour les petits frères et sœurs qu'on leur donne à surveiller. » Mme de Pastoret n'eut pas besoin d'en entendre davantage. Elle se leva, remit à la pauvre femme le secours qui lui était destiné et sortit. Un ordre d'inquiétudes et de souffrances auxquelles elle n'avait jamais songé, venait de lui être révélé.

« Après être descendue précipitamment dans la rue, elle se fit indiquer la boutique d'un serrurier, remonta au cinquième étage, expliquant au brave artisan le service qu'elle attendait de lui, se fit ouvrir la porte de la mansarde d'où partaient les cris et se trouva en face d'une petite fille de cinq ans, blottie d'un air effrayé au fond de la chambre, et d'un enfant de deux ans qui s'agitait convulsivement à ses pieds. Elle s'empressa de rassurer la plus âgée de ces deux enfants, et en obtint doucement l'aveu de ce qui n'était désormais que trop facile à deviner. La petite fille de cinq ans avait laissé se hisser sur une commode la petite sœur remise à sa garde, et l'enfant tombée de cette hauteur, s'était cassé le bras. Elles étaient enfermées, car la pauvre mère n'avait songé qu'à prévenir les accidents de l'escalier ou de la rue, et la jeune gardienne, plus épouvantée peut-être des reproches qu'elle redoutait que de l'accident dont elle ne comprenait guère la gravité, n'avait trouvé rien de mieux que de se tenir silencieuse dans un coin. Heureux hasard ou plutôt admirable Providence qui avait voulu placer cet avertissement sur le chemin d'une personne si digne de l'entendre.

« A partir de ce jour la Salle d'asile était créée.

« Nous nous trompons cependant : cette institution avait encore à faire un singulier noviciat.

« Rentrée chez elle, la marquise de Pastoret n'hésita point dans la mise en œuvre des pensées qui étaient venues l'assaillir, et elle réalisa immédiatement ce que la fortune lui permettait de tenter. Une maison fut louée près de Saint-Philippe-du-Roule, à l'angle de la rue Verte, et douze enfants du quartier y furent reçus, sous la surveillance d'une sœur de charité, nommée sœur Françoise, qui demeura trente ans à la tête de cette petite famille et contribua puissamment à lui donner l'essor. Mais cet essai, renfermé dans les limites de l'humble discrétion inhérente à de telles entreprises, n'attira que quelques bénédictions humbles et discrètes aussi. Il fallut, ce qui trop souvent a été nécessaire en France, il fallut que l'idée mère, l'idée française nous revînt avec un nom et une coutume étrangère pour être accueillie, étudiée parmi nous, et l'on prit la peine de naturaliser comme une importation anglaise ce qui était né sous nos yeux.

« Dès que la paix d'Amiens, en 1804, eut ouvert le continent aux relations amicales des peuples entre eux, les étrangers se mêlèrent en foule aux hommes distingués qui formaient déjà le cercle de M. et Mme de Pastoret, Richard Edgeworth, savant économiste et sa fille, la célèbre Maria Edgeworth, furent de ce nombre. La jeune Anglaise fut invitée à venir à Fleury, maison de campagne près de Meudon, où Mme de Pastoret passait les saisons d'été et d'automne. Ce que miss Edgeworth y découvrit de qualités et de vertus lui parut au-dessus d'un fugitif souvenir ou d'une banale reconnaissance. Elle voulut leur consacrer un durable monument. Prenant Mme de Pastoret pour l'héroïne de l'un de ses romans, elle lui prêta le nom de Mme de Fleury, et publia, sous ce titre, un volume dans lequel se trouvent racontées les circonstances qui motivèrent et accompagnèrent la fondation de la Salle d'asile. Ce récit et les tableaux qui l'accompagnent eurent un grand succès en Angleterre. Les philanthropes s'en emparèrent et c'est alors que cette pensée charitable, semblable à tant d'autres inspirations françaises, revint à son point de départ, après un regrettable détour et une longue perte de temps... »

Toutefois si la pensée des Salles d'asile appartient à la marquise de Pastoret, si elle fut réalisée sur une vaste échelle en Angleterre, c'est à M. Denys Cochin qu'elle dut son perfectionnement. Neveu du vénérable abbé Cochin, curé de Saint-Jacques du Haut-Pas et fondateur de l'hospice qui porte son nom, fils du baron Cochin, maire et député sous la Restauration, Denys Cochin, chargé, à son tour, des fonctions de maire, fut convaincu, selon ses propres paroles « de la nécessité de sauver de l'abandon la multitude des jeunes enfants que leurs parents, retenus par leur travail, laissaient sans soins, sans éducation, et quelquefois sans nourriture. »

Bien qu'enfant de Paris, M. Cochin s'était attaché à l'Anjou par son union avec Mlle Benoist, fille du comte Benoist, ministre d'Etat, et sœur de M. Benoist d'Azy, directeur des Finances, et de M. Prosper Benoist, officier aux gardes du corps. Les trois mariages de cette nouvelle génération eurent lieu presqu'en même temps. Un de mes plus durables souvenirs de jeunesse fut l'honneur d'avoir vu ces trois heureux couples, réunis à Châteaubriant chez leur respectable tante, Mme de Jully. M. Cochin attira surtout mon attention par sa haute taille, par l'intelligence supérieure et la bonté qui se reflétaient sur son beau visage.

3.

S'il n'eut pas le premier la pensée des Salles d'asile, c'est à lui que revient la gloire de les avoir fondées et propagées dans notre pays. Esprit grave, essentiellement pratique, d'une activité calme et persévérante, Denys Cochin avait précisément les qualités que demande une œuvre de ce genre. A peine avait-il atteint l'âge d'homme qu'il fut frappé par une grande douleur. Sa jeune femme mourut presque subitement ; mais ce qui est la marque des cœurs d'élite, sa propre souffrance le rendit plus compatissant encore aux souffrances d'autrui, et de sa vie sévère il fit deux parts, l'une pour ses enfants, l'autre pour les malheureux. C'est dans son livre sur les Salles d'asile qu'il faut suivre Denys Cochin mettant au service d'une idée féconde sa patiente énergie, sa vive intelligence, sa fortune personnelle, au point de faire construire à ses frais la première Salle d'asile, rue Saint-Hippolyte [1].

Notre cité fut une des plus empressées à suivre l'exemple de Mme de Pastoret et de M. Cochin.

C'est le 19 juillet 1833 que les adhérents à la création des Salles d'asile se réunirent en assemblée générale, dans une des salles de l'hôtel de ville, sous la présidence de M. Augustin Giraud.

M. le Maire ouvre la séance par un discours sur l'utilité de la nouvelle œuvre, les espérances que les souscripteurs doivent concevoir dans le succès et la durée d'un établissement auquel s'empressent de concourir tous les esprits animés d'une philanthropie éclairée.

M. Rey, conseiller à la Cour Royale, lit ensuite un rapport à propos des diverses démarches pour recueillir des souscriptions. Il demande en terminant que des remerciements soient adressés aux bienfaiteurs de la

---

[1] Gaston Faugère. *Le Français*, numéro du 21 mars 1881.

fondation nouvelle et qu'une Commission soit nommée pour rédiger un règlement.

Les commissaires élus sont :

MM. Rey ; Alexandre Joûbert ; Oriolle ; El. Lachèse ; Lefrançois ; Delaunay ; Adville ; Planchenault ; de Gibot ; Guérin-Desbrosses ; Farran ; Pitre Giraud.

Le premier soin de la Commission a été d'élire :

MM. Alex. Joûbert, président ; Farran, trésorier ; El. Lachèse, secrétaire.

Sont choisis pour rédiger le projet des statuts, MM. Rey et Adville.

La Commission remercie de son gracieux concours Mme Barthélemy, femme du préfet, et la prie d'être son interprète près des dames dont le zèle s'est associé au sien pour recueillir les fonds destinés à la nouvelle institution.

MM. Lefrançois, Adville et Rey sont chargés d'examiner avec l'architecte de la ville, M. Thierry, la convenance d'acquérir de préférence dans la Doutre un terrain rue du Saint-Esprit, pour y établir une première Salle d'asile. Le 15 mai 1834, Mme Licois, venue de Baugé, en est nommée sous-directrice aux appointements de six cents francs.

Le 19 juin M. Rey lit une lettre de M. Delaunay, ancien officier, route de Paris, qui réclame une seconde Salle d'asile dans le quartier Saint-Michel ; il offre à cet effet une somme de cinq cents francs.

Sur la proposition de M. Rey, la Commission nomme M. Chauveau, de Saint-Georges-des-Sept-Voies, directeur des Salles d'asile, avec quinze cents francs de traitement, à la charge d'avoir une domestique qu'il paiera.

Il sera logé aux frais de l'établissement, avec le chauffage d'une chambre en hiver.

On ne tarda pas à reconnaître que pour les soins qu'exige l'enfance, la direction des femmes est préférable à celle des hommes ; M. Chauveau donna bientôt sa démission et n'eut point de successeur.

Dans l'assemblée du 12 décembre 1834, présidée par M. Farran, il est donné connaissance du projet des statuts, rédigé par les membres du Comité d'organisation, MM. Rey, Adville et Lefrançois. Cette lecture suscite plusieurs observations dont le résultat est le renvoi à une Commission spéciale composée de MM. Contencin, Bordillon et Gautier, receveur des Hospices.

Le Comité des dames sera également invité à nommer une Commission qui s'adjoindra à celle des hommes pour l'examen du projet de règlement.

C'est la première fois que nous voyons figurer l'élément féminin dans l'organisation des Salles d'asile. Les dames n'ont servi jusqu'ici qu'à recueillir des ressources. Du reste, c'est justice de les convoquer pour les grandes résolutions. La peine qu'elles ont eue leur donne droit à l'honneur. Bientôt nous verrons qu'elles ne tardèrent pas à supplanter les représentants de l'autre sexe, et l'on n'aura qu'à s'en féliciter, car leur compétence à l'égard de cette sorte d'œuvres est incontestable.

Dans l'assemblée générale des souscripteurs, le 1er février 1835, composée pour la première fois d'hommes et de femmes, les statuts de la Société sont approuvés ; en voici l'exposé préliminaire :

« Les Salles d'asile sont destinées à recevoir gratuitement, pendant le jour, les enfants de deux à sept ans.

« Les moyens propres à amener leur développement physique et moral sont employés de la manière la plus sûre dans ces établissements.

« Les idées dont on entoure les élèves sont toutes empreintes de dévouement à leurs devoirs et de morale évangélique ; les exercices gymnastiques toujours appropriés à leur âge et à leurs forces.

« La première instruction qu'ils reçoivent dans l'asile les prépare à profiter bien avantageusement de l'enseignement qui leur est offert par les autres écoles, dans un âge plus avancé.

« Les souscripteurs des Salles d'asile ont compris avant tout qu'il fallait que l'enfance fût heureuse : point de châtiments, peu de punitions et de réprimandes ; là, tout est douceur et bonté ; le maître, aimant ses élèves sans faiblesse, s'occupe activement du bonheur de l'avenir en donnant toujours le bonheur du présent.

« Les leçons et les jeux sont entremêlés avec art ; et pendant les récréations, des incidents les plus simples, des divertissements en apparence les plus frivoles, surgissent à chaque instant de purs enseignements ou de fécondes leçons de morale religieuse.

« Les parents, débarrassés de la surveillance des enfants, rentrent en possession de leurs journées de travail. Chaque jour voit ainsi augmenter le bien-être des familles pauvres, et diminuer le nombre de celles que la nécessité force de recourir à la charité publique.

« Frappés des immenses avantages que présentent les Salles d'asile pour la moralisation et le bonheur matériel des classes pauvres, les habitants d'Angers ont l'ardent désir de doter la ville et le département de Maine-et-Loire d'établissements d'une aussi haute importance. En conséquence, les souscripteurs, convoqués en assemblée générale, ont formé une société et arrêté les statuts suivants... »

Si le style de cet avant-propos ne brille pas par l'élégance, on ne peut nier le bon sentiment qui l'a dicté. En le lisant, il est tout naturel de songer au chemin qu'ont fait les libres-penseurs depuis cette époque. Les opinions avancées de MM. Rey, Lefrançois et Bordillon dominaient dans la Commission et cependant elle n'hésite pas à mettre la nouvelle institution sous l'égide des croyances religieuses. Qu'auraient pensé ces hommes aux idées tolérantes en voyant leurs successeurs voter avec M. Ferry, malgré les protestations indignées de M. Jules Simon, la suppression du nom de Dieu dans la préface des programmes scolaires ?

Nous allons passer à une seconde phase de l'établissement des Salles d'asile. Jusqu'à présent on doit cette justice à M. Rey ; il en fut le principal promoteur. Bien que célibataire, il aimait beaucoup les enfants. C'était un petit vieillard, originaire de Grenoble, d'un tempérament sec et de relations fort polies et serviables. Compromis en 1815 dans les conspirations de sa ville natale, il possédait une instruction étendue, mélangée d'utopies, et tenait fort à ses idées, heureux lorsqu'elles étaient bonnes ; c'est ce qui arriva pour les Salles d'asile. A peine sorti de l'audience il accourait à son cher asile, et s'y revêtait d'un large tablier. On le vit balayer les chambres et rendre à ses protégés les soins les plus paternels. A cette époque l'hygiène était peu avancée dans le bas peuple et nombre de mères ne voulaient pas que l'on coupât les cheveux de leurs enfants ; il fallait parfois user de contrainte pour les y faire consentir. Les directrices avaient, sur ce sujet, et d'autres encore, de véritables luttes à soutenir. M. Rey manquait bien peu de jours, si même il en manqua, à venir mettre à leur service sa bourse et son infatigable obligeance. L'heure de la retraite, seule, interrompit ses bons offices, en le rappelant dans le Dauphiné, où il continua, nous nous plaisons à le croire, d'exercer sa passion favorite, l'amour des petits enfants.

A l'influence prédominante de M. Rey sur nos Salles

d'asile succéda celle de Mme Gauja, et l'on ne put qu'y gagner, sinon en dévouement, du moins en intelligence élevée de l'institution.

Mme Gauja était parfaitement secondée par son comité composé de Mmes Leclerc-Guillory, Alexandre Joûbert, Grégoire Lachèse, Violas et Contencin.

Le 22 juillet 1836, le service médical des deux asiles laissait à désirer. La Commission chargea le Dr Lefrançois de la salle du Saint-Esprit, et le Dr Castonnet de la salle Saint-Michel. Ils sont priés d'accepter cette mission toute de charité et de vouloir bien visiter leur asile, au moins une fois par semaine.

Sur la proposition de plusieurs de ses membres, la Commission décide que le sermon prononcé par M. l'abbé Maupoint [1], dans l'église Saint-Serge, le 21 juillet 1836, sera imprimé à mille exemplaires et vendu au profit des asiles. MM. Rey, Adville et Bordillon sont chargés d'aller, en le remerciant, lui demander son manuscrit.

Dans l'Assemblée générale du 12 février 1837, le trésorier constate que depuis l'origine, c'est-à-dire du 6 mars 1835 au jour de l'assemblée, les recettes ont monté à 30,561 fr., mais que de la balance avec les dépenses, il résulte un déficit de 4,677 fr.

En conséquence, le trésorier propose d'autoriser la remise à l'Administration municipale des deux salles, telles qu'elles sont, immeubles et mobiliers compris, avec les charges et le déficit consignés dans le rapport.

En somme, voici un marché qui n'est pas onéreux pour la ville. Elle acquiert pour un peu moins de 2,340 fr. l'un, deux asiles fondés, en grande partie, par l'argent des souscripteurs. Nous ne sommes pas assez

---

[1] Alors vicaire à Notre-Dame.

indiscret pour demander combien coûtent les nouveaux asiles Condorcet et Victor Hugo ; mais nous nous permettons de supposer qu'ils n'ont pas été bâtis à si bon compte.

Le 27 juin 1838, Mme Leclerc-Guillory informe la Commission qu'elle et M. de Burc [1] ont acheté à Mlles Paimparé un terrain, faubourg Bressigny, destiné à recevoir les constructions d'une troisième Salle d'asile pour 2,250 fr. ; ils en ont fait l'avance, et Mme Leclerc offre 500 fr. qui entreront dans l'addition des voies et moyens.

Les frais de construction sont fixés au maximum de 12,000 francs. La Commission des ardoisières fournit en outre, en pierres et ardoises, une valeur de 1,430 francs.

A la séance du 10 septembre 1840, Mme Gauja, partie pour la Préfecture d'Arras, ne préside plus ; mais elle est dignement remplacée par Mme Leclerc-Guillory qui lit un rapport très apprécié sur les qualités intellectuelles et morales de quatre aspirantes à la direction de la nouvelle salle Saint-Joseph. Ce fut Mme Barambon qui obtint la préférence.

Dès le 15 décembre 1836, Mlle Mahieu avait passé de la salle du Saint-Esprit à l'asile Saint-Michel, après la démission de Mlle Cremière. Sans vouloir diminuer la part d'honneur des fondateurs de nos Salles d'asile parmi lesquels se distinguèrent Mmes Gauja, Chevré, Leclerc-Guillory et M. Rey, on doit reconnaître que Mlle Mahieu fut le principal agent de l'organisation. C'était une personne accomplie, aussi remarquable par les dons de la nature que par l'aménité du caractère et

---

[1] Conseiller à la Cour, fort considéré pour sa distinction et sa générosité.

la culture de l'esprit. Elle appartenait à une famille distinguée de la Normandie, et avait reçu une brillante éducation. Des malheurs privés l'obligèrent, pour aider sa famille, à s'occuper de commerce. Toute jeune elle venait aux foires d'Angers, avec une amie, offrir dans les pensionnats des dentelles et mousselines de son pays. Mme Adville frappée par sa vive intelligence et ses agréments personnels, se l'attacha comme économe. Ce fut dans sa florissante institution que Mlle Mahieu fit connaissance non seulement des jeunes filles de la haute société d'Angers, mais aussi de leurs mères qui ne cessèrent de la considérer comme une amie. A leur sollicitation elle consentit à se charger de la direction d'une des Salles d'asile, ou plutôt des Salles d'asile, car pendant vingt-neuf ans, elle remplit ses fonctions avec une supériorité si reconnue qu'elle servit d'exemple et qu'avec l'amour des enfants, elle s'attira, sans effort, une considération universelle.

Le 6 février 1841, M. l'abbé Maupoint, devenu curé de la Trinité, fait part à la Commission de l'établissement, par ses soins, d'une Salle d'asile — la quatrième d'après l'ordre chronologique —, près de l'hôpital Saint-Jean, avec l'assentiment du Maire et du Recteur, M. Henry. Il désigne pour directrice la Sœur Virginie Renou.

La Commission dont M. Maupoint est le secrétaire, le remercie de son zèle pour les Salles d'asile, de sa communication au sujet de sa nouvelle œuvre, et lui promet que sa proposition sera recommandée au Conseil municipal. M. Maupoint déclare qu'il pourvoie aux frais de cette école et qu'il continuera jusqu'à la réponse de l'administration.

Plusieurs années s'écoulèrent sans incident notable

dans la paisible existence de nos Salles d'asile, à l'exception d'un événement qui mérite d'être signalé.

Nous lisons dans le *Journal de Maine-et-Loire* du 15 août 1843 :

Samedi, à deux heures, S. A. R. Mme la duchesse de Nemours a visité l'asile Saint-Michel, dirigé par Mlle Mahieu. La salle avait été ornée avec beaucoup de goût. La princesse a été reçue à son arrivée par les dames patronnesses des asiles auxquelles s'était joint M. le Recteur de l'Académie, accompagné de l'Inspecteur et du Sous-Inspecteur des écoles primaires. Un grand nombre de dames avaient été également invitées, ainsi que les mères de famille dont les enfants fréquentent l'asile. Les autres Salles d'asile de la ville d'Angers, que la princesse n'aurait pu visiter, étaient représentées par des députations de leurs intéressants élèves. Une foule immense se pressait aux abords de l'établissement. S. A. R. ayant pris place sur le siège qui lui était réservé, une jeune enfant, appuyée sur des béquilles et que son infirmité rendait encore plus intéressante, est venue lui adresser un compliment qu'elle a entendu avec une émotion visible. Elle a également accueilli avec une grâce toute particulière un placet qui lui a été présenté par l'un des plus jeunes enfants qui fréquentent l'asile.

Des couplets analogues à la circonstance ont été chantés ensuite par tous les enfants en chœur. Puis ont eu lieu divers exercices auxquels S. A. R. a paru vivement s'intéresser. C'était un spectacle curieux et attendrissant tout à la fois que de voir ces 250 enfants témoigner par leurs cris et leurs battements de mains le bonheur que leur causait cette auguste visite dont ils conserveront longtemps le souvenir.

La princesse a été reconduite à sa voiture au milieu des plus vives acclamations et après avoir adressé à l'estimable directrice des félicitations sur son dévouement et la bonne tenue de son asile.

Nous apprenons que S. A. R. a remis entre les mains de l'un de MM. les Adjoints un don pour être reparti entre les asiles de cette ville.

C'était l'heureux temps où les populations aimaient à témoigner aux princes leur sympathique reconnaissance pour la paix et la prospérité dont jouissaient alors toutes les classes de la nation française.

Le récit du journal est exact, mais il doit être complété par un épisode que nous tenons d'un témoin oculaire.

On se souvient encore sinon *de visu*, du moins par ouï-dire, du passage à Angers de la duchesse de Nemours, victime innocente, bien jeune encore, comme ses belles-sœurs [1], de nos révolutions. La princesse joignait à la grâce et à la beauté une affabilité charmante. Les présentations finies, elle dit à Mlle Mahieu : « Vous avez une aide, une bonne qui n'est pas ici, je désirerais la voir. » Aussitôt deux dames se précipitent au fond de l'arrière-salle où se cachait la pauvre servante et on l'amène toute tremblante et rougissante devant la princesse qui lui prend la main et lui dit en souriant : « N'ayez pas peur, vous êtes devant une amie. — Oh ! Madame, je ne suis qu'une pauvre fille — oui, mais une fille de la charité ; il n'y a pas de plus beau titre. Comment vous appelez-vous ? — On m'appelle Nanon. — Nanon, cela doit venir d'Anne, la mère de la Sainte Vierge ; vous ne pouvez avoir de meilleure patronne. Il y avait jadis près d'Angers, en Bretagne, une duchesse de ce nom qu'on nommait la bonne duchesse, parce qu'elle aimait bien les braves gens, les bonnes personnes comme vous. Je désirerais bien lui ressembler un peu. Permettez-moi de vous embrasser..... »

Que l'on juge de la confusion de la pauvre Nanon d'avoir été l'objet d'un tel honneur. La pieuse fille est

---

[1] Les duchesses d'Orléans et d'Aumale.

morte il y a quelque temps dans l'exercice de ses humbles fonctions, et quand on forçait sa modestie à raconter la scène du 15 août, ses yeux se remplissaient de larmes. L'impression de toutes les spectatrices ne fut guère moins vive, et quand après quarante ans, la respectable dame dont je tiens ce récit, le répétait pour la centième fois peut-être, elle était émue comme si elle assistait encore à ce touchant spectacle. Cette sensibilité est bien naturelle, quoi de plus exemplaire en effet que ce rapprochement cordial de la grande dame et de la pauvre fille du peuple ? N'est-ce pas le fruit admirable de la civilisation chrétienne, la vraie civilisation française !

En se retirant, au bruit des acclamations, bien sincères celles-là, car elles partaient du cœur, la princesse dit à l'éminente directrice en lui serrant la main : « Mademoiselle, on m'avait dit beaucoup de bien de vous et de votre institution, mais j'en remporte une idée fort supérieure à tous les éloges qu'on m'en a faits... »

Le 21 juillet 1846, la Commission est présidée par M. Laroche père, premier adjoint; Mme Bellon est vice-présidente, et M. l'abbé Maupoint toujours secrétaire.

Le Dr Lefrançois fait remarquer avec raison qu'avec les quatre asiles il serait urgent d'en ériger un cinquième au centre de la ville, pour le grand nombre d'enfants qui l'habitent. Dans ce but il propose l'acquisition, qui est acceptée, de la maison Talbot, rue de la Croix-Blanche, pour la somme de 20,700 francs, frais d'acte compris [1].

---

[1]. Après quelques années cet asile a été transféré rue Valdemaine, ancien pensionnat Adville et jadis couvent des *Petits-Pères*.

Entre cette dernière séance et celle du 1ᵉʳ mai 1848, une funeste révolution a éclaté ; mais elle n'a rien brisé dans la constitution de nos Salles d'asile ; seulement le nouveau maire, M. de la Tousche, vient présider la Commission avec non moins de bienveillance que M. Laroche. M. Maupoint est encore secrétaire, et M. Souchay, notaire, trésorier.

On vote des remerciements à M. Gallet-Azemar, au nom des enfants les plus sages auxquels il offre généreusement un livret de 20 fr., de la *Caisse paternelle*, placement que chaque enfant, ainsi avantagé, touchera capital et intérêt à sa majorité.

A la séance du 16 juillet 1849, M. Piquelin, adjoint, qui la préside, informe la Commission du départ de son excellent secrétaire, M. Maupoint, appelé à Rennes comme vicaire général. Pour le remplacer, M. Piquelin propose son successeur à la Trinité, M. l'abbé Légeard, dont tout le monde connaît la capacité et le dévouement. Cette proposition est agréée à l'unanimité.

Dans le cours de 1855, l'Impératrice, en se déclarant la protectrice des Salles d'asile, avait voulu être la première dame patronnesse de France ; par ses soins, dix-sept médailles d'or furent décernées aux directrices les plus méritantes. Deux avaient été accordées à l'Académie de Rennes, l'une à la sœur Marie-Ambroise (Marie Treno), de la congrégation des Filles de Jésus, à Pontivy ; l'autre à Mˡˡᵉ Mahieu, directrice depuis 20 ans. M. le recteur Mourier vint exprès de Rennes pour remettre cette éclatante récompense à celle qui en était si digne. Le maire, M. Duboys, avait voulu donner à cette cérémonie tout l'éclat d'une fête vraiment populaire. Ce fut dans la salle d'exercices de l'École, élégamment décorée, au milieu d'un nombreux concours de notabilités et de mères de familles, que M. Mourier prononça un très remarquable discours, dont nous regrettons de ne pouvoir reproduire que la fin :

« Vous méritiez cette distinction, Mademoiselle, vous qui n'avez cessé sous le costume laïque, de pratiquer les douces vertus des saintes filles que leurs vœux et leur caractère ont dévoué devant les autels à l'éducation de l'enfance. S'il n'est pas de département dans la circonscription académique où l'action de l'autorité civile et du clergé, heureusement secondée par l'élan de la charité privée, a été plus heureuse dans la propagation des écoles de la première enfance, nous ne saurions oublier que c'est de l'asile même où je parle, de cette maison que M. le Maire se plaît à montrer comme l'œuvre la plus chère à son administration et à l'affection du Conseil municipal, que sont partis l'impulsion et l'exemple qui ont abouti à l'établissement, dans Maine-et-Loire, de plus de quarante écoles maternelles. C'est aux leçons de Mlle Mahieu que se sont formées presque toutes nos directrices laïques, grâce aux allocations annuelles demandées au Conseil général par M. Vallon, dont l'administration a réservé au service de l'instruction publique l'une des parts les plus actives de sa vive intelligence ; c'est sur ces bancs que sont venus s'asseoir, autorisés par Mgr Angebault, la plupart des membres des congrégations enseignantes qui ont voulu joindre à leurs écoles cette précieuse institution de la première enfance... »

Le 2 décembre 1855, nouvelle organisation du Comité de patronage des asiles, d'après le décret impérial du 21 mars de la même année.

M. Ernest Duboys, maire, préside la séance d'installation qui a lieu à l'Hôtel de Ville.

Par arrêté de M. Vallon, le Comité départemental est composé ainsi qu'il suit :

MM. le Maire, président ; le curé de Saint-Maurice ;

le curé de la Trinité ; le curé de Saint-Serge ; le curé de Saint-Joseph ; De Lens ; Gain ; Guibourd ; Guibert ; Achille Joûbert.

Mmes Adrien Berger ; Charles Bourcier ; Cesbron-Lamotte ; Jouvet ; Emile Segris ; Valleton ; Vallon ; Vergne.

A partir de ce jour, et pendant treize années, la plume de secrétaire est tenue par Mme Vergne avec cette précision, cette intelligence lumineuse qui caractérisaient la digne fille de M. le premier président Desmazières. C'est pour nous une heureuse occasion de rendre hommage à la haute raison, à l'amour de bien faire, à l'égalité d'humeur toujours aimable, de l'une des femmes de la société angevine qui ont laissé les plus chers souvenirs.

Le Comité accueille avec faveur le nouveau règlement élaboré par M. de Lens, inspecteur d'Académie, avec le concours des fonctionnaires sous ses ordres ; et prie M. le Maire de lui en témoigner sa reconnaissance.

Dans une séance ultérieure M. Segris, adjoint, président, fait part au Comité de la proposition adressée par M. de Lens au ministre de l'instruction publique, afin d'obtenir pour l'asile Saint-Michel le titre de Salle d'asile modèle. On s'empresse de venir en aide à la demande de M. l'Inspecteur d'Académie, en émettant le vœu suivant :

« Le Comité, considérant que l'asile dont il s'agit réunit toutes les conditions voulues, sous le rapport de la bonne disposition du local, l'état satisfaisant de son mobilier, les soins donnés aux enfants par la directrice, Mlle Mahieu, ainsi que les moyens d'éducation et de premier enseignement, employés par elle.

« Emet le vœu que la proposition de M. l'Inspecteur d'Académie, concernant la Salle d'asile de Saint-Michel soit adopté. »

Ce vœu ne tarda pas à être réalisé.

Dans la séance du 27 novembre 1856, sont installées huit nouvelles patronnesses, nommées par le Préfet : Mmes Barrier ; Dély ; Des Varannes ; Gaudin ; Guibourd ; Lepage ; Farge et Radet.

Après Mme Vallon, de 1859 à 1866, Mme de Rouvre, présidente, visite souvent les asiles et organise tous les trois ans une loterie dont le produit, de trois à quatre mille francs, est distribué en vêtements aux enfants. Mme Poriquet arrive ensuite, ayant toujours comme secrétaire Mme Vergne. Le Comité est considérablement augmenté et s'élève au nombre de 80 dames. Les patronnesses doivent faire chaque mois une visite dans un asile, surveiller la propreté de l'établissement et des enfants, assister aux leçons, donner des récompenses, enfin encourager de leur présence les directrices.

L'Administration de l'œuvre est très simple. Les 80 patronnesses donnent une cotisation de 10 francs ; la loterie, tous les trois ans d'abord, et depuis 1870, tous les deux ans, quelques dons du ministre, du Conseil général, de l'Impératrice jusqu'en 70 ; ensuite l'allocation de 500 francs de la Caisse d'épargne, depuis 1880, les deux sermons de MM. Bodaire et Bazin, une large subvention de la ville, voilà les ressources de l'œuvre. Des soupes sont distribuées depuis 1868 à tous les asiles, religieux ou laïques, et ce n'est pas pour une petite somme, en calculant seulement à cinq centimes par portion, et il en faut près de 2.000. Des vêtements sont distribués chaque année pour une valeur d'au moins 2,000 francs : voilà toutes les dépenses.

Ainsi que ses prédécesseurs et successeurs, M. Montrieux portait un vif intérêt aux Salles d'asile. Il s'en occupait avec toute la sûreté de son coup d'œil et la douceur de son affabilité. Il contribua beaucoup avec Mme Poriquet à la réorganisation du Comité. C'est lui qui connaissant le bien fait par l'asile Sainte-Thérèse, voulut qu'il fût compris dans les secours de l'œuvre. C'est lui enfin qui avait étudié avec Mme Poriquet le service important de la distribution des soupes. Il visitait souvent les asiles et encourageait les dames à les visiter.

En 1868 Mme Vergne, à bout de forces, mais non de courage, proposa pour la remplacer sa nièce Mme Charles Hiron dont la mort prématurée causa tant de regrets. Ce fut Mme Blavier qui lui succéda et qui après le départ de Mme Poriquet, en 1870, voulut bien accepter, dans les circonstances les plus douloureuses, la charge de présidente qu'elle remplit encore aujourd'hui avec Mme J. Le Motheux pour trésorière.

La direction de l'œuvre ne peut être entourée de plus de garanties d'ordre et d'aimable charité.

Par bonheur la République qui a changé bien des choses autour de nous n'a pas touché au gouvernement des Salles d'asile ; nos diverses administrations ont eu le bon sens, nous nous plaisons à le reconnaître, de les laisser continuer paisiblement le cours de leurs bienfaisantes destinées. Tout serait donc pour le mieux dans nos Écoles enfantines si certaines innovations sorties du ministère ne venaient de temps à autre modifier d'innocents usages. Il faut le dévouement des anciennes directrices, dont nous n'avons entendu dire que du bien, pour maintenir l'enseignement, du moins pour une grande part, dans les conditions primitives.

Toutefois les dignes femmes sont parfois soumises à des épreuves un peu vives. Ainsi, il y a quelques années, un beau jour, apparut une personne en toilette ébouriffante se disant inspectrice générale, du nom de Mlle M... : Qu'aperçois-je ? s'écrie-t-elle, en entrant dans la salle d'étude d'un des asiles, ce n'est pas une école maternelle, c'est un temple ! des images bibliques, des inscriptions évangéliques ! il faut les remplacer par des sentences de philosophes et des figures d'histoire naturelle. Comment ! des chaises comme dans une église ! et puis que signifient ces chansons puériles ? il faut apprendre aux enfants des hymnes patriotiques, et ces évolutions mécaniques à l'instar des Prussiens, c'est du militarisme. Laissez vos élèves marcher librement, courir en foule. Laissez jouer ensemble les petits garçons et les petites filles ; la liberté, la liberté entière doit régner ici dans tout son développement, comme ailleurs !...

Abasourdie par ce flux de paroles accompagnées de gestes à l'avenant, l'excellente femme à qui ce verbiage s'adressait resta silencieuse, et comme on le pense n'obéit à aucune des prescriptions si cavalièrement données. Le soir de cette équipée, Mlle M... fit à la préfecture une conférence où elle débita tant d'insanités qu'un rapport fut, dit-on, adressé au ministre, et peu après l'éloquente libre-penseuse fut invitée à interrompre ses pérégrinations.

Les Salles d'asile s'appellent aujourd'hui *Écoles maternelles* sans que nous sachions pourquoi on a changé leur premier nom, consacré par de touchantes traditions.

Angers possède actuellement neuf Écoles maternelles publiques et huit libres.

En voici les titres avec les chiffres du personnel :

Salles d'asile publiques

	CHIFFRES MOYENS	
	Garçons	Filles
Faubourg Saint-Michel..........	85	90
Saint-Maurice.................	87	82
Saint-Esprit...................	100	90
Saint-Joseph..................	40	35
Des Justices..................	60	50
Du Clon......................	50	40
Victor Hugo...................	60	40
Cour Saint-Laud...............	30	20
Saint-Léonard.................	40	30
	552	477

Salles d'asile libres

Saint-Vincent-de-Paul.........	85	95
Place Cupif...................	60	44
De la Chalouère..............	36	24
Faubourg Saint-Jacques........	50	62
Saint-Joseph..................	42	38
Saint-Laud....................	48	30
Sainte-Thérèse................	60	55
Rue Fulton...................	50	60
	431	408

En somme les neuf Écoles publiques reçoivent 1,019 enfants, dont 542 garçons et 477 petites filles.

Les huit Écoles libres reçoivent 839 enfants dont 431 garçons et 408 petites filles.

La totalité des enfants était à la fin de l'année scolaire de 1887-88. de 1,858.

Pour faire apprécier les relations entre les maîtresses et leurs jeunes élèves dont elles sont vraiment les secondes mères, nous terminerons notre notice en empruntant la pièce de vers adressée à Mme Béranger-Rabeau, le jour de sa fête, par le très regretté abbé Bellanger. Nous trouvons ce compliment délicieux dans la bien remarquable biographie que M. l'abbé Crosnier a consacrée à son ami.

Mme Béranger, entrée dans l'enseignement à l'âge de 17 ans, eut l'honneur de succéder à Mlle Mahieu à la tête de l'École Saint-Michel, de 1863 à 1886, époque de sa retraite ; elle sut la maintenir à la hauteur de perfection où l'avait élevée son éminente devancière. Du reste nous laissons au poète le soin de tracer un éloge que nous ne saurions égaler dans notre modeste prose :

Non, je ne puis les voir, ces petites personnes,
A votre doux appel, sur leurs lèvres mignonnes
Retenant le babil, en files s'aligner,
Pour redire avec vous une simple prière,
Chanter, lire, nombrer, et même, sur la pierre,
Du mieux qu'on le peut, crayonner.

Non, je ne puis les voir sans que mon cœur frissonne.
Avant d'avoir trois ans, comme une grave personne,
Je m'assis sur ces bancs, et c'est là que j'appris
Ma première chanson, ma première prière ;
Là que vinrent s'asseoir mes deux sœurs et mon frère,
Et trois anges qu'hélas ! le ciel nous a repris.

Oh ! mes petits amis, vous ne pouvez comprendre
Votre bonheur. Bientôt l'âge va vous l'apprendre.
Bientôt, quand vous aurez cheminé plus avant,
Dieu vous fît-il la vie et riante et facile,
Comme moi vous direz : « O beaux jours de l'asile !
Que ne suis-je toujours resté petit enfant ! »

Pour écarter les pleurs de vos jeunes paupières,
Favoris du bon Dieu, vous avez tous deux mères,
L'une par la nature, et l'autre par le cœur.
Et puis, laisser s'enfuir, sans que même on y pense,
La vie en flots dorés, embaumés d'innocence,
    Mes petits amis, quel bonheur !

Eh bien, mes chers petits, en longue couronne,
La verdure, les fleurs que respecte l'automne,
La mère de l'asile attend ce don de vous.
C'est un pieux tribut que son amour réclame,
Elle qui trouve assez de tendresse en son âme
Pour chérir tant d'enfants sans faire un seul jaloux.

L'ADOPTION

M. l'abbé Maitrias, chanoine honoraire de l'Église Saint-Paul-Saint-Louis, s'occupait à Paris de l'Œuvre de la Sainte-Enfance. En songeant aux orphelins chinois, il se dit que nos orphelins français avaient aussi grand besoin de secours, et fonda, avec M. de Tourville, l'Œuvre de l'Adoption à Paris. L'œuvre s'organisa, s'étendit dans les principales villes du diocèse, et même au delà.

Une demoiselle que la mort de ses parents laissait isolée trouva, en la générosité de son âme, en l'active bonté de son cœur, la force de dominer sa douleur et d'utiliser sa fortune et sa vie. Elle prit à Paris connaissance de l'Œuvre de l'Adoption et l'établit à Angers en avril 1863 [1].

---

[1] Un des buts de notre livre étant de faire connaître les fondateurs de nos œuvres, nous ne pouvons omettre, malgré sa défense, le nom de Mlle Gallière. (*Note de l'Éditeur.*)

Accomplissant avec un zèle soutenu les démarches préliminaires, toujours fort pénibles, elle parvint à constituer l'œuvre qui, à peine annoncée, fut comprise par cette vive et inépuisable charité dont notre ville d'Angers sait donner tant de preuves.

La première orpheline fut adoptée et placée à l'ouvroir des Sœurs de Saint-Vincent-de-Paul, dès le 30 avril ; la seconde au mois de novembre de cette première année.

Bientôt dix orphelins extrêmement intéressants furent présentés à Mgr Angebault qui les bénit, et, sur la demande de la fondatrice, nomma l'excellent et vénérable M. Louis Levoyer, ancien supérieur du collège de Combrée, directeur de l'œuvre naissante.

Ainsi constituée, et sous un si digne protectorat, le nombre des associées et des cotisations augmenta. Comment ne pas seconder ces louables intentions de remplacer le père et la mère, près de pauvres petits enfants sans ressources ?

Non seulement la fondatrice dévouée s'occupait activement de l'adoption des orphelins à Angers, mais elle emportait dans ses voyages que sa santé l'obligeait à faire, le souvenir de sa chère œuvre. Un jour, au versant des Pyrénées, elle se reposait d'une longue promenade et contemplait le beau paysage qu'elle avait sous les yeux, lorsqu'une vieille femme vint lui demander l'aumône : « Non pour moi, disait-elle, mais pour ma pauvre petite fille que la mort de son frère et de sa mère laisse à ma charge. » Notre fondatrice lui donna quelques secours ; mais sa charité ne se borna pas à cela. Elle parla de l'œuvre aux pieuses demoiselles chez lesquelles elle demeurait, et leur indiqua les moyens de fonder l'OEuvre de l'Adoption. Elle-même réunit quelques associées ; l'œuvre s'organisa et plaça l'enfant chez de bonnes Sœurs qui l'élevèrent avec tant de soin qu'elle devint, au bout de quelques années, leur aide dans la direction d'autres jeunes orphelines ; elle avait une fort belle voix, et chantait les louanges de Dieu d'une façon ravissante. La supérieure de l'hospice fut une mère tendre et dévouée pour les orphelines qui lui étaient confiées et entretenait d'affectueuses relations avec l'œuvre d'Angers. Un jour, elle demanda un témoignage de charité fraternelle qui lui fut accordé ; elle obtint que deux enfants qu'il fallait éloigner fussent adoptés par notre œuvre ; mais la bonne supérieure voulut au moins payer la pension de l'une d'elles. Mgr de Toulouse venait de fonder son refuge des jeunes aveugles ; mais Sa Grandeur promit, cependant, avec son habituelle et paternelle bonté, de protéger l'Œuvre de l'Adoption dans son diocèse. Un an après, Mme de X... la présidait à Toulouse, où elle ne cesse d'agir avec la plus vigilante charité.

Notre fondatrice pendant tout le temps qu'il le fallut demeura présidente ; mais bientôt elle désira offrir ce titre à quelques femmes chrétiennes qui employèrent successivement, avec un grand dévouement, leur influence et leur notoriété à étendre l'œuvre, à la soutenir dans toute l'étendue de leurs généreuses et touchantes sollicitudes.

L'œuvre, jusqu'alors affiliée à celle de Paris, devint œuvre diocésaine, se bornant à ses propres ressources et les employant sans recourir à l'autorisation de l'œuvre de Paris.

En 1872, l'Adoption, à la demande de Mgr Freppel, devient ŒUVRE DIOCÉSAINE et prend un accroissement plus considérable.

M. le chanoine L. Levoyer en est directeur.

Le Conseil se compose de :

Mmes Pavie, présidente ; Affichard ; vicomtesse de Bernard ; Blavier ; Chamaillard ; d'Espinay ; Farge ; vicomtesse de Gargilesse ; Pierre Richou, trésorière ; Th. de Soland ; marquise de Villoutreys ; Souchay ;

Mlles Gallière ; Doussault ; de Gacqueray ; Lelong.

Le nombre des enfants adoptés s'élève à 27.

Les recettes sont de . . 4,394 fr.
Les dépenses de . . . 4,133

Mme Pavie, surchargée d'œuvres, donne sa démission au grand regret du Conseil.

Mme de la Villebiot veut bien accepter la présidence.

Les années 1874-75-76-77-78 voient l'œuvre prospérer de plus en plus.

Les recettes s'élèvent à . 6,069 fr.
Les dépenses à. . . . 4.466

54 enfants sont sous sa protection.

En 1879, M. le chanoine L. Levoyer, pour des raisons de santé, donne sa démission après avoir prodigué son dévouement à l'œuvre.

Mgr Freppel nomme directeur M. le chanoine Godineau.

L'Adoption augmente le nombre de ses orphelins.

Les recettes sont de . . 7,865 f.
Les dépenses de . . . 5,819

En 1881, elle compte 61 enfants sous sa protection.

Mme de la Villebiot souvent absente d'Angers, depuis quelques années, ayant maintenu sa démission déjà offerte précédemment, le Conseil a dû l'accepter en exprimant ses regrets.

Mme Gustave de Place, membre du Conseil, est élue présidente ; Mme Bordeaux, secrétaire ; Mme Richou continue ses fonctions de trésorière avec un zèle qui ne fait que s'accroître.

Parmi les nombreux bienfaiteurs qui ont soutenu l'œuvre par leur générosité et que la mort nous a enlevés nous ne devons point oublier MM. le comte de Falloux et Yves Jallot ; Mme la marquise de Villoutreys et Mme Rivière. Par un sentiment de réserve nous ne pouvons nommer tous ceux et celles qui existent actuellement.

Il ne s'agit plus que de continuer et d'intéresser à cette œuvre diocésaine les personnes qui ne la connaissent pas et qui pourront se joindre aux anciens souscripteurs :

Mmes Victor Pavie ; vicomtesse de Bernard ; Théobald de Soland ; Affichard ; vicomtesse de Gargilesse ; Blavier ; d'Espinay ; Souchay ; la comtesse de Villoutreys ; la baronne de Villoutreys ; Lépiller ; Rochard-Oriolle ; Soudée ; André Joûbert ; Hédelin ; Genest.

Mlles Gallière ; Doussault ; de Cacqueray, etc.

Outre les cotisations, le compte rendu fait mention des dons offerts par les protecteurs des enfants et des quêtes qui ont lieu chaque année dans les principales églises de la ville d'Angers.

Actuellement l'Adoption a 85 orphelins sous sa protection, et au cours du dernier exercice (1er décembre 1886 au 1er décembre 1887) elle a payé les pensions de 35 d'entre eux et donné des secours à 7 autres ; 6 orphelins ont été adoptés par elle dans cette même année.

Les orphelins sont admis de 5 à 10 ans, et placés dans divers orphelinats, où ils demeurent, les garçons, jusqu'à 18 ans, les filles, jusqu'à 21 ans.

171 enfants ont été ainsi placés par l'Œuvre : 26 à l'Orphelinat agricole de Pouillé, près les Ponts-de-Cé : 8 à l'Orphelinat de Bethléem, à Nantes : 2 chez M. l'abbé de Suyrot, à Meslay (Vendée) : 5 à l'Orphelinat municipal d'Angers ; 25 à l'Ouvroir Saint-Joseph de Saumur : 11 à l'Orphelinat du Bon-Pasteur, d'Angers ; 13 à celui de Nazareth, près Angers ; 8 à celui de Notre-Dame-des-Anges, à l'Esvière : 11 à celui de Sainte-Thérèse, à Angers ; 5 à Saint-Florent-le-Jeune ; 9 à l'Ouvroir Saint-Michel, d'Angers : 12 à l'Ouvroir Saint-Vincent, d'Angers : 36 dans différentes maisons religieuses ou dans des familles chrétiennes.

Depuis que l'œuvre est demeurée exclusivement diocésaine elle a payé jusqu'au 1er décembre 1887, 75,589 fr. 39 pour ses orphelins.

Chaque année l'Œuvre de l'Adoption publie le compte rendu des recettes et des dépenses.

Sur ce compte rendu figurent les noms de toutes les personnes ayant remis à l'œuvre 5 fr. au moins. Toute souscription inférieure à 5 fr. est comprise dans le chiffre inscrit sous le nom de Madame patronnesse ou de la zélatrice par les mains de laquelle l'œuvre l'a reçue.

Les cotisations sont reçues à partir de 0 f. 50 par les zélatrices, les dames patronnesses formant le Conseil de l'œuvre, la trésorière et le directeur. Le Conseil actuel est ainsi composé :

Mmes Gustave de Place, présidente ; Pierre Richou, trésorière ; G. Bordeaux, secrétaire.

Dans certains ouvroirs ou orphelinats les enfants sont reçus pour une somme modique, une fois donnée : dans la plupart une pension, variant de 120 à 200 fr. par an et par enfant, est payée jusqu'à l'âge de 14 ans.

Les engagements de l'œuvre pour l'année 1888 s'élevaient déjà au 1ᵉʳ décembre 1887 à la somme de 5,178 fr. C'est dire que cette œuvre, éminemment sympathique et chrétienne, compte, comme par le passé, sur la charité de tous.

Une messe est dite chaque année pour les souscripteurs et bienfaiteurs défunts.

LA SAINTE-ENFANCE

Forsan et hæc olim meminisse juvabit.

Le *forsan* du poète est ici de trop ; c'est sans crainte qu'il devait affirmer que le souvenir est un des grands charmes de la vie. Si nous étions privés de la mémoire, si notre intérêt ne pouvait s'appliquer qu'aux choses du moment, notre existence, qui se concevrait à peine avec cette privation, n'aurait plus ni cohésion, ni suite. Notre passé, quel qu'il ait été par la permission de Dieu, a pour chacun de nous toute l'importance d'une histoire personnelle et intime ; nous cédons au besoin impérieux d'y regarder souvent et d'en considérer les principales phases.

Le passé des choses ne se distingue guère du nôtre. Le plus ordinairement ses acteurs ont été multiples ; l'intérêt qu'il excite n'en est que plus grand et son histoire contient toujours assez de complications et d'inattendu pour causer quelque surprise et satisfaire une curiosité saine et légitime. Un modeste rapport d'une étendue très limitée n'est pas une occasion de philosopher ; aussi dirons-nous aussitôt, sans plus tarder, où nous voulons en venir à la suite des réflexions qui précèdent. Témoin des premiers efforts tentés en 1848 pour faire accepter à Angers l'Œuvre encore très nouvelle à cette époque de la Sainte-Enfance, cette jeune émule de la Propagation de la Foi, en possession, jusque-là, de recueillir en France les aumônes des fidèles destinées aux Missions catholiques, nous avons été prié de raconter ce que nous vîmes alors de nos propres yeux et entendîmes de la bouche des principaux auteurs de la sainte entreprise. L'inspiré qui eut le mérite de concevoir la possibilité de l'Œuvre, Mgr de Forbin-Janson, intrépide missionnaire et évêque de Nancy, n'eut pas la joie de voir ses développements, ni même d'en être assuré. Elle n'était encore qu'un vague espoir, ou le simple grain de sénevé de l'Évangile, lorsque Mgr de Quélen en confia le soin et l'avenir à M. l'abbé Jammes, son ancien vicaire-général devenu chanoine titulaire de la Métropole de Paris. Sans tenir compte de ses années, M. Jammes, pour obéir à la voix du Ciel, déploya aussitôt une activité et un zèle infatigables que l'âge semblait devoir lui interdire. A une époque où les moyens de correspondance et de transport ne ressemblaient guère à ceux d'aujourd'hui, on vit cet homme de Dieu parcourir successivement tous les diocèses de France et de l'Europe catholique, aller dans les cours, au moins à Madrid et à Vienne, invoquer le patronage des souveraines et des plus pieuses princesses, solliciter les Primats et les Évêques, et obtenir le concours des Nonces apostoliques. Il fallut que l'âge le gagnât tout à fait, il dut attendre treize années à s'écouler, treize années de luttes, de foi, de patience énergique, de résignation mêlée d'espoir, avant de voir le triomphe.

« Me voici de retour depuis deux jours, écrivait-il le
« 3 décembre 1853, à celle qu'il avait prise tout d'abord

« pour confidente de ses plans et de ses espérances sur
« le diocèse d'Angers... non pas mort, après avoir fait
« un voyage immense, sans le plus petit accident et non
« sans fruit pour la Sainte-Enfance. J'ai visité Madrid
« pour la seconde fois, puis Saragosse, Barcelone,
« Valence, Alicante, Carthagène, Almeria, Gibraltar,
« Cadix, Xérès, Santander, Séville, Cordoue. Dans
« toutes ces villes nous avons maintenant un Conseil
« diocésain et les bases d'un Comité de Dames zélatrices.
« Que ne puis-je vous raconter de vive voix toutes les
« particularités de ce long voyage, où la Providence
« m'ouvrant les portes partout m'a tant de fois montré
« combien la Sainte-Enfance lui est agréable et quelles
« grâces y sont attachées ! » On nous pardonnera cette
longue citation qui peint le caractère de l'apôtre et du
conquérant. L'Espagne était donc conquise ; une plus
grande victoire lui était réservée. Sa Sainteté Pie IX,
d'heureuse mémoire, absolument gagné à la cause de la
Sainte-Enfance, se décida à lui donner un cardinal
protecteur en la personne du cardinal Reisach, puis
par son Bref en date du 18 juillet 1856, daigna inviter
tous NN. SS. les évêques à admettre dans leurs diocèses
respectifs la nouvelle œuvre avec le même intérêt qu'ils
réservaient à la Propagation de la Foi ; l'expérience
démontrant de plus en plus d'une manière éclatante,
que, loin de nuire à celle-ci, elle lui venait au contraire
efficacement en aide.

Cette crainte de porter préjudice à l'Œuvre plus
ancienne de la Propagation, tel fut l'unique souci qui
empêcha d'abord Mgr Angebault, de si doux souvenir,
de favoriser quelques années plus tôt l'établissement
de la Sainte-Enfance dans le diocèse d'Angers. Le
vénérable évêque ne s'en inquiétait pas autrement :
la nécessité d'une concurrence n'était pas démontrée

et ne se faisait pas sentir. Il y a plus de sûreté à maintenir ce qui existe et réussit, qu'à créer une nouveauté qui n'a pas fait ses preuves. Pour mettre à néant cette objection et un terme à une préoccupation qui semblait très légitime et avoir toutes les apparences de la sagesse, la divine Providence, dont parlait tout à l'heure M. l'abbé Jammes, se servit du plus facile et du plus simple des moyens.

Le digne successeur de Mgr de Forbin-Janson avait été aumônier du pensionnat du Sacré-Cœur, à Paris, et, en cette qualité, avait dirigé et particulièrement connu plusieurs jeunes personnes appartenant à une famille de notre Anjou. Une fois ses élèves sorties du couvent, leur éducation terminée, M. l'abbé Jammes entretint correspondance avec elles et même trouvant moyen de faire la part à l'amitié dans les rares loisirs que lui laissaient ses courses apostoliques à travers l'Europe, il venait de loin en loin visiter ses jeunes amies et leurs religieux parents. Ces derniers avaient eu à supporter de graves avanies du régime politique de 1830, c'était un motif particulier pour attirer l'intime ami et conseiller de Mgr de Quélen qui avait été tant éprouvé lui-même. M. Jammes venait donc en Anjou, mais utilisait encore pour l'implantation de son Œuvre préférée ses courtes et rares villégiatures. Ce n'est pas trop de dire qu'il guettait notre cher diocèse comme une belle proie qu'il voulait à toute force obtenir. On doit signaler aujourd'hui comme ses principaux complices, le regretté Mgr Maupoint, alors curé de la Trinité, et la fille aînée de la maison où le saint prêtre recevait une si cordiale hospitalité. C'est au presbytère même de la Trinité où se rencontra M. l'abbé Jammes avec Mgr Angebault dans un amical rendez-vous qui avait été heureusement ménagé, que l'Évêque se laissa vaincre. Il ne put résister plus longtemps aux arguments péremptoires, à l'éloquence si persuasive du pieux missionnaire de l'Enfant Jésus, aux désirs de tous ceux qui entouraient au moment le saint prélat et joignirent leurs pressantes instances aux respectueuses sollicitations de l'apôtre des Chinois. Sa Grandeur leva les défenses et accorda les autorisations, de sorte que le zèle eut la faculté de se manifester au grand jour.

Le commencement de la célèbre année 1848 vit l'inauguration publique de l'Œuvre de la Sainte-Enfance à Angers, juste cinq ans après que Mgr de Forbin en avait conçu l'idée. Sans doute notre religieuse cité et province n'y était pas absolument étrangère, et, sur divers points, des personnes avaient pris les devants pour la propager ; mais ces efforts disséminés réclamaient une direction, avaient besoin d'ensemble et d'unité. La chose devint facile et se réalisa du jour où Mgr l'Évêque, en visant et promulguant les indulgences accordées par le souverain pontife, eut ainsi autorisé la célébration solennelle des deux messes annuelles auxquelles elles sont particulièrement attachées.

Appelé par les vœux pressants des initiatrices de l'Œuvre, de plusieurs de MM. les curés et, avant tous les autres, par l'ardent pasteur de la Trinité, qui avait annoncé la première de ces messes aux prônes du dimanche précédent, M. l'abbé Jammes vint exprès de Paris à Angers pour la circonstance et reçut l'hospitalité empressée de la famille dont nous avons parlé. Le salon de la rue des Lices, où nous avons connu l'aimable vieillard toujours si bien accueilli par ses reconnaissantes élèves, devint pour le moment la salle des réunions pour les premiers conseils. Ce fut là qu'on prit les dernières dispositions pour mieux assurer le succès :

là que le pieux apôtre communiqua ses convictions et ses saintes ardeurs à ceux et celles qui lui offraient tout leur dévouement. Il fut très émerveillé de la manière dont on lui avait préparé le terrain, des facilités que les prières et les démarches de ses premières collaboratrices, Mlles Boguais de la Boissière, Fanely Prou et de Cacqueray, lui avaient déjà ménagées. Quelle agréable surprise d'apprendre à son arrivée que les magnifiques établissements d'éducation de notre capitale de l'Anjou étaient presque tous gagnés à la sainte cause ! La présence du vénérable directeur fit l'effet de la traînée de poudre : le feu sacré s'alluma comme un incendie et gagna de proche en proche paroisses, institutions, séminaires, petits et grand, écoles laïques et congréganistes, celles des petits garçons comme celles des petites filles. Les quartiers les plus pauvres, loin de rester en retard et de faire exception à cet élan général, tenaient plutôt la tête du mouvement. A la prière de M. l'abbé Jammes et sous la direction de MM. les chanoines et curés qui avaient pris l'initiative de l'Œuvre, quelques jeunes personnes se formèrent en Comité diocésain, se partageant les fonctions de présidente, secrétaire, trésorière, conseillères et zélatrices et dès la deuxième séance qu'il eut la consolation de présider, on reconnut qu'il fallait demander à Paris une quantité d'au moins 4,400 diplômes d'agrégation et autant de médailles pour satisfaire les demandes qui abondaient de la ville et du diocèse entier.

Un jeudi, 13 janvier, avait été choisi pour la sainte assemblée des enfants et l'inauguration solennelle de l'Œuvre. Le nom de M. l'abbé Jammes avait été prononcé, ce fut assez pour électriser ce petit monde. Il devait célébrer le divin sacrifice et encourager de sa douce parole les jeunes apôtres qu'il voulait enrôler. Ils accoururent de toute la ville et remplirent en un instant la chapelle du Baptistère. Après la lecture du saint Évangile, se tournant vers son auditoire, M. Jammes l'eut bientôt captivé par le charme de son bon et familier langage : « Enfants, disait-il, louez le Seigneur. *Laudate, pueri, Dominum...* aimez-le, rendez-vous semblables à l'Enfant Jésus, votre divin modèle... » Et il démontra, avec son onction habituelle, le bonheur de tous ces enfants qu'il avait devant lui, d'être nés de pieux et bons parents, d'avoir reçu le saint Baptême et d'être ainsi préparés, dès leurs tendres années, à l'avenir temporel et éternel que Dieu leur destine... Sa douce éloquence fit pénétrer dans toutes les âmes un sentiment de reconnaissance envers le Dieu bon qui a daigné naître pauvre et tout petit enfant pour se rapprocher du jeune âge et mieux mériter son affection. Ayant disposé les cœurs à l'attendrissement, ému lui-même et de ses propres pensées et du touchant spectacle que ses enfants lui offraient, voyant des larmes dans les yeux de ses petits auditeurs, ce fut le moment de nous transporter en esprit aux confins du monde barbare et d'en étaler les cruautés ; il peignit la misère, les souffrances des pauvres petits délaissés, leur malheur d'avoir des mères dénaturées qui, après leur avoir donné la vie, les jettent sans pitié comme une vile pâture aux animaux immondes ; leur malheur cent fois plus grand d'être frustrés du saint Baptême et des éternelles joies. Mais aussitôt M. l'abbé Jammes proposait le moyen le plus efficace de pallier le mal, de remédier à cet affreux état de choses. Il fallait s'enrôler dans la pieuse milice de l'Enfant Sauveur, y être fidèle et par là on assurerait à tant de malheureux enfants leur part du céleste héritage ; on rendrait à Dieu, leur créateur, des légions de petits anges qu'il destine aussi bien que nous à voir sa face et à goûter ses joies. Une légère aumône, une privation acceptée, une brève prière sauveront ces créatures de Dieu, aideront les apôtres qui volent à leur recherche, leur vaudront l'eau régénératrice et souvent la vie.

On se sépara dans de telles dispositions que sur-le-champ cent séries se formèrent dans la seule paroisse de la Trinité. Les plus pauvres pères de famille faisaient eux-mêmes inscrire tous leurs enfants pour attirer sur eux les bénédictions de l'Enfant Jésus. Comment s'en étonner ! Qui n'a présente la mémoire de l'admirable pasteur de cette intéressante paroisse... de M. Maupoint, ce grand ami et apôtre du pauvre et de l'ouvrier, promoteur des salles d'asile à Angers, devenu vicaire général de Rennes et le second évêque de l'île de La Réunion ; un des noms angevins qui ont mérité de n'être jamais oubliés...? On conçoit dès lors ce qu'il fallait attendre du pasteur de la Trinité, ayant embrassé avec son cœur brûlant de charité la noble cause des orphelins chinois.

La grand'messe finissait que les douze premières associées venaient se déclarer garantes de toute la paroisse et s'engager solidairement chacune à trouver les douze premières douzaines... Elles tinrent parole, elles n'avaient pas trop présumé et de leur bon vouloir personnel et de celui des autres.

Puis-je me défendre de citer entre tant de beaux exemples donnés par de pauvres petits enfants, celui d'un petit garçon de l'école des Frères de Saint-Maurice ? Malade, et ne voulant pas pourtant se priver de la première cérémonie de la Sainte-Enfance, il quitte son lit, va à la cathédrale avec ses jeunes camarades, et écoute si bien les exhortations de M. Jammes, qu'il n'a plus qu'une pensée, recruter sans relâche d'autres petits adhérents. Il va de porte en porte, prêche la Sainte-Enfance, enrôle grands et petits, distribue images et médailles à mesure qu'on lui en procure, possédé, puisque c'est le jour commémoratif du baptême de Notre-Seigneur, du désir de procurer la même grâce à ses nouveaux protégés, faisant par ses sentiments et sa conduite l'admiration de MM. Jammes et Maupoint, ainsi que des autres personnes qui se trouvaient au moment dans le salon de la famille de Cacqueray. Informé d'un zèle qui tenait du prodige et d'une sorte d'inspiration, notre vénérable Évêque n'eut garde de négliger une attention, comme il en avait l'habitude. Il remit au petit quêteur son offrande personnelle, insigne préférence qui sans doute aura porté bonheur à celui qui en était l'objet.

Le chiffre des enrôlements doubla dans le cours de la première année. On compta bientôt huit mille associés. L'espoir de donner son nom aux petits infidèles, de devenir ainsi soi-même patron de leur éternelle félicité, était un des grands attraits de la sainte Institution. Le tirage au sort des noms était chaque fois la partie de la cérémonie qui provoquait davantage l'attention et le plus vif intérêt. Tous se tenaient haletants, impatients d'ouïr proclamer leur nom et ceux qui avaient été favorisés rentraient chez eux pour porter la bonne nouvelle et s'en glorifier comme d'une victoire. Enfin l'on peut dire que les enfants dont les instincts pieux étaient pleinement satisfaits, y allaient d'enthousiasme, comme à un succès tout personnel.

L'anniversaire de la première fête fut célébré partout avec un nouvel entrain. Dans l'église de la Trinité M. le curé Maupoint présida en personne. Pour ajouter à la solennité, le grand orgue prêta son concours :

Distribution du pain bénit, abondante collecte, tirage au sort des parrains et marraines, allocution aussi tendre et émouvante que le cœur du pasteur pouvait la faire, et on sait ce dont il était capable, tout contribua avec les belles décorations qui entouraient l'image du Divin Enfant, à réchauffer le zèle et à lui souffler un nouvel élan. Aussi put-on dès lors constater et publier hautement à l'honneur de cette paroisse, populeuse il est vrai, mais en général moins pourvue de fortune et d'aisance, que le chiffre de ses sociétaires s'élevait déjà, au terme de la première année, au montant rond de cent cinquante-cinq douzaines. L'ardente charité de Mlle Mathilde Lemée, qui depuis a tant entrepris pour seconder les prêtres et leurs œuvres dans notre cité d'outre-Maine, n'a pas dû être étrangère à ces succès de la première heure. Son nom d'ailleurs est inscrit parmi ceux des subdivisionnaires, et sous son nom aussi, je vois indiqués des versements de 83 fr. d'un seul coup. Que Jésus Enfant rende à cette très digne personne ce qu'elle a fait toute sa vie pour glorifier son saint Nom !...

Les jeunes quêteurs de Saint-Maurice, à la belle réunion du 11 janvier, où l'Enfant Jésus parut sur un trône de fleurs et de lumières, purent recueillir un total de sous et de petites pièces blanches qui atteignit 107 fr. A cette époque troublée, le commerce et l'industrie étaient en détresse et ne devaient pas sitôt reprendre leur essor ; le malaise général persista des années. Aussi les œuvres de charité et de bienfaisance avaient-elles vu leurs budgets s'amoindrir. Cet état de choses n'arrêta pas néanmoins le progrès de notre Sainte-Enfance. Dans le compte rendu où je puise ces détails, la zélée secrétaire du Comité diocésain rapporte que la paroisse Notre-Dame, alors une des mieux habitées de la ville, vit grandir le nombre de ses jeunes enrôlés pour ainsi dire à vue d'œil. Les vingt-quatre douzaines, du premier élan, reçurent tout à coup après la deuxième assemblée solennelle, soixante à soixante-dix nouveaux associés par jour. Elle ajoute que l'entraînement n'était pas moindre dans les autres paroisses. Aussi réclamait-on à cor et à cris les ballots d'insignes, diplômes et médailles pour satisfaire à cette petite *furia francese* qui ne se promettait rien moins que de conquérir la Chine par ses prières et ses aumônes pour la donner à Jésus Sauveur. De pieuses personnes, amies et dignes émules des grandes zélatrices d'Angers, ne faisaient pas moins merveille sur différents points du beau diocèse. Mais hélas ! comment tout indiquer ? Que de citations seraient à faire si nous voulions donner cours à notre reconnaissance ! C'est à Beaupréau, Mlle Ménard, la pieuse sœur de Mgr Ménard, le regretté chanoine et prélat de Sa Sainteté Léon XIII. Par ses souscriptions et moyens variés, elle obtenait dès le commencement de merveilleux résultats. Tout de même Saint-Pierre-Montlimart, sous l'impulsion principale de Mlle Caroline de Jourdan, qui avait pris la chose à cœur, comme elle faisait de tout ce qui concernait la gloire de Dieu, s'était tout d'abord signalée entre les plus généreuses paroisses ; Saint-Pierre-Montlimart comptait de prime abord quarante douzaines de petits associés. — Et Chanzeaux donc ! aurait-il voulu rester en arrière ? Le zèle de son château, de ses institutions, frères et religieuses, pouvait-il manquer de s'enflammer pour un si noble objet ? Qui oublierait des noms bénis comme ceux que Chanzeaux rappelle, immortalisés dans notre pays d'Anjou par les services innombrables rendus à la cause de Dieu et de la Sainte Église ?

Disons pour nous limiter et résumer, que les douze premiers mois de laborieux efforts avaient propagé l'Œuvre dans vingt-trois paroisses et rassemblé un noyau de huit mille fervents agrégés. La sœur cadette de la Propagation de la Foi avait pu se faire connaître. Le terrain se préparait et s'élargissait pour une moisson plus abondante. Une fois la protection de l'autorité diocésaine acquise, l'Œuvre répondait à une nécessité si évidente qu'elle obtint les sympathies des jeunes cœurs ainsi particulièrement invoqués. La progression des résultats matériels est la preuve de ces dires. En 1859, cent cinquante-neuf paroisses comptaient des associés et, jointes aux collèges, pensionnats et écoles, avaient porté le versement annuel ou la quote-part diocésaine à la somme de plus de 18,000 fr. En 1862, nous dépassons 20,000 fr. et l'année suivante 23,000 fr. Saint-Maurice, le premier et principal foyer de l'heureuse combustion, cœur de l'antique Cité, déjà déserté pour les riches quartiers nouveaux, garde néanmoins la supériorité de sa contribution ; mais il est talonné de bien près par Saint-Joseph, Saint-Laud et tant d'autres belles grandes paroisses qui rivalisent d'industries pour grossir leurs trésors et apporter à l'Enfant Jésus de généreuses offrandes. Les importantes paroisses de Saumur, Baugé, Notre-Dame de Beaufort, de Pouancé, de Gesté, de Montjean, de Challain, de la Poitevinière, de la Pommeraye, de Combrée, de Saint-Florent-le-Vieil et combien d'autres, même d'une population inférieure, mais où les bons Frères, les Religieuses institutrices ou seulement quelques zélatrices exerçaient leur fervent prosélytisme, se signalaient par des résultats de plus en plus marqués ! Dans un court rapport, il n'est guère possible de citer tant de noms, glorieux par leurs mérites, qui devraient l'être, et de rendre un hommage convenable à tous ces dévouements que l'on reconnaît facilement en feuilletant les premiers documents de l'humble histoire de la Sainte-Enfance, qui ont contribué, jusqu'à la fin de leur vie ou l'épuisement de leurs forces, à la prospérité de l'OEuvre avec le même élan. Telles tant de personnes que la pieuse et intelligente trésorière générale actuelle recommande dans ses intéressants, instructifs et édifiants comptes rendus à notre souvenir et propose à notre imitation : les dames et demoiselles Garsanlan ; P. Ex. Françoise Lochin ; comtesse de Saint-Pern ; marquise de Grignon ; Ambroisine Dénéchau ; comtesse Théodore de Quatrebarbes ; Delphine Grignon, sœur du curé de Nantilly et zélatrice pendant plus de vingt-cinq ans ; Laurence de Lozé, vice-présidente ; Mme Boguais, qui tint à succéder à sa belle-sœur dans sa charge de présidente ; Fanely Prou, qui géra si fidèlement la minutieuse et très méritoire comptabilité pendant vingt-deux ans ; Mlle Coudray qui exerça son zèle l'espace de trente années.

Les noms de Mmes de Messey, du Vigneau, dans notre excellent Craonnais, propagatrices du culte du divin Enfant Jésus non seulement dans leurs propres paroisses, mais se chargeant de la même mission dans les lieux d'alentour ; celui Mlle Bassy qui prenait ce même soin aux environs de Beaufort, et encore ceux de Mlles Courant à Saint-Jean-des-Mauvrets et à Saint-Florent-le-Vieil, aussi bien que ceux de tant de saints prêtres devront rester inoubliés et inscrits au Livre d'Or de la Sainte-Enfance ; on doit les honorer comme les noms de ses fondateurs les plus vaillants et les plus méritants. — Dès ces premiers temps dont nous avons parlé plus haut, le collège de Combrée, grâce au zèle dévorant de son incomparable aumônier, versait à lui seul une cotisation extraordinaire de 1,000 fr. Pouancé prenait occasion de la fête des Saints Innocents pour une charmante réunion où le gracieux et le délicat ne devaient pas faire défaut, j'en suis sûr, et pour le tirage d'une loterie bien plus productive qu'à l'ordinaire. « C'était quelque chose de ravissant, racontait la plume de son curé modèle, de voir les petits enfants courir tous les quartiers, encouragés par le meilleur accueil, pour placer leurs billets ou amasser des lots et revenir les poches pleines de gros sous..., tout cela pour leurs protégés de Chine. »

Si l'on voulait glaner tant de traits charmants, de détails anecdotiques dont sont émaillés les comptes rendus de l'ingénieuse trésorière de la communauté de Saint-Charles, ce rapport n'en finirait pas, et il doit avoir des bornes. Chanzeaux, Saint-Laud d'Angers, où la même influence continuait de se faire sentir, continuaient aussi de se distinguer par les fêtes les plus magnifiques ! A chaque reprise le génie de la charité inspirait des surprises et de l'inattendu pour réjouir les regards des petits amateurs de l'Enfant Jésus, les enchanter et les attacher davantage. Ce n'étaient que festons et guirlandes, fleurs et luminaires, flots d'oriflammes, chants, poésies et dialogues de circonstance, et les collectes ne pouvaient manquer de s'en bien trouver. Allonnes, où résidait la propre sœur de la première trésorière, la pieuse dame Bongérard de Grandmaison, prit son rang parmi les plus généreuses paroisses : Mme Bongérard eut l'heureuse fortune d'être secondée par M. l'abbé Bossuet, qui avait déjà exercé son zèle pour l'œuvre sur un premier théâtre, ayant su obtenir à la Poitevinière des recettes annuelles de 213 fr. Dès lors aussi, à Saint-Joseph d'Angers, disent les récits contemporains, brillait une organisation modèle, dont les cadres largement disposés par une main non moins habile qu'infatigable, toujours prête à seconder le vénérable pasteur et ses pieux auxiliaires, étaient soigneusement entretenus et remplis. Aussi s'élevait-elle de même que Saint-Laud son émule, par ses versements en progrès constants, à la hauteur de l'importance qu'elle acquérait de jour en jour. Candé, par ses libéralités éventuelles aussi bien que par ses souscriptions régulières, occupait dans la hiérarchie des dévouements une place des plus distinguées. Dans la gracieuse église de Saint-Jean du Marillais on s'était arrêté à la pensée de reproduire la grotte de Bethléem. Pour s'en faire idée, il ne suffit pas de se souvenir du talent artistique de M. le curé, l'ouvrier des remarquables sculptures de Saint-Jean, il faudrait avoir vu de ses yeux cette magnifique grotte, ce chef-d'œuvre inspiré par l'amour de Dieu. Là, chacun venait tenant en ses mains sa modeste et rustique offrande en nature, pour mieux copier la scène de la divine naissance, où Jésus. le doux petit Jésus de la crèche, eut des bergers pour premiers adorateurs. Le blé, le lin, le vin, les fruits offerts étaient ensuite l'objet d'une vente aux enchères, destinée à payer les cotisations des enfants les plus pauvres. A Chanteloup, cette limite extrême de notre chère Vendée, on conçut une autre idée non moins gaie qu'encourageante pour couronner les fêtes et proclamer le parrainage de ceux et celles que le sort venait de favoriser. Les cloches sonnaient de tout cœur à en ébranler le beffroi, tandis que les dragées, cadeau sans doute de quelques jeunes châtelaines, pleuvaient au sortir de l'église sur les participants de la joyeuse cérémonie. Omettrais-je de dire encore, à l'éloge de la paroisse de Segré, que dans l'espace de neuf années, chacun s'employant à l'envi de surpasser le zèle d'autrui, une somme de 3,000 fr. fut versée à la caisse de la Sainte-Enfance, obole multipliée du pauvre comme du riche? C'était, de la sorte, une rente moyenne et annuelle de 300 fr. que cette excellente population ne cessait d'offrir pour le rachat des petits infidèles et leur salut éternel. Ce bel exemple ne fut pas perdu pour la contrée bénie dont la petite ville est le centre et produisit les plus louables efforts d'émulation. On s'afflige vraiment d'être dans l'impossibilité d'énumérer les noms de tant de personnes qui donnaient de toutes parts de si beaux exemples de zèle, en consacrant au développement de l'Œuvre presque tous leurs loisirs. Ainsi est-il dit que Mlle Bonnet était l'âme de la sainte entreprise dans toute l'étendue de la ville de Cholet; Mmes Jamet et Leterme faisaient de même dans tout Saumur, Mlle de Langotière, à Jarzé. La flamme sacrée gagnait jusqu'aux châteaux, où l'on préparait des petits travaux pour augmenter l'intérêt des loteries, où l'on tenait à donner l'élan aux pauvres chaumières et aux moindres bourgades. Tels ceux, pour n'en citer que quelques-uns, du Lathan, à Breil, de l'Éperonnière, à Trémentines, de Bourmont, à Freigné. La sainte ardeur s'entretenait de tous côtés sans aucune tentation de se ralentir. Freigné, dont nous venons d'écrire le nom, se flattait dès lors à juste titre de compter trois cents associés, et en tête des noms dont il y avait lieu d'être fier, c'étaient les noms mêmes des petits-fils du vainqueur et conquérant d'Alger. Le Fief-Sauvin, fief admirablement productif pour la sainte Œuvre, comme tant d'autres de notre Vendée, arrivait à thésauriser entre les mains de Mlle Rouillier et du seul chef d'une loterie annuelle jusqu'à la somme vraiment prodigieuse de 390 *bons francs!* La paroisse de la Boutouchère transportée du même désir de gagner à Jésus-Christ des âmes rachetées par son sang, ne voulait pas rester trop inférieure à une population qui la surpassait cependant de près de moitié. Chaque année pour suppléer à ce que les souscriptions ne pouvaient donner, c'étaient les loteries et les inventions les mieux imaginées qui comblaient le déficit et en même temps les vœux du vénéré pasteur. Je vois qu'une année M. Poilâne, curé de la Boutouchère, fit une recette de 950 fr. parmi les 758 habitants soumis à sa paternelle houlette. La sainte association a compté dans cette paroisse 146 membres fidèles, dont 125 petits enfants. Heureux pasteur, heureuses populations que l'impiété n'a pas ravagées; le spectacle de leur fermeté dans la foi et de leur mâle vertu est bien édifiant et bien consolateur. Elles sont petites et humbles entre les principautés de Juda, mais ce sont des lieux de fertilité et de bénédictions, où le Divin Enfant de Bethléem n'est pas méconnu. Dans cet autre champ clos d'honneur et de mérite ouvert par la Providence aux âmes vaillantes, les diocèses de France rivalisèrent d'ardeur. Cambrai, avec son immense population de plus d'un million, prit et tint aisément la tête. Nous suivîmes et serrâmes de très près le beau diocèse de Nantes avec un versement de 34,609 fr. La grande loterie annuelle plaçait aisément 25,000 billets, rapportant sou par sou la somme de 2,500 fr.

Mgr l'Évêque pleinement rassuré à propos de l'Œuvre plus importante de la Propagation de la Foi, daigna présider, en l'année 1866, la réunion de la cathédrale et donna en cela une preuve solennelle du haut intérêt qu'il accordait à la prospérité de l'Œuvre. Ne lui avait-il pas donné d'ailleurs pour zélateur et protecteur le vénéré M. Bompois, son vicaire général? Il ne pouvait être fait un choix plus à souhait. M. Bompois était réputé pour sa bonté et ses condescendances. Il avait passé toute sa jeunesse à s'occuper des jeunes gens, personne n'était mieux prédisposé à se faire tout à tous, comme le Sauveur et son apôtre : c'était le plus accessible des hommes, fait à plaisir par son abord facile, son langage familier et exempt d'apprêt pour aller droit au cœur des petits enfants. Aussi était-ce un grand bonheur de le voir honorer de sa présence les assemblées enfantines ! On le savait si dévoué à la Sainte-Enfance ! Il la recommandait sans cesse dans le cours des visites pastorales au dévouement de Messieurs les vicaires, au zèle des maîtres et maîtresses, à ses chères Sœurs de Saint-Charles comme aux autres religieuses des diverses communautés. Assurément ce saint et si bon prêtre, dont l'élévation à la prélature fut saluée par un concert unanime, en parvenant au Ciel, n'aura pu échapper à une ovation bien autrement glorieuse, celle des petits infidèles transfigurés par la grâce du baptême et accourus en foule pressée pour saluer le triomphe d'un de leurs libérateurs. Il en sera tout autant de son successeur dans la présidence de l'Œuvre bénie, qui est héritier du même esprit de bienveillance et d'une modestie au moins égale à celle de son cher maître et devancier. Tout en lui semble emprunté à la même école de bonté, de dignité simple et de dévouement. La Sainte-Enfance en de telles mains ne périclitera pas et poursuivra humblement sa carrière, à côté de sa noble émule, l'Œuvre plus grandiose de la Propagation de la Foi.

Maintenant après tout ce que nous venons de voir, si nous consultons les différents rapports, écrits d'une plume alerte, sur l'objet qui nous occupe, et qui tous témoignent d'une ardeur persévérante, vraiment il y a de quoi se rassurer. Les premiers bienfaiteurs et bienfaitrices qui ont survécu aux quarante années écoulées depuis la fondation ; ceux et celles, ouvriers et ouvrières de la première heure qui ont été à la peine, sans oublier Mlle la Présidente actuelle, peuvent regarder l'avenir avec plus de confiance ; qu'ils rapprochent et comparent les résultats, ceux du passé et du présent. Peu s'en faut que la Sainte-Enfance ne soit établie dans toutes nos paroisses et ses suprêmes conquêtes ne demandent que quelques bons vouloirs. La gêne publique, la diminution notable des revenus privés n'ont pas encore pu arrêter le progrès des recettes que le dernier rapport nous présentait comme atteignant au delà de 32,000 fr. Si quelques paroisses ont pu se glorifier d'avoir versé 3 à 4,000 fr. dans une période de deux lustres, que dirait-on du diocèse entier qui depuis quarante ans fournit aux Missions catholiques une moyenne de plus de 20,000 fr., pour procurer le salut ou la liberté de tant de malheureux enfants ? Que d'âmes, que de vies chrétiennes sauvées par ces aumônes de l'innocence appliquées au soulagement des plus touchantes infortunes !

En octobre 1865, Mlle Aurélie de Cacqueray, fille de la Charité à Ning-Po, écrivait à sa sœur, alors secrétaire de l'Œuvre, que dans le court espace de neuf mois, 17 petits garçons et 137 petites filles, ayant à peine touché terre pour trouver la divine régénération, s'étaient envolés vers le Ciel, y glorifier l'éternelle Miséricorde et prier pour leurs insignes bienfaiteurs. L'orphelinat de Ning-Po, grâce aux largesses de la Sainte-Enfance, avait déjà reçu et entretenait 148 garçons et 170 filles ; treize baptêmes des plus grands enfants et vingt-neuf premières communions et confirmations avaient eu lieu depuis le 1er janvier. Et l'héroïque sœur qui devait succomber à la longue à l'action meurtrière du climat, ajoutait qu'elle ne pouvait rendre compte des baptêmes faits à domicile dans les visites que ses compagnes et elle-même avaient occasion de faire, soit en ville soit dans les villages. Deux grandes consolations étaient procurées par leurs anciens néophytes, revenant tous les dimanches assister au saint sacrifice dans l'Asile où leur existence avait été préservée et y recevant les jours de fête, spectacle plein d'attendrissement, le Dieu qui les avait tirés de l'idolâtrie et de la mort. Entonnons donc le cantique de l'action de grâces, chers associés de la Sainte-Enfance ! Que ce regard jeté sur le passé ne soit pas inutile et ne nous laisse pas indifférents. Encourageons-nous à mieux faire s'il est possible, à ne plus rien épargner pour obtenir un succès complet. Il reste à gagner quelques paroisses encore ! Qu'elles se hâtent de répondre à l'appel du Sauveur ! Quel préjudice, quelle perte de grands mérites, puisqu'elles sont sollicitées et par l'exemple et par les exhortations incessantes de se rallier à la précieuse et facile association. Le diocèse d'Angers occupe, dit-on, le cinquième rang parmi les diocèses de France qui se signalent par leur générosité. De nouvelles adhésions nous permettraient de le disputer aux plus fervents. Ce ne sera pas notre évêque dont le grand cœur sait répondre à tout appel de Dieu et de l'Église, qui arrêtera l'élan du zèle apostolique que nous pourrons ressentir. Comprenons le prix d'une âme destinée à voir Dieu et à le glorifier pendant l'éternité. Figurons-nous souvent que ces âmes innocentes, que nos prières et nos légers déboursés auront contribué à introduire dans le sein de l'éternelle béatitude, deviendront des âmes amies, dévouées à notre propre félicité, surtout si nous avons travaillé vingt-cinq et trente années, comme plusieurs, à grossir leurs glorieuses phalanges. Elles salueront en retour notre arrivée au Ciel de leurs acclamations répétées : « Venez sans crainte, bons serviteurs, ouvriers fidèles des vignes les plus délaissées et les plus sauvages ; vous paraissiez vous livrer à des labeurs sans importance et vous serez pourtant grandement rémunérés. *Euge ! serve bone et fidelis, quia super pauca fuisti fidelis, super multa te constituam ; intra in gaudium Domini tui.* »

P.-S. — On compte en ce moment au diocèse d'Angers 306 paroisses, où l'Œuvre est acceptée :

Ville et arrondissement d'Angers.			81
—	—	de Baugé.	38
—	—	de Cholet	74
—	—	de Saumur.	57
—	—	de Segré.	56
		Total	306

Le diocèse comprend, je crois, 415 paroisses. Il y aurait donc encore 109 paroisses à conquérir.

L'Œuvre de la Sainte-Enfance est représentée à Angers par un Conseil diocésain, agréé par Mgr l'Évêque et composé en ce moment de Mgr Pessard, vicaire général et prélat de la Maison de Sa Sainteté ; en outre de la présidente, Mlle Zénobie de Cacqueray, de la vice-présidente, Mlle Geneviève de la Rue du Can, d'une secrétaire....., d'une trésorière générale, Sœur Saint-Hippolyte, religieuse de Saint-Charles, d'un de MM. les Vicaires par chacune des paroisses urbaines et de toutes les trésorières paroissiales de la ville.

LES ÉCOLES CHRÉTIENNES

La diffusion de l'instruction primaire fut toujours en Anjou la préoccupation des pouvoirs publics. Dès le viiie siècle les évêques prescrivaient d'établir des écoles dans les villages et dans les bourgs : en 1583, le concile de la province de Tours, dont plusieurs sessions se tinrent à Angers, recommandait aux évêques, lors de leurs tournées pastorales, « de prendre soin que dans chaque paroisse une école soit établie, et d'exhorter les curés à persuader à leurs paroissiens de contribuer, chacun selon son pouvoir, à l'entretien du maître d'école. » Nous pourrions citer, à l'appui de ces prescriptions, les mandements des évêques Miron, Arnauld, de Vaugirault, Poncet de la Rivière, etc… Les habitants, réunis en assemblée, choisissaient les maîtres, les présentaient à l'agrément de l'autorité supérieure, et contribuaient à leur entretien à l'aide de fondations ou par des rétributions volontaires.

Aussi les maisons d'éducation se multipliaient autant que le permettaient les circonstances et les ressources de l'époque. Dans beaucoup de localités on avait même joint l'enseignement secondaire à l'enseignement primaire : ainsi à Angers et à Saumur, les Oratoriens ; à Beaupréau, les Sulpiciens, enseignaient jusqu'à la philosophie ; à Beaufort, on conduisait les élèves jusqu'à la rhétorique ; à Baugé, Longué, Doué, Champigné, Candé, Pouancé, on donnait des rudiments de latin. Mentionnons également le collège de Chemillé, fondé par les abbés Caillaud et Cherruau, où on enseignait le latin ; Cholet renfermait un collège et cinq écoles.

La ville d'Angers, comptait le 6 mai 1718, dix-huit écoles laïques de garçons et dix-neuf maîtresses laïques. En octobre 1741, les Frères des Écoles chrétiennes s'étaient établis à l'Esvière ; en 1773, ils achetèrent la Rossignolerie, vaste établissement dans lequel est installé actuellement le Lycée : ils avaient, en outre, rue du Saint-Esprit, une école gratuite de deux classes pour les enfants pauvres. Le pensionnat de la Rossignolerie renfermait 250 enfants ; protégé par la faveur populaire, il resta ouvert jusqu'en 1793 ; à cette époque il contenait encore cinquante-trois Frères dont six vieillards pensionnés par l'institut.

Les cahiers des États généraux de 1789 s'intéressèrent spécialement aux progrès de l'instruction primaire, recommandant aux députés « de s'occuper des moyens les plus propres à perfectionner l'éducation nationale, et de répandre dans les dernières classes de la société les instructions religieuses et morales, et les éléments des connaissances nécessaires aux progrès de l'agriculture, de l'industrie et des arts. » Mais le généreux élan de 1789 dévia bientôt de la voie tracée dans les assemblées où les cahiers avaient été rédigés : les écoles furent supprimées, les biens vendus nationalement, et le Gouvernement qui promettait au peuple de l'éclairer, de l'instruire, de l'élever au-dessus de sa condition originelle, le plongea dans l'ignorance[1]. En vain

---

[1] « La Convention vint qui, toujours frappant, toujours détruisant, ferma les écoles, les collèges à peu près désertés (puisqu'ils étaient déjà ruinés et envahis), et confisqua leurs biens aussi tranquillement que ceux des hôpitaux, tandis qu'elle dispersait et emprisonnait ou égorgeait ce qui pouvait rester d'instituteurs. » LACRETELLE.

« Sur plus de sept cents districts, en 1794, soixante-sept

Chénier faisait-il décréter le 12 décembre 1792 l'établissement des écoles primaires, l'écho de son discours ne trouvait aucun retentissement dans les provinces terrifiées par le pillage, les massacres et la mort du Roi.

Après la Terreur, le 27 brumaire an III, Lakanal

seulement ont quelques écoles primaires, seize seulement présentent un état qu'il faut trouver suffisant, faute de mieux. Une lacune de six années a presque fait crouler les mœurs et la science. » GRÉGOIRE.

« On n'apprend plus à lire et à écrire. » FOURCROY.

SAINT-JUST proposait à la Convention nationale le projet de loi suivant : « Les enfants seront vêtus de toile en toute saison ; ils coucheront sur des nattes, dormiront huit heures ; ils seront nourris en commun et ne vivront que de racines, de fruits, de légumes, de pain et d'eau. Ils ne pourront goûter de chair qu'après l'âge de seize ans !

SAINT-JUST avait aussi un plan de constitution :

Article 1er. — Les communes éliront tous les deux ans, lors du renouvellement des législateurs, dix vieillards, recommandables par leurs vertus, dont les fonctions seront d'apaiser les séditions.

Art. 2. — Ces vieillards sont décorés d'une écharpe tricolore et d'un panache blanc ; lorsqu'ils paraissent revêtus de leurs attributs, le peuple garde le silence et arrête quiconque pourrait causer du trouble. Le peuple prend les vieillards pour arbitres.

Art. 3. — Si le trouble continue, les vieillards annoncent le deuil de la loi. Ceux qui insultent un vieillard sont réputés méchants et sont déchus de la qualité de citoyen.

LAKANAL apporte un projet en soixante-dix articles sur l'éducation, sur les fêtes communales. « Il doit y avoir un théâtre au moins par canton où les hommes s'exerceront à la danse et les femmes s'y instruiront. Au nombre des fêtes communales figure la *fête des animaux*, compagnons de l'homme. » Quand Lakanal en arriva à cet article de son projet, l'Assemblée se mit à rire et quelqu'un s'écria : « Qu'est-ce que c'est que cette fête d'animaux ? » « Mes amis, c'est la vôtre, » répondit Lakanal, qui ne riait pas.

Nous recommandons ces élucubrations à ceux qui osent encore prétendre que la Révolution se préoccupa de l'instruction du peuple.

tentait de nouveaux efforts : les instituteurs furent déclarés fonctionnaires publics ; on les obligea de pendre à leur cou une médaille portant ces mots : *l'instituteur est un second père;* on envoya dans les départements des représentants pour assurer l'exécution de la loi de brumaire an III ; ces mesures n'amenèrent aucun résultat. Jusqu'en l'an VIII les écoles primaires restèrent désertes pour deux causes, lisons-nous dans un rapport de l'époque émané des bureaux du ministère de l'intérieur : « La première est le détestable choix de ce qu'on a appelé les instituteurs ; ce sont, presque partout, des hommes sans mœurs, sans instruction, et qui ne doivent leur nomination qu'à un prétendu civisme qui n'est que l'oubli de toute moralité et de toute bienséance. La seconde cause est dans la force, toujours subsistante, des opinions religieuses, que les lois ont trop heurtées et pour lesquelles ces instituteurs affectent un mépris insolent [1]. » « L'instruction est nulle depuis dix ans, disait Portalis dans son discours devant le Corps législatif, le 15 germinal an X ; il faut prendre la religion pour base de l'éducation. Les enfants sont sans idée de la divinité, sans notion du juste et de l'injuste. De là des mœurs farouches et barbares ; de là un peuple féroce ! [2] »

En présence de ce danger public que constataient tous les rapports des Conseils généraux, le premier Consul, habitué aux mesures énergiques, n'hésite pas. De concert avec son oncle, le cardinal Fesch, il rétablit les Frères des Écoles chrétiennes (3 décembre 1803)

---

[1] *L'Instruction publique et la Révolution* par Albert DURUY, page 178.
[2] Discours prononcé devant le Corps législatif le 15 germinal an X. *Moniteur* du 16, page 783.

et fixe à Lyon la résidence de leur institut. Le ministre de l'intérieur, Chaptal, avait déjà rappelé les Filles de la Charité (1er nivôse an IX), et leur avait confié le soin des malades et l'*instruction des enfants*. En même temps (27 prairial an IX), il faisait rendre un arrêté consulaire pour assurer la conservation des *Écoles de charité* qui avaient échappé à la spoliation nationale.

Le cadre de cet ouvrage ne permet pas de poursuivre dans ses détails les progrès de l'enseignement, nous nous bornerons à consigner le souvenir de l'établissement à Angers des Frères des Écoles chrétiennes et des diverses fondations scolaires dont nous sommes redevables aux congrégations. Nous accomplirons ainsi vis-à-vis de ces modestes et dévoués éducateurs de l'enfance une œuvre de reconnaissance.

« Il y a en chacun de nous, a dit Sainte-Beuve, pour peu que notre fonds originel soit bon, un être primitif, idéal, que la nature a dessiné de sa main la plus légère et la plus maternelle, mais que l'homme trop souvent recouvre, étouffe ou corrompt [1]. » L'enfance, au sortir de la Révolution, menaçait, ainsi que le remarquait Portalis, de devenir un peuple féroce : si ses mœurs se sont adoucies, nous le devons aux principes élevés que les éducateurs ont fait pénétrer en elle. Ils ne se sont pas contentés d'enseigner les éléments des programmes, ils ont encore donné tous leurs soins à l'éducation de l'esprit, développant les généreuses aspirations du cœur, élevant l'âme par les maximes et les enseignements du christianisme. Ils se conformèrent ainsi aux doctrines des maîtres les plus respectés. « Ce n'est pas l'instruction qui moralise, a dit M. Cousin, c'est l'éducation, chose fort différente, et *surtout l'éducation reli-*

---

[1] Sainte-Beuve, *Notice sur Hégésippe Moreau*, page 3.

gieuse. Dans tous les pays où une forte éducation religieuse accompagne l'instruction primaire, celle-ci est féconde en résultats moraux : sinon, non [1]. » « Messieurs, disait M. Guizot, ministre de l'instruction publique [2], prenez garde à un fait qui n'a jamais éclaté peut-être avec autant d'évidence que de notre temps : le développement intellectuel, quand il est uni au développement moral et religieux, est excellent : il devient un principe d'ordre, de règle, et il est en même temps une source de prospérité et de grandeur pour la société ; mais le développement intellectuel, tout seul et séparé du développement moral et religieux, devient un principe d'orgueil, d'insubordination, d'égoïsme et par conséquent de danger pour la société. »

Les législateurs de 1886, qui ont laïcisé les écoles communales, ont oublié ces principes et méconnu en outre les services rendus par les congrégations depuis le commencement du siècle. Puissions-nous, en relatant les bienfaits de ces congrégations, concourir à l'abrogation d'une législation contre laquelle proteste tout cœur honnête !

Les Frères des Écoles chrétiennes

L'Institut des Frères des Écoles chrétiennes, rétabli à Lyon par le premier Consul, fut transféré à Paris en 1821, et prit alors une nouvelle extension. Dans l'intervalle, des maisons d'éducation avaient été fondées en France, notamment à Toulouse, Bordeaux, Besançon, Ajaccio, Orléans, Reims, etc.

---

[1] Compte rendu des travaux de l'Académie des sciences morales et politiques, tome XVI, page 409.
[2] Chambre des députés, séance du 30 avril 1833.

Ce fut Mgr Montault, évêque d'Angers, qui, avec le concours de M. Gruget, curé de la Trinité, rappela les Frères parmi nous. A cette époque deux méthodes d'enseignement se disputaient l'instruction primaire : la méthode lancastérienne d'enseignement mutuel, dont on prétendait trouver les origines jusque dans les institutions de Lycurgue, et la méthode d'enseignement simultané, toujours suivie par les Frères, et actuellement universellement adoptée dans les écoles primaires. Les rares écoles, établies à Angers, suivaient la méthode d'enseignement mutuel ; la concurrence paraissait donc de nature à favoriser les progrès de l'instruction primaire ; mais la Municipalité, en présence de la faiblesse de ses ressources, hésitait à contribuer à la fondation de nouvelles écoles.

Dès l'année 1816, l'Administration municipale avait été saisie d'une pétition en faveur du retour des Frères : une Commission fut nommée le 22 septembre et le Conseil municipal, appelé à prononcer sur cette demande dans sa séance du 18 janvier 1817, déclara : « qu'il verrait volontiers s'établir à Angers une maison des Frères des Écoles chrétiennes, mais que vu qu'il existait déjà des institutions primaires dans cette ville, et vu la pénurie de la caisse municipale, il ne pouvait accorder aucun fonds pour les frais d'établissement ou d'entretien de cette maison. »

En transmettant cette délibération à l'abbé Montalant, supérieur de l'Association religieuse et royale, intrépide confesseur de la foi, qui avait souffert la persécution en 1793, M. de Villemorge, maire d'Angers, y joignait une lettre dans laquelle il disait : « Je désire que les efforts que Mgr l'Évêque se propose de faire aient un prompt et entier succès. »

Le rétablissement de l'école des Frères était donc

universellement désiré [1] ; si la Ville ne pouvait en faire les frais, elle accueillait avec empressement les propositions de l'évêque, lui laissant toutes les charges de la fondation.

Mgr Montault, agissant d'après le vœu général, se concerta avec la Société religieuse ; après de vives

---

[1] Que notre obligeant collaborateur veuille bien nous permettre de relever un mot de son remarquable travail. Le désir de posséder l'institution des Frères était loin de *l'universalité* à l'époque où Mgr Montault voulut l'introduire dans notre cité. Le judicieux et impartial écrivain ne peut se souvenir de l'impression du temps, puisque alors il n'était pas né. Pour nous qui avons sur lui l'avantage, peu envié, de compter un bon tiers d'années de plus, nous nous rappelons la médiocre bienveillance que montrèrent à l'arrivée des Frères la plupart des *libéraux* ainsi qu'un certain nombre d'*ultras*, les deux partis monarchistes qui alors, malheureusement, se partageaient la France, presque entièrement royaliste.

Beaucoup d'esprits étaient encore imbus de préjugés voltairiens. L'opinion publique s'était passionnée pour l'enseignement des moniteurs, rapporté d'Ecosse par M. Jomard, savant sceptique, ancien membre de l'Institut d'Egypte.

Il fallut toute la vénération dont Mgr Montault était entouré, la puissante influence que M. le préfet de Wismes s'était conciliée par sa haute raison et son courageux patriotisme [1], il fallut des efforts prolongés pour doter la ville d'une œuvre aussi bienfaisante que désirable.

Telles étaient les préventions contre les dignes disciples du bienheureux La Salle, qu'on les appelait par ironie IGNORANTINS, tandis que c'était eux qui se désignaient ainsi par humilité.

Etrange sujet de réflexions : nous avons dû passer par trois révolutions pour donner à une institution d'origine française la préférence sur une rivale étrangère ; nous avons dû subir une troisième république pour reconnaitre tous les mérites des Frères et la supériorité de leurs méthodes. (*Note de l'éditeur.*)

---

[1] On sait que lors du séjour des Prussiens à Angers, en 1815, M. de Wismes résista avec tant d'énergie à leurs exigences qu'ils l'emmenèrent jusqu'aux bords du Rhin, et il allait passer devant un Conseil de guerre quand on apprit la conclusion de la paix.

instances près du supérieur de l'Institut des Écoles chrétiennes, il obtint que des Frères fussent envoyés à Angers ; il mit à leur disposition l'hôtel Duguesclin, sur la paroisse de la Trinité, et, pendant plusieurs années paya de ses deniers la plus grande partie de leur traitement.

S'étant ainsi assuré de placer les Frères à la tête de l'établissement qu'il projetait, Mgr Montault s'occupa de la construction d'une école qui put, par ses dimensions, permettre d'accueillir les enfants, dont le nombre augmentait sans cesse. C'est alors que, le 18 avril 1820, il acquit de Mme veuve de Maulne, moyennant 13,000 fr., une maison située sur le tertre Saint-Laurent. Le Conseil général de Maine-et-Loire promit de contribuer à cette œuvre utile en mettant à la disposition de l'évêque une somme de 22,600 fr. pour frais de premier établissement. Cette ressource paraîtra minime eu égard aux constructions importantes qui étaient jugées indispensables ; aussi Mgr Montault dut encore recourir à ses ressources personnelles pour élever les bâtiments ; il parvint néanmoins si complètement à son but, que d'après le rapport de l'architecte-voyer, les immeubles offerts à la ville, grâce à la généreuse initiative de l'évêque, comprirent :

1° Un grand bâtiment construit de 1820 à 1823, renfermant les classes et le dortoir ; 2° un bâtiment à un étage où fut installé le parloir avec salle d'études au-dessus ; 3° un troisième bâtiment adossé à ce dernier et contenant le réfectoire et les bûchers ; 4° un autre petit corps de logis renfermant les cuisines avec chambres et infirmerie au-dessus.

En présence du succès réalisé par Mgr Montault, le Conseil municipal consentit à concourir à l'œuvre de l'évêque ; il avait d'ailleurs déjà inscrit au budget, dès l'année 1821, une somme de 1,000 fr. Le préfet du département, le vicomte de Wismes, pensa qu'il était de l'intérêt de la cité de proposer à Mgr Montault de se substituer à ses droits et à ses obligations afin d'assurer à la ville d'Angers un établissement d'éducation qui lui serait d'autant plus avantageux que l'acquisition ne lui coûterait rien. Autorisé par le Ministre, M. de Wismes saisit le 26 octobre 1822 le maire d'Angers de ce projet : il lui exposa les sacrifices consentis par Mgr Montault et le Conseil général, l'avantage qui résulterait pour la ville de cette acquisition et il ajoutait : « Vous n'aurez pas de peine à faire sentir au Conseil municipal combien il est important à la ville d'acquérir une propriété pour laquelle le Conseil général a fait des fonds aussi considérables ; mais il convient, d'un autre côté, que le Conseil municipal, en émettant son vœu pour que vous soyez autorisé à acquérir au nom de la Ville la maison dont il s'agit, sur les fonds faits par le département, déclare qu'il est dans l'intention d'affecter une somme suffisante pour concourir annuellement aux besoins de l'établissement des Frères. »

Le Conseil municipal se réunit le 17 février 1823, et « pénétré de l'avantage qui résultait de la propagation de l'éducation chrétienne dans toutes les classes de la société, et, plus particulièrement de la méthode adoptée par les Frères de la Doctrine chrétienne, il accepta le don gratuit qui lui était offert de la maison qui appartenait autrefois à Mme veuve de Maulne, située sur le tertre Saint-Laurent, sous la seule condition d'y loger et de pourvoir annuellement à l'entretien de huit Frères à raison de 600 fr. pour chacun d'eux. »

Cette délibération fut sanctionnée par une ordonnance royale du 6 août 1823, qui autorisa la Ville à faire cette acquisition : mais la Ville s'est contentée de se servir de ces immeubles pour y installer une école communale de garçons, et un acte régulier n'a pas été dressé.

Le 21 avril 1828, Mgr Montault acheta, sur le tertre Saint-Laurent, de Mlle de Maulne, une seconde maison contiguë à l'établissement des Frères, moyennant 2,300 fr. payés à Mlle de Maulne, et 2,500 fr. payés à l'abbé Lizé qui était usufruitier.

Enfin, en 1837, l'abbé Besnard fit construire la chapelle : cette construction fut autorisée par délibération du Conseil municipal du 19 août 1836.

Au mois de janvier 1823, deux classes avaient été ouvertes pour les enfants du quartier Saint-Maurice, rue Petite-Mule, sur les instances de M. Breton, curé de la paroisse. En 1833, ces deux classes étant devenues insuffisantes, la Société civile des Frères acheta rue du Vollier, de M. de Falloux du Coudray, un terrain sur lequel on construisit le vaste bâtiment où s'élève maintenant la belle école de Saint-Maurice : les travaux furent dirigés par M. Desnoyer.

En 1836, un don de 20,000 fr., fait à l'Association par M. de Goyon, permit de fonder une école sur la paroisse Notre-Dame : cette école a été fermée en 1881.

M. Desnoyer, architecte et ami dévoué des Frères, cherchait depuis longtemps à réaliser le projet de doter la paroisse de Saint-Joseph d'une école chrétienne. En 1851, il acheta un terrain chemin de Saint-Léonard, fit bâtir trois classes et y plaça tout le mobilier nécessaire : cette école fut ouverte le 1er décembre 1851.

L'école libre de Saint-Laud a été ouverte en 1872, grâce à la générosité de la famille de Sevret.

Enfin l'école libre de Saint-Serge a été fondée en 1875, par le dévouement de M. l'abbé Bachelot, curé de la paroisse.

Le nombre des élèves qui fréquentent ces écoles s'élèvent à [1] : 303 à Saint-Maurice, 225 au Tertre, 152 à Saint-Joseph, 178 à Saint-Laud, 160 à Saint-Serge. Au total, 1,018 élèves pour ces cinq écoles, dont les trois premières sont communales et reçoivent une subvention de 7,600 fr. L'école Saint-Maurice, de novembre à mars, ouvre une classe d'adultes suivie par 78 jeunes gens. La ville d'Angers a en outre onze écoles communales laïques de garçons, fréquentées par 1,728 élèves, dont les maîtres touchent, d'après le budget de 1888, un traitement total de 58,300 fr. ! sans compter les indemnités pour surveillance des études, pour fournitures scolaires, etc.

L'extension des écoles chrétiennes exigeait l'établissement, au centre de la ville, d'une communauté qui reliât les diverses fondations. Dans ce but, Mgr Freppel acheta, en 1873, l'hôtel de Boissard, situé rue des Jacobins et attenant à l'école de Saint-Maurice : cette communauté a été formée le 29 septembre 1873. Deux ans plus tard, le 25 février 1875, un arrêté préfectoral autorisait les statuts de la Société d'encouragement et de patronage, établie pour encourager à l'étude par des récompenses consistant en livrets de caisses d'épargne et autres objets de valeur, les élèves des Écoles chrétiennes dirigées par les Frères, et exercer un utile patronage sur les jeunes élèves qui, sortant des écoles, sont placés en apprentissage et cherchent leur vie dans le monde.

Chaque année cette Société se réunit, sous la présidence de M. Gavouyère, doyen de la Faculté catholique de droit ; cette assemblée est toujours pour les maîtres dévoués une récompense, et la proclamation de la su-

---

[1] Juin 1888.

périorité de leur enseignement : car tous les ans plus de cinquante élèves obtiennent le certificat d'études.

Les Frères de la Doctrine chrétienne de Saint-Charles de Nancy

Les Frères de la Doctrine chrétienne de Saint-Charles de Nancy reconnaissent pour fondateur un vénérable prêtre, ancien bénédictin de l'abbaye de Sénones, dans les Vosges, Dom Joseph Freschard, émigré en Suisse et en Allemagne pendant la Terreur, prisonnier pour la foi sous le Directoire, et curé de diverses paroisses du diocèse de Nancy après la Révolution. Dom Freschard conçut le généreux dessein de donner aux enfants de pieux éducateurs : son institut fut légalement autorisé le 17 juillet 1822. La maison-mère et le noviciat sont à Nancy ; l'institut a pour devise : *Spes mea Deus*, Dieu est mon espérance : placé sous le patronage de la Sainte Famille, il se consacre principalement à la direction des écoles dans les villes et dans les campagnes.

C'est en 1861 que les Frères de la Doctrine chrétienne sont venus à Angers ; ils ont acheté le pensionnat créé, en 1841, dans l'hôtel Saint-Julien par M. l'abbé Lambert, le zélé disciple de M. Mongazon : le 9 avril 1884, une société anonyme, fondée sous le nom de Société immobilière de la rue Saint-Julien, a acquis la propriété de cet immeuble et celle de plusieurs maisons contiguës.

« L'enseignement du pensionnat Saint-Julien est exclusivement consacré aux études professionnelles : il s'étend des premiers éléments de la langue française aux connaissances exigées pour obtenir le baccalauréat de l'enseignement spécial, et pour être admis dans les grandes écoles du commerce et de l'industrie : écoles des arts et métiers, écoles vétérinaires, etc., ou dans les administrations des postes, des télégraphes, des ponts et chaussées, etc. » La confiance des familles n'a cessé de répondre au zèle et au dévouement des Frères ; en 1864, ils débutaient avec 41 élèves ; en 1868, ils en comptaient 200 ; en 1873, le nombre s'élevait à 300 ; aujourd'hui il atteint 360, dont 102 pensionnaires. 19 professeurs sont chargés de l'enseignement. Aussi de nouvelles constructions ont dû être élevées en 1871, 1872, afin d'agrandir les réfectoires, l'étude des grands et les deux dortoirs : on a acheté l'hôtel des Vertus, pour y installer l'infirmerie. Le 10 juillet 1873, on posa la première pierre d'une chapelle, qui fut consacrée le 18 mars 1875. Enfin, en 1884, une aile de 24 mètres de long sur 8 de large relia les bâtiments de la rue Saint-Martin à l'hôtel des Vertus.

Le succès a couronné les efforts des Frères : depuis l'année 1870, 44 élèves ont obtenu le diplôme de fin d'études (baccalauréat ès-arts), 6 le baccalauréat ès-sciences complet, 11 ont été admis à l'École des arts et métiers, 10 à celle des ponts et chaussées, 23 au volontariat, etc.

Le Conseil municipal, reconnaissant les avantages que la ville retirait de cet établissement, lui accorda une allocation de 200 fr., supprimée en 1871. D'un autre côté, le Conseil général, à sa session d'avril 1873, ayant voté une somme de 6,000 fr. pour la création de vingt bourses en faveur de l'enseignement spécial, Saint-Julien fut autorisé à concourir : à l'examen d'admission, qui eut lieu le 24 juillet 1873, sur vingt candidats admis, seize étaient de Saint-Julien. Ces bourses ont été supprimées depuis par le Conseil général, à cause des exigences ministérielles.

Moyennant la subvention de 200 fr., le pensionnat recevait gratuitement dix élèves ; cette subvention fut rayée du budget en 1871, pour empêcher les maîtres de réaliser dans cet établissement l'engagement décennal : tracasserie que la loi militaire de 1872 rendit inutile. En même temps, le Conseil municipal d'Angers créait dix bourses d'externes à l'institution de M. Chevrollier, et lui accordait une subvention de 900 fr. Depuis, le Conseil municipal a voulu se transformer en maître d'école, il a acheté un prix considérable l'institution de M. Chevrollier pour avoir son école primaire supérieure officielle. à laquelle il alloue, chaque année. sur les fonds du budget, une subvention de 15,000 fr. !

Le pensionnat Saint-Julien. reconnu d'utilité publique le 23 juin 1868. reste donc livré à ses propres ressources ; mais la faveur des familles ne cesse de l'entourer et le nombre des élèves augmente chaque année.

Les Sœurs de Saint-Vincent-de-Paul

Les Sœurs de Saint-Vincent-de-Paul, amenées à Angers en 1639, par Mlle Le Gras, du vivant du grand apôtre de la charité, joignaient, avant la Révolution, aux services qu'elles rendaient à l'Hôtel-Dieu, situé alors dans l'hôpital Saint-Jean, l'instruction gratuite pour les jeunes filles. Cette école fut rétablie en 1816, sous l'épiscopat de Mgr Montault, par les soins du saint abbé Gruget, curé de la Trinité — qu'il édifia pendant soixante-cinq années — dans une maison de la rue Saint-Jean. Mgr Montault répara cette maison, construisit de nouvelles classes qu'il bénit le 19 juillet 1826, jour de la fête de saint Vincent.

En 1849, Mgr Maupoint, évêque de la Réunion, donna à la communauté une maison située rue de la Harpe pour y établir un ouvroir ; en 1855, la congrégation acquit une autre maison située dans la même rue, et enfin, en 1858, l'hôtel Montiron. En 1868, la ville voulant acheter l'hôtel d'Ambray, situé entre la rue Vauvert et la rue Lyonnaise, chargea une commission de visiter l'établissement des Sœurs de Saint-Vincent-de-Paul, qu'elle désirait transférer dans le nouvel immeuble. Nous extrayons du rapport sur le budget de 1869, présenté par M. Métivier, premier président de la Cour impériale d'Angers et membre du Conseil municipal, les passages suivants :

« La Commission a visité avec beaucoup d'intérêt l'établissement fondé et dirigé par les Sœurs de Saint-Vincent-de-Paul dans la rue de la Harpe. Deux maisons séparées par la rue sont affectées à cette œuvre charitable. Cinq cents jeunes filles et enfants y sont reçus, élevés et soignés gratuitement. Un refuge pour les orphelines, un ouvroir pour les jeunes filles, une école et une salle d'asile pour les enfants sont réunis dans les bâtiments qui sont la propriété des Sœurs. » Le local étant trop restreint, la commission propose l'acquisition de l'hôtel d'Ambray, et le rapporteur ajoute : « La commission n'a pas hésité à vous proposer l'acceptation des offres des Sœurs : vous améliorerez ainsi une œuvre populaire et vous donnerez un témoignage d'intérêt mérité aux religieuses qui l'ont fondé. »

Les immeubles appartenant aux Sœurs avaient été acquis, les actes en font foi, 36,000 fr., non comprises les réparations et améliorations. L'hôtel d'Ambray fut payé par la ville 45.000 fr. Cette acquisition fut approuvée par le préfet de Maine-et-Loire le 11 août 1869. Les Sœurs s'installèrent dans l'hôtel d'Ambray au moment de la guerre, y firent successivement des réparations pour une somme de plus de 16,000 fr. ; d'un autre côté, la ville prenait possession de l'hôtel Montiron, lui donnait plusieurs destinations, y logeait notamment les Mobiles et les Espagnols internés, et négligeait de l'entretenir. En 1876, M. Blavier, maire d'Angers, proposa de régulariser la situation de la congrégation vis-à-vis de la ville : les Sœurs de Saint-Vincent-de-Paul vendaient à la ville, qui pour l'exécution de son plan d'alignement projetait une rue du boulevard Descazeaux au boulevard de la Turcie, leurs immeubles situés rue de la Harpe pour une somme de 28,000 fr. ; cette somme ne leur serait pas payée tant que les Sœurs occuperaient l'hôtel d'Ambray, resté propriété communale, qu'on leur donnait à bail pour dix-huit ans, à partir du 24 juin 1876, avec faculté réciproque de résiliation, en prévenant trois ans d'avance. Les Sœurs s'engageaient à établir une école de filles et une salle d'asile, à les diriger à leurs frais, à y recevoir gratuitement trois cents enfants moyennant une subvention de 1,200 fr. ; le loyer, fixé à 1,400 fr., se compensait avec les intérêts des 28,000 fr. dûs par la ville.

L'acte était dressé et signé, tant par les intéressés que par le mandataire de Mgr Maupoint, lorsqu'on apprit la mort de l'évêque de la Réunion. M. Guitton jeune souleva alors devant le Conseil municipal une question de chicane et fit rejeter la convention.

En 1885, le Conseil municipal voulut établir dans l'hôtel d'Ambray un orphelinat municipal de filles ; il renvoya les Sœurs et leur rendit leurs immeubles de la rue de la Harpe. Les dépenses faites par les Sœurs à l'hôtel d'Ambray s'élevaient, ainsi que nous le disions, à plus de 16,000 fr. ; la municipalité les réduisit à

6,000 fr.; les réparations à l'hôtel Montiron, abandonné depuis quinze ans, furent évaluées au chiffre minime de 5,500 fr.; au total. 11,500 fr. Les religieuses s'inclinèrent ; la charité privée vint heureusement à leur aide pour une somme égale. Néanmoins, les dépenses nécessitées par la réinstallation dans l'ancien immeuble ont encore grevé de dettes considérables leur modeste budget.

Les Sœurs de Saint-Vincent-de-Paul sont actuellement à la tête d'une crèche, d'un asile et d'une école primaire renfermant trois classes : la salle d'asile reçoit 140 enfants, l'école primaire 220.

En outre, il y a un orphelinat libre dans lequel sont admises 54 jeunes filles. L'orphelinat municipal, établi à l'hôtel d'Ambray, dirigé par Mlle Béchet, assistée de plusieurs adjointes, ne compte que 13 jeunes filles.

Les Sœurs de la Sagesse de Saint-Laurent-sur-Sèvre

Nous retrouvons encore dans cette fondation la main sagement organisatrice de Mgr Montault. « L'éducation des enfants pauvres des deux sexes, écrivait M. Maupoint dans la Vie du prélat, fut un des principaux objets qui semblèrent fixer son attention. Il n'ignorait pas que les enfants sont la société en fleur, et que les fleurs ne donnent de beaux et bons fruits qu'à la condition qu'elles seront habilement et délicatement cultivées. »

Le 14 septembre 1815, Mgr Montault appela les Sœurs du Père de Montfort et leur confia l'éducation des filles de la paroisse Saint-Maurice. Mlles Lebel de la Jaillière, Badoul et Cassin du Tronchet donnèrent à la congrégation deux maisons aujourd'hui réunies en une seule : cette donation a été approuvée par ordonnance royale du 30 octobre 1815. M. Touchet, curé de la cathédrale, fut aussi l'un des principaux fondateurs et bienfaiteurs de la maison.

Dès 1816, il y avait trois classes gratuites; en 1860, les Sœurs furent autorisées à ouvrir des classes payantes. En 1865, elles furent également chargées d'une classe d'adultes qui réunissait de 160 à 180 élèves : cette classe d'adultes a cessé en 1881.

Sur le désir de Mgr Freppel et celui de plusieurs familles notables de la ville, une école maternelle fut ouverte dans l'établissement le 1er mai 1874 : elle réunit environ 50 enfants.

Après les fondateurs ci-dessus désignés, l'établissement compte parmi ses principaux bienfaiteurs : Mme la marquise de Villoutreys, M. le comte de Falloux, Mme la comtesse de la Grandière, M. le curé de Saint-Maurice, etc.

Les trois classes gratuites renferment 120 élèves; les classes payantes, y compris l'école maternelle, en comptent 125.

Récemment en prononçant, à Saint-Laurent-sur-Sèvre, le panégyrique du Père de Montfort, Mgr Freppel rendait hommage aux vertus et au dévouement de cette congrégation des Filles de la Sagesse « formées pour l'instruction des jeunes filles et pour le soulagement des misères humaines. » Il accordait ainsi un solennel témoignage aux services que cette congrégation a rendus à l'enfance dans la ville d'Angers depuis un demi-siècle. La reconnaissance publique n'oublie pas non plus que les Sœurs de la Sagesse ont, par les soins donnés dans les hôpitaux lors des épidémies, forcé l'admiration même des adversaires de la religion : à

Toulon, pendant le choléra, plusieurs sont tombées victimes du devoir. Mais à mesure que la mort faisait des vides, les religieuses de Saint-Laurent se disputaient l'honneur de les remplacer : la maison d'Angers en a envoyé une, heureuse d'offrir le sacrifice de sa vie et revendiquant ce poste périlleux comme une récompense.

Les Sœurs de la Charité du Sacré-Cœur de la Salle de Vihiers

Fondée au milieu du Bocage, sur une des collines les plus élevées de la Vendée, dans la commune de la Salle de Vihiers en 1823 par le vénérable M. Catroux, curé de la paroisse, et autorisée le 2 avril 1852, cette congrégation dirigeait déjà la crèche établie sur le parvis Saint-Maurice. En 1874, Mgr Freppel, désirant doter le quartier de la place Cupif d'une école maternelle, en sollicita la création. Malgré les dépenses que la congrégation venait de faire à la Salle de Vihiers pour agrandir les bâtiments, elle reconnut l'utilité de cette fondation et la prit à sa charge. On acheta, sur la place Cupif, l'hôtel du Grand-Louis, on le démolit et on construisit une école maternelle et une école primaire à laquelle fut annexé un pensionnat.

L'école maternelle fut bénie par Monseigneur au mois d'août 1876, et ouverte au mois de septembre : elle était gratuite et reçut dès le commencement plus de cent enfants. L'école primaire a été ouverte en 1877 et le pensionnat en 1886.

Au 1er janvier 1888 il y avait 14 pensionnaires ; l'école primaire composée de quatre classes comptait 119 élèves et l'école maternelle 132 enfants.

Les Sœurs de Saint-Charles

La congrégation des Sœurs de Saint-Charles d'Angers, approuvée par décret impérial du 15 novembre 1810, fut fondée le 24 juin 1714, par Mlle Anne Jallot qui s'adjoignit de pieuses compagnes pour faire l'école aux enfants de la classe ouvrière et donner des remèdes et des soins aux pauvres malades; elle s'établit d'abord dans la rue Haute-du-Figuier, au centre de la ville, dans une maison donnée par la fondatrice. Cette maison, dite Hospice Saint-Charles, plus connue sous le nom populaire de *Petite-Pension*, resta la Maison-Mère jusqu'en 1846. A cette époque le local étant trop restreint, vu l'augmentation du personnel, la communauté acheta, sur le boulevard de Laval et la rue du Silence, une propriété qui depuis cette époque est le Chef-d'ordre ou Maison-Mère de la Congrégation.

Les Sœurs de Saint-Charles dirigent actuellement, dans plusieurs paroisses de la ville, des écoles primaires libres qui renferment 630 enfants.

L'école primaire de la rue Chef-de-Ville, fondée le 8 septembre 1856, sur le boulevard de Laval, et transférée dans cette rue en 1876, compte 125 élèves réparties en quatre classes.

Une école maternelle, établie dans la même paroisse de Saint-Jacques, rue du faubourg, est fréquentée par 112 enfants.

Si nous nous dirigeons vers la paroisse de Saint-Serge nous voyons les Sœurs de Saint-Charles à la tête d'une crèche, d'une salle d'asile et d'une école primaire. La crèche, située rue de Bouillou, porte le nom de crèche de Las Cases, en souvenir de la bienfaitrice

Mme la comtesse Emmanuel de Las Cases ; elle date du 14 avril 1873. L'école primaire, fondée l'année précédente, le 12 octobre 1872, dans la rue de Bouillou, par Mlle Bellanger, religieuse de la Visitation, renferme des classes gratuites et des classes payantes et est suivie par 238 enfants. Enfin le 18 avril 1887, M. l'abbé Bachelot, curé de Saint-Serge, dont la générosité est inépuisable, a ouvert, sur les hauteurs de la Chalouère, une école maternelle libre dans laquelle sont reçus 84 enfants.

Sur la paroisse de Saint-Joseph, dès le 1er avril 1875, les Sœurs ouvrent, rue de la Madeleine, une école primaire, à laquelle est annexé un pensionnat, transféré plus tard passage des Arènes : ce pensionnat compte actuellement 85 élèves. Le 4 octobre 1870, Mme la vicomtesse de Beaumont fonde pour les jeunes filles pauvres de la paroisse, rue de la Madeleine, une école primaire suivie également par 85 enfants. Enfin le 30 octobre 1874, M. Lasne, curé de Saint-Joseph, crée une école maternelle, dont M. Pineau, son successeur, a assuré l'avenir par ses dons. Cette salle d'asile, située rue Chèvre, reçoit 125 enfants.

La paroisse de Saint-Laud conserve encore le souvenir des bienfaits de M. Le Tellier, chanoine honoraire et aumônier de la communauté de Saint-Charles. C'est à lui, ainsi qu'à sa vénérable mère, Mme Le Tellier, qu'on doit la fondation des écoles libres : ils consentirent même à abandonner leur hôtel de famille à la congrégation pour y établir un pensionnat. L'école maternelle fut ouverte le 17 octobre 1867, et l'école primaire au mois d'octobre 1870. La ville d'Angers, afin de doter ce quartier d'écoles communales, encouragea les efforts de la Congrégation : elle subventionna d'abord la salle d'asile, puis l'école libre. M. Marcheteau, dans son rapport au Conseil municipal sur le budget de 1871, accordait le témoignage le plus encourageant aux Sœurs de Saint-Charles. La salle d'asile recevait alors 200 enfants, et la ville allouait une subvention de 1,200 fr. « Dans sa visite, disait M. Marcheteau, la Commission a constaté avec la plus vive satisfaction que l'installation de la salle d'asile est aussi parfaite que bien entendue et dans les meilleures conditions d'aération. La cour, ou plutôt le jardin où les enfants prennent leur récréation, ne laisse rien à souhaiter, sous le rapport de la salubrité. Elle est donc heureuse de vous dire que la subvention accordée par vous, rend parfaitement les services qui vous avaient été promis. » Nous ne pouvons nous empêcher de faire ici un rapprochement : l'école maternelle Condorcet où ne sont reçus que 132 élèves coûte à la ville 2,400 fr. par an, pour le paiement du personnel ; il en est de même de celle de la cour Saint-Laud, sans compter les dépenses de construction, l'amortissement de la dette, etc, nouvelle preuve que le système qui consiste à subventionner des établissements d'éducation est plus avantageux pour les finances municipales. Cette opinion a été longtemps partagée même par des fonctionnaires de l'Université. Nous lisons en effet dans un rapport adressé en 1873 par M. l'Inspecteur d'Académie d'Angers au Ministre de l'Instruction publique, à l'occasion d'un pourvoi devant le Conseil d'État :

« En évaluant avec modération la dépense épargnée par la ville d'Angers, grâce aux bâtiments scolaires mis à sa disposition par les deux Sociétés de patronage d'enseignement laïque ou congréganiste depuis 1834, on arrive à un total d'au moins 400,000 fr., dans lequel les écoles des Frères entrent pour 250,000 fr. Tout n'est donc pas mauvais dans ce système, et le législateur a eu ses raisons pour ne pas le condamner. »

M. Marcheteau concluait en faveur de l'allocation d'une seconde subvention de 1,600 fr. pour l'établissement d'une école primaire gratuite. Cette école fut créée grâce à la générosité de M. Le Tellier et à celle de Mme de Las Cases qui contribua par un riche don à la construction du local affecté à deux classes ; ces classes reçurent la dénomination de *classes de Sevret* parce que Mme de Las Cases avait fait cette bonne œuvre pour honorer la mémoire de son père, le colonel de Sevret, ancien député de Maine-et-Loire. Une plaque commémorative rappelle cette libéralité.

Les Sœurs touchèrent leur subvention jusqu'en 1880.

Dans sa séance du 28 novembre 1879, le Conseil municipal de la ville d'Angers, malgré les observations de MM. Loriol de Barny, Hébert de la Rousselière, Oriolle et Dr Guignard, supprima par 14 voix contre 13, la subvention annuelle de 1,200 fr. accordée depuis 1867 aux trois Sœurs préposées à la tenue de l'école maternelle, et celle de 1,600 fr. accordée depuis 1870 aux quatre Sœurs chargées des classes gratuites de l'école primaire. A la même séance, sur la proposition de M. Bouhier, le Conseil municipal vota la résolution suivante : « Le Conseil émet le vœu que les écoles communales congréganistes soient à l'avenir dirigées par des instituteurs laïques ; afin d'indiquer les voies et moyens de réaliser ce vœu, le renvoie à la Commission déjà nommée pour examiner la proposition de M. Prieur sur le même sujet, en invitant cette Commission à déposer son rapport dans le plus bref délai. »

Les Sœurs de Saint-Charles durent se soumettre, mais si le concours de la ville leur manquait, la confiance des familles ne les abandonna pas. Actuellement l'école primaire libre de Saint-Laud est fréquentée par 97 élèves, et l'école maternelle reçoit 112 enfants.

Avant de quitter cette communauté dont nous venons d'énumérer les heureuses fondations, nous mentionnerons encore l'Ouvroir et l'Orphelinat, ouverts en 1857 rue Pocquet de Livonnière, dans l'ancien hôtel de Lancreau : une Sœur y fait la classe aux plus jeunes enfants.

Les Sœurs de Sainte-Marie

La fondation et les développements de la congrégation des Sœurs de la Charité de Sainte-Marie de la Forêt se rattachent à l'histoire de nos établissements hospitaliers. En 1554 dans une assemblée tenue à l'hôtel de ville, composée des officiers de justice, du maire Jean d'Avoynes, des échevins, des députés du clergé, on confia l'*Hôpital des renfermés*, situé à l'extrémité de la montée des Forges à une Société de femmes unies ensemble par les liens du dévouement aux pauvres, Cette assemblée avait décidé la fondation de cet hôpital dans le but de diminuer la mendicité en internant les pauvres sous la direction d'administrateurs élus, quatre ecclésiastiques et quatre laïques. En 1672, l'établissement fut reconnu par des lettres patentes, sous le nom d'*Hôpital général de la Charité d'Angers*.

Cette Société fut plus tard érigée en Congrégation et reconnue par décret du 15 novembre 1810. En 1844 elle acquit la propriété de la Forêt où fut établie la Maison-Mère.

Reconnues comme Congrégation enseignante par décret du 14 décembre 1852, les Sœurs de Sainte-

Marie ont fondé des écoles dans les paroisses de Sainte-Thérèse et de la Madeleine.

L'école de Sainte-Thérèse date de 1860. La supérieure de la communauté, la révérende Mère Alleau, avait d'abord conçu le projet d'établir un orphelinat ; puis elle sentit la nécessité d'y joindre une école où pourraient se former à l'enseignement les jeunes Sœurs destinées à devenir maîtresses de classe ; en même temps on donnerait, dans cette école, l'instruction aux enfants pauvres de Sainte-Thérèse. Dans ce double but, elle fit construire les corps de bâtiment pour y établir une école et une salle d'asile. Les dépenses évaluées à 38,000 fr. furent en partie couvertes par le travail des Sœurs et la générosité des bienfaiteurs. L'école fut ouverte le 1er août 1861 ; un décret impérial du 10 décembre 1862 a autorisé et régularisé cette fondation. Les classes devinrent rapidement trop étroites pour le nombre des élèves.

En 1883 une famille bienfaisante mit la communauté en mesure de développer l'œuvre primitive : trois classes furent bâties depuis cette époque ; en 1887, des préaux couverts ont été établis et les cours de récréation bien aménagées. Actuellement l'école est suivie par 107 élèves et la salle d'asile reçoit 115 enfants.

Le 16 juin 1872, trois religieuses de la communauté de Sainte-Marie s'installaient dans la paroisse de la Madeleine, à la demande de M. le curé Christaud, le fondateur de cette paroisse. L'une devait soigner les malades, visiter les pauvres si nombreux dans ce quartier, et leur distribuer, outre les aumônes recueillies dans les quêtes, les secours envoyés par le bureau de bienfaisance. On pensait alors que les vrais intermédiaires entre les pauvres et le bureau de bienfaisance étaient naturellement les religieuses. M. Jules Guitton.

maire d'Angers, et M. Prieur, ont exclu les religieuses et les ont remplacées par des dames de charité laïques, que l'on choisit même parmi les femmes des instituteurs et les directrices d'écoles maternelles laïques.

Les deux autres Sœurs de Sainte-Marie avaient été appelées par M. Delahaye pour faire la classe aux enfants employés dans son établissement. Au mois d'avril 1873, l'Œuvre des crèches s'établissait à Angers ; une quatrième religieuse fut désignée pour diriger celle de la Madeleine. En 1874, Mlle Béchet, institutrice libre, ayant manifesté son intention de céder son institution, M. le curé réclama deux nouvelles religieuses pour la direction de cette école. Grâce à un don d'une de ces âmes généreuses qui passent sur la terre en faisant le bien, on put construire l'établissement actuel dans lequel les six religieuses s'installèrent le 14 octobre 1874 ; plusieurs dons étant venus grossir le petit patrimoine, la maison fut agrandie, la Congrégation porta le nombre des religieuses à neuf, occupées des pauvres et des malades, des élèves externes et pensionnaires, des petits enfants de la crèche, des enfants et des ouvriers de la manufacture de M. Delahaye, et de la direction des œuvres pieuses de la paroisse. L'école primaire compte environ 100 enfants.

Les Sœurs de Sainte-Marie de Torfou

Les Sœurs de Sainte-Marie de Torfou ont fondé une école chrétienne et une salle d'asile dans la rue Fulton, en 1879. C'est le 8 décembre que cette fondation, à la demande de Mgr Freppel, fut réalisée par M. le chanoine Caillaud, supérieur de la Congrégation ; elle reçut le nom de l'*Immaculée Conception*. Les classes s'ouvrirent au mois d'octobre 1880 avec 7 élèves ; au mois de juillet on en comptait 30 ; l'année suivante on atteignait le chiffre de 50, et 66 pour l'asile. En 1885, 81 enfants fréquentaient le pensionnat, et 111 l'asile. Cette même année, une classe gratuite fut annexée, ce qui porta le nombre des enfants à 107 ; les enfants de l'asile atteignirent le chiffre de 118. Aujourd'hui les religieuses donnent, dans cette maison, leurs soins à 230 enfants, soit au pensionnat proprement dit, où les élèves reçoivent, avec l'enseignement habituel, des leçons de musique et de dessin, soit à la classe gratuite, soit à l'école maternelle.

Nous constatons avec plaisir les progrès de cette école, placée dans le quartier naissant et populeux de Frémur, jusqu'alors privé des ressources de l'enseignement, mis si libéralement à la portée des familles dans les autres sections. Le nombre toujours croissant des élèves est une preuve de l'utilité de cette fondation et une récompense du dévouement de ces religieuses qui, dans nos contrées, rendent à l'enfance et à la jeunesse d'inappréciables services.

Plusieurs Communautés, qui s'occupent principalement de l'enseignement secondaire, ont annexé à leur école une ou plusieurs classes gratuites pour les enfants de leur quartier. Ainsi les Ursulines ont ouvert une école gratuite suivie par 110 petites filles ; les dames de la Retraite en ont, dès l'année 1835, créé une fréquentée par 90 enfants ; les dames de Chavagnes, Ursulines de Jésus, en ont une où elles reçoivent 60 enfants.

Notons aussi les écoles tenues, rue du Vollier, par les Sœurs de la congrégation de la Pommeraye, 30 élèves ;

sur le tertre Saint-Laurent, par les Sœurs de la Communauté de Saint-Gildas, 80 élèves.

Nous consignons aussi avec reconnaissance les efforts réalisés par les industriels chrétiens : MM. Max-Richard, Joûbert-Bonnaire, Oriolle et Rochard, Delahaye, Bonnefont et Cie, qui ont établi pour les enfants qu'ils emploient dans leurs manufactures des écoles mixtes tenues par des religieuses appartenant à nos congrégations enseignantes.

En résumé, la population scolaire des écoles primaires de la ville d'Angers comprend actuellement 6,150 enfants, répartis : 3,150 dans les écoles laïques communales, et 3,000 dans les écoles congréganistes. Les élèves de ces écoles congréganistes se divisent ainsi : 680 garçons dans les trois écoles de Frères communales, 338 dans les deux écoles de Frères libres, et 1,832 filles dans les écoles libres ; plus les élèves suivant les écoles mixtes.

La proportion est de 50 pour 100 pour les écoles laïques, et de 48 pour 100 pour les écoles congréganistes.

Le nombre des enfants étant à peu près le même dans les deux enseignements, la loi devrait tenir compte du vœu des pères de famille et les ressources inscrites au budget devraient être partagées dans les proportions que nous indiquons.

Les pères de famille, qui envoient leurs enfants dans les écoles congréganistes, paient des impôts comme les autres, et ont droit d'obtenir, pour les instituteurs de leur choix, les mêmes avantages.

Le budget de l'instruction primaire de la ville d'Angers, rien que pour le paiement des instituteurs et des institutrices, est de 110,370 fr. : 65,960 fr. pour es écoles de garçons, et 44,410 fr. pour les écoles de filles. Sur cet énorme budget trois écoles congréganistes des Frères sont seules rétribuées, et reçoivent en tout 7,600 fr. ! La répartition est donc, en nous plaçant à notre point de vue, contraire aux principes de l'égalité la plus élémentaire. Si on compare les écoles entre elles, on voit combien est différente la faveur avec laquelle sont traitées les écoles d'après la nature du personnel. Ainsi l'école congréganiste communale de Saint-Maurice qui compte 303 élèves ne reçoit que 3,000 fr.; tandis que l'école laïque du boulevard de Laval qui en compte le même nombre reçoit 8,600 fr. ! L'école congréganiste communale du Tertre qui compte 225 élèves touche 3,000 fr., et l'école laïque du faubourg Saint-Michel qui n'en a que 218 touche 7,300 fr. Il résulte de cette comparaison qu'un élève envoyé chez les Frères coûte à la Ville 10 fr. par an, et un élève envoyé à l'école laïque coûte à la Ville 28 fr.

Le budget des écoles maternelles communales s'élève à 22,400 fr.

Notons encore que la Ville alloue 13,000 fr. aux instituteurs et institutrices pour surveillance des études ; 5,400 aux femmes de service attachées aux neuf écoles maternelles ; 4,900 fr. pour le balayage des classes, cours, et tous locaux servant aux élèves. Les Frères balaient eux-mêmes et surveillent les études sans émolument complémentaire. On inscrit aussi au budget 12,000 fr. pour achats de fournitures scolaires ; 4,500 fr. pour achats de prix ; 5,400 fr. pour le chauffage et l'éclairage, etc.

Le budget de l'instruction primaire et des écoles maternelles de la ville d'Angers s'élève en totalité à 205,981 fr. 25. Sur cette somme l'État alloue une subvention de 55,828 fr. : il faut aussi ajouter à cette subvention 37,609 fr. produits par les quatre centimes additionnels de l'instruction primaire, perçus en vertu des articles 7 de la loi du 19 juillet 1875 et 2 de la loi du 16 juin 1881.

Nous appelons de nos vœux un régime de liberté politique qui permette de répartir les ressources fournies par l'impôt que nous payons tous, plus équitablement et proportionnellement au nombre des élèves qui fréquentent chaque école. Si, comme il y a cent ans, nous étions appelés à rédiger des cahiers, nous inscririons en tête : le respect de la liberté d'enseignement, le droit absolu de *subventionner* les écoles libres qui présentent, dans l'intérêt de la commune, l'avantage de ne rien coûter pour la construction et l'entretien des bâtiments, et l'obligation de placer à la base de l'édifice l'enseignement des principes religieux, des devoirs envers Dieu.

LES ÉCOLES D'ORIENT

Mme de Villoutreys qui fut un modèle non seulement pour l'abondance de ses aumônes, mais plus encore pour l'intelligence qui présidait à ses distributions, nous disait un jour : « On doit donner une grande part de ses charités aux œuvres françaises hors de France, car elles ont deux mérites, celui de soulager les malheureux, nos frères, qu'ils soient chrétiens ou gentils, et celui de faire tomber sur notre pays, comme une rosée bienfaisante, les bénédictions des peuples étrangers que nous secourons. »

C'est pour mettre en pratique cette judicieuse pensée que Mme de Villoutreys se fit la missionnaire, dans notre ville, de la Propagation de la Foi, ainsi que de la Sainte-Enfance, et qu'elle accepta le titre de vice-présidente du Comité des Écoles d'Orient, dès les premiers jours que cette excellente œuvre fut fondée à Angers, il y a plus de trente ans.

C'était en 1856, au temps de la guerre de Crimée. Nos victoires avaient resserré les liens séculaires qui nous attachent à l'Orient. L'Empire pensait que « *la France était assez riche pour payer sa gloire* » et comme prix de nos sacrifices, il se contentait du nouveau prestige acquis à notre drapeau. Quelques hommes de cœur et d'intelligence se proposèrent d'en retirer des avantages plus positifs. Ce fut d'abord un illustre savant, le baron Cauchy, auquel se joignit M. Charles Lenormant, professeur à la Sorbonne. A leurs yeux la propagation de l'enseignement était le meilleur moyen qu'eût l'initiative privée de favoriser l'influence française en Orient. Ils firent part de ce projet à leurs confrères de l'Institut qui s'y associèrent avec enthousiasme. On peut dire que si l'idée mère est de M. Cauchy, son exécution est l'œuvre collective de tous les membres de cet illustre corps. Chacun s'en fit l'apôtre au dehors et les plus grands noms tinrent à honneur d'apporter leur concours. Puis on forma un *Conseil* général et un Comité de dames patronnesses, où nous voyons figurer l'élite de la société parisienne. On le voit, ce fut une œuvre toute laïque ; mais en France le véritable patriotisme a beau être laïque, il sent qu'il ne peut prévaloir au dehors que par la religion. On voulait multiplier les écoles en Orient ; tous ces intelligents patriotes comprirent que leurs écoles devaient être avant tout des écoles catholiques. A cet égard, ils n'avaient pas à créer, nos communautés étant déjà établies dans ces contrées, il ne s'agissait que de leur fournir les moyens de s'y développer. Le Comité se mit en rapport avec les supérieurs des Jésuites, des Lazaristes, des Frères, etc.

Il fut arrêté que l'entreprise nouvelle se bornerait, sous le nom d'Œuvre des Écoles d'Orient, à recueillir des fonds qu'elle distribuerait aux écoles catholiques de ce pays.

L'œuvre eut l'heureuse fortune d'avoir pour premier directeur M. l'abbé Lavigerie, aujourd'hui cardinal et primat de Carthage. A force de capacité et d'énergie il lui donna une impulsion qui ne s'est jamais ralentie. Ce fut le début d'un apostolat qui aujourd'hui rappelle en Afrique ceux de François-Xavier en Asie, et de Las Casas en Amérique.

Nous voudrions suivre nos congrégations sur tous les rivages que baigne la Méditerranée, ce lac qui deviendrait français si les gouvernements secondaient nos pacifiques conquérants. Mais un rapide résumé ne nous permet de nous étendre un peu qu'à propos des rivages levantins.

Plus nos missionnaires des deux sexes répandent l'influence française en Orient, et plus ils excitent la jalousie des autres nations. Ce ne sont pas seulement les prédicants anglais et américains, les ministres allemands, les popes russes, soutenus par l'or et la politique de leurs puissants pays qui nous disputent, pied à pied, le terrain de l'instruction, c'est l'Italie qui, avide de nous enlever le protectorat séculaire de la France aux Échelles du Levant, vient d'organiser sur le modèle de la nôtre *une Œuvre des Écoles d'Orient* protégée par son gouvernement et qui après avoir pris notre titre, compte bien nous dépouiller de nos prérogatives.

Tel est l'abaissement intellectuel et moral des races asservies au joug de l'islamisme que, laissées à elles seules, elles ne sauraient ni se procurer, ni seulement apprécier les bienfaits de l'instruction ; on pourrait conclure de là que l'enseignement leur est à peu près indifférent. Ce serait une erreur : sans doute, ces populations sont en général peu disposées à faire des sacrifices pour l'instruction de leurs enfants, et l'ignorance est encore fort répandue parmi elles ; mais depuis que les peuples européens aspirent à conquérir ces pays par la science, ils s'y font la guerre à coups de grammaires, à coups d'écoles. La France dépense moins d'argent que ses rivales, mais ses congrégations possèdent le secret, avec peu, de produire beaucoup ; en fait, là où elles ouvrent des écoles, les protestants sont souvent obligés de fermer les leurs, faute d'élèves, et notre langue est aujourd'hui la seule réellement populaire en Orient.

Nos institutions scolaires et hospitalières rendent des services immenses à ces pauvres populations et font aimer le nom français jusque dans les localités les plus inconnues. Leur action embrasse tous les centres populeux ; seules elles peuvent faire ce qu'elles firent en Europe au moyen-âge ; elles relèvent les masses et apprennent aux individus à travailler. Si les peuples civilisés s'efforcent de s'implanter dans ces pays par intérêt politique, nos congrégations ne montrent pas moins de zèle, et un zèle bien autrement fécond pour rendre à l'Orient la lumière qu'il nous apporta jadis.

L'Œuvre des Écoles d'Orient est le fraternel auxiliaire de la *Propagation de la Foi*. « Les œuvres entreprises pour la gloire de Dieu, a dit en termes excellents l'auteur de la préface du *Bulletin des Écoles d'Orient* [1], au lieu de se nuire, se fortifient et se protègent réciproquement. Naguère l'Œuvre de la Sainte-Enfance avait fait naître des appréhensions de cette nature à sa devancière, et cependant toutes deux ont prospéré en raison des effets de la grâce et contrairement aux calculs humains.

« Ce n'est pas la concurrence de la charité qu'il faut redouter pour les œuvres : ceux qui ont appris à donner d'une main ne tardent pas à s'accorder la douceur de donner aussi de l'autre, et c'est en donnant beaucoup qu'on apprend à ne refuser jamais.

« L'œuvre de la Propagation de la Foi répond à un but universel, celle des Écoles d'Orient à un but spécial. L'Église, mère vigilante et toujours généreuse, a depuis longtemps prévu ces besoins de la famille orientale ; elle a compris qu'elle ne pouvait y pourvoir qu'en relevant les caractères par une bonne éducation, et c'est dans ce but qu'avec le concours de la *Propagation de la Foi*, elle a ouvert un certain nombre d'écoles ; mais elle n'a pu le faire dans une mesure égale aux besoins d'une population qui compte plus de quatorze millions d'âmes, et les événements ayant marché, les chrétiens orientaux se sont trouvés dans une situation qui réclamait un secours tout à fait exceptionnel. »

« C'est alors que l'Œuvre des Écoles d'Orient a été fondée ; le but qu'elle poursuit est parfaitement déterminé par le titre qu'elle a pris. Placée sous le patronage de l'épiscopat français, elle marchera toujours respectueusement soumise à l'Église...

« Dieu le veut ! » Oui vraiment Dieu veut que nous ten-

---

[1] M. le comte de Bertou qui, par ses fréquents séjours au Bourg-d'Iré, était devenu presque notre compatriote.

dions une main secourable à nos frères d'Orient, à ces chrétiens qui vivent dans les lieux mêmes où notre divin Maître a prêché la vie d'amour et de charité... »

De tout temps la France s'est glorifiée du titre de protectrice des populations chrétiennes en Orient. Elle a toujours tenu à honneur d'occuper la première place dans la garde des Lieux-Saints. On pensa avec raison que le meilleur moyen de conserver et d'accroître cette influence, en outre de la puissance politique, consistait à développer sur tout le littoral de la Méditerranée, appelé *Échelles du Levant* [1], les établissements fondés par le prosélytisme français. Ce fut aux Lazaristes qu'échut principalement cette mission, à la demande de Louis XVI, en 1782, avec l'expresse recommandation de fonder partout des écoles et de propager le plus possible l'enseignement de la langue française. Maintenue dans nos plus mauvais jours, par la Convention elle-même qui la plaçait sous la protection de son ambassadeur à Constantinople, Aubert-Dubayet; affermie par Napoléon, au moyen d'une subvention annuelle, la mission du Levant a vu s'ouvrir une nouvelle ère, lorsque, en 1840, M. Etienne sur les pressantes instances du Père Boré, eut l'heureuse idée d'envoyer à l'aide des Lazaristes leurs Sœurs en Vincent de Paul, les Filles de la Charité. Bientôt l'ingénieux dévouement de ces vaillantes femmes, dissipant les préventions fanatiques, attira à leurs leçons des enfants de toute race et de toute religion, qui rapportent dans leurs familles l'esprit et l'amour des bonnes œuvres à tel point qu'au-

---

[1] Cette expression doit son origine aux *échelles* ou degrés appuyés sur les môles des ports marchands de la Méditerranée orientale, au bas desquels les vaisseaux viennent décharger les passagers et les marchandises.

jourd'hui, à Constantinople, il y a des dames de charité aussi zélées qu'à Paris. Les Frères de la Doctrine chrétienne vinrent ensuite tenir près des Lazaristes des écoles de garçons, et nos religieuses commencèrent à se recruter, surtout dans le Liban, parmi les indigènes.

Il n'est pas une seule localité dans le bassin oriental de la Méditerranée où le drapeau de la France ne flotte sur un établissement fondé par la sainte ardeur de nos missionnaires des deux sexes, particulièrement sur une maison hospitalière où le marin, le voyageur français retrouve les douceurs de la patrie, dans le cordial accueil dont il conserve un souvenir ineffaçable.

Cette puissance d'expansion qui entraîne nos communautés religieuses non seulement jusqu'aux frontières de l'Asie et de l'Afrique, mais jusqu'aux extrémités du monde, est d'autant plus remarquable, que l'on connaît la difficulté extrême que nos compatriotes de toutes conditions éprouvent à s'exiler. La foi catholique, le besoin ardent, irrésistible, de conquérir les âmes, peuvent seuls surmonter cette répugnance particulière à notre nation. Les efforts pour la vaincre n'en sont que plus méritoires ; ils en sont récompensés par la sympathie qu'en dépit de nos fautes et de nos revers, les peuples, même les plus lointains, témoignent à nos qualités généreuses qui seront toujours l'honneur du caractère français.

Indépendantes d'attache officielle et ne se mêlant point aux luttes politiques, nos congrégations sont généralement bien vues des gouvernements. Le dévouement et les services purement gratuits sont choses rares dans ce monde. Aussi les peuples se sentent-ils profondément émus lorsqu'ils voient nos religieux et religieuses, prodigues d'eux-mêmes, mépriser les richesses, s'associer à leur vie pauvre, braver toutes fatigues et tous dangers, dans le seul but de leur communiquer la science du salut et les bienfaits de la société moderne. Par eux, ils jugent la France et ils l'aiment comme leur bienfaitrice la plus désintéressée. Que ceux qui en douteraient veulent bien prendre la peine de lire les touchantes *Annales* de la Propagation de la Foi et des Écoles d'Orient, ou mieux qu'ils consultent nos marins et nos voyageurs célèbres. Mais par la gratuité même de leurs services et en raison de leur pauvreté, nos congrégations ne pouvaient exercer leur zèle que dans d'étroites limites : la charité française leur est venue en aide ; elle a créé en dehors d'elles et sans leur participation, ces trois merveilles de notre initiative civilisatrice : Œuvre de la Propagation de la Foi, Œuvre de la Sainte-Enfance, Œuvre des Écoles d'Orient, tout à la fois trésorières de l'apostolat catholique et centres communs où, sans rien perdre de leur indépendance, nos communautés viennent se rencontrer comme les enfants d'une même famille. Ces trois Œuvres s'adressent à tous et demandent peu à chacun. Aussi leur budget est-il un budget vraiment français. C'est notre nation qui, de tous les points du pays, s'associe par son obole aux travaux de ceux de ses enfants qui, à travers mille obstacles, mille dangers, vont porter au loin son nom avec sa foi, et lui chercher des amis sous toutes les latitudes. Et partout le congréganiste qui ouvre une école, bâtit une église, ou un hôpital, dit à ses disciples : « Voilà ce que vous donnent les Français, mes frères et les vôtres. » Se figure-t-on l'effet de ces paroles répétées par tant de lèvres et en tant de lieux !

Ce que nous notons avec le plus de plaisir, c'est que grâce aux écoles, par l'éducation chrétienne qu'elles donnent à leurs élèves, les Sœurs préparent à ces pays, bien déchus de leur antique splendeur, ce qui leur faisait le plus défaut : des femmes qui comprennent leur dignité, et des mères de famille dans la véritable acception du mot. En même temps les religieux font connaître aux jeunes gens les devoirs des chrétiens envers leurs compagnes. Grâce aux progrès de cette transformation sociale, la femme relevée par l'Évangile à l'égal de l'homme, recouvrera bientôt en Orient la liberté que lui avait ravie l'oppression des sectateurs de Mahomet.

La grande popularité de nos religieuses en Orient date de la guerre de Crimée en 1854-1856. Dans les villes de la Turquie, les Musulmans, revenus de leurs préjugés, voyaient quelque chose de surnaturel dans ces femmes qui traversaient les mers et sacrifiaient tout pour venir panser leurs plaies et soulager leurs misères ; ils s'inclinaient devant elles, et, à leur grande confusion, baisaient leurs mains et le bas de leurs robes : il arriva même à quelques-uns de demander ingénuement aux Filles de la Charité *si elles étaient descendues du Ciel.*

A peine débarquées à Gallipoli, à Varna, elles trouvèrent les ambulances infectées par le choléra, dont la violence ne fit que redoubler leur énergie. A Sébastopol, l'hiver avait ajouté des rigueurs excessives aux fléaux de toutes sortes ; le maréchal Pélissier, jugeant le séjour trop cruel pour des femmes, les fit reconduire, malgré leurs supplications, à Constantinople, où elles trouvèrent d'ailleurs un digne emploi de leur dévouement. Seize ambulances y furent organisées et leur furent confiées. Cinquante mille officiers et soldats y reçurent des soins aussi intelligents que fraternels. Vingt-cinq mille succombèrent au typhus ou à des blessures. Notre compatriote, Eugène Boré, supérieur des Lazaristes du Levant, chargé de la direction spirituelle de tous ces hôpitaux, y endura des souffrances inouïes que pouvait seul faire supporter le sentiment du bonheur qu'éprouvaient les mourants à recevoir les consolations religieuses. Aucun ne les refusa, je me trompe, un seul, ai-je entendu dire à notre ami, remit au lendemain l'accomplissement de ses devoirs, et, quand à l'aube du jour, on s'approcha de son chevet, il avait cessé de vivre.

Quant aux Sœurs, trente au moins, saintes victimes du patriotisme chrétien, ajoutèrent un glorieux supplément à la liste des religieuses françaises qui ont sacrifié leur vie aux souffrances humaines.

L'éloge des Filles de la Charité était dans toutes les bouches ; soldats, officiers et médecins le répétaient à l'envi. Le retentissement en fut immense au loin comme auprès ; toutes les communautés établies déjà dans le Levant en profitèrent, car toutes montrent les mêmes vertus, et la sympathie qui croissait à leur égard rejaillit naturellement sur l'Œuvre des Écoles d'Orient dont le revenu doubla dans les années suivantes.

Les services des Sœurs à Constantinople ne devaient pas être prodigués qu'à des compatriotes. L'occasion d'exercer leurs vertus spéciales au soulagement des populations qui n'ont avec nous ni lien de nationalité ni lien de religion, ne tarda pas à se présenter.

Il y a dix ans, l'ambition de la Russie fit éclater une guerre atroce avec l'empire ottoman. Les Sœurs qui n'avaient qu'à se louer de la bienveillance du Gouvernement turc, prévirent que leur tâche serait immense ; elles demandèrent du renfort ; on s'empressa de leur envoyer un nombreux détachement d'auxiliaires sous la direction de la Sœur Renault, qui a pour frère M. Léon Renault, l'ancien préfet de police de Paris. Il était temps. Durant l'hiver de 1877 à 1878, la merveille du Bosphore fut accablée de tous les fléaux à la fois. La peste, la famine, s'ajoutèrent aux rigueurs extraordinaires de la saison. Cent mille Bulgares fuyant devant l'armée russe, vinrent mettre le comble à la détresse publique. On ne voyait dans les rues que des bandes d'affamés, dénués de vêtements et de nourriture. L'autorité turque, sans prévoyance, sans argent, sans énergie, était affolée comme la population. Ce furent les étrangers, religieux de divers ordres, fonctionnaires des ambassades et consulats, commerçants français ou anglais, qui relevèrent les courages ; sans eux toute la multitude qui vit au jour le jour eût péri de misère ou de maladies. Or, de l'avis unanime, les Sœurs de Saint-Vincent-de-Paul contribuèrent le plus efficacement au salut comumn.

Rarement elles trouvèrent une aussi belle occasion de déployer leur génie industrieux. Elles n'avaient rien et il fallait suffire à tout : à la lettre, elles se multiplièrent ; on les voyait partout, procédant par des moyens divers au sauvetage des nécessiteux ; non contentes de leurs hôpitaux établis, elles organisèrent une quantité d'ambulances. Installées aux portes de la ville, elles y recevaient d'abord les fugitifs qui arrivaient dans un état lamentable, couverts de haillons et de vermine, épuisés par la faim et le typhus. Pendant le temps nécessaire pour les mettre sur pied et les conduire dans des asiles, d'autres Sœurs parcouraient les rues, celles-ci pour frapper aux portes des riches, celles-là pour distribuer des comestibles et des vêtements. Dans chaque quartier, elles avaient monté des fourneaux et ouvert des chauffoirs.

On reconnaissait à tel point la prééminence des Sœurs que l'autorité avait mis à leur disposition tous les agents dont elles pouvaient avoir besoin ; ce qui donnaît lieu aux scènes les plus émouvantes. On ne pouvait s'empêcher de sourire en voyant nos braves religieuses à la tête d'escouades de soldats de toutes armes, marchant sous leurs ordres, et portant tous les objets de secours qu'elles semblaient créer et qu'elles répartissaient avec un ordre merveilleux et une infatigable activité.

Ce qui étonna surtout les témoins de tant de services rendus à l'humanité, c'est que de faibles femmes aient pu y résister ; onze cependant y succombèrent, ou plutôt Dieu qui les avait envoyées moissonner dans les champs de la Charité, jugea en les appelant au ciel, que leur gerbe était complète.

Tant de cris de douleur et tant d'actes de sacrifice, devaient trouver de l'écho en France. Plusieurs personnes de notre ville, on s'en souvient, eurent l'idée de demander un service à Sainte-Marie pour les victimes de la guerre. On soumit ce projet à notre Évêque qui s'empressa de l'accueillir, et d'en rendre la réalisation plus fructueuse, en proposant la vaste nef de la cathédrale à la place de la chapelle, trop étroite pour cette grande circonstance.

Monseigneur, engagé par une promesse de prendre la parole à Sainte-Madeleine de Paris, insista pour que l'office eût lieu à Saint-Maurice le dimanche 24 février, et voulut bien exprimer son regret de ne pouvoir présider l'auguste cérémonie.

L'annonce des journaux d'Angers se terminait ainsi :

« ... Dans notre ville où l'on a tant de motifs pour aimer et respecter les filles de saint Vincent, la pensée est venue de donner aux pieuses gardes de nos malades et de nos vieillards, le plaisir d'adresser à leurs Sœurs du Levant le produit des sympathies angevines, qui sera recueilli dimanche à la messe de midi de la cathédrale. N'est-il pas juste de placer sous l'égide de la religion la reconnaissance pour le sublime élan de la charité, devant laquelle tous les hommes sont frères, les musulmans comme les chrétiens ?

« La quête sera faite par les Sœurs de l'Hôtel-Dieu. Qui pourra résister au plaisir de déposer une petite pièce d'or ou d'argent dans les mains suppliantes de celles qu'on peut appeler la personnification du sacrifice et de la générosité ? »

Tout le monde se plut à reconnaître que Mgr de Las Cases était le prédicateur de la circonstance. Une vive émotion s'empara de l'immense auditoire lorsqu'en terminant l'ancien évêque de Constantine et d'Hippone s'adressa aux Sœurs quêteuses pour les encourager :

« ... Avancez-vous, mes Sœurs, ne craignez rien ; et si vos habitudes de retraite vous donnent de l'inquiétude et du trouble, rassurez-vous en vous rappelant ce que votre saint fondateur disait à vos aînées après avoir reçu leurs vœux : « Votre place est partout où il y a des souffrances à soulager, des courages à relever, des affligés à consoler, dans la chaumière du pauvre paysan comme dans la mansarde du pauvre ouvrier, sur les champs de bataille comme dans les hôpitaux, parmi les blessés comme au milieu des pestiférés...

« Allez donc, mes chères Sœurs, et j'ose aussi vous appeler mes chères filles ; allez ! En vous aidant à fendre les flots de la foule, chacun versant dans vos mains l'offrande de son cœur, dira tout haut : Place pour nos Sœurs de l'Hôtel-Dieu, c'est la charité qui passe ! et chacun répètera tout bas, car le silence est la dignité des nations trahies un jour par la fortune : Place ! Place ! ces pieuses et vaillantes femmes, c'est encore le drapeau de la France qui passe ! *In hoc signo vinces !...*, en attendant les jours meilleurs où il pourra de nouveau flotter au vent pour le bonheur des peuples et la gloire de la patrie !

Mais il n'y a pas que des voix catholiques à célébrer l'action civilisatrice de nos communautés d'hommes et de femmes, soutenues par l'Œuvre des Écoles d'Orient. Tous les politiques éclairés pensent de même. Voici ce que disait dernièrement M. Jules Simon dans une conférence sur ce grand sujet :

« Nous avons au dehors deux symboles sous lesquels on s'abrite avec la même confiance : la croix et le drapeau.

« Un de mes amis, M. Fournier, qui a été ambassadeur à Constantinople, où il a laissé un bon souvenir, disait à la tribune du Sénat : « Nous avons à Péra des Sœurs de charité qui sont une de nos grandes forces. » On va à l'hôpital des Français, à l'école des Français, à l'église des Français ; c'est la France, sous ses trois formes les plus puissantes : la charité, la lumière, la foi.

« Une association s'est formée depuis peu pour propager notre langue : pensée excellente, association méritoire et patriotique. Mais la langue ne vaut que comme organe des idées qu'elle transmet. Notre langue est très puissante au Canada, parce qu'on y garde notre religion. Tant qu'il y aura des Sœurs de charité à Péra, on n'aura pas besoin d'académies ni d'associations pour perpétuer notre langue. On sait toujours la langue qui parle de Dieu, la langue qui connaît le malade et qui rassure le mourant. Malgré l'envahissement du scepticisme et du positivisme, la Sœur de Charité est encore entourée de respect. La foi ardente et simple, la bonté active et pratique, le renoncement sans réserve, exercent doucement et sûrement leur influence. C'est un Ordre français ; quand on le retrouve hors de France, même dans un pays catholique, on se sent rapproché de la patrie.

« On ne peut les voir sans une émotion profonde à la frontière du monde civilisé, au milieu des populations musulmanes ou païennes. On se dit aussitôt : c'est la France ! mais on sent aussi que c'est la France sous un aspect qu'on n'est plus accoutumé à lui reconnaître ; la France, avec un grand passé, telle qu'elle était il y a deux siècles. Les musulmans croient n'avoir pas cessé de voir cette cornette et cette robe depuis le temps de saint Vincent de Paul, et c'est pourquoi la France est pour eux une vieille amie. Ils sont habitués, de père en fils, à trouver chez les Sœurs, — chez les Sœurs françaises, — un peu de pain pour leurs vieillards, des remèdes pour leurs malades, un asile pour leurs orphelins et les abandonnés. La porte est toujours ouverte et le cœur aussi. A côté du dispensaire, il y a une petite école où on apprend à lire et à coudre, car les bonnes Sœurs n'en cherchent pas plus long. Elles ne se piquent point de science et ne creusent point les questions théologiques ; elles ont un directeur spécial auquel elles obéissent, et un but dans la vie au delà duquel elles ne voient rien. Elles représentent la France, mais sans le savoir. Elles nous font aimer, mais sans y penser. Elles font, peut-être, des prosélytes à la religion, mais ce n'est pas leur but principal. Dans ce lit où elles déposent leurs malades, et qu'elles ont préparé pour lui avec tant de sollicitude, elles ne voient que les malades, les frères souffrants, l'humanité peut-être ; nous y voyons la patrie.

« Elles riraient bien, les bonnes et simples filles, si on leur disait qu'elles font des conquêtes pour la France. Elles en font, cependant, et elles font durer celles que nous faisons. Partout où il y a un Hôpital, une École, quelques Sœurs de Charité, notre influence se conserve, s'étend, pousse des racines. Ces trois ou quatre filles qui font le métier de servantes, valent pour nous autant qu'un régiment... »

Nous aurions encore un vif plaisir à citer des témoignages en faveur des Écoles d'Orient qui émanent d'écrivains éminents, de voyageurs renommés tels que MM. Deschanel et Gabriel Charmes, pas plus suspects de préventions cléricales que M. Jules Simon ; mais il nous reste bien peu d'espace, et pour rendre plus sensible notre démonstration, il nous semble préférable de reproduire quelques passages d'une lettre adressée récemment au directeur de l'Œuvre par la Mère Deschamps, supérieure des Religieuses de Nazareth. C'est la mise en pratique des inspirations de Vincent de Paul qui animent toutes nos communautés à l'étranger, quel que soit leur nom : Carmélites, Filles de la Charité, Dames de Sion, Religieuses du Bon-Pasteur d'Angers, de la Présentation de Tours, de Nazareth, Sœurs de Saint-Joseph de Cluny et de l'Apparition, Petites Sœurs des Pauvres, etc., Carmes, Jésuites, Lazaristes, Dominicains, Franciscains, Frères des Bienheureux de la Salle et de Montfort, etc.

En lisant ces extraits, on comprend mieux que par des paroles par quels moyens nos missionnaires des deux sexes se sont concilié tant de sympathies loin de la France et combien il est important de les seconder par notre assistance généreuse et reconnaissante :

Monsieur le Directeur,

Je sais que votre zèle embrasse l'Orient tout entier et voudrait, par l'éducation chrétienne de la jeunesse indigène, régénérer toute une population qui a gardé la foi en Notre-Seigneur sans comprendre son saint Évangile ; vous suivrez donc avec intérêt le progrès de notre modeste mission sur la côte de Syrie.

Après avoir choisi la colline Saint-Georges pour nous établir à Beyrouth, il y a une vingtaine d'années, ne voyant autour de nous que des habitations turques et seulement quelques rares maisons de chrétiens, nous nous demandions avec inquiétude comment se peuplerait notre école gratuite à laquelle nous tenions tout spécialement. La Providence y a pourvu, car cette école, divisée en trois classes et un ouvroir, compte au moins trois cents enfants, presque toutes chrétiennes. Mais voici que le repos des vacances procure à nos religieuses l'occasion d'exercer un nouveau ministère.

La santé de nos maîtresses de classe réclamant l'air tempéré des montagnes pendant les mois d'août et de septembre, nous nous sommes décidées à avoir un pied-à-terre à trois heures de Beyrouth, sur la route de Damas, dans la partie du mont Liban qu'on appelle Aïn-Machera ; et, puisque c'est pour nous un lieu de repos, nous l'avons appelé Béthanie, en souvenir de l'hospitalité qu'une sainte amitié offrait au Divin Maître après ses courses apostoliques. Une ascension assez rapide nous conduit à *notre Béthanie*, située à une altitude de 900 mètres au-dessus de la mer.

Le soulagement physique qu'on y trouve n'empêchait pas quelques regrets causés par la scission accidentelle d'une partie de la communauté, et, si l'obéissance n'en avait fait un devoir, on aurait volontiers sacrifié la douceur du climat au plaisir de ne pas se séparer. Mais, depuis quatre ans, Béthanie a pour nous des attraits irrésistibles : nous y trouvons des enfants à instruire, des malades à soigner, et de bons services à rendre à de pauvres chapelles dont personne ne prenait soin. Les bonnes occasions de faire le bien sont des fleurs qui éclosent partout, même sur ces rochers nus et arides du Liban, où l'on cherche, souvent pendant de longues heures, une touffe d'herbe, un arbrisseau sans pouvoir les rencontrer.

A quelques minutes de distance de notre maison est une filature assez importante, où garçons et filles, hommes et femmes travaillent assidûment dix heures par jour. Il était facile de constater que les petites filles surtout, qui y sont employées dès le bas âge, n'avaient aucune instruction religieuse. C'était à un tel point que l'une d'elles qui avait grandi dans cette atmosphère, s'étonnait de nous entendre dire qu'il n'y avait qu'un seul Dieu ! Il y avait donc là, tout près de nous, une mission à remplir, une grande lacune à combler ; mais comment saisir ces pauvres enfants pour leur apprendre le catéchisme ? Hélas ! elles ne sont libres que le dimanche. Eh bien ! on y consacrera toute la matinée, on s'y acharnera, et Dieu nous fera la grâce de leur apprendre au moins les vérités les plus élémentaires.

On se met à l'œuvre, et la matinée, en effet, se trouve bien remplie : avant la messe, il y a une première réunion pour répéter à satiété le *Pater,* l'*Ave,* le *Credo,* les actes de foi, d'espérance et de charité. La mémoire n'est pas heureuse, car elle n'a jamais été exercée. Après la messe, c'est le catéchisme dans sa plus grande simplicité. Jusqu'à midi les séances se succèdent sans autre interruption que quelques minutes de récréation. La bonne volonté ne manque pas à ces chères enfants. Si la lettre se grave avec peine dans une intelligence que rien n'a encore développée, le cœur reçoit avec avidité la divine semence.

Mais une autre portion de cet intéressant troupeau réclamait également sa nourriture spirituelle, et cette fois, nous n'avons pas eu d'appel à faire. Un matin, trois petits garçons se présentent d'un air décidé : « Vous faites le catéchisme aux filles, nous venons aussi nous faire instruire. Nous allons quitter les protestants, si vous voulez nous recevoir. — Bien, mes enfants, seulement il faudra venir dans l'après-midi. — Non, il fait trop chaud ! Laissez-nous venir le matin. »

Comment refuser ? L'aîné des trois va de lui-même convoquer d'autres compagnons, et le lendemain une bande joyeuse se présente de bonne heure. Après quelques questions, on juge que ces élèves improvisés sont de force inégale : il faut plusieurs sections, et partant plusieurs professeurs. Bonne occasion pour former à l'enseignement du catéchisme quelques jeunes pensionnaires que nous gardons près de nous pendant les vacances.

On divise les cours suivant l'âge et le degré d'intelligence et d'instruction. Les maîtresses de douze et même de neuf ans sont hissées sur une chaise, tandis que les écoliers s'asseyent à l'arabe sur la terre nue. Chaque groupe est installé sous un arbre, et la religieuse qui se promène au milieu de cette académie d'un nouveau genre, ne sait lequel admirer le plus, ou de la docilité respectueuse des élèves ou de la gravité des petits professeurs. Chacun a pris son rôle au sérieux ; l'élève dit : « Malemté » (maîtresse), et celle-ci appelle « mes enfants » des gamins plus grands qu'elle. Tout se passe fort bien.

Il y a cependant une tentation à laquelle nos petits montagnards ne résistent pas. Dans tous les pays c'est la même histoire ! Le bruit de la diligence qui fait le service de Beyrouth à Damas arrive-t-il aux oreilles de nos bambins, comme une volée de pigeons ils prennent tous leur essor pour aller se suspendre au véhicule. Ce serait perdre son temps et compromettre son autorité que de vouloir arrêter cet élan : nul plaisir n'est comparable à celui-là. Après un quart d'heure d'interruption, tout rentre dans l'ordre, et, comme la soif d'apprendre dévore nos petits écoliers, l'étude du catéchisme est suivie de la lecture arabe, des éléments de l'arithmétique, et même, pour les plus savants, d'un petit cours de géographie.

A midi, la religieuse trouve tout simple de congédier les chers enfants, elle les invite donc à se retirer. « Comment ! reprend l'aîné, nous en aller en plein soleil ? c'est impossible ! Songe donc que nous venons de bien loin. Regarde ces villages qui sont là-haut, nous descendrons ici chaque matin, dès que le jour paraîtra, et nous remonterons un peu avant le coucher du soleil. C'est décidé, regarde, chacun a apporté son dîner, » — et il indique un arbre auquel sont suspendues de petites besaces de toutes les couleurs. — Devant une telle bonne volonté, nous restons sans réplique, et la classe recommence l'après-midi.

On se demandera peut-être dans quelles conditions se trouvaient nos petits écoliers sous le rapport de la propreté : dès la première entrevue il avait été convenu qu'avant de se présenter à notre porte, on irait faire passer par l'eau pure de quelque fontaine le visage, la tête, les mains et les pieds. Dociles à l'excès cette fois, nos gamins se plongèrent si bien dans le réservoir le plus proche de nous que les bestiaux ne voulaient plus s'y abreuver. Un Druse vint alors trouver la supérieure : « Si ces enfants, lui dit-il, n'étaient pas tes élèves, je les aurais frappés vigoureusement. Tu les instruis, corrige-les toi-même, je t'en prie. »

Nous étions devenues les juges suprêmes de tous les délits de nos écoliers. Si quelque habitant de leurs villages avait à se plaindre d'eux, il lui semblait tout simple de recourir à nous ; et, de fait, nous n'avions qu'un mot à dire pour faire rentrer le coupable en lui-même. Comme la grande récompense était de monter sur notre âne et d'aller nous chercher de l'eau, la punition était toute trouvée. — « Tu ne feras plus de commissions pour le couvent. »

Vous devinez, Monsieur le Directeur, quel est le couronnement de notre travail de deux mois ; tous nos efforts tendent surtout à préparer la plupart de nos chers enfants à leur première communion. Il faut, bien entendu, leur apprendre d'abord à se confesser, et cette fois, c'est une religieuse expérimentée qui passe en revue les commandements et les péchés capitaux. Le jeu des physionomies est alors très curieux. Ce ne sont pas les confessions publiques personnelles qu'il faut arrêter, mais les applications faites au voisin : « Un tel, voilà ton affaire. — Jacob, c'est toi qui mens. — Abdallah, tu manques la messe le dimanche, etc. » La maîtresse a eu grand'peine à empêcher ces révélations intempestives et à faire comprendre qu'il ne faut accuser que soi-même. Pour lui prouver peut-être qu'il avait bien profité de ses leçons, un petit garçon de sept ans s'approche un jour du prêtre qui prenait congé de ses pénitents, et, lui prenant la main devant toute l'assemblée, lui dit tout radieux : « N'est-ce pas, mon père, que vous êtes bien content de moi ? n'est-ce pas que je me suis bien confessé ? ne vous ai-je pas tout dit ? »

Afin de compléter nos catéchismes, un Père jésuite vient de temps en temps faire une instruction à notre jeune monde, et il lui consacre plus spécialement les trois jours qui précèdent la première communion ; c'est une sorte de retraite. La sacristine a bien quelque acte de patience à faire avec ce petit peuple qui n'est pas très civilisé. Mécontente de voir la natte qui leur sert pour s'asseoir à l'église toute couverte de crachats, elle gronde et dit que dans une chapelle française on ne souffre jamais de pareilles inconvenances. L'aîné de la troupe prend encore la parole : « Tu ne veux donc pas que nous fassions voir au Père qui nous prêche que nous le comprenons? Chaque fois qu'il nous parle du diable, puisque ce monstre est à nos pieds, nous crachons tous sur lui en signe de mépris. » Il fut convenu qu'on chercherait une autre marque d'aversion pour le diable.

Nous avons voulu, cette année, donner le plus de solennité possible à l'acte si important de la première communion. Afin que l'extérieur répondit mieux encore aux dispositions du cœur, on devait revêtir un habit neuf; nos pensionnaires s'étaient fait un plaisir d'en confectionner pour les plus pauvres. La veille, il y avait eu grande distribution de chaussures, qui, rajeunies par le cirage, faisaient la joie des nouveaux propriétaires. Bien entendu, chacun vint, le matin, ses souliers à la main, pour ne les mettre qu'à la porte de la chapelle. La sacristine avait paré son autel comme pour une grande fête. Cierges, chants arabes, rénovation des vœux du baptême, consécration à la Sainte Vierge, pieuses exhortations, rien ne manquait à cette touchante cérémonie. Elle s'est terminée par un déjeuner que nos pensionnaires ont servi très joyeusement. Vers midi, avant de congédier notre jeune monde, nous avons distribué tableaux, chapelets, médailles, scapulaires. Nos largesses s'étendaient même aux parents qui avaient voulu s'associer au bonheur de leurs enfants; c'étaient aussi des adieux, car nous devions, la semaine suivante, redescendre à Beyrouth.

Vraiment, nous laissions à regret cette chère petite famille, mais avec l'espérance de ne pas abandonner nos petites filles aux mains des protestants. Depuis deux ans, nous cherchions les moyens de satisfaire aux demandes réitérées des habitants d'un des plus gros villages environnants. Le 29 septembre dernier, une maîtresse laïque déjà formée à l'enseignement, était dirigée par nous vers Araya. Elle ouvrait sa classe et recevait soixante petites filles enlevées aux diaconesses allemandes. Ces enfants ne savaient pas même leurs prières; elles les ont apprises assez promptement et se sont mises avec ardeur à l'étude du catéchisme.

La maîtresse, pieuse et pleine de zèle, ayant bien vite gagné le cœur de ses élèves, a su attirer les sœurs aînées qui se sont groupées sous la bannière de la Sainte Vierge. Ces nouvelles enfants de Marie, devenues très édifiantes, se réunissent tous les dimanches après la messe; les mères ont voulu suivre ce pieux élan, et le bon curé maronite, très reconnaissant du secours qu'on lui apportait, en a profité pour stimuler aussi les hommes, si bien qu'il y a maintenant une vraie résurrection dans tout le village. On s'y confessait à peine une fois par an, et, depuis l'arrivée de la maîtresse d'école, chaque fête de l'Église est marquée par de nombreuses communions, nouvelle preuve du bienfait qu'apporte à tout peuple une école chrétienne bien dirigée. Jusqu'ici nous avons toute la charge de celle d'Araya, veuillez y penser, Monsieur le Directeur. Cette charge est lourde, il faut que la Providence nous aide à la porter. Ne seriez-vous pas cette bonne Providence?

Presque dès le début de notre installation à la montagne, les pauvres malades sont venus frapper à notre porte, et cependant aucun signe extérieur n'indique à ces malheureux qu'ils trouveront là quelques secours; notre maison n'a pas l'aspect d'un hospice, ni même celui d'un couvent. Si quelque voyageur me demandait où est notre dispensaire, je lui montrerais un arbre rabougri, sous lequel on s'abrite dès la pointe du jour pour soulager de nombreuses infirmités. Nos religieuses ne se sont pas présentées pour le doctorat en médecine; elles n'ont fait aucune étude spéciale pour soigner les malades, puisqu'elles sont pendant toute l'année employées à surveiller et à instruire nos pensionnaires; mais un peu de pratique comme infirmières, une certaine intuition naturelle à la femme et surtout à la religieuse, le désir de faire le bien, enfin la grâce de Dieu qui seule donne l'efficacité aux remèdes, tels sont nos titres à la confiance des pauvres infortunés qui viennent à nous, non pas simplement pour se faire soigner, mais pour être guéris. Leur foi est grande, il faut avouer aussi que les maux qui les affligent ne sont pas très variés ; tout se réduit presque aux ophtalmies et aux fièvres du pays : un peu d'adresse pour mettre le collyre dans les yeux, un peu d'expérience pour reconnaître les symptômes de la fièvre, son degré et la dose de quinine à ordonner, voilà le principal bagage scientifique d'une infirmière sur le Liban. Ajoutons qu'elle ne doit pas s'effrayer des plaies, des larges blessures qu'il lui faudra panser quelquefois. Les accidents sont d'autant plus fréquents qu'on ne connaît guère les précautions dans ces montagnes.

Il faut aussi renouveler souvent notre provision de remèdes, lesquels sont distribués gratuitement, bien entendu. Comme ces braves gens se connaissent entre eux, ils nous envoient de nouvelles pratiques ; tel malade qui se présente aujourd'hui se contente de dire : « J'ai la même maladie que celui que tu as vu il y a trois jours et que tu as guéri, donne-moi la même poudre ; » alors, si l'enveloppe est d'une couleur différente de celle du voisin, on se récrie : « Tu te trompes, c'est du papier rose qu'il me faut ! »

Notre réputation a failli étendre la clientèle jusque sur les animaux. Une brave femme nous amène son mouton : « Il est malade, vois, que vas-tu lui donner ? » L'infirmière fait un geste de mécontentement et veut éloigner la bête : « Je ne suis pas Druse, répond gravement la femme, c'est un mouton chrétien, tu peux le soigner. »

Cette réflexion ne doit pas faire supposer que les chrétiens seuls ont droit à nos soins. Turcs, Druses, Métualis viennent à nous avec d'autant plus d'empressement qu'il est interdit à leurs femmes de se faire traiter par les médecins. Deux Bédouines se présentent un jour ; l'une d'elles apporte le bébé de sa fille menacé de perdre la vue. On administre à l'enfant le précieux collyre qui a une juste réputation. Après cette opération, l'autre Bédouine, à la face toute ridée, s'avance péniblement, et demande en tremblotant qu'on lui mette aussi de l'eau merveilleuse dans les yeux, « car, dit-elle, je sens que ma vue s'affaiblit. »

L'infirmière l'examine attentivement, et, jugeant qu'elle n'a pas de remède « pour réparer des ans l'irréparable outrage », engage la bonne vieille à supporter son mal avec patience, puisqu'il est l'effet de l'âge. — « Mais je suis jeune encore. — Pas trop, répond sa compagne ; comme tu vois, j'ai des petits-enfants, et tu étais déjà grand'mère quand je me suis mariée..... »

Les peuples de l'Orient sont essentiellement conservateurs. Ils n'oublient pas plus les bienfaits que les injures. En Turquie et dans toutes les Échelles du Levant, nos religieuses et religieux conservent au nom français le prestige qu'ont perdu nos armes. L'estime conquise par la charité est plus féconde et plus durable que la crainte causée par de brillantes victoires.

Par une belle soirée de l'été de 1860, deux personnages étaient assis sur la terrasse d'un palais de Beyrouth. Ils y goûtaient la douce fraîcheur de la brise de mer et pouvaient contempler les splendeurs d'un coucher de soleil dans les îles de la Grèce. Toutefois ce n'était pas ce spectacle enchanteur qui attirait leur attention. Ils la fixaient sur de nombreuses voiles apparaissant à l'extrême horizon. C'était l'avant-garde de la flotte qui portait le corps expéditionnaire, envoyé par le gouvernement impérial, au secours de nos séculaires alliés, les chrétiens du Liban.

Les deux personnages ne se piquaient point d'avoir pour nous l'attachement des Maronites. L'un était le nouveau Pacha, chargé de la mission apparente d'arrêter les barbaries des Druses, mais avec la mission secrète d'entretenir les divisions entre les diverses populations de la montagne. Son hôte, pour le moment, était un Secrétaire de légation expédié par l'ambassadeur d'Angleterre à Constantinople, afin de surveiller les événements avec cet intérêt peu bienveillant à notre égard qui caractérise la politique de nos voisins.

Comme le pacha gardait le silence, le jeune diplomate crut devoir le rompre en disant : « Vous êtes inquiet de l'arrivée des Français ; c'est toute une armée qui va envahir votre province, et l'occupation durera peut-être longtemps. — Je n'en crois rien, répondit le pacha ; les Français vont faire en débarquant beaucoup de bruit ; puis, comme ils ne trouveront aucune résistance, l'inaction, qui leur est insupportable, les forcera bientôt à partir. Pareils au vent du désert, ils ne laisseront que des souvenirs stériles. Ah ! s'ils savaient les employer, ils ont bien d'autres moyens d'annexion ! Tenez, ajouta-t-il, en indiquant au jeune gentleman les divers établissements fondés à Beyrouth par les Jésuites, les Lazaristes, les Sœurs de Saint-Joseph et de Saint-Vincent-de-Paul, les Frères des Écoles chrétiennes, *partout où ces hommes et ces femmes de la prière dressent leurs tentes, ils y font germer la France.* »

L'Œuvre des Écoles d'Orient a été fondée à Angers en novembre 1857, par M. l'abbé Lavigerie, aujourd'hui cardinal. Une réunion préparatoire, présidée par le P. Richard, de la Compagnie de Jésus (décédé à Nantes il y a peu d'années), directeur du Comité d'Angers, eut lieu à cette même époque, chez M. Victor Pavie. Mlle Elise Desmazières fut nommée présidente de l'Œuvre.

L'année suivante, au mois de mars 1858, le Père Laurent, de l'ordre des Capucins, présida une seconde réunion à l'Évêché, qui se termina par l'élection du bureau, ainsi composé :

Directeur, M. l'abbé Priou, curé de Saint-Laud ; présidente, Mlle Elise Desmazières ; vice-présidente, Mme Dély ; secrétaire, Mme Vergne ; trésorière, Mme Lepage mère.

Le 20 février 1860, une réunion eut lieu chez Mlle Desmazières, dans laquelle le Père de Damas, de la Compagnie de Jésus, fit une relation très importante de l'état et des progrès de l'Œuvre en Syrie.

Le 13 décembre 1864, M. l'abbé Soubiranne, directeur générale de l'Œuvre, depuis évêque, prononça un discours en l'église Saint-Laud.

L'épiscopat français s'empressa d'accorder à l'œuvre nouvelle sa haute protection.

« J'ai appris avec plaisir, écrivait Mgr Angebault à M. l'abbé Lavigerie et à ses confrères, l'état des plus prospères de cette Œuvre si intéressante au point de vue chrétien et national. C'est en effet, Messieurs, comme vous l'avez si bien compris, c'est par l'éducation vraiment chrétienne de l'enfance que l'on pourra opérer la régénération de l'Orient et je suis tout heureux et tout fier qu'une pensée si vraie et si féconde soit encore une pensée française.

« Vous pouvez donc être assurés, Messieurs, que je favoriserai toujours le développement de cette œuvre qui, outre son mérite intrinsèque, se présente encore sous le patronage de tant de noms illustres et chers à la religion. »

Nous voilà paternellement stimulés ; c'est donc à nous, Angevins, de justifier l'espoir du premier directeur de l'Œuvre des Écoles d'Orient. Notre pieux et savant ami, le Père Eugène Boré, en était une des lumières ; nul hommage ne sera plus digne de sa mémoire. Persévérons dans le sentiment qui a si bien fait réussir la touchante cérémonie du 24 février 1878. Mgr Freppel, non moins que son vénérable prédécesseur, est sympathique à une œuvre en harmonie avec ses deux penchants de prédilection, la passion de la science et l'amour de la charité.

Sa Grandeur a bien voulu ordonner qu'une messe soit

célébrée tous les ans à la Cathédrale, en l'honneur des Écoles d'Orient.

Tout est réuni en ce moment pour rendre chère aux cœurs chrétiens la propagation d'une œuvre qui, à tant de bienfaits, joint le mérite de l'à-propos.

Le second Comité angevin était formé ainsi :

Directeur, M. l'abbé Priou ; présidente, Mme El. Lachèse ; vice-présidentes, Mme la marquise de Villoutreys, Mme Dely ; trésorière, Mme Adrien Lepage ; secrétaire, Mme Pierre Richou.

Plusieurs vides douloureux se sont ouverts dans les deux premiers Comités ; on a tâché de les remplir en conservant le souvenir de celles dont la protection ne cessera pas de nous être salutaire.

La direction de l'Œuvre a passé, de Mgr Soubiranne au vénéré Mgr Dauphin qui lui a dévoué les dernières années de sa bienfaisante carrière. C'est au Père Charmettant, son digne coadjuteur, qu'il a légué son héritage d'ardeur et de généreux prosélytisme.

Voici la composition actuelle de notre Comité.

Directeur, Mgr Maricourt ; présidente, Mme la vicomtesse de Contades ; vice-présidente, Mme Dély ; trésorière, Mme Adrien Lepage ; secrétaire, Mme Pierre Richou.

L'Œuvre des Écoles d'Orient, solennellement approuvée par le Saint-Siège et spécialement recommandée par S. S. Léon XIII, dans ses Lettres encycliques des 3 décembre 1880 et 13 mars 1881, a pour but de maintenir et de propager l'unité catholique en Orient par l'éducation des générations nouvelles, au moyen des écoles, orphelinats, asiles, crèches, refuges, etc., et surtout par la formation d'un bon clergé dans les différents rites orientaux.

Elle est placée sous la protection de la T. S. Vierge et des docteurs de l'Église orientale. Saint Jean-Chrysostôme en est le patron principal.

Les membres de l'Œuvre sont invités à réciter tous les jours : 1° un *Ave Maria* ; 2° l'invocation : *Saint Jean-Chrysostôme, priez pour nous !*

On est membre de l'Œuvre en donnant chaque année une aumône, si petite qu'elle soit.

Toute souscription annuelle de DIX FRANCS donne droit à un exemplaire du *Bulletin* qui paraît tous les deux mois.

Plusieurs personnes donnant ensemble un total de dix francs par année, forment une série à la tête de laquelle on place un *collecteur* ou *collectrice*, qui reçoit et fait circuler le *Bulletin*.

ORPHELINAT DE POUILLÉ

Le 24 janvier 1871, au milieu de cruelles préoccupations, avant même la signature de l'armistice. notre évêque, préoccupé du sort des enfants que la guerre rendait orphelins, écrivait à son clergé :

« Monsieur le Curé,

« Parmi toutes les situations créées par la guerre, il n'en n'est pas de plus douloureuse que celle des familles frappées dans leur chef. Nos cœurs se brisent devant le deuil d'un père et d'une mère auxquels une balle ennemie vient d'enlever en un clin d'œil un fils dont l'éducation leur avait coûté vingt années de peines, de soucis et de sacrifices ; nous mêlons nos larmes à celles de l'épouse et de la sœur atteintes par la mort du soldat dans leurs affections les plus chères et les plus intimes ; mais l'enfant qui ne reverra plus son père tombé sur un champ de bataille, et qui seul désormais, sans guide ni soutien, se voit délaissé à l'âge même où sa faiblesse réclamerait le plus de secours, l'orphelin, en un mot, ah ! qu'y a-t-il de plus digne de compassion sur la terre, et quelle infortune pourrait être comparée à la sienne ?

« Il appartient à la Religion de venir en aide à de pareils malheurs et d'adopter comme une seconde mère ceux que la mort a privés de leurs protecteurs naturels. Dès le commencement de la guerre, j'ai dû me préoccuper du sort des enfants qu'elle laisserait dépourvus de toute ressource, et j'ai le bonheur de pouvoir vous annoncer que toutes mes mesures sont prises pour qu'aucune de ces pauvres victimes ne demeure abandonnée. Des personnes charitables, dont je ne tais le nom qu'à regret, ont bien voulu mettre à ma disposition le local et les premiers fonds nécessaires pour commencer une œuvre qui ne pourra qu'être sympathique à un pays si fertile en dévouements de tout genre. Outre cet établissement situé à Angers, et destiné aux jeunes filles, j'espère qu'il nous sera possible d'ouvrir à la campagne un Orphelinat agricole pour les garçons, ce serait la réalisation d'un de mes vœux les plus chers... »

La généreuse pensée ne pouvait manquer d'être accueillie avec faveur. Plusieurs réunions préparatoires se tinrent à l'évêché. Le célèbre fondateur de Mettray, M. Demetz, vint prêter à l'une de ces réunions le concours de ses lumières. Son assistance fut d'autant plus utile que ce genre de colonies champêtres que tâchaient de propager, en Bretagne et dans l'Orléanais, le marquis de Gouvello et M. Duclézieux, était encore à son début et inconnu dans nos contrées.

L'urgence devint extrême ; les orphelins de temps ordinaire, augmentés de ceux de la guerre, étaient si nombreux que l'on ne tarda pas à réaliser le bienfaisant projet.

Le 28 octobre 1872 parut la circulaire suivante :

« Monsieur,

« Depuis longtemps on souhaitait la fondation en Anjou d'un orphelinat agricole. Notre belle province, pourvue de tant d'établissements de bienfaisance, n'a pas encore vu s'ouvrir au milieu d'elle un de ces asiles où la charité chrétienne recueille les jeunes garçons auxquels le secours de la famille fait défaut, et cependant quelle autre infortune est plus digne d'exciter la sympathie de tous ? Quoi de plus délaissé en ce monde que l'orphelin auquel la mort enlève ses protecteurs naturels ? Il y a donc là une lacune à combler ; et nous osons espérer que tous les hommes de cœur nous viendront en aide pour enlever au vice et à la misère les enfants qui se trouvent dans cette douloureuse situation.

« Grâce à Dieu, le sol fertile de l'Anjou se prête admirablement à une création de ce genre. L'agriculture, arrivée parmi nous à un si haut degré de prospérité [1] ; l'horticulture, dont notre ville peut se montrer justement fière, nous permettront d'appliquer les jeunes orphelins au travail des champs et de préparer des ouvriers intelligents et laborieux à ces branches si importantes de notre industrie locale. En fournissant à l'Œuvre des ressources précieuses, le beau domaine des Plaines, situé aux portes d'Angers, et mis à notre disposition par son généreux propriétaire, M. le marquis de Villoutreys, réunit toutes les conditions nécessaires pour assurer le succès d'une fondation si utile.

« Mais pour couvrir les premiers frais d'établissement, nous avons besoin du concours des personnes charitables ; c'est pourquoi nous venons vous prier de vouloir bien contribuer à une œuvre du plus haut intérêt, moyennant une souscription, répartie en trois annuités, de 100 francs chacune. Toute personne qui s'engagera à verser le montant

---

Que les temps sont changés !

de cette somme aura droit au titre de fondateur de l'Orphelinat agricole.

« Les souscriptions que l'on pourra aussi acquitter en une seule fois seront reçues au Secrétariat de l'évêché ou à l'étude de M. Loriol de Barny, trésorier de l'œuvre.

« Agréez, etc...

« *Les membres du Comité de l'Orphelinat agricole :*

« M*gr* l'Évêque, président.
« MM. Batereau ; l'abbé de Beaumont ; vicomte de Bernard ; F. Besnard ; Blavier ; Bordier ; Camille Bourcier ; Ét. Carriol ; Cléret de Langavant ; L. Cosnier ; Dély ; comte de Falloux ; Farge ; Foureault ; R. Grille ; Guinoyseau ; Achille Joûbert ; Lainé-Laroche ; Lasne, curé de Saint-Joseph ; Emmanuel Le Bault ; André Leroy ; Loriol de Barny ; Métivier ; Ernest Oriolle ; V. Pavie ; Planchenault père ; comte Ch. de Quatrebarbes ; Renier ; vicomte de Ruillé ; Z. du Reau ; Th. de Soland ; Léon Sorin ; A. Toutain ; de Villebresme ; marquis de Villoutreys. »

A l'honneur de notre pays, la souscription fut rapidement couverte. Cent quarante-huit adhérents répondirent à l'appel et Monseigneur s'inscrivit en tête de la liste pour 5,000 francs. Sur quatre tableaux, dans une salle de l'Orphelinat, sont inscrits en lettres d'or les noms des fondateurs ; les voici :

MM.

M*gr* l'Évêque ; vicomte de Bernard de la Fosse ; Rochard-Oriolle ; Achille Joûbert ; docteur Grille ; André Leroy ; Ernest Oriolle ; Léon Cosnier ; Planchenault, président ; Loriol de Barny ; Batereau ; docteur Farge ; M*me* Oriolle mère ; docteur Renier ; l'abbé de Beaumont ; Étienne Carriol ; F. Besnard ; Blavier ; Bordier ; Camille Bourcier ; général Cléret de Langavant ; Dély ; comte de Falloux ; Fourcault ; baron Le Guay ; Guinoyseau ; Lainé-Laroche ; Lasne, curé de Saint-Joseph ; Emmanuel Le Bault ; Lebreton ; Métivier, premier président ; Victor Pavie ; comte Charles de Quatrebarbes ; vicomte de Ruillé ; Z. du Reau ; Th. de Soland ; Léon Sorin ; de Villebresme ; Mme la marquise de Villoutreys ; Paul Avenant ; Aimé d'Andigné ; baron du Tillet ; Th. Pavie ; l'abbé Choyer ; l'abbé Légeard de la Diryais ; Auguste Retailleau ; Bouguereau ; Rigaud, receveur général ; l'abbé Lambert ; Louis Janvier de la Motte ; de Cambourg ; Ambroise Janvier de la Motte ; Th. Cosnier, Mlle Lainé et Eugène Lainé ; Montrieux ; Courtigné ; Toutain ; l'abbé Tardif ; l'abbé Périsseau ; Genest-Launay ; Chesneau de la Haugrenière ; vicomte de la Haye ; Delhomel ; dom Gardereau, bénédictin ; Mme la comtesse Janvier de la Motte ; Commission des Ardoisières ; marquis de Charnacé ; Maurice de la Paumelière ; Théophile Le Bault de la Morinière ; baron Fernand de Romans ; marquis de Maillé ; comte d'Andigné, au Grip ; comte Urbain de Maillé ; Parage-Farran ; Pichoret père ; Mme la comtesse Théodore de Quatrebarbes ; Mme la Supérieure de la Retraite ; Charles Bourcier ; Mme la comtesse de la Grandière ; comte Charles d'Andigné ; marquis de Civrac ; Jules Répussard ; Millet de la Turtaudière ; H. Liboreau ; de Marans, à Durtal ; l'abbé Ducoudray ; Joseph de la Bouillerie ; comte Charles de Cacqueray ; G. de la Bévière ; comte Stanislas de Maillé ; Joseph de Mieulle ; L. Desmé de Lisle ; marquis de Perrochel ; Joseph d'Armaillé ; comte Fernand de Perrochel ; baron Th. de Cambourg ; comte Henri de Villoutreys ; baron Duchesne de Denant ; comte Léonce de Terves ; Alfred Foucault ; baron de Villoutreys ; Henri Pelletier ; Prosper Barbot ; Alfred de Mieulle ; Charles Richou ; de Villeneuve, à Tiercé ; Guilhem ; Société de secours aux blessés de la guerre ; Mlle Thuau, de Brain ; Ernest Planchenault ; Bouyonnet-Oriolle ; marquis de la Bretesche ; Raimbault, de Trelazé ; Chatelin ; Langlois ; Garban Georges ; Chudeau-Oriolle ; Blandin ; Bessirard ; Mlle Raffray,

9.

de Montreuil ; comte Armand de Maillé ; Jules Merlet, préfet ; Montaubin, secrétaire général ; Allard, aumônier ; Lambert-Allard ; M. Le Chat ; docteur Gouin ; Jules Le Motheux ; Charles Delaunay ; Mlle Élise Desmazières ; Mlle Euphrasie Desmazières ; Mme Hiron-Desmazières ; Laurent, chirurgien-dentiste ; Eugène Barassé ; Gustave Chapin ; comte de Montreuil ; Mme la comtesse douairière de Romain ; Alexis Gaudin ; Plaçais, notaire ; Mlle Bricard ; docteur Guichard ; comte du Rouzay ; vicomte Eugène de Beaumont ; de la Vingtrie ; Godbert ; l'abbé Jules Ménard ; Louis Pignel ; Max Richard.

Nous devons ajouter qu'après Monseigneur ce fut M. Loriol qui contribua le plus au succès de la souscription. Son entrain, son grand cœur, sa belle humeur exerçaient autour de lui une action communicative. Il était presque aussi difficile de résister à ses instances qu'il lui était impossible de refuser un service, et à qui cet excellent homme, si capable et si regretté, n'en a-t-il pas rendu ?

L'ouverture d'orphelinats est l'allègement le plus efficace que la société puisse fournir à des malheurs immérités. Les écoles sont assurément de nécessité première. La saine instruction est indispensable de notre temps ; mais elle s'adresse à des enfants sur lesquels veille, en général, une tendre sollicitude, à des enfants qui ont un foyer, un refuge, si incomplet qu'il soit. L'orphelin, de fait ou de droit, hante rarement l'école. Le pauvre petit qui n'est protégé, aimé par personne, qui n'a pas de *chez nous*, ou qui n'y reçoit que de cruels traitements, n'est-il pas voué au sort le plus lamentable ? Ou bien il succombe à la peine, ou, si la société vient trop tard à son aide, il grandit plein de ressentiment et se vengera sur elle de l'abandon dans lequel on l'aura laissé, quand il était facile de diriger ses premiers instincts vers le bien.

L'orphelinat est donc la première, la plus nécessaire des écoles. Grâce à Dieu, la voix respectée qui s'était élevée en faveur des orphelins, surtout des orphelins de la guerre, ne resta pas sans écho, et l'on peut prédire un avenir prospère aux orphelinats angevins.

Le premier qui ouvrit ses portes hospitalières, près de notre ville, attira bientôt les solliciteurs. Des divers arrondissements on adressa de pressantes demandes d'admission ; aussi comme on ne put les accueillir toutes, l'embarras du choix fut une des difficultés du début. Avant d'y satisfaire dans la mesure du possible, on se hâta d'achever les travaux d'installation de la nouvelle œuvre.

Ce n'était pas chose facile d'approprier l'intérieur d'un château aux divers services qu'exige une nombreuse réunion d'enfants. A force de zèle et d'ingénieuse vigilance, on y réussit cependant. On put combiner pour les bâtiments les divers avantages d'une belle apparence et d'une distribution large et commode. Quelques personnes s'étonnèrent d'abord qu'on eût eu l'idée de loger des petits indigents dans un manoir seigneurial. Elles revinrent de leur erreur en apprenant que cette circonstance devint une bonne fortune. La population des carrières voisines fut flattée de voir qu'on traitât avec respect l'innocence infortunée, en alliant les deux conditions jugées nécessaires aux asiles de bienfaisance par Mme Swetchine, qui s'y connaissait : *un aspect qui flatte les yeux avec un intérieur qui charme le cœur et la raison.*

Pendant que le château des Plaines était approprié d'une manière simple et digne, l'horticulture s'emparant du vaste parc qui forme le domaine, le disposait en jardin maraîcher. Sur ce plateau élevé, baigné d'une atmosphère pure, en face des riants coteaux de la

Loire, la terre est légère, chaude, en plein soleil. Favorable aux primeurs, elle se couvrit bientôt de légumes et d'arbres d'un produit avantageux. Dire que ces travaux préparatoires s'exécutèrent sous la direction personnelle de M. André Leroy et de M. l'abbé de Beaumont, c'est faire proclamer par tous qu'ils ne pouvaient être confiés à un patronage plus éclairé, plus généreux et plus assuré du succès.

On peut juger par cet aperçu des espérances qui entouraient l'orphelinat des Plaines. Sans doute il y avait beaucoup à faire pour lui donner tout le développement et pour atteindre tous les résultats qu'il comportait, mais rien ne découragea ceux qui s'étaient chargés de conduire à bien cette grande entreprise.

Plus il y aura de fondateurs, et plus il y aura d'obligés, d'enfants préservés des souffrances du corps et des misères de l'âme. Souvenons-nous des vers d'Alexandre Guiraud qui charmaient notre jeunesse :

« J'ai faim ! vous qui passez, daignez me secourir.
« Voyez ! la neige tombe, et la terre est glacée.
« J'ai froid ; le vent s'élève et l'heure est avancée.
   « Et je n'ai rien pour me couvrir.

« Tandis qu'en vos maisons tout flatte votre envie,
« A genoux sur le seuil j'y pleure bien souvent.
« Donnez ! peu me suffit, je ne suis qu'un enfant ;
   « Un petit sou me rend la vie.

   « Non, l'on ne meurt point à mon âge,
« Quelque chose me dit de reprendre courage.
« Eh ! que sert d'espérer... que puis-je attendre, enfin ? »
. . . .

Et faible, sur la terre il reposait sa tête,
Et la neige, en tombant, le couvrait à demi,

Lorsqu'une douce voix, à travers la tempête,
Vint réveiller l'enfant par le froid endormi.

« Qu'il vienne à nous celui qui pleure,
« Disait la voix mêlée au murmure des vents :
  « L'heure du péril est notre heure,
  « Les orphelins sont nos enfants. »

Et deux femmes en deuil recueillaient sa misère ;
Lui, docile et confus, se levait à leurs voix.
Il s'étonnait d'abord ; mais il vit dans leurs doigts
Briller la croix d'argent au bout du long rosaire,
Et l'enfant les suivit, en se signant deux fois.

Ces vers, pleins d'une émotion si vraie, vont droit au cœur ; eh bien ! ils ne sont pas plus touchants que la fin de la dernière allocution prononcée par l'abbé Bodaire, au premier de l'an, du haut de la chaire de Saint-Maurice, paroles admirables que nous aurions voulu graver dans notre mémoire et dont, malheureusement pour ceux qui ne les ont pas entendues, nous ne pouvons reproduire qu'un pâle reflet :

« O vous qui avez été compatissant pour ceux qui souffrent, vous dirait au grand jour de la résurrection le Juge suprême, soyez béni. J'avais faim, et vous m'avez donné à manger ; j'avais froid, et vous m'avez vêtu. — Mais, Seigneur, je n'ai pas eu le bonheur de vous voir sur la terre. — Vous m'avez accueilli en tendant la main à mes bien-aimés, aux plus délaissés, aux plus petits d'entre vous... »

C'est sous cette impression que les premiers organisateurs de l'orphelinat des Plaines se trouvèrent en quelque sorte contraints d'admettre dès les premiers jours un plus grand nombre d'enfants que la prudence ne le permettait ; mais comment faire pour résister aux prières éplorées qui arrivaient de tous les points du département. Bien qu'il en coûtât, il fallait faire un choix. On donna d'abord la préférence aux jeunes victimes de nos désastres, qu'on appelait les victimes de la guerre ; puis vinrent les orphelins de père et de mère, sans parents qui pussent les secourir ; enfin les enfants qui, ayant perdu leurs mères, ne pouvaient recevoir que de mauvais exemples d'un père indigne.

Ce choix si pénible et si rigoureux qu'il fût se traduisit par les chiffres de trente et bientôt de quarante. Or tous ces appétits de six à douze ans, excités par les privations antérieures, la pureté de l'air qu'on respire sur les hauteurs et par le travail des champs, faisaient disparaître les provisions comme par enchantement. Il fallut songer à joindre d'autres ressources au capital fourni par les souscripteurs et que les frais d'installation avaient nécessairement diminué. On se tourna vers le Conseil général avec l'appui bienveillant de M. Merlet, alors préfet de Maine-et-Loire.

Le Conseil délégua une Commission qui, satisfaite de son enquête sur les lieux, proposa de voter une subvention annuelle de 2,000 fr. en faveur de la nouvelle institution ; 1,000 fr. seraient affectés à cinq bourses, une par chaque arrondissement, et 1,000 à dix demi-bourses, également réparties en cinq fractions. Les communes recommandant des candidats, devaient fournir la seconde moitié de la bourse des admis.

A la séance du 6 avril 1875, M. le vicomte de la Bourdonnaye donna lecture à ses collègues d'un travail remarquable dont nous extrayons les passages suivants :

« Depuis deux ans les communes ont constamment refusé de prendre, au profit d'un orphelin, l'engagement de compléter sa pension. Nous n'avons pas à examiner les motifs de ce refus, mais il en résulte que depuis deux ans, les fonds votés pour les demi-bourses n'ont pas été employés, votre libéralité a été sans effet, et beaucoup d'orphelins attendent qu'un règlement moins sévère leur ouvre les portes de l'Orphelinat.

« Sa situation financière l'empêche de faire le sacrifice aussi complet qu'il l'aurait désiré, et ces enfants ne peuvent échapper à la misère physique et morale d'où la charité voulait les retirer.

« En conséquence nous avons cru qu'il y avait lieu de donner une nouvelle preuve de notre sympathie à l'œuvre de l'Orphelinat des Plaines, et nous vous proposons de convertir les bourses et les demi-bourses déjà concédées en une subvention annuelle de 3,000 fr., moyennant laquelle le Conseil général aura le droit de faire admettre quinze enfants à l'Orphelinat agricole et départemental des Plaines.

Je ne veux pas vous retracer l'histoire des trois années si remplies que vient de traverser l'œuvre de l'Orphelinat, ses commencements pénibles, les difficultés sans nombre de l'installation et de l'organisation, ce qu'il a fallu pour les surmonter de courage et de zèle. Aujourd'hui l'œuvre est vivante ; elle fonctionne, et ceux d'entre vous qui ont eu l'occasion de visiter l'établissement fondé aux portes d'Angers, en sont revenus avec un sentiment de profonde gratitude pour les hommes qui ont consacré à cette œuvre leur temps, leurs peines, leur dévouement. Mais ses ressources sont très précaires et toujours insuffisantes. Ne devons-nous pas, dans la limite du possible, contribuer à assurer non seulement l'existence, mais aussi le développement de cette œuvre dont l'avenir intéresse le progrès moral et matériel de notre département ? Vous le penserez comme nous, Messieurs, et vous accorderez à l'Orphelinat des Plaines, avec une subvention plus large, un témoignage de bienveillance qui ne lui sera pas moins précieux... »

Entre plusieurs rapports, adressés à la Commission,

nous en choisissons un pour montrer les heureux résultats de l'ouverture de l'Orphelinat, après quelques mois d'existence :

« ... Les orphelins, au nombre de quarante, étaient réunis dans la belle salle qui leur sert de classe. Leur maintien est excellent, aisé, mais attentif. Plusieurs, pris indistinctement à divers bancs, s'empressèrent de répondre à nos questions avec intelligence. Nous admirâmes comment un assemblage d'écoliers de six à quatorze ans, bien différents de caractère et d'instruction, avaient pu, en une année à peine, s'assouplir, se fondre, pour ainsi dire, sous la main de leur unique maîtresse, une simple Sœur. La plupart, en arrivant, connaissaient à peine l'alphabet; plusieurs même ne savaient pas une courte prière, la première ligne du catéchisme, et aujourd'hui cette dangereuse ignorance a disparu. Les moins intelligents font au moins preuve de bonne volonté. Nul ne manque de respect pour les choses respectables. — Nos enfants ne sont pas tous des modèles, nous disait la Sœur; mais il n'y a point parmi eux ces réfractaires, cette arrière-garde d'esprits rebelles qui, dans toutes les écoles, les collèges, même les meilleurs, font la désolation des maîtres. Tous nos orphelins sont obéissants ; nul ne songe à la révolte, pas même à la critique, et cependant on n'use ici que de punitions légères. Il n'y a ni martinet, ni prison. — Les enfants du peuple doucement mais justement traités, offrent bien plus de ressources que plusieurs ne le supposent. On obtient à peu près tout ce que l'on veut de ces franches natures, en ne s'adressant qu'à la raison et au cœur.

« Si l'application et le silence de la salle d'étude nous frappèrent, nous ne fûmes pas moins charmés de l'ardeur déployée dans les travaux champêtres. Du site élevé que nous occupions, le regard embrassait la vaste étendue de l'enclos. C'est un spectacle saisissant de considérer tous ces agriculteurs en herbe, divisés par groupes, par chantiers, et affairés dans toutes les directions, les uns à ensemencer, d'autres à labourer, à planter, à sarcler, à préparer des mouvements de terrain. On dirait à voir tous ces petits hommes travailler, avec un zèle, une constance au-dessus de leur âge, une grande famille de ces Pionniers d'Amérique, dont Cooper nous décrit avec tant d'attrait les luttes courageuses avec un sol devenu, à force de persévérance, d'une fécondité inépuisable.

« Quel bienfait, disions-nous, en contemplant nos orphelins se livrant à ces labeurs champêtres, si sains, si moraux, avec un zèle, il faut le dire, dépassant chez plusieurs le penchant pour les études scolaires, quel bienfait d'introduire tous ces pauvres petits déshérités dans la bonne voie, et de changer ces victimes du vagabondage en honnêtes cultivateurs pour devenir bientôt après de vaillants soldats, puis d'honorables pères de famille ! L'ère de l'infortune est close pour eux. Les douceurs du foyer domestique leur sont rendues. Ils ne se souviendront plus de leurs rudes débuts dans la vie que pour remercier et bénir la main qui les préserva de l'abîme.

« Ces réflexions nous venaient naturellement après avoir pris quelques renseignements sur le passé des orphelins, bien court pourtant, et déjà n'offrant qu'une variété de drames si lamentables, qu'ils semblaient avoir condamné ces infortunés à des souffrances sans remède. L'un a pour mère une pauvre femme qui perdit la raison à l'aspect de son mari rapporté mort et sanglant du fond d'une carrière. Un deuxième, privé de ses parents, avait été placé chez un cordier, un maître si brutal que le pauvre enfant a tressailli longtemps au moindre mot qu'on lui adressait, comme s'il s'attendait à recevoir des coups au lieu d'avertissements. La mère d'un troisième, artiste distinguée, a succombé dans un voyage aux Indes, qu'on lui avait conseillé d'entreprendre pour suppléer à la perte prématurée de son mari. Un quatrième était battu par une marâtre quand il n'apportait, en mendiant, une certaine somme dépensée en achat d'eau-de-vie. Un cinquième occupe le milieu de dix frères et sœurs n'ayant pour soutien qu'une aïeule indigente. Un sixième, sans parents et sans asile, errait dans la campagne, passant tout le jour à jeter des pierres à plus faibles que lui, et à torturer les petits animaux. On n'a pas entièrement dompté ses fauves instincts, mais on ne désespère pas de réussir. Le père de celui-ci a été tué au nouveau Palais de Justice ; le père de celui-là est à Fontevrault. Le plus à plaindre de ces victimes du sort avait pour mère une vertueuse femme qui vient de mourir, sans proférer une plainte, des affreux traitements de son mari dans des accès d'ivresse. On pourrait citer vingt autres catastrophes du genre de celles-ci, à la suite desquelles de pauvres innocents eussent été abandonnés sur la voie publique, si le salutaire asile ne leur eût ouvert sa porte hospitalière. Qu'il nous soit permis cependant de compléter cette série de tristes relations par un trait plus navrant encore.

« Au mois d'octobre dernier, une jeune femme, une Alsacienne, se mourait à l'Hôtel-Dieu. Il y a quatre ans, elle vivait heureuse à Strasbourg ; son mari était contre-maître dans un grand atelier de serrurerie, et ils élevaient chrétiennement une nombreuse famille. La guerre changea brusquement en deuil ce modeste bonheur. Pendant le siège de leur ville, tous étaient réfugiés dans une pièce du rez-de-chaussée. Une bombe traverse le toit, les planchers s'écroulent. Un enfant naissant est tué sur les genoux de la mère, et le père est blessé mortellement. Après la prise de la ville, les deux fils aînés sont emmenés par les Prussiens au delà de Cologne, et la pauvre veuve, ruinée, frappée au cœur de tant de calamités, vient rejoindre, avec son jeune fils, un frère, ouvrier tailleur, à Angers, où il a opté pour la nationalité française. — Monsieur, dit la Sœur de la salle au visiteur qui venait d'entendre de la bouche même de la jeune femme ce récit sincère, son grand chagrin est de laisser, sans protecteur, le petit garçon que la Providence nous a envoyé avec elle. Si l'on pouvait le faire admettre à la Plaine, elle mourrait consolée !...

« Émile Siffert n'est pas le seul enfant de l'Alsace recueilli à l'Orphelinat. Il y a trouvé trois jeunes compatriotes, adressés avec les plus chaleureuses recommandations par le comité de patronage de Paris. Ces pauvres petits, dont deux en arrivant ne savaient pas un mot de français, sont frères, et doués, avec un caractère charmant, d'une rare intelligence. Est-il besoin d'ajouter que les exilés des bords du Rhin ont été accueillis avec enthousiasme par leurs camarades des rives de la Loire ?... »

Le domaine des Plaines est excellent pour l'horticulture, mais il n'offrait pas assez de ressources pour l'enseignement de l'agriculture et l'élève des bestiaux, buts essentiels de l'établissement. On pensa qu'il serait nécessaire d'y joindre un domaine plus fertile et plus étendu. A ce moment fut mise en vente la terre de Pouillé, dans la vallée de la Loire. On profita de cette occasion pour acheter l'habitation, en très bon état, et 25 hectares à l'entour composés de prés et de terres arables, de première qualité. L'administration provisoire dut être modifiée. Des sacrifices devinrent nécessaires, dans lesquels Monseigneur, selon son habitude, prit la plus grande part, et M. le vicaire général Ménard, directeur de la Congrégation de Sainte-Marie, accepta, avec un dévouement au-dessus de tout éloge, la charge aussi difficile que méritoire de présider aux destinées du charitable établissement.

Le nouveau directeur, avec la sagacité de son coup d'œil, jugea de suite que la distance de deux kilomètres qui sépare les deux domaines en rendait la gestion et la surveillance très difficiles, à moins de frais considérables. On se décida, mais non sans peine, à quitter la résidence si gaie et si salubre du plateau des Plaines, et l'on concentra tous les services dans l'ancien prieuré de Pouillé, dont la situation quoique moins élevée présente également toutes les garanties possibles pour la santé de ses habitants.

L'infirmerie n'y est pas plus occupée qu'aux Plaines. et c'est plaisir de voir toute cette jeunesse travailler aux champs et en classe ou jouer dans les récréations avec un entrain et une gaieté qui n'avaient point réjoui son début dans la vie. De bonnes joues roses ont remplacé les teints flétris, le sourire a rendu l'éclat aux yeux et le contentement du cœur a succédé à la tristesse et peut-être à l'envie. Par exemple il ne faut plus parler à ces joyeux échappés de la détresse de chaussures et de couvre-chefs : dignes élèves de la nature, ils sont heureux de s'abstenir de ces superfluités ; tout au plus s'ils consentent à s'en munir le dimanche, par égard pour leurs maîtresses et par respect pour la sainteté du jour.

Il est temps de dédommager le lecteur de notre prose en faisant un emprunt à un maître en l'art d'écrire qui peut, mieux que personne, se glorifier de ce titre, puisqu'à cette heure cent vingt lauréats lui doivent la palme de licencié ès-lettres.

« ... Mgr Ménard ne craignit pas, confiant qu'il était en la Providence, de se charger d'établir à Pouillé l'Orphelinat des Plaines [1]. Si les fondateurs d'œuvres ont droit à notre admiration, ceux qui les soutiennent et les développent la méritent peut-être encore davantage. Pour fonder les cœurs s'ouvrent facilement ; les esprits se laissent gagner à l'exposé toujours attrayant d'une œuvre encore inconnue, qui sera un nouvel ornement au manteau de l'Église. Mais les cœurs se referment trop souvent et les dévouements se refroidissent, quand il s'agit d'agrandir et de fortifier une œuvre déjà existante : l'ennui de ne rien faire de nouveau s'empare quelquefois des meilleures volontés. Ce sera peut-être devant Dieu et aux yeux des

---

[1] Éloge funèbre de Mgr Ménard, par M. l'abbé Pasquier, 26 mai 1880.

hommes le plus beau titre de gloire de Mgr Ménard, de n'avoir pas cédé à la défiance et d'avoir chargé sa vieillesse d'un poids qui eût effrayé les plus jeunes courages. Il y a dans la vieillesse des hommes de Dieu, de ces retours de jeunesse, où le zèle sacerdotal reprend toute sa vigueur première, pousse des fleurs et promet de nouveaux fruits ; c'est ce semble l'approche du beau soleil de l'éternité à la chaleur duquel ces fruits doivent mûrir.

« Pouillé, qui était le Benjamin des œuvres de Mgr Ménard, montrait, avec un affectueux dévouement à la jeunesse et sa charité inépuisable pour les membres délaissés de Notre-Seigneur, ses belles qualités d'administrateur. Depuis trois ans, l'Orphelinat s'est transformé sous son active surveillance ; la maison s'est agrandie ; l'air et le soleil y ont pénétré avec plus d'abondance ; les étables se sont remplies ; les champs se sont assainis et couverts de nouvelles plantations ; la vigne y a été établie, et l'esprit d'ordre y règne partout. A voir cette nombreuse famille d'orphelins sous la direction des Sœurs, se répandre dès l'aube dans les champs de Pouillé, cultiver en jouant cette terre facile de la Vallée, s'habituer au travail salutaire de la campagne, on bénit comme d'instinct le père qui a aimé cette œuvre jusqu'à y dévouer sa vie. C'était un spectacle touchant de voir Mgr Ménard, avec les insignes de la prélature, parcourant les champs de l'orphelinat, inspectant les guérets, ordonnant les plantations nouvelles et déterminant les travaux de la semaine. Il n'était pas moins édifiant pour les visiteurs de voir tous les orphelins groupés avec respect autour de lui pour recevoir les récompenses de leur travail. Avec une joie paternelle, il encourageait les efforts des enfants laborieux ; avec quelle douce charité il excitait les paresseux ! Monseigneur, pour qui ne semblaient plus exister les fatigues du voyage, les rigueurs des saisons, depuis que son cœur s'était dévoué aux orphelins, aurait donné sa vie à sa nouvelle famille. C'est au milieu des champs de Pouillé que la maladie est venue le visiter.

« Aussi les orphelins ont fait un cortège édifiant près de

son cercueil. En les voyant passer, le peuple les plaignait comme des enfants qui ont perdu leur père. Vénéré protecteur de Pouillé, du ciel vous n'oublierez pas votre famille d'orphelins et vous leur continuerez votre protection... »

L'éloquent panégyriste avait bien raison d'invoquer le patronage de Mgr Ménard pour son cher orphelinat. Quelque temps avant sa mort, comme je le félicitais sur l'état de son œuvre, il me dit : « Elle n'est pas encore complète, mais si Dieu m'accorde encore trois ans, elle atteindra le but de mes désirs. » Les trois ans ne lui ont point été donnés ici-bas, mais sa protection céleste n'en a pas moins été évidente. Mgr Pessard voulut bien lui succéder dans la direction du bienfaisant asile, et quand un surcroît d'occupations ne lui permit plus d'accorder à cette surveillance le temps nécessaire, ce fut M. Bretaudeau, curé de Saint-Aubin, dans la paroisse duquel l'Orphelinat est situé, qui accepta l'honneur de veiller à ses destinées.

C'est toujours l'excellente sœur Raphaël qui en est supérieure ; son affection pour les enfants, la droiture de son jugement, la douceur et la fermeté de son commandement, lui donnent sur eux une autorité aussi aimée que respectée. Elle est activement secondée par huit compagnes qui ne parviennent à accomplir leurs multiples tâches qu'en suivant à la lettre le précepte : « *Fais chaque chose à son temps.* » Leur grande famille se compose actuellement de soixante-cinq orphelins. Un chef de culture, un surveillant, une laitière et une femme de basse-cour complètent le personnel.

Les enfants sont admis à l'âge de six à dix ans, et on les garde jusqu'à dix-huit : après ils trouvent facilement à se placer soit comme garçons de ferme, soit comme jardiniers. Depuis la création en 1872, on ne compte pas moins de 150 élèves qui parvenus à la limite d'âge, sont sortis ; mais la plupart seraient volontiers restés.

Chaque année l'établissement reçoit la visite d'un inspecteur général de l'agriculture ; les rapports sont toujours favorables. Deux d'entre eux particulièrement, MM. de Sainte-Marie et Zelinski se sont plus à en louer l'excellente tenue. Le Conseil général y envoie d'ordinaire à la session d'août, une délégation dont l'appréciation ne peut être plus flatteuse, tant pour l'instruction primaire des orphelins que pour les travaux agricoles, car les deux modes d'occupation doivent toujours alterner de manière à contribuer au développement du corps comme aux progrès de l'intelligence.

Une des principales ressources de l'établissement est la vente d'excellent lait. Chaque matin une personne de confiance en apporte à la ville une quantité considérable, quatre-vingts litres environ, de seize belles vaches, de races cotentine ou mancelle, nourries de verts fourrages ou paissant dans des prés, avantage bien rare aux environs d'Angers, où par défaut de pâtures les pauvres animaux sont contraints de rester à l'étable.

Sur le rapport favorable des inspecteurs généraux, le Ministre de l'Agriculture accorde depuis plusieurs années à l'établissement une subvention de 1,200 fr., appliquée au traitement du chef de culture. La pension annuelle de chaque enfant est de deux cents francs. Ce chiffre est inférieur à la dépense réelle ; cinquante-cinq centimes par jour ne suffisent pas pour nourrir et vêtir convenablement des garçons de santé rayonnante et d'habitudes très actives. Notez encore que par des circonstances respectables, sur les soixante-cinq pensionnaires plusieurs ont été admis gratis ou moyennant une minime rétribution.

On comprend qu'avec toutes ses charges l'établissement ne peut se soutenir qu'à force de prudence et d'économies dont la première est le désintéressement des Sœurs. Si le domaine était totalement libéré, le revenu serait plus suffisant, mais il est dû encore une rente viagère assez forte sur le prix d'acquisition. Les Sœurs de Sainte-Marie se sont donc imposé un grand sacrifice en prenant la gestion d'une maison qui justifie si bien, d'ailleurs, leur titre de Filles de la Charité. Plusieurs amis de l'enfance leur viennent en aide en leur apportant chaque année une souscription de cent francs. Il serait à désirer que leur nombre augmentât ; il n'est point de libéralité plus dignement employée, et quel honneur de servir de dispensateur des grâces à Celui qui a dit :

Non relinquam vos orfanos.

ORPHELINAT MUNICIPAL

Dans un rapport, très étudié, sur l'assistance publique et l'extinction de la mendicité lu, au Conseil municipal, séance du 27 décembre 1871, M. le Dr Legludic s'exprimait ainsi :

« C'est par l'assistance que nous pourrons éteindre la
« mendicité ; avant de prononcer son interdiction créons
« des institutions sages et bienveillantes.
   « L'orphelinat, Messieurs, est une des formes de l'assis-
« tance publique. »

L'idée fut ainsi mise en avant, mais il fallut quelque temps pour la réaliser. C'était au lendemain de la guerre. Des besoins de toute sorte réclamaient d'impérieux secours, et l'administration nouvelle avait plus de bon vouloir que d'expérience pour la création d'œuvres bienfaisantes. Cependant les sollicitations pour les orphelins étaient pressantes ; l'asile des Plaines, qui venait de s'ouvrir, excitait l'émulation : destiné principalement aux petits abandonnés de la campagne, il n'avait ouvert ses portes qu'à quelques enfants de la ville. Le nombre de ceux dont la détresse ne pouvait attendre était considérable ; mais comment faire pour leur venir en aide ? La réussite exigeait une personne douée en même temps du don d'organisation et d'une expérience consommée. Cette personne se trouva.

On sera peut-être curieux de savoir comment on parvint à cette découverte. Ayant rempli le rôle modeste de médiateur dans cette grave affaire, on me pardonnera de me mettre en scène durant quelques lignes. Membre alors de la Commission du Dépôt de mendicité, je fis part à la digne supérieure du désir général. La Sœur Marie-Caroline avait fait ses premières armes à un orphelinat de garçons d'Orléans, puis elle fut mise à la tête des Sœurs de Mettray et enfin avait succédé à la Sœur Saint-Ange, de vénérée mémoire, lorsque celle-ci fut appelée du Dépôt d'Angers à celui de Nantes, le double du nôtre en importance.

La Sœur me développa ses idées sur le sujet avec tant d'élévation d'esprit et de bon sens pratique que je fus convaincu de la réussite en lui confiant la mission d'établir la nouvelle œuvre dans notre cité. De tout le Conseil municipal, je n'avais de relations suivies qu'avec MM. Mourin et Cubain. Après m'être assuré de l'appui du premier, toujours bien disposé pour les idées généreuses, j'allai communiquer à mon ami Cubain ce que je venais d'apprendre : il prit feu immédiatement, et nous partîmes pour Saint-Nicolas. La supérieure lui déroula son plan, mais elle n'eut pas besoin de le commenter : dès les premiers mots son auditeur était gagné. Les deux natures sympathiques s'entendaient, non que je veuille comparer Cubain à la religieuse, mais ils possédaient en commun l'esprit de charité : notre ami avait le cœur ouvert — nous en avons été témoin plus d'une fois — au point que s'il eût rencontré, comme saint Martin, un pauvre transi de froid, il ne se serait pas, je crois, contenté de lui donner la moitié de son manteau.

Il fut donc convenu avec enthousiasme que l'on agirait chacun de son côté, sur l'esprit de ses collègues, lui naturellement avec bien plus d'influence que son associé. J'entretins du projet les conseillers que je connaissais, parmi lesquels je dois citer : MM. Renault, Henri Trottier, Guignard, Vignot, Trouessart. Tous se montrèrent très sympathiques à l'idée. J'eus plus de peine à convaincre M. Maillé. Sa responsabilité de maire l'engageait, il est vrai, à ne pas se déclarer si promptement favorable. Il craignait la dépense et l'insuccès d'une entreprise difficile. Je me souviens qu'un jour le rencontrant dans le quartier des Luisettes, je le pressai de donner son adhésion, en l'assurant que la création de l'Orphelinat serait le fait le plus honorable de son administration.

M. Maillé céda enfin devant tous nos arguments, et l'institution tant désirée, résolue en principe, fut proposée au Conseil municipal ; mais là surgit une grave question, non pas sur l'œuvre en elle-même, mais sur le choix de la direction : à qui la confier ? l'assemblée hésitait et semblait préférer l'intervention laïque. Ce fut au fort du débat que M. Trouessart prononça ces honnêtes paroles : « Je ne suis pas plus clérical que vous, mais il s'agit d'une œuvre d'éducation et de bienfaisance ; convenons de bonne foi que des religieuses sont plus aptes à la faire réussir que d'autres personnes. D'ailleurs c'est la supérieure de Saint-Nicolas qui nous a fourni le plan à suivre ; la capacité dont elle fait preuve à la tête du Dépôt de mendicité nous garantit qu'elle réussira également à l'Orphelinat. En la lui confiant soyez certains que nous n'aurons pas à nous en repentir. »

M. Trouessart, que dans son entourage on appelait le *père Trouessart*, moins à cause de son âge que pour son air de *père noble* de comédie en retraite, jouissait d'un juste renom de loyauté ; son avis dont nous avons reproduit à peu près les termes, enleva tous les doutes, et la sœur Marie-Caroline fut proclamée supérieure de deux établissements bien divers, puisque l'un assiste les malheureux au début de la vie et l'autre les recueille à son déclin.

Certes une telle accumulation de travaux était une rude tâche, et il fallait un grand courage pour l'entreprendre ; mais quand aux qualités natives on joint les dons de la grâce surnaturelle, les obstacles s'aplanissent comme par enchantement. Si l'on commence dans des conditions raisonnables, la Providence se charge du reste : « *Armés de la foi vous transporterez les montagnes.* » Tout n'est pas figure dans ces divines paroles ; le monde ne veut pas y croire ; c'est cependant ce qui explique les merveilles que nos communautés religieuses réalisent chaque jour en France et dans le monde entier, avec rien ou presque rien, tandis que les protestants prodiguent des trésors sans résultat et les socialistes propagent des utopies qui n'occasionnent que le désordre.

Quand une bonne idée passe dans une âme chrétienne, elle ne fait pas seulement du bien en devenant pratique : comme une plante féconde, elle produit des rejetons variés. Ce n'était pas assez de convaincre nos édiles de la nécessité d'un orphelinat, il fallait en désigner et en approprier le local. On avait bien résolu de consacrer la grande salle Saint-Jean au Musée d'antiquités, mais les bâtiments à l'entour, sans mérite d'architecture et menaçant ruine, devaient être rasés pour ouvrir des rues et planter des jardins. La Sœur Marie-Caroline les visita et du premier coup d'œil jugea qu'ils pourraient parfaitement, avec peu de dépense, remplir le but proposé.

Une autre considération bien plus intéressante que l'utilité plaidait pour ces pauvres murailles ; si elles étaient dénuées de beauté artistique, elles renfermaient de précieux souvenirs. C'était là que pendant plus de deux siècles avaient habité plusieurs générations de Filles de la Charité ; là étaient réunis leur chapelle particulière, leur réfectoire, leur dortoir, la cuisine, la pharmacie, tous ces pieux asiles embaumés de leurs vertus, et qu'elles ont quittés avec tant de larmes et de regrets. C'était là enfin qu'avait reposé leur saint fondateur dans une petite chambre dont l'ameublement fut respecté jusqu'à ces derniers temps.

Tout près aussi était la chapelle de l'ancien hôpital, où pendant huit jours Vincent de Paul avait célébré les saints Mystères. — Ici je ne puis me défendre d'une digression. — En l'année 1880, peu de jours avant la fête du saint, le 19 juillet, mes deux amis Pavie et Renier eurent l'idée de réunir la Conférence dans le vénéré sanctuaire fermé depuis la translation à Sainte-Marie. Nous demandâmes l'autorisation aux Sœurs de la Présentation, installées depuis plusieurs années à l'Orphelinat, qui accueillirent notre démarche avec la plus aimable bienveillance. On passa le temps voulu pour frotter, épousseter chaque partie du lieu saint, de sorte que le jour venu il brillait de l'éclat de son ancien lustre.

M. l'abbé Choyer qui a tant écrit et sculpté pour l'hôpital Saint-Jean, célébrait l'office. Les enfants de l'Orphelinat chantaient des cantiques. Nous étions tous pénétrés d'une émotion bien profonde ; rien ne manquait à la cérémonie pour toucher les cœurs. La nature même s'y prêtait ; l'autel était garni de lys et de roses, et, en dehors des trèfles de la fenêtre ogivale, à demi voilé par une feuille de lierre, un petit rouge-gorge accompagnait les chants de ses frêles mélodies, comme pour nous souhaiter la bienvenue. La même fête se renouvela l'année suivante ; mais peu de jours après la chapelle fut fermée et ordre prescrit de ne plus la livrer au culte. D'où venait cette interdiction ? Qui l'avait provoquée ? A quoi bon s'en enquérir ? N'était-ce pas une de ces mesures niaisement oppressives que rien n'excuse, digne prélude d'autres expulsions au cours desquelles, sans craindre les violences du commissaire en chef, une dame, nouvelle Véronique, lui dit en face : « Malheureux ! vous fermez les maisons de la prière et vous ouvrez celles de la débauche. »

Mais revenons à des pensées plus consolantes. Le choix des bâtiments accessoires de Saint-Jean n'eut pas seulement le mérite de les préserver d'une destruction imminente, il ne fut pas sans influence sur l'affectation de la salle d'Henri II. Sans doute, nul ne pensait à l'abattre puisqu'elle était classée parmi *les monuments historiques* ; mais on aurait pu la délaisser, isolée, entourée de rues, exposée aux outrages du temps. L'attention publique se porta sur elle, et ce fut, je crois, à cette époque que l'on se décida à lui donner l'excellente dénomination de Musée d'antiquités et à la décorer de parterres qui en font un *square* délicieux.

Voilà donc l'Orphelinat définitivement adopté ! La restauration du local, surveillée de près, fut rapidement exécutée ; rien n'y manquait pour les services intérieurs ; une vaste cour et un magnifique jardin les complétaient. La belle cage est ouverte et les petits postulants qui attendaient avec impatience, veulent s'y précipiter en foule. A ce moment la Commission se trouvant dans le même embarras qu'on avait éprouvé au château des Plaines, eut la main forcée. Comment repousser des misères si navrantes, exposer à mourir de faim des enfants qui n'avaient ni famille, ni asile ? Du premier coup, on en reçoit trente ; ce n'était pas trop au point de vue pécuniaire, puisque les ressources étaient fournies par la caisse municipale, mais c'était imposer une tâche trop lourde aux Sœurs chargées d'élever, de réformer, de discipliner en un mot, cette nombreuse réunion de pauvres êtres presque à l'état de nature, qui n'ont connu ni les caresses d'une mère, ni les éléments de l'éducation et de la moralité.

C'est à cette sainte mission de réforme de l'enfance que, selon l'aveu de M. Trouessart, s'entendent merveilleusement les religieuses. La Sœur Marie-Caroline ne pouvait pas quitter son cher Saint-Nicolas, auquel son attachement était d'autant plus vif que la direction en est plus difficile. Comment donc faire pour mener de front les deux maisons, sans que l'une souffrît d'une préférence accordée à l'autre ? La réflexion ne fut pas longue. La digne supérieure proposa, pour Saint-Jean, à l'administration, une autre elle-même douée d'un cœur tendre et d'un caractère énergique. La Sœur Eustache ne s'était jamais occupée de petits garçons.

mais dès qu'elle parut au milieu d'eux, elle sut leur en imposer, autant par son commandement doux et ferme qu'elle sut s'en faire aimer par son affection vigilante. Enfin ce qui complète ses éminentes qualités, c'est qu'elle ne fait rien d'important sans consulter son ancienne supérieure, et sans être d'accord avec la Commission dont elle a gagné la confiance par sa droiture et son ingénieuse initiative.

En ne diminuant rien du mérite des personnes qui président aux orphelinats agricoles, on peut dire qu'à certains égards ceux des villes présentent plus d'embarras. A la campagne les travaux occupent tout le monde, les petits comme les grands, et on s'y livre avec plaisir, avec entraînement ; dans l'intérieur des cités, après les heures de classe, on a bien les jeux dans la cour ou les exercices du gymnase, mais tout cela n'est pas le bonheur que donnent le grand air et la liberté des champs.

Afin d'obvier à ces difficultés inhérentes au local de Saint-Jean, situé en ville, on occupe les plus jeunes à de petits ouvrages quelque peu rémunérateurs après les heures consacrées à l'enseignement primaire. Quant aux plus âgés de 13 à 16 ans, en vue d'employer leur temps le plus utilement possible, on les place comme apprentis dans de bonnes maisons. En ce moment vingt-huit de nos pupilles municipaux sont casés de cette manière. C'est un grand service leur rendre quand ils ont du goût pour une profession manuelle, serrurier, menuisier, peintre, etc., car ils apprennent ainsi un bon état devant lequel reculent trop de parents qui aujourd'hui préfèrent, au lieu d'attendre les délais de l'apprentissage, placer leurs enfants dans des fabriques où ils apprennent peu de chose, mais reçoivent de suite un salaire.

Toutefois, si la sortie journalière de nos apprentis pour se rendre à leurs ateliers respectifs est indispensable, elle présente des dangers que la plus active surveillance ne peut éviter complètement. A un âge si tendre ces pauvres enfants, parfois même à cause de leur ignorance du mal, peuvent suivre de funestes conseils, se dégoûter de bien faire et de persévérer dans l'état auquel ils semblaient destinés. Il y a des défaillances et même des chutes : mais on nous assure que c'est le petit nombre qui ne répond pas aux espérances : la plupart réussissent et quand ils sortent de la maison au terme du règlement, ils ont la perspective d'un avenir assuré.

Sans gêner la liberté de nos pupilles pendant les récréations on tâche de les diriger vers des buts utiles. Ainsi grâce à la patience et à l'habileté d'un surveillant, ancien militaire, le petit régiment a été dressé aux évolutions les plus difficiles, nous avons été charmé de les voir exécuter des manœuvres compliquées avec une précision digne de vieux troupiers, marcher à tous les pas, courir, soit en ordre serré, soit en ordre dispersé, se diviser en deux colonnes qui serpentant, s'entrelacent sans jamais se confondre, et finissant par s'avancer du fond de la cour, et dans toute sa largeur, en deux files, au pas gymnastique, et sans que le guide de droite avance ou retarde sur le guide de gauche. Tous ces mouvements sont accomplis avec un ensemble et un désir de bien faire qui vraiment rendent heureux le spectateur, d'autant plus qu'il n'y a point dans ce sain exercice de prétention à se croire des hommes. Point de fusils, même pas de bâtons, enfin nulle ambition de vouloir rivaliser avec la création ridicule des bataillons scolaires de Paris.

En gardant cette mesure aussi prévoyante que sage,

on prépare ainsi une excellente pépinière pour l'armée. N'a-t-on pas dit avec raison que tout Français naissant soldat est épris naturellement de la gloire militaire? L'instinct de presque tous nos enfants est tourné de ce côté. Les jeux, les récits de victoires sur terre et sur mer, la vue d'un drapeau, le bruit du tambour font battre tous les jeunes cœurs; mais il ne faut pas plus exagérer ce sentiment louable qu'il ne faut, en créant des gardes citoyennes, chercher à le refroidir en dissertant sur le militarisme et en raillant le chauvinisme. Le chauvinisme vantard est absurde, mais le vrai, c'est-à-dire l'amour éclairé de la patrie, est à cultiver précieusement dès l'enfance. Plaise au Ciel qu'il ne s'éteigne jamais!

On a choisi, nous dit-on, les enfants le mieux disposés pour leur donner des leçons de musique, et former une fanfare. C'est une bonne pensée et nous ne pouvons qu'y applaudir, surtout si l'on joint à ces leçons l'étude du solfège. On n'est pas musicien parce que l'on souffle plus ou moins juste dans un instrument, mais bien quand on lit une partition comme un livre.

Il y a quelques années, un groupe d'enfants de l'Orphelinat faisait le service d'enfants de chœur à la Trinité; ils s'y conduisaient très bien, et tout le monde en était content; mais ce service n'était pas dans les idées à l'ordre du jour, et on a cru devoir l'interdire. C'est bien regrettable, car il eût été facile d'organiser une maîtrise avec ces jeunes voix habituées au plain-chant. Il n'est pas de meilleur moyen que la musique religieuse pour former les grands musiciens. Haydn, Méhul, Boïeldieu et bien d'autres ont été enfants de chœur; nos excellents maîtres de chapelle, Martin et Mangeon sont sortis de la psallette d'Angers. Dernièrement le spirituel et très autorisé doyen de nos critiques, en fait de beaux-arts, rappelait agréablement qu'à Notre-Dame de Paris, après les sermons du Père Lacordaire, deux voix unies ou séparées charmaient l'immense auditoire, et leurs heureux possesseurs se nommaient Faure et Delaporte.

Si l'on avait laissé nos orphelins suivre leurs progrès dans l'étude de la musique d'église, sans garantir des succès comparables à ceux des susdits maîtres de l'harmonie, on leur aurait ouvert plusieurs carrières honorables, à commencer par les premiers emplois dans les musiques militaires.

La Sœur Eustache n'a que cinq compagnes, à raison de 200 francs par an, chacune moins que la dernière des servantes ; elles ne coûtent ensemble que 1,200 fr., juste le traitement modéré d'une seule directrice laïque.

On conçoit que pour entretenir un personnel aussi considérable : quatre-vingts enfants, un surveillant, un jardinier, un maître cordonnier, etc., en tout quatre-vingt-dix personnes, le travail soit énorme. Il n'y a pas pour les Sœurs un seul instant de repos depuis quatre heures et demie du matin jusqu'à neuf heures du soir ; cependant aucune ne se plaint. La supérieure et plus d'une sœur y ont perdu la santé, mais toutes les peines sont oubliées lorsqu'elles peuvent vous dire : L'Orphelinat ne coûte que 24,000 francs à la ville, à peine 260 francs par individu, bien nourri, bien vêtu, bien couché, cela va sans dire, tout compris, à peu près 70 centimes par jour. Et quel résultat ! depuis 1873, depuis quinze ans, près de deux cents enfants ont passé à l'Orphelinat, c'est-à-dire ont été arrachés à la misère et aux vices de toute sorte. Ceux qui sont sortis, leur temps achevé après leur apprentissage, ont pu être employés dans de bons états ; tous ont reçu d'excellents principes pour suivre la ligne droite du devoir et de l'honneur ; si quelques-uns y ont failli, entraînés par les passions de la jeunesse, on doit espérer que l'éducation sérieuse, morale, chrétienne reçue à l'Orphelinat a laissé dans leur esprit une impression assez durable pour les faire rougir de leur faiblesse et les réhabiliter dans leur propre conscience.

Tant de titres à la considération et à la reconnaissance publiques auraient dû désarmer les natures les plus malveillantes, mais on ne le sait que trop, il y a et il y a toujours eu des esprits assez malheureux pour ne pouvoir souffrir les éloges décernés aux mérites et à la vertu !

On lit dans le numéro de la *Semaine Religieuse* du 12 juin 1887 :

Un incident au Conseil municipal d'Angers.

Mardi dernier, la séance du Conseil municipal a donné lieu à un incident que nous rapportons, d'après l'*Anjou*, uniquement pour constater la sympathie qui entoure nos dignes religieuses.

Un des conseillers, M. Joanne-Magdelaine, s'est plaint de la tenue de l'Orphelinat municipal, desservi par des Sœurs de la Présentation de Tours, et il a demandé le renvoi de ces dignes femmes.

« Il n'est pas besoin, déclare M. Joanne-Magdelaine, de s'inquiéter du sort des Sœurs ; une fois chassées, elles retrouveront, en rentrant à leur maison-mère, bon gîte, bonne table et tout le confortable d'une heureuse existence... »

M. Mercier, membre de la Commission de l'Orphelinat, lit un long rapport, en réponse à M. Joanne-Magdelaine.

L'honorable conseiller municipal, avec une indépendance qui lui fait le plus grand honneur, met à néant, pièces en mains, les calomnies produites et, dans un langage empreint des plus nobles sentiments, rend pleine justice aux Sœurs. Il les remercie, au nom de tous, de leur dévouement infatigable à l'œuvre qui leur est confiée.

M. de Châtaux demande alors la parole. Nous sommes heureux de pouvoir reproduire presque textuellement son improvisation.

« Messieurs,

« Je n'avais pas l'intention de prendre la parole. Je savais bien que les membres du Conseil d'administration de l'Orphelinat trouveraient dans leur indépendance, leur justice et leur reconnaissance, tous les arguments utiles pour réfuter et convaincre ; mais les paroles prononcées par M. Joanne-Magdelaine me font sortir de la réserve que je m'étais imposée, et je proteste, de toute la force de mon énergie, contre les insinuations malveillantes, les sarcasmes et les moqueries dont les plus vénérables femmes ont été l'objet. Ce n'est pas généreux, Monsieur, d'attaquer les absents, qui ne peuvent se défendre ; il n'est pas français d'insulter les femmes. »

M. Joanne-Magdelaine. — « Je ne les ai pas insultées. »

M. de Châtaux. — « Comment, Monsieur, ce n'est pas insulter ces saintes femmes dont tous connaissent et admirent la vie de privations, d'abnégation et de dévouement que de dire, en public, le sourire aux lèvres, qu'une fois chassées elles retrouveront gaiement la bonne nourriture, le bon gîte et toutes les satisfactions de l'existence !

« Vous vous êtes érigé en champion de la démocratie : vous affirmez parler en son nom en demandant le renvoi des Sœurs ! Moi aussi, je représente la démocratie au même titre que vous, dans le Conseil municipal, et j'ai la prétention de connaître ses aspirations vraies et ses besoins. Le peuple aime les Sœurs ; il les tient en haute estime, et vous le savez mieux que personne ; je n'en veux d'autre preuve que l'exécution des fameux décrets, inspirés au gouvernement de votre choix par la haine de la religion qu'il ne peut renverser. Les communautés d'hommes, peu connues dans les masses et souvent mal appréciées par elles, ont été brutalement expulsées; mais devant la simple robe des Sœurs, la spoliation s'est arrêtée ; on redoutait, à juste titre, les énergiques protestations du peuple qui, toujours reconnaissant, malgré vos conseils, bénit les mains charitables qui le soignent et les cœurs généreux qui le consolent.

« Si jamais elles nous quittent, ces femmes sublimes dont vous feignez d'ignorer le désintéressement et la vertu, à leur départ de la maison, témoin de leur dévouement sans bornes, elles n'auront dans le cœur aucun ressentiment pour votre ingratitude, sur les lèvres aucune parole de blâme ou de reproche, mais elles vous accableront de tout le poids et de toute la grandeur... de leur pardon. (Applaudissements répétés dans l'auditoire.)

« Je ne sais, monsieur, si votre âge ou vos goûts vous ont conduit sur nos champs de bataille en 1870 ?

M. Joanne-Magdelaine. — « Oui, j'y étais.

M. de Châtaux. — « Alors votre attitude m'étonne de plus en plus, car vous les avez vues, ces nobles Filles de la Charité, dans l'élan de leur foi généreuse, leurs cornettes blanches souvent rougies du sang de nos soldats, courant au milieu des dangers, affrontant mille morts pour porter secours à nos malheureux blessés; partout en France, dans nos villes et dans nos campagnes, on pouvait entendre des cris de reconnaissance et d'admiration, car nos enfants ne mouraient pas seuls; on leur parlait, loin des leurs, du pays et de Dieu.

« Voilà les vraies servantes du peuple et du pauvre, dont vous voulez priver tous ceux qui les aiment et les bénissent. Si, par malheur, un jour, elles sont de partout chassées par vous et les vôtres, elles pourront crier à leurs ennemis vainqueurs : « Nous mourons le jour où le peuple a perdu « la raison, votre tour viendra quand il l'aura recouvrée. »

M. Joanne-Magdelaine ne répond rien à M. de Châtaux.

Un ordre du jour de M. le Dr Guignard, médecin de l'Orphelinat municipal, rend pleine et entière justice au dévouement des Sœurs dont il demande le maintien.

M. Desêtres réclame le vote par appel nominal ; tout le Conseil se rallie à cette proposition.

L'ordre du jour du docteur Guignard est mis aux voix et adopté par le Conseil.

Ont voté pour : *MM. Maillé, Bouhier, Leroy, Chabrun, Deschamps, Mercier, Monprofit, Jallot, Prieur, Héry, Devanlay, Beucher, Guignard, Mareau, Solnais, Joubert, Villard, Eveno, de Châtaux, Cointreau, Charon, Oriolle, Denis, Laigle, Boutelou.*

Ont voté contre : *MM. Joanne-Magdelaine, Desêtres, Glétron, Châtelain et Baron.*

Le docteur *Legludic* et M. le médecin *Bichon* se sont abstenus.

En sortant de la maison de Saint-Jean, lors de notre dernière visite, nous nous disions, en admirant ce que nous venions de voir : pour arriver à ces résultats, pour ployer des enfants vicieux, indisciplinés par nature, il faut une main ferme et douce, une direction vigilante et maternelle : il faut, en un mot, cette grande qualité qui distingue éminemment nos communautés religieuses, le vrai dévouement, le dévouement chrétien.

Mais en dehors de la France où trouver ce dévouement qu'on peut appeler à bon droit le dévouement *féminin* et qui se manifeste, chez nous, de tant de manières ? Nous voyons bien, dans la vie de dom Bosco, que son premier soin fut de recueillir une multitude de petits vagabonds, dont nul ne s'occupait à Turin, avant le Vincent de Paul du Piémont, d'ouvrir un asile charitable à ces pauvres déshérités.

Les voyageurs en Angleterre, en Allemagne, parlent bien de maisons de correction pour l'enfance abandonnée et dépravée, mais aucun, que je sache du moins, ne parle d'asiles pour la jeunesse, dirigés seulement par des femmes n'ayant pour moyens d'en imposer que la douceur, le bon sens et l'affection. Ah! il faut le reconnaître, les Françaises, seules, ont le privilège d'exercer sur les hommes, dès l'âge le plus tendre, une influence souveraine; c'est qu'elles savent joindre à leur grâce naturelle une simplicité d'agir pleine de distinction, enfin, ce don d'organiser, ce talent de commander, sans en avoir l'air, qui rend leur joug aussi agréable qu'il est léger.

La Commission administrative de l'Orphelinat de Saint-Jean, nommée par le Conseil municipal, se compose de cinq membres : MM. Renault-Lihoreau, vice-président, Vignot, Mercier, Deschamps et Collignon.

Dès l'origine, M. le Dr Guignard s'est chargé du service médical, à titre gratuit, mais ce qui ne diminue point le mérite de son bon vouloir, il est rarement invoqué, car l'infirmerie de l'établissement est presque toujours vide.

ORPHELINAT DE SAINT-VINCENT-DE-PAUL

Nous venons de décrire nos deux principaux Orphelinats de petits garçons, nous allons passer aux Orphelinats de petites filles. Ils sont plus nombreux, plus anciens et d'une direction peut-être moins difficile, non pas que les religieuses aient moins d'influence sur un sexe que sur l'autre, mais parce que, en général, les petites filles ont un caractère plus doux, et parce qu'il est plus facile de les occuper ; toutefois quand une de nos pauvres communautés entreprend d'en recueillir un certain nombre pour leur rendre les soins et la protection de la famille, elle s'expose à des privations et à des sacrifices dont la charge effraierait les plus vaillantes, si elles n'étaient soutenues par la conviction d'obéir à la volonté divine.

Pour donner l'idée des souffrances qu'impose la création d'un orphelinat, l'extrait suivant d'une notice sur la sœur Bobard, fondatrice de celui de Saint-Vincent-de-Paul, publiée le 14 mars 1878, au lendemain de sa mort, sera plus persuasif que tous nos raisonnements :

... Rose-Marguerite Bobard, en religion sœur Philomène, naquit à Montereau, le 13 décembre 1813, de parents fidèles à la foi des anciens temps. Elle eut deux frères et une sœur. A peine âgée de six ans, elle perdit sa mère. Ce fut cette perte irréparable qui la rendit toujours si sensible au malheur des orphelins. Sa sœur mourut aussi ; en sa qualité d'aînée, elle dut tenir le ménage paternel ; c'est pourquoi elle n'entra en communauté qu'à l'âge de vingt-huit ans. L'un de ses frères devint curé de Saint-Nicolas de Meaux. L'autre frère eut cinq enfants ; quatre se consacrèrent au service de Dieu : deux sont prêtres ; une fille est carmélite, et la seconde succomba, bien jeune encore, à une maladie de poitrine, sous l'habit, à l'exemple de sa tante, de Fille de la Charité.

Sœur Philomène fut envoyée à Angers le 18 décembre 1842. Elle y avait été précédée, le 18 juin de la même année, par trois religieuses du même Ordre, que Mgr Maupoint, alors curé de la Trinité, avait demandées pour fonder une crèche dans la rue Saint-Nicolas. Ce projet ne fut pas réalisé : l'on y substitua l'établissement d'un ouvroir et d'un asile dans la rue de la Harpe. De plus, le zèle des dames de charité ne suffisant pas pour une paroisse populeuse, dont la moitié au moins est indigente, la visite des pauvres, dans les sections dépourvues de dispensatrices de secours, fut confiée aux Sœurs. On les chargea ensuite d'un orphelinat et d'une école, quand celle de l'hôpital Saint-Jean fut supprimée. Enfin, depuis 1870, un fourneau économique et une crèche vinrent s'ajouter à tant de belles et bonnes œuvres.

Les débuts de cette institution si bienfaisante, mais si multiple, furent très pénibles. Du reste, la situation, sous le rapport de l'aisance, n'a guère varié. Elle ne peut être que bien précaire, puisque la maison possède peu de revenus fixes ; la majeure partie des ressources consiste dans le travail pour l'extérieur, dont l'importance suit les fluctuations du commerce.

Nous devons mentionner comme principales fondatrices de l'Ouvroir trois personnes dont la tradition généreuse s'est conservée jusqu'à nos jours. Ce furent Mmes de Villebois et de Villemorge qui donnèrent chacune 10,000 francs, et Mme Brouard qui en donna 6,000. D'autres bienfaitrices suivirent cet élan. Toutefois, malgré la plus stricte économie, pendant les premières années, le budget de la maison fut si restreint, l'équilibre des dépenses et recettes si difficile à obtenir, qu'il ne restait aux quatre sœurs — elles sont quinze aujourd'hui — que 1,100 francs pour leur entretien, tout compris, nourriture et vêtements. Dieu sait au prix de quelles privations ces années se passèrent ! Pour en donner une idée, la supérieure qui bravait la misère, à force de gaieté, avait coutume de dire chaque soir à ses compagnes d'infortune : « Mes chères sœurs, le menu du souper sera comme à l'ordinaire, *un fromage à la carte.* » En jouant sur ce dernier mot, elle lui donnait deux sens : au lieu de fromage à la glace, c'était le fromage le plus grossier, dit *calemberg*, et la portion de chacune était si mince qu'elle ne dépassait guère l'épaisseur d'une feuille de papier.

Cette supérieure se nommait Mme d'Aussac de Saint-

Palaye, d'une ancienne famille de l'Albigeois. Elle déploya des qualités si remarquables à Angers, où elle demeura neuf ans, que, peu après en avoir été rappelée, elle fut élue assistante de la supérieure générale. Elle est aujourd'hui à la tête de l'un des principaux établissements hospitaliers du Nord.

Sœur Bobard — dans l'ordre de Saint-Vincent, les Sœurs devenues supérieures reprennent leur nom de famille — la remplaça le 20 mai 1851. Le très regretté abbé Légeard, de sympathique et spontanée nature, avait succédé à M. Maupoint au pénible presbytère de la Trinité. Il vécut toujours dans les termes d'une estime et d'une affection des plus vives pour la bonne et aimable Sœur à laquelle il demandait souvent des avis qu'on suivait, à de rares exceptions près ; il y manqua notamment lorsqu'il prit sa retraite. Ainsi que ses vrais amis, elle avait insisté pour qu'il restât jusqu'à sa mort près de la belle église qui lui devait sa restauration, et dans une paroisse où il faisait un bien infini par son éloquence et sa libéralité.

L'histoire de sœur Bobard est l'histoire de sa maison, ou plutôt des services indicibles qu'elle a rendus, pendant une longue suite d'années, aux petits, aux faibles, aux malheureux de toute sorte, en s'imposant les privations les plus dures, en tremblant à la pensée d'un lendemain plein d'angoisses. Elle se préoccupait, non pour elle, l'excellente femme, elle n'y prenait garde, mais pour ses chères œuvres, pour son personnel qui eût maintes fois succombé sous le fardeau, si un dévouement, qui n'a point de récompense ici-bas, ne dépassait pas toujours l'immensité de sa tâche.

Nous l'avons dit, l'institution de la rue de la Harpe, d'abord simple ouvroir, se développa rapidement. De la tige unique surgirent plusieurs rameaux ; les besoins d'assistance étaient si grands dans un quartier très pauvre, abandonné graduellement par les familles aisées, qu'il fallait remédier aux plus urgents ; du moins cela semblait une nécessité pour le cœur d'une religieuse et d'un prêtre. Sœur Philomène et son ami l'abbé Légeard se trouvèrent sur ce point comme sur d'autres, constamment d'accord. Le développement de l'Orphelinat excita surtout leur sollicitude. Est-il, en effet, rien de plus digne de compassion que de pauvres enfants privés de père et de mère ou, ce qui est plus triste encore, délaissés par de mauvais parents? Ce dernier malheur n'étant pas moins fréquent que l'autre, les sollicitations devinrent si pressantes que le nombre des fillettes admises s'éleva promptement au-dessus de cinquante, la plupart à titre gratuit ou moyennant des pensions insuffisantes. Il fallait nourrir et vêtir tout ce petit monde, et comment y parvenir, sans revenus fixes? Au milieu des soucis de divers genres qui ne cessèrent d'obséder sœur Bobard, ce fut sa perplexité capitale. Nul ne sait quelles épreuves elle dut subir pour élever cette triple génération d'enfants du peuple que la Providence lui amena, et l'on n'aura qu'une idée des difficultés vaincues lorsque nous dirons que plus de cinq cents jeunes filles, vouées à la détresse morale et physique, lui durent les bienfaits d'une éducation chrétienne.

Mais pour offrir au Seigneur cette magnifique moisson d'âmes sauvées, que de souffrances, que de jeûnes forcés! Ces longues privations furent cachées si soigneusement, que nous les avons entrevues à peine, encore par hasard. Un jour, nous attendions l'abbé Légeard au presbytère, il y survint tout ému. — « J'arrive de l'Ouvroir, me dit-il; j'avais appris indirectement que les Sœurs ne faisaient plus qu'un repas par jour, composé d'une soupe maigre, afin de ménager pour leurs orphelines. Le fait est vrai; elles me l'ont avoué. Qu'en penses-tu? N'est-ce pas digne de la primitive Église? Qui soutiendra maintenant que les religieuses n'ont pas des entrailles de mère? Beaucoup de mères sans doute feraient ce sacrifice pour leurs enfants, non pour les enfants des autres, et encore s'y décideraient-elles avec la douce résignation de mes pauvres Sœurs? »

Une autre fois, Mgr Angebault rendait visite à la supérieure, qui fit appeler toutes ses compagnes. La multiplicité des services en avait élevé le nombre à quatorze, et encore il était loin de suffire. Le bienveillant prélat fut frappé de l'air de délicatesse des Sœurs et en fit la remarque. Dans le cours de sa revue, ses yeux s'arrêtèrent devant l'une d'elles dont l'embonpoint contrastait avec la frêle apparence de ses voisines. « Je sais, lui dit-il, que le régime de la maison est au-dessous du nécessaire, cependant il ne semble pas vous nuire. Quel est donc votre ordinaire? demanda-t-il en se tournant vers la supérieure, » et comme l'excellente femme, rougissant, hésitait à répondre. « les jours maigres, dit le curé, des pommes de terre et des choux, et les jours gras, des choux et des pommes de terre ».

Pour accomplir son écrasante mission, sœur Bobard avait deux grands défauts : vaillante de cœur, mais timide de caractère, elle ne savait ni demander ni refuser. Contrainte journellement de solliciter pour ses chers pauvres, une légère objection la déconcertait. Bien que s'exprimant avec facilité, les paroles expiraient sur ses lèvres quand l'accueil n'était pas sympathique. En revanche, elle n'a jamais su résister à une prière. Le récit d'une infortune la touchait comme si c'était le premier qu'elle entendît. Ame tendre et délicate, tenant de la sensitive, la moindre émotion amenait la rougeur sur son doux visage, et lui faisait battre le cœur; surtout elle n'avait point de défense contre les larmes d'un enfant.

Heureusement la bonne mère trouvait dans ses sœurs, qui connaissaient ses imperfections, un dévouement filial toujours prêt à lui venir en aide. Que n'ont-elles pas fait pour subvenir à tant de besoins? Habitant un faubourg d'indigents, éloigné des quartiers riches où elles étaient peu connues; sous le coup de l'impérieuse nécessité, elles se firent mendiantes pour leurs orphelines, et, après avoir obtenu de leur supérieure une permission accordée à grand'peine, elles allèrent quêter dans la campagne, à la grâce de Dieu. « Un jour, nous raconta la première compagne de sœur Bobard, que l'on mettait d'ordinaire en avant, à cause de son caractère plus décidé, un jour, notre petite bourse était à sec. Nous partîmes, deux par deux, avant l'aube. C'était à la fin de novembre. Nous arrivions sur la route d'Avrillé quand une pluie glaciale commença ; elle ne cessa de tomber jusqu'au soir ; n'importe, nous allions toujours. Partout nous étions bien accueillies. On voulut nous garder, notamment à Soulaire, au château de M. de Bernard, et Mme de Senonnes, à Sautré, nous fit les mêmes instances ; mais, comme pour le Juif-Errant, défense était de nous arrêter. Enfin, à nuit close, nous arrivâmes au pont de Juigné, épuisées de fatigue, trempées jusqu'aux os. Nous demandâmes au receveur s'il présumait qu'une voiture quelconque passerait bientôt. « Je viens d'en voir une, répondit-il ; elle va au pas. En vous pressant un peu, vous l'atteindrez probablement. »

« Cet espoir nous rendit quelque force. En avançant le plus rapidement possible, nous ne tardâmes pas à distinguer, malgré les ténèbres, un chariot arrêté. C'était une voiture de déménagement. Le conducteur, à pied, semblait nous attendre. Nous le priâmes de nous laisser monter. Sans dire un mot, il nous indiqua un banc derrière son siège, sur lequel il gravit après notre installation. Si, nous voyant commodément assises, notre première impression fut un sentiment de bien-être, il dura peu. Frappées en même temps du silence étrange de notre cocher, la peur nous prit. Trouvant un air sinistre à sa physionomie peu observée d'abord, nous nous demandâmes s'il n'avait pas l'intention de nous faire un mauvais parti. Devinait-il le résultat fructueux de notre tournée ? La route était déserte. A huit heures du soir, en hiver, la nuit est complète, et tous les objets, dans la campagne, prennent un aspect effrayant. Comment deux pauvres femmes pouvaient-elles résister à un malfaiteur résolu ?

« Tout en étant tourmentées par ces inquiétudes, nous nous assurâmes que le fond de la voiture n'était fermé que par des rideaux mobiles. Nous nous préparions par là une fuite hasardeuse, au premier signe alarmant, lorsque notre homme, sortant brusquement de son mutisme, nous dit :
« Connaissez-vous la Supérieure de l'hôpital de Châteaugon-

tier ? » La glace était rompue. L'entretien continua sur le ton le plus rassurant. La traversée même des bois d'Avrillé se fit sans appréhension. Parvenu à la ville, l'honnête conducteur ne voulut accepter que des remerciements. Il insista même pour se détourner de son chemin jusqu'à la communauté ; mais nous voulûmes descendre sur le boulevard de Laval. Mal nous prit de n'avoir pas profité de son obligeance, car notre lassitude était si extrême que nous ne pouvions bouger de place. Les jambes nous semblaient de plomb. Nous mîmes une demi-heure pour nous rendre à notre chère porte de la rue de la Harpe. On calcula que, dans la journée, nous avions fait douze lieues. Tout fut oublié, au milieu de nos sœurs, inquiètes d'un retour si tardif. Notre mission était remplie.

« Néanmoins, les inconvénients de ces excursions, ajouta la Sœur, y firent renoncer notre bonne mère. Pour découvrir une assistance devenue indispensable, il fallut tourner nos visées d'un autre côté. Deux fois nous adressâmes une supplique à l'Impératrice, et deux fois elle nous envoya 500 francs. D'après la tradition des princesses de la famille royale, ces libéralités étaient accompagnées de compliments d'une gracieuse bienveillance.

« En recherchant tous les moyens de diminuer nos frais, pendant une année où le pain valait trois francs, nous nous mîmes à boulanger. La main d'œuvre était économisée, mais il fallait payer la matière première. Comment faire ? Notre pauvre supérieure en était si tourmentée qu'elle n'osait en parler. Enfin, elle me prit à part — je me souviens que c'était un jour de foire, — et m'avoua que deux fermiers, remis à plusieurs reprises, devaient venir lui réclamer 3,000 francs dans la matinée. Or, pour trouver cette somme, exorbitante à nos yeux, elle n'avait pas d'autre espoir que dans ce qu'elle appelait mon esprit inventif. Vous jugez de ma terreur. Bref, il fallait bien obéir. Je fis une courte et fervente prière, et je sortis sans savoir à quelle porte ou plutôt à quelle caisse j'allais frapper. Je marchais droit devant moi dans un grand trouble d'idées, lorsque je m'arrêtai devant le bureau de M. Mossion, le père de votre receveur [1]. Il me prêta 1,000 francs. De là je me rendis chez M. Dély qui m'en confia 2,000, également sans conditions. Inutile d'ajouter avec quel empressement ces messieurs vinrent à notre secours. Quand je tins tout cet argent dans ma main, je ne pesais plus sur terre. Je ne marchai pas, je volai jusqu'à la maison, où les deux fermiers arrivaient en même temps.

« A force de nous ingénier, ces avances salutaires furent remboursées par petits à-comptes ; mais les généreux prêteurs refusèrent tout intérêt. »

On trouvera peut-être excessif que je cite des noms propres ; mais on publie bien ceux des criminels, pourquoi céler les auteurs de belles actions ?

A l'égard de sœur Philomène une seule objection aurait pu arrêter ma plume, la crainte de manquer à l'humilité d'une âme qui avait si grand'peur d'attirer le bruit, mais Dieu qui recommande à ses enfants pendant leur pèlerinage en ce monde, l'amour de l'humiliation, de la pauvreté et des souffrances, les récompense dans l'autre par une gloire et un bonheur infinis, et l'Église entoure d'illustration et d'éclat la mémoire de ceux qui ont suivi, sans en rien oublier, les préceptes de l'Évangile. N'est-il pas du devoir d'un chrétien d'imiter l'Église, dans la mesure de sa faiblesse, et de travailler, par tous les moyens en son pouvoir, à glorifier au delà du tombeau les humbles, les pauvres, les malheureux volontaires ? « Manifester les mérites d'une vie
« cachée, c'est servir les desseins de Dieu, et les hommages
« du peuple préparent le culte des saints [2]. »

« Je ne finirais pas, poursuivit la compagne fidèle de sœur Bobard, si je vous racontais tous les traits édifiants de sa vie. Voilà un de ceux qui m'ont le plus frappée. Dans un temps où les commandes du dehors manquaient, elle

---

[1] A cette époque, 1878, l'auteur de la notice était membre de la Commission des Hospices.
[2] M. de Melun, *Vie de sœur Rosalie*.

nous retint après la prière du soir. « Mes sœurs, nous dit-elle, vous savez que le chômage continue ; nos ressources sont épuisées ; nous devons et beaucoup ; quand le travail reprendra-t-il ? Nul ne le sait. Je ne vois d'autre moyen de sortir de danger qu'en renvoyant un certain nombre d'orphelines. Sans doute, c'est une extrémité cruelle ; mais elle est nécessaire. Vous allez m'aider à choisir celles qui doivent nous quitter. » Ces paroles prononcées d'un accent ému nous consternèrent. Chacune garda un morne silence.

« Notre mère tenait d'une main tremblante la liste des cinquante et quelques victimes futures. A l'appel de chaque nom, sa voix faiblissait ; puis des réclamations, des supplications s'élevaient de tous côtés. Celle-ci était trop jeune : celle-là, plus âgée, n'avait pas encore fini son apprentissage. L'une n'avait plus personne au monde pour la recueillir ; l'autre n'avait que des parents vicieux. Celle-ci était trop bien douée par la nature pour l'exposer aux séductions ; celle-là, moins privilégiée, ne pouvait être livrée aux moqueries. Les unes étaient trop gentilles pour les abandonner, les autres trop disgracieuses pour ne pas essayer encore de corriger leurs défauts. La bonne mère ne s'apercevait pas qu'elle était la première à faire des objections et à demander grâce.

« Bref, quand le dernier nom fut appelé, nulle sentence de renvoi n'était prononcée. Aucune petite brebis ne fut éloignée du bercail. On fit mille projets ; on s'attendrit beaucoup ; puis il fut décidé que pour paitre le petit troupeau, on s'en remettrait, comme toujours, à la Providence. Le lendemain matin, la communauté assista à la première messe du Champ des Martyrs. Quand on revint, la Sœur de garde remit à notre supérieure un pli apporté par un inconnu. C'était une enveloppe contenant un billet de 100 francs, c'est-à-dire un trésor, dans notre situation critique. »

Cependant tous ces secours, quelle que fût leur importance, ne pouvaient être que temporaires. Le principe de l'existence d'un ouvroir est le travail, et sans commandes, il ne pourrait se soutenir. Heureusement elles revinrent peu après la circonstance que nous venons de rappeler, et depuis, grâce à Dieu, le travail n'a guère manqué dans cette ruche industrieuse. Telle que la reine parmi les abeilles, la supérieure d'un ouvroir doit servir d'exemple. Seulement, en cette partie de ses attributions, sœur Bobard, comme dans plus d'une occasion de faire le bien, dépassait la mesure. Ouvrière aussi accomplie que maîtresse capable, elle excellait dans les travaux d'aiguille. C'est pourquoi, sous la direction de Mme d'Aussac, on l'avait d'abord chargée de l'ouvroir extérieur. Devenue supérieure, quand la besogne pressait, et cela arrivait souvent, distraite pendant le jour par mille soins divers, elle veillait bien au delà de l'heure réglementaire pour avancer l'ouvrage promis. Une fois, minuit était sonné depuis longtemps, elle aperçut de la lumière dans la chambre de la directrice de l'atelier de couture. « Ah ! je vous surprends, ma sœur, dit-elle, en poussant la porte, que faites-vous là ? — Ma mère, je fais comme vous, » répondit l'accusée prise en flagrant délit, et le doux reproche se changea en sourire.

N'est-ce pas ici le moment de protester contre les allégations hostiles au travail des ouvroirs ? Loin de susciter une concurrence fâcheuse aux ouvrières en général, ils procurent du travail à celles qui n'en n'ont pas, les empêchant de recourir aux fabriques, et maintenant les prix à un taux rémunérateur. Voilà pour les commandes de la localité. Quant à celles de l'extérieur, le dommage est également supposé, car si on ne les acceptait pas, elles seraient offertes ailleurs, à des établissements lointains, bien moins dignes d'intérêt. Enfin si tout le monde refusait, nul n'en profiterait, en France du moins, car c'est le modique salaire des communautés qui alimente principalement le commerce d'exportation, lequel autrement émigrerait en Angleterre ou en Allemagne.

Le défaut de sœur Bobard, si l'on peut appeler ainsi une surabondance de qualités, était donc de vouloir faire trop.

En payant à l'excès de sa personne, elle croyait ne remplir qu'un devoir ; mais elle ne voulait pas que ses sœurs dépassassent la règle de leur institut. Douée d'une sensibilité d'enfant, la pensée de leurs souffrances, supportées avec une résignation filiale, lui brisait le cœur. Naturellement d'une humeur enjouée, comme la plupart des religieuses, les soucis de sa difficile administration, et surtout les privations imposées à ses chères auxiliaires, sans lui ôter le courage, la jetaient dans une tristesse profonde. Ses sœurs la trouvèrent plus d'une fois, à la modeste chapelle de la maison, ou agenouillée au pied du crucifix de sa cellule, le visage baigné de larmes. Alors, respectant sa douleur, on priait avec elle, on se retirait en silence, et quand elle se relevait, c'était pour se rendre au milieu de ses orphelines, comme pour se fortifier à l'espérance que tant d'âmes innocentes assuraient à la maison les bénédictions du Ciel.

Le ministère de sœur Bobard ne se bornait pas aux soins infinis que réclamait l'intérieur de sa communauté. Depuis trente-six ans qu'elle y était entrée, elle avait eu des rapports avec tous les habitants de la Doutre qui, à un degré quelconque, partageaient ses idées. Possédant, sous un air simple et modeste, un esprit très fin, une imagination vive, elle avait surtout un jugement très droit. Sa conversation était pleine de verve et d'entrain. Aimable et indulgente, elle se plaisait à vous dire des choses agréables. Néanmoins, toujours sincère, au besoin elle ne reculait pas devant une vérité, nécessaire à dire ; mais elle l'entourait de tant d'aménité qu'elle ne blessait jamais. Après cela, est-il étonnant qu'elle fût recherchée pour le charme de ses relations et la sûreté de ses conseils par toutes les personnes de son voisinage, dont les noms ne sont point oubliés ! Mlle Bordillon, Mmes Hébert, de Richeteau, Moll, Guitet, Foucault ; MM. Garin, Collet-Dubignon, Cesbron-Lamotte, Oriolle, de Joannis, Bougler, Hébert, Jouvet, etc., se plaisaient à la consulter, et, après avoir retiré de ses lumières un avantage fructueux, ils se trouvaient liés plus étroitement avec elle, par les sentiments d'une affectueuse reconnaissance [1].

Quelque précieuses que fussent pour sœur Bobard ces honorables amitiés, elles n'occupaient dans son cœur que le second rang ; le premier appartenait aux pauvres ; c'étaient là ses grands amis. Fille de saint Vincent, dans toute la beauté de l'expression, nul ne sut mieux compatir à leurs misères, entrer dans leurs pensées, condescendre à leurs désirs, adoucir leurs peines morales, comme soulager, autant qu'elle le pouvait et plus qu'elle ne pouvait, leurs besoins matériels ; aussi nulle ne savait mieux trouver le chemin de leurs âmes, les gagner à la cause du divin maître. Ce secret, elle l'a légué à ses sœurs, après les avoir initiées à tous les pieux mystères de la charité chrétienne. Aussi comme elles en sont récompensées par le respect qu'elles inspirent ! respect si grand qu'aujourd'hui, à l'exemple de sainte Agnès, traversant, pure et modeste, les opprobres du paganisme, il n'est pas dans le quartier le plus misérable de la ville, il n'est pas de rue mal famée, de masure jadis maudite, où elles ne puissent pénétrer pour porter des secours aux indigents, des consolations aux malades, des espérances immortelles aux moribonds.

Ce n'était pas assez pour sœur Philomène d'aller visiter les pauvres, la grande affaire dans l'intérieur était de s'occuper, sous toutes les formes, de ces bien-aimés de Jésus-Christ. Tous les lundis, un cercle de dames de la paroisse se forme dans le parloir de la communauté. La supérieure distribue la tâche de ces auxiliaires de bon vouloir. Ce sont d'ordinaire des effets à l'usage de petits enfants ou de femmes malades. Ouvrière consommée, la bonne Sœur

---

[1] On trouve une preuve récente de ces rapports dans une note de l'intéressante et posthume biographie sur M. Edouard Moll, par M. Guillory, publiée dans la *Revue de l'Anjou*. A propos du don de 1,000 fr. à l'Ouvroir, stipulé dans le testament de l'éminent architecte, M. Guillory ajoute : « En faisant un legs, Moll continuait l'appui bienveillant que sa bonne mère donna toujours aux Sœurs qui dirigeaient cette œuvre utile. »

donnait l'exemple de l'activité et de la perfection du travail.
Pour qu'aucun moment ne fût perdu, défense était faite de
la déranger sous aucun prétexte, à moins de motifs d'une
haute gravité. Dans ces pieuses réunions qui durent de
midi à quatre heures, le silence n'est pas de rigueur ; mais
il n'est interrompu que par des entretiens propres à l'édification. En un mot, la manière adoptée par la digne femme
de fêter le lundi était juste le contraire de la coutume
suivie par tant d'insensés qui profanent ce jour, au grand
préjudice de leur devoir et même de leur bien-être.

On conçoit qu'avec cette méthode de mettre tous les
instants à profit, sœur Bobard avait peu de loisirs. Un jour,
son état de souffrance me semblant plus inquiétant qu'à
l'ordinaire, je l'engageai à prendre un peu de repos en
gardant le lit plus longtemps — La règle de saint Vincent
fixe le lever à quatre heures — « C'est impossible, me
répondit-elle. Pendant une semaine je ne me suis levée
qu'à cinq heures et demie, mais toute ma besogne était en
retard ; je ne trouvais plus le temps de rien faire. »

Si encore la vaillante supérieure n'avait eu d'autres
préoccupations que celles résultant de tous les services de
l'établissement, c'eût été un labeur énorme, mais à toute
force possible, à l'aide d'un grand courage et d'une éminente capacité ; mais ce qui accablait la pauvre femme,
c'était l'état précaire de sa maison, et la gêne souvent
extrême qui en était la suite. La note du boulanger se monte
à cinq cents francs par mois. Quand une jeune fille quitte
le monde pour entrer en religion, ce n'est pas certes par
recherche de l'aisance temporelle ; du moins elle espère, à
l'ombre du couvent, goûter le calme d'esprit, loin des
inquiétudes d'ordre matériel ; mais quand on y est poursuivi par des obligations auxquelles il est difficile de satisfaire, alors ce doit être un véritable supplice. Les embarras
d'argent sont les plus durs à supporter dans la vie civile,
et, quand même ils ne sont produits dans la vie religieuse
par aucune imprudence, aucune erreur, ils n'en causent
pas moins les tourments les plus aigus. Les difficultés au

milieu desquelles se trouva sœur Bobard ne provenaient nullement de son fait, mais d'un concours de circonstances sur lequel nul pouvoir ne lui appartenait. Elle s'y serait résignée personnellement, mais en voyant dans son entourage tant de douceur et de dévouement, sans que jamais des plaintes, des regrets aient été proférés, sans que jamais on ait demandé à quitter la maison pour une autre moins pénible, la bonne supérieure passait du chagrin à une admiration qu'elle aimait à épancher avec les personnes qui avaient l'honneur de sa confiance.

Pour donner une idée de la part qui revient à chaque collaboratrice de l'Ouvroir dans l'ensemble du travail, qu'il nous soit permis de dire que les deux Sœurs de la cuisine (emploi comme on sait des plus importants dans les communautés) chargées de préparer les aliments de quatre-vingts personnes, toute l'année, et de plus pendant l'hiver, de distribuer journellement cinq ou six cents portions, sont en même temps dames de charité de la paroisse. Celle-ci est divisée en vingt-deux sections, les Sœurs en visitent quatorze, et Dieu sait avec quelle candeur, quelle bonne grâce, quel succès [1] !

On nous reprochera peut-être d'avoir effleuré un côté délicat de l'Ouvroir de la rue Vauvert, en osant pénétrer, pour ainsi dire, dans son intimité Toutefois ce blâme ne serait pas juste, car nous nous en sommes tenu aux généralités connues de tous les amis de la pieuse institution. Si nous voulions entrer dans les détails, nous eussions pu citer entre autres causes de ses embarras, la perte que l'on subit sur des étoffes cachées pendant la guerre et détériorées par l'humidité ; les mécomptes sur des donations promises et annulées par des décès imprévus ; enfin, ce qui est plus préjudiciable encore, la suspension du traité entre la ville

---

[1] Cet éloge, écrit il y a dix ans, n'est-il pas la réponse à l'arrêté, aussi fâcheux pour les pauvres qu'injuste pour les Sœurs, qui, plus tard, leur enleva la distribution des secours du Bureau de Bienfaisance?

et la communauté pour l'échange de l'ancien local de la rue de la Harpe avec l'hôtel d'Ambray, traité auquel il ne manquait, avant la révolution de 70 que la signature ministérielle, et qui n'est pas encore ratifié, après sept ans d'une attente onéreuse.

Nous eussions peut-être hésité, même devant l'indication de ces faits particuliers, si elle ne nous conduisait pas à des considérations qui nous semblent fort à propos. L'état actuel des congrégations est bien différent de leur constitution d'avant 89. Elles ne présentent aucun des attraits temporels qu'elles possédaient alors : fortune assurée, jardins magnifiques, cloîtres pittoresques, somptueuses abbayes ; aujourd'hui elles sont, presque toutes, peu éloignées de la position de l'Ouvroir de la rue Vauvert. On n'y goûte plus le bien-être que donne la sécurité. Les adversaires de l'Église qui feignent l'effroi en signalant les prétendues richesses du clergé régulier, savent bien qu'ils en imposent. Les Communautés de femmes sont peut-être plus dénuées encore que les congrégations d'hommes ; et cependant, chose merveilleuse ! les vocations, pour les premières, se multiplient plus qu'avant la Révolution. A l'honneur des religieuses françaises, il semble que plus il y a de privations et de souffrances à endurer sous l'habit des saintes phalanges, et plus il y a de charmes ; plus le sacrifice est grand, et plus grande est l'ardeur à l'accomplir.

On conçoit maintenant qu'après trente-six ans de profession, vingt-sept ans de la direction dont nous avons indiqué les principaux traits, la tâche de sœur Bobard était remplie. Quels états de service elle avait à offrir au souverain Juge ! Comme ses mains étaient pleines d'œuvres méritoires ! Si elle a élevé plus de cinq cents orphelines, c'est par milliers que l'on compte les enfants sortis de son asile et de son école. A cette multiple mission, elle s'était épuisée en se prodiguant. Aucun de ses organes n'était atteint ; seulement elle n'avait plus de force que pour aller recevoir la couronne éternelle. Sa mort devait être pour tous les siens aussi salutaire que sa vie. C'est d'elle que l'on peut dire ces belles paroles : « La vie sort de la mort. La dissolution contient un ferment de fécondité. Le sacrifice de soi engendre et multiplie les nobles fruits. Le secret de beaucoup produire est de beaucoup se donner [1]. »

Elle rendit son âme à Dieu le 21 mars, à sept heures du matin. Elle avait espéré que sa dernière heure sonnerait deux jours auparavant, à la fête de saint Joseph, et à la fin d'une neuvaine faite par ses chères enfants, au Champ des Martyrs. Nous devons nous arrêter, avec un douloureux respect, devant le lit de mort d'une religieuse. Il ne nous appartient point de raconter ses moments suprêmes. Qu'il nous suffise de dire que, par leur pureté et leur tendresse, ils furent dignes de sa vie. Ils se prolongèrent à donner même un peu d'espoir, mais ce fut la dernière lueur de la lampe près de s'éteindre. On conçoit de quelles attentions filiales la vénérée malade fut entourée, combien de larmes lui furent cachées. Courageuse autant qu'aimable, elle voulut dire adieu à tous les membres de la nombreuse famille que la Providence lui avait donnés, aux petites comme aux grandes. Elle eut pour chacune des paroles de consolation et d'encouragement qui ne seront point oubliées. Toujours affectueuse et vraie, quand elle resta seule avec ses sœurs : « Je ne crains pas de paraître devant notre bon maître, dit-elle ; sa miséricorde est grande ; mais j'ai beaucoup de chagrin de vous quitter. Puisque Dieu le veut, que sa sainte volonté soit faite ! »

Les obsèques de sœur Bohard frappèrent tous les assistants par leur touchante simplicité. La vaste église de la Trinité, où elle avait tant imploré la protection divine, était remplie. Des députations y représentaient les divers Ordres religieux. Tous les notables de la paroisse s'étaient fait un devoir de prendre part à l'office funèbre. Au défilé du cortége, accompagné de toutes les jeunes filles, de tous les enfants de l'Ouvroir, et suivi d'un grand nombre de pauvres,

---

[1] Discours du P. de Chazournes sur le Cercle militaire, prononcé à la cathédrale, le 31 mars 1878.

la rue Saint-Nicolas était bordée de deux haies de spectateurs, dans l'attitude la plus sympathique. Bien des regards étaient humides. L'aspect de l'humble cercueil, avec ses couronnes et ses draperies blanches, entourée de Sœurs, était plus émouvant que la pompe des grandeurs humaines.

Maintenant les vœux de la chère et bien regrettée supérieure sont comblés. Elle repose à côté de Mme de la Grandière. Après avoir été sa compagne au noviciat de la rue du Bac, dès le début de sa pieuse carrière, elle la termina de même dans notre ville, en succombant aux saintes fatigues d'une vie de sacrifices, comme son amie, à l'âge de 64 ans. Une petite croix de pierre indique seulement leurs noms et la date du premier et du dernier de leurs jours.

Dans le cours de l'automne précédent, furent célébrées à Paris les funérailles de deux personnages diversement célèbres. Une multitude innombrable les suivit jusqu'au séjour suprême, où seront érigés en leur honneur de fastueux monuments. S'il est permis de comparer des choses bien différentes, en écartant les passions éphémères pour sonder notre cœur et notre conscience, qui ne préférerait aux foules distraites des boulevards et aux froids mausolées du Père-Lachaise, le simple cortège de sœur Philomène, et la petite croix de notre cimetière de l'Ouest, dans l'enclos des Filles de la Charité ?

La lourde succession de la sœur Bobard échut à la sœur Alexandrine Plagnol, et depuis dix ans elle y a fait honneur, sans fléchir, avec d'autant plus de mérite qu'elle venait d'une maison en pleine prospérité. Rien n'a été retranché de la ruche féconde : ouvroir, écoles, crèche, et l'orphelinat compte toujours près de soixante adoptées.

Cependant une épreuve plus grave que toutes les précédentes, est venue consterner la pauvre femme, se reposant sur la foi des traités, quand l'administration lui a signifié de quitter son habitation où il ne manquait pas un clou, pour un logis dont les murs seuls restaient debout, et encore…

Il fallut se résigner et recourir au courage dont les filles de saint Vincent ne manquent jamais ; après une laborieuse négociation avec la Mairie dont elle n'obtint qu'une indemnité insuffisante, ainsi que nous l'avons dit plus haut, la sœur Plagnol se mit résolument à relever les ruines de l'hôtel Montiron. La tâche n'était pas aisée ; ce n'est qu'à force de goût spécial et d'ingénieuses combinaisons que l'habile supérieure, avec l'aide de M. Dubos, architecte, parvint à rendre le vieux logis habitable et approprié à sa nouvelle destination. Toutefois quelle que fût la stricte économie apportée à cette reconstruction, la dépense s'éleva beaucoup au-dessus du montant de l'indemnité. Grâce au succès d'une entreprise de M. et Mme Ernest Oriolle, succès que seuls ils pouvaient remporter — une tombola produisant dix mille francs ! — la dette a été largement diminuée, mais le reliquat en est encore assez considérable pour exciter la sollicitude des amis de la bienfaisante institution.

ORPHELINAT DE NOTRE-DAME-DES-ANGES

Dans la circulaire adressée à son clergé, le 24 janvier 1871, notre évêque recommandait avec les mêmes instances l'ouverture d'orphelinats des deux sexes, victimes de la guerre.

Diverses circonstances permirent de fonder l'asile

des petites filles presqu'aussitôt après le touchant appel. « Des personnes charitables dont je ne tais le nom qu'à regret, dit Monseigneur, ont bien voulu mettre à ma disposition le local et les premiers fonds nécessaires pour commencer une œuvre qui ne pouvait qu'être sympathique à un pays si fertile en dévouements de tout genre... »

La première de ces personnes était le R. P. Leduc, bénédictin, qui méditait déjà la création de son humble communauté, et qui, applaudissant à la naissance d'une œuvre, sœur aînée de la sienne, était heureux de lui offrir comme premier asile la maison qu'il tenait de l'héritage paternel.

Six mois seulement après l'envoi de la circulaire, le samedi 5 août 1871, l'Œuvre, après avoir traversé les tribulations que rencontre toute fondation charitable, reçut une solennelle consécration. Dès sept heures du matin la foule s'arrêtait étonnée devant une porte pavoisée de la rue Saint-Eutrope.

A huit heures la cérémonie commença au milieu d'une assistance recueillie où les gens du peuple se mêlaient à des personnes d'un rang élevé. On y remarquait surtout avec respect, parmi plusieurs dignitaires du clergé séculier, des religieux de différents Ordres dont la présence était d'un heureux augure et ajoutait à la solennité de l'inauguration.

Après le dernier évangile, le R. P. Monsabré invité pour cette cérémonie et s'adressant à Monseigneur, prononça une allocution qui, dans sa forme restreinte, n'est inférieure à aucun de ses chefs-d'œuvre oratoires. C'était un spectacle admirable de voir le grand prédicateur déployer toute la majesté de son éloquence dans une chambre transformée en sanctuaire, comme si les éclats de sa voix eussent retenti sous l'immense voûte de Notre-Dame de Paris. En l'écoutant on pensait à l'aigle qui, prisonnier dans une cage, ne fixe pas le soleil d'un regard moins fier qu'au milieu de ses évolutions dans les régions éthérées.

Le célèbre disciple de saint Dominique commença ainsi :

« La charité est le sourire de Dieu sur la terre ; quand il semble se cacher, elle nous le révèle ; quand il fait entendre les menaces de sa colère, elle nous rappelle les promesses de sa miséricorde ; quand il abaisse la main sévère de sa justice, elle adoucit ses coups ; quand il a frappé, elle guérit les plaies qu'il a faites. Source de Dieu, elle devient, en passant par le cœur des hommes, une réponse éloquente et sans réplique à toutes les craintes et à tous les découragements. Il faut espérer contre l'espérance même, lorsque la charité survit au milieu des ruines que multiplient et les fléaux du ciel et les discordes de la terre. La charité, c'est la vraie vie ; aucune violence ne peut avoir raison d'un peuple chez qui l'amour ne souffre que pour être plus prodigue de bienfaits. Heureux donc, malgré son infortune, heureux le peuple qui peut encore célébrer les fêtes de la charité !...

« ... Venir en aide aux pauvres femmes victimes du devoir accompli par leurs maris, recueillir leurs enfants dans un pieux asile où ils entendront parler de Dieu, de la grâce, du devoir, de la vertu ; développer par l'éducation dans l'âme de ces enfants le sentiment religieux, l'amour du bien et du vrai, former leur esprit et leur cœur, les préparer à une vie laborieuse, honnête et chrétienne, les conduire dans la modestie et la simplicité, jusqu'aux portes de ces carrières obscures, mais utiles, que sanctifient l'amour de Dieu et l'habitude du sacrifice, tel est, Monseigneur, le but que vous vous êtes proposé en fondant l'Orphelinat de Notre-Dame-des-Anges. Dieu s'est plu à vous mettre sous la main tous les éléments de cette fondation, et ce sont des éléments choisis, comme exprès, pour les orphelins de la guerre. C'est la veuve d'un officier de marine, aussi distingué par la noblesse du cœur que par la noblesse du sang, héroïque aux combats, mort sur des plages lointaines où les missionnaires se rappellent encore, avec reconnaissance, les services de son amitié dévouée : c'est la fille d'un vieux chevalier de Saint-Louis, dont la poitrine était couverte de blessures et de décorations : héritière d'un grand courage et pleine de nobles souvenirs, cette vaillante fille n'a pas hésité à quitter une famille aimée, à briser les plus doux liens du cœur, pour venir élever et chérir les enfants des victimes de la guerre .. »

Si nous n'écoutions que notre penchant, nous suivrions le grand orateur dans les magnifiques développements de son sujet ; mais l'espace nous manque et nous devons nous borner à indiquer les diverses stations de la colonie naissante avant de parvenir au port définitif.

Le premier jour de son existence fut brillant, mais ceux qui lui succédèrent furent loin de lui ressembler. Nous ne parlerons point des épreuves, des privations, des peines de tous genres qui suivirent ce jour-là. C'est le sort des œuvres pieuses d'être traversées par la tribulation ; qu'il nous suffise de dire que bientôt, ne voulant pas abuser de la généreuse hospitalité du R. P. Leduc, il fallut chercher un autre nid pour ces pauvres petites créatures que leur mère, selon la grâce, abritait sous les ailes de la plus tendre charité.

Le 19 janvier 1872, enfants et maîtresses se transportèrent à peu de distance de leur premier berceau, à l'hôtel de Sevret, rue de la Blancheraie. Cette habitation, bien que vaste, ne suffisait pas pour répondre à l'extension du personnel et à la mise en pratique des projets dont la digne supérieure désirait ardemment la réalisation.

C'est alors qu'une pieuse dame, fidèle aux nobles traditions de sa famille, informée du désir des nouvelles religieuses, vint les combler de bonheur et de reconnaissance en achetant l'ancien prieuré de Lesvière pour le leur offrir en toute propriété. Ce magnifique présent, en outre de ses généreux motifs, avait plusieurs autres mérites de sentiment et d'à-propos ; aussi la nouvelle en fut accueillie avec joie par tous les amis de l'art et de nos souvenirs historiques. Il préservait d'une destruction déjà bien avancée un édifice vénéré depuis des siècles ; *la Vierge miraculeuse de Sous-Terre* retrouvait son sanctuaire, et la nouvelle Communauté avait libre carrière pour répandre tous les bienfaits que l'on attendait de la profonde instruction et des éminentes vertus de ses fondatrices.

Le prieuré de Lesvière, on le sait, sous le vocable de la Trinité, relevait de l'abbaye de Vendôme, ordre de Saint-Benoît, élevée, en 1047, par Geoffroy Martel. Pour fixer dans sa bonne ville d'*Angiers* le souvenir de la fondation dont il venait de favoriser Vendôme, notre valeureux comte y fonda une succursale de son abbaye et plaça ce nouveau monastère à Lesvière.

Il est évident que la charmante chapelle que l'on voit aujourd'hui n'appartient en rien au monastère du XIe siècle ; c'est du XVe que date cette construction. Yolande d'Aragon, mère du roi René, à laquelle on doit la gracieuse chapelle du château, fut aussi la fondatrice de la chapelle de Lesvière, d'après la légende si bien racontée par notre vieux Bourdigné :

... « Si advint que la Princesse estoit un jour issue hors son puissant chasteau d'Angiers, par la porte que l'on appelle la porte des Champs, se déduisant par récréation avec ses gentils hommes et damoyselles, et s'en alla esbatant jusqu'au prieuré de l'Esvière, qui est assis assez près d'icelluy chasteau, sur le fleuve de la Mayenne. Et pour ce qu'elle veit le lieu délectable et en bel air, elle se assist à terre en regardant et prenant grant plaisir à veoir la situation et antiquité du lieu... »

« La chapelle de Notre-Dame-de-Sous-Terre fut élevée sur les ruines du chœur de l'ancien couvent, bâti par Geoffroy Martel. Les arabesques destinées à porter ses vitraux sont d'une rare élégance, et nous semblent rappeler entre autres ceux de l'abbaye de Saint-Ouen, à Rouen.

« Quant au paysage qui l'environne, chaque siècle est venu ajouter à son charme ou à son intérêt un élément nouveau. Le couvent de la Baumette qu'au souvenir de la Sainte-Baume de Provence, le roi René fit bâtir en 1449, pour obtenir le rétablissement de la santé de sa première femme, Isabelle de Lorraine ; le château de Mollière, aux tourelles aiguës, visité en 1518, par François Ier et sa cour brillante ; l'ancien monastère de Saint-Nicolas fondé par Foulques Nerra, achevé par Geoffroy Martel qui y mourut sous l'habit de saint Benoît, illustré en 1455 par le mariage du roi René avec Jeanne de Laval, sa seconde femme, rebâti malheureusement en 1680, tel qu'on le voit de nos jours... ; les prairies, les coteaux ; les maisons de campagne qui s'étendent au loin ; les toits sombres, les clochers et les ponts, qui s'avancent jusque sous vos regards... que de choses pour les yeux et pour l'esprit [1] !... »

Selon leur habitude de préférer les sites à grand horizon, les disciples de saint Benoît avaient choisi les hauteurs de Lesvière pour y édifier leur monastère. La beauté des paysages qui l'environnent, et l'agrément du vaste enclos, si bien exposé, donnèrent l'idée à nos religieuses

[1] Eliacin Lachèse, *Angers pittoresque*.

d'affecter une aile de l'habitation au logement de grandes pensionnaires. Où peut-on en effet jouir d'un air plus pur, de vues plus animées et goûter une paix plus douce et plus recueillie ? Quelle bonne fortune pour les personnes fatiguées de la vie et voulant, ainsi qu'on avait la coutume au siècle de Louis XIV, passer leurs dernières années dans le culte des souvenirs et les mérites de l'espérance !

On voit par ce peu de mots combien la libéralité de Mme la comtesse de la Grandière comportait de bienfaisantes conséquences ; ses pieuses protégées en ont judicieusement fait valoir les fruits. Après le pensionnat, l'asile des orphelines ; après les grandes pensionnaires, les gardes-malade, puis, à dater d'hier, nous dit-on, pour la part des pauvres un dispensaire de remèdes et d'objets de pansements ; enfin rien n'a été omis pour compléter les bienfaits de ce foyer de science attrayante et de charité éclairée.

La bonne renommée de la fondation de Lesvière s'étend au loin. Elle compte déjà cinq succursales, trois en France : à Hyères, Saint-Etienne, Saint-Servan, une en Suisse, à Sion, et une autre en Angleterre.

Le titre modeste de directrice de l'Orphelinat est remplacé par celui de Supérieure générale des Franciscaines de Sainte-Marie-des-Anges. La maison-mère est à Angers. Ce nouvel Ordre, qui s'est élevé sous le patronage de Monseigneur, est le dixième qu'a vu naître notre diocèse, au dix-neuvième siècle ; à l'exception de ceux de Paris, Lyon et Cambrai, nous ne pensons pas qu'il y en ait un plus favorisé.

ORPHELINAT DE NAZARETH

Il est difficile de trouver un contraste plus frappant que celui de Notre-Dame-des-Anges avec Notre-Dame-de-Nazareth. Autant le premier site est gai, animé, avec un horizon qui s'étend jusqu'aux coteaux de la Loire, autant le second est mélancolique, sans autre perspective que des champs monotones, bordés de haies épaisses et de chênes massifs. Le monastère actuel forme une sorte de quadrilatère avec le Champ des Martyrs, l'étang de Saint-Nicolas et les bois d'Avrillé, aujourd'hui presque abattus, mais dont le terrain conserve encore la sombre nature. Deux kilomètres à peine séparent les deux couvents et cependant on dirait qu'ils sont à cent lieues l'un de l'autre, tant ils diffèrent de nature, de produits et même d'aspect du ciel.

La sainte fondatrice du Bon-Pasteur, la Révérende Mère Pelletier, avait, comme l'on sait, non seulement la passion de la charité, mais encore le génie de l'apostolat; en même temps qu'avec sa vaste intelligence, elle perfectionnait tous les détails de son œuvre-maîtresse, elle ne négligeait aucune des œuvres accessoires dont le besoin se présentait à son esprit toujours ouvert aux bonnes et grandes choses. Parmi les jeunes filles qu'on lui présentait journellement, elle avait observé que plusieurs ne pouvaient s'habituer à la vie du cloître, et qu'elles aspiraient à l'air libre des champs. Cette remarque l'amena à une autre. Si les innocentes souffrent d'un régime trop étroit, à plus forte raison, les jeunes coupables qui viennent de la campagne et qui ne sont condamnées qu'à la détention à cause de leur âge, doivent se trouver très malheureuses entre les quatre murs d'une prison ; c'est pourquoi la digne supérieure demanda qu'on lui en confiât un certain nombre.

On était en 1852, à un temps, il faut le reconnaître, où les œuvres de charité chrétienne recevaient du pouvoir un accueil favorable. Le Bon-Pasteur avait acheté depuis quelque temps une petite ferme, sur la route de Saint-Clément, dans l'intention, je crois, d'y envoyer en convalescence celles de ses pupilles dont l'état réclamait un changement d'air et de régime. L'autorité supérieure se montrant favorable à son désir, on s'empressa d'augmenter les bâtiments d'une manière convenable ; on loua quelques champs du voisinage pour accroître les ressources du petit domaine et l'on se trouva prêt vers la fin de l'année à recevoir tout un détachement de petites condamnées. Vous jugez de quel bonheur furent pénétrées toutes ces pauvres enfants lorsqu'elles se virent délivrées des duretés d'une maison de force pour passer sous la discipline juste et indulgente de nos bonnes religieuses.

On nomma cette modeste annexion au grand monastère Nazareth, c'est-à-dire *maison de travail*, en l'honneur de la Sainte Famille. Le nom ne pouvait être mieux choisi puisque c'est celui du berceau de la Sainte Vierge ; mais sous le rapport géographique, il manque un peu d'analogie, car nous avons déjà dit que la vue ne s'y étend pas au delà du champ voisin, tandis qu'au rapport des voyageurs « Nazareth érigée gracieusement sur le penchant d'une montagne, présente un aspect singulièrement pittoresque ; quelques minutes de marche conduisent sur le plateau qui domine la ville et dont la vue, si souvent décrite, défie cependant toute description. Le Carmel s'avançant en pointe abrupte sur la mer, les monts Moab avec leurs reflets bleuâtres, le grand Hermon couvert de neige, le Thabor, la plaine d'Estrelon, le golfe de Caïpha, un coin du lac de Tibériade, toute la Galilée et une partie de la Samarie, les sites les plus beaux et les plus grands de l'histoire sont là sous les yeux du voyageur. Il est impossible même aux incrédules d'échapper à l'émotion de pareils souvenirs. Combien de fois Jésus a-t-il erré sur ces hauteurs [1]!... »

Le paysage qui entoure le Nazareth angevin n'a rien de comparable à ces merveilles ; mais il règne dans cette contrée qui était autrefois comprise dans le parc des comtes d'Anjou, un calme, une sérénité douce, bien favorable à la méditation, au travail et à la prière : c'est pourquoi, tout à côté, les religieux de l'ordre de Grandmont, qui eurent l'honneur de donner à l'Eglise le pape Grégoire XI, se complaisaient dans leur prieuré de la Haie-aux-Bons-Hommes dont le roi Henri II les gratifia.

Mais revenons à notre couvent moderne. Il n'y a plus de rois d'Angleterre et plus de comtes d'Anjou pour les doter richement ; nos vaillantes religieuses sont obligées à des efforts continus pour vivre et faire vivre leurs grandes et petites protégées.

Avec le discernement et la patience qui distinguent les œuvres d'inspiration surnaturelle, les nouvelles maîtresses firent de leurs élèves deux parts, selon les dispositions de chacune. Les unes sont destinées au travail intérieur et les autres aux travaux des champs. Toutes recevront l'instruction primaire et les leçons de couture, etc. Il est entendu que l'enseignement religieux

---

[1] Gabriel Charmes.

sera la principale affaire. Enfin il est convenu dès le début que les premières, après avoir achevé leur temps légal, seront devenues d'habiles ouvrières et les secondes des cultivatrices capables d'être fermières ou du moins de le devenir, en commençant par être de bonnes et fidèles servantes.

L'excellente idée d'appliquer les jeunes filles à l'agriculture n'est pas venue seulement à la R. Mère Sainte-Euphrasie, mais elle a eu l'honneur de l'appliquer sans savoir assurément qu'un bon curé de la Lorraine l'avait réalisée il y a une cinquantaine d'années, ainsi que le constate un rapport du savant M. Gayot à la Société centrale d'Agriculture de France, rapport que j'ai sous les yeux, et dont nous ne pouvons nous défendre de citer un passage : « Quand le curé de Saint-Hilaire-sur-Woëvre arriva dans sa très petite paroisse, il n'y trouva qu'une pauvre école mixte. Affligé de cette situation, le bon curé résolut d'y obvier. C'était pour lui tâche difficile, car la commune n'avait aucune ressource ; mais une volonté ferme et un grand dévouement feront face aux exigences et auront raison des obstacles.

« Il y avait d'abord un mal à détourner ; les jeunes filles que les parents envoyaient dans les pensionnats des villes ne revenaient au village qu'avec chagrin et ennui et toutes s'efforçaient de s'en éloigner au plus vite. Les jeunes gens ne trouvaient plus de compagnes de leurs travaux ; et eux-mêmes imitaient volontiers les jeunes filles. C'était une désertion en masse de l'agriculture, dont était menacée cette riche plaine de Woëvre qui ne vaut toutefois que par les bras et l'intelligence de ceux qui la cultivent...

« ... Le succès entrevu ne tarda pas à venir : l'école qui n'eut d'abord que deux élèves, en compta, avant la guerre jusqu'à 146. Depuis 30 ans environ que cette école existe — le rapport date de 1872 — le nombre des élèves qui en sont sorties n'est pas moindre de 2.500... »

Ce fut un grand bonheur pour nos jeunes détenues d'être employées à des travaux qui leur convenaient et qui étaient semblables à ceux des jeunes filles libres ; aussi en général, elles témoignèrent leur reconnaissance par l'application à satisfaire leurs maîtresses, par la bonne grâce qu'elles mettaient à ces labeurs rustiques.

Un jour, accompagnant Frédéric Parage [1], nous remarquions l'adresse avec laquelle l'une d'elles maniait une lourde *tranche* pour ouvrir un profond guéret. La jeune bêcheuse semblait avoir à peine 18 ans. Elle répondit bien timidement à nos félicitations, et quand nous rentrâmes au parloir de la supérieure, nous lui dîmes : « Votre pensionnaire ne doit pas avoir commis un grand crime, car elle est fort modeste.

— Pardonnez-moi, reprit la supérieure [2], elle est ici

---

[1] Nous ne pouvons laisser passer le nom de Frédéric Parage sans déplorer la perte que la société angevine a faite par sa mort prématurée ; qui ne se rappelle son affabilité, son goût pour les arts, et surtout pour les œuvres charitables ? Habile agriculteur, il avait judicieusement amélioré ses domaines, et il allait jouir d'une grande fortune dont tout le monde eût profité, plus que lui-même, lorsqu'il a été enlevé à l'affection de ses nombreux amis et à la reconnaissance de ses nombreux obligés.

[2] La supérieure de Nazareth était alors la R. Mère Marie de Saint-François-Xavier. Elle possédait à un haut degré cette amabilité chrétienne qui est le privilège de toutes nos Communautés. Native des Marches, près Chambéry, elle était venue très jeune au noviciat d'Angers ; son caractère prévenant et enjoué offrait un heureux mélange de la grâce française et de la vivacité méridionale. Elle est morte, il y a quelques années, dans un âge peu avancé, laissant un souvenir plein de charme à tous ceux qui ont eu le bonheur de la connaître.

pour un fait bien grave ; la pauvre enfant s'était exposée à un attentat par son imprudence ou plutôt par son innocence. Dans son égarement elle étouffa son nouveau-né ; elle avait à peine seize ans ; les juges l'acquittèrent comme ayant agi sans discernement ; mais elle doit être détenue jusqu'à sa majorité. Depuis qu'elle est chez nous, elle n'a pas donné le moindre sujet de plainte ; elle est très douce et très laborieuse. Il faut encore deux ans pour achever sa peine, et son plus grand désir serait que notre Mère générale voulût bien nous permettre de la garder toujours. »

En nous retirant, et en devisant sur le sort de cette pauvre seconde Marguerite, nous dûmes convenir de la supériorité de nos institutions catholiques sur celles du protestantisme. Dans le drame de Goëthe, la victime meurt de désespoir au fond d'un cachot, et chez nous elle se réhabilite dans une maison bénie.

Le 20 décembre 1852 la maison de Nazareth, affectée à l'œuvre des jeunes détenues, fut établie en Communauté et Mgr Angebault vint en ce jour consacrer la chapelle.

Le 2 et le 3 mai 1853, soixante-quinze jeunes détenues étaient transférées de la Maison centrale de Rennes au Bon-Pasteur de Nazareth.

Le 1er mai 1854, cent autres arrivaient de Clairvaux. Dans le but de former ces jeunes filles à l'agriculture et pour répondre aux vues du Gouvernement, la Communauté fit l'acquisition des fermes qui composent la Colonie ; acquisition qui imposa de grands sacrifices, mais le désir de faire du bien à ces pauvres enfants, de les rendre utiles à la société et à elles-mêmes, l'emporta sur la prudence humaine. Dieu bénit la générosité de la Mère fondatrice et de ses religieuses ; pendant trente trois ans cet établissement fut très florissant. Grand nombre des jeunes détenues à leur libération furent placées dans d'honorables maisons ; beaucoup sont très bien établies et aujourd'hui devenues mères de famille, leur plus grande jouissance est de venir voir leurs anciennes maîtresses du Bon-Pasteur et d'y amener leurs enfants. En général toutes conservent d'excellentes relations avec les dignes femmes qu'elles aiment à nommer leurs Mères.

Malgré l'heureux résultat opéré par la Communauté, il a plu au Gouvernement d'ôter à des religieuses, sans égales pour le dévouement, ces jeunes filles qui s'estimaient si heureuses d'avoir échangé la prison pour un asile pieux où elles trouvaient des cœurs maternels !...

Le 24 juin 1885, l'Inspecteur de la Maison centrale de Fontevrault et le Gardien chef de la Maison cellulaire d'Angers vinrent annoncer à la Supérieure, l'ordre qu'ils avaient reçu d'emmener les détenues : ils assuraient en même temps qu'il n'y avait aucun sujet de reproches à faire, qu'au contraire la Colonie était très bien notée ; et cependant dès le 28 juin à quatre heures et demie du matin, dix-sept de ces enfants partaient.

Le 30 du même mois et le 1er juillet suivant trente-cinq furent transférées à Auberives.

Le 28 juin étant un dimanche, M. l'Aumônier leur dit à trois heures la messe, à laquelle, avec les religieuses assistèrent celles qui devaient partir une heure et demie plus tard. Au milieu du silence de la nuit, on n'entendait que soupirs et sanglots ; aussi la plume est impuissante à décrire la scène déchirante des adieux !... On ne pouvait décider ces pauvres enfants à quitter les religieuses !... Déjà la voiture était loin que dans les airs retentissaient leurs cris de douleur ; on les voyait s'agiter en jetant un dernier regard sur la maison qui les avait reçues avec tant de charité !

Ces mêmes scènes recommencèrent à chaque départ... Les cœurs de ces pauvres enfants étaient brisés !... La Communauté leur donna un costume propre et convenable qu'elles purent garder pour leur usage personnel. Pour le voyage on pourvut aussi à tout ce qui pouvait leur être non seulement nécessaire, mais encore les petites douceurs ne furent pas oubliées. Toutes emportèrent un pécule, plus ou moins considérable selon leur mérite.

Depuis lors la maison du Bon-Pasteur de Nazareth se dévoua envers d'autres jeunes filles, confiées aux religieuses par leurs parents pour apprendre à travailler, soit à la couture, soit à la culture des terres, etc. Ouverte, depuis plusieurs années, à de jeunes enfants, la plupart privées de parents, la classe se compose de cent huit à cent douze petites filles. C'est ainsi que la charité ne dit jamais : c'est assez !... Aujourd'hui la Colonie est transformée en orphelinat.

En vérité, quand on lit cette relation navrante du départ des jeunes détenues, écrite par un témoin oculaire, on se demande si l'on est dans un pays civilisé, dans notre chère France, la vraie France, si tendre, si compatissante pour les petits et les faibles, si craintive d'encourir la menace des livres saints : *malheur à ceux qui font pleurer les femmes et les enfants !*

Ah ! nous savons bien qu'à la nouvelle de ces odieuses violences, tous les esprits honnêtes furent indignés. Beaucoup de républicains, des fonctionnaires même les blâmèrent ; mais les ordonnateurs d'en haut ne se donnèrent pas la peine de se défendre, et sans revenir sur ces actes inqualifiables, ils sont toujours nos maîtres.

Tandis que les sectaires persécutent nos admirables institutions de charité, telles que le Bon-Pasteur d'Angers, elles sont, au loin, l'objet des sympathies publiques, jusqu'aux extrémités du monde, même dans les colonies qui n'ont pas été fondées, comme aux États-Unis, par des émigrés de principes austères.

On sait, par exemple, que les premiers colons anglais de l'Australie furent des malfaiteurs *(convicts)*, condamnés à la déportation. Aujourd'hui, après un siècle d'occupation à peine, on y compte plusieurs cités de deux cent mille âmes et au delà, toutes dans l'état le plus florissant.

Le 22 juillet 1863, une petite compagnie de religieuses, partie de notre faubourg Saint-Jacques, fondait une colonie à Melbourne. Aujourd'hui il y a quatre maisons de leur Ordre dans la grande île de l'Océanie. On leur a donné de vastes terrains et construit des bâtiments considérables.

Les autorités du pays sont si satisfaites de la direction de nos religieuses que leurs pupilles en profitent largement. Par un sentiment de délicatesse que l'on devrait bien imiter chez nous, au lieu de leur infliger le triste nom de détenues qui reste comme une tache, on les appelle *Élèves de l'École industrielle*. Quand ces jeunes filles sortent de leur asile de réhabilitation, on est si certain qu'elles sont très méritantes qu'on les recherche comme des modèles de bon travail et de bonne conduite.

ORPHELINAT DE SAINTE-MARIE-LA-FORÊT

Après avoir considéré la svelte façade de Sainte-Thérèse, apprécié les heureuses proportions de l'édifice dû au talent de M. Tessier, et à l'initiative de M. le curé Rondeau, si vous tournez l'église, vous vous trouvez en présence d'un *groupe scolaire*, selon le terme en usage. Hâtons-nous d'ajouter que ce n'est point une construction fastueuse, telle que les monuments municipaux, c'est tout simplement une rangée de trois logis de dimensions modestes, mais suffisantes pour contenir asile, école et orphelinat. L'aspect en est agréable, l'air y circule librement, une propreté extrême y tient lieu de luxe. Les trois catégories d'enfants ont, chacune, un local à part, entouré d'espaces assez vastes pour que cette nombreuse jeunesse puisse, aux heures des récréations, se livrer librement à ses joyeux ébats.

Nous avons déjà parlé de l'école et de l'asile des religieuses de Sainte-Marie, nous ne nous occuperons en ce moment que de leur orphelinat qui contient trente-huit pupilles, de différents âges, et admises à diverses conditions, dont la plus avantageuse pour la maison ne couvre pas les frais d'entretien. De même que dans les refuges analogues, chez des religieuses, la plupart des petites adoptées ont été admises à titre gratuit, ou à des prix de pension tellement minimes qu'on peut les considérer seulement comme des voiles pour ménager la susceptibilité des solliciteurs.

Nous croyons que l'Orphelinat de Sainte-Marie-la-Forêt a été fondé avant celui de Notre-Dame-des-

Anges, à l'époque des désastres de la patrie. Depuis, dix-huit années se sont écoulées. A Lesvière, les orphelines de la guerre ont quitté le pieux asile qui avait abrité leur enfance, en leur rendant la sérénité et la joie de leur âge. Parmi elles, plusieurs ont été enlevées de ce monde avant le temps. Leurs mères les avaient bercées dans la douleur et nourries dans les larmes. Les soins les plus tendres n'ont pu leur donner la santé et prolonger leur existence ; mais, sort enviable ! elles ont laissé le souvenir de leur innocence qui, après avoir édifié leurs maîtresses, en est aujourd'hui la consolation. Celles, moins heureuses, peut-être, qui n'ont pu échapper à l'épreuve de la vie, ont trouvé dans des familles honorables, une protection qui les mit à l'abri du péril et des besoins. Quelques-unes n'ont pas voulu quitter leur asile, et s'y dévouent à tous les services de la maison.

Une autre génération d'orphelines a succédé à la première. Les traditions du début sont continuées pour elles : on les regarde, on les traite toujours comme des enfants de la grande famille. Formées à tous les ouvrages de leur sexe et de leur condition : couture, tricot, lingerie et à des tâches diverses dans le monastère, sachant écrire et compter, elles peuvent, à la sortie de l'Orphelinat, se suffire par leur travail, et s'assurer un heureux avenir par la bonne conduite dont elles ont pris une douce habitude.

Mme de Villontreys — un nom qui se retrouve toujours quand il s'agit de charité ingénieuse — passait souvent des heures entières dans les écoles de petites filles, à surveiller les ouvrages manuels. En fait de science, elle trouvait, comme Vincent de Paul, que le catéchisme, la lecture, l'écriture et un peu d'arithmétique étaient suffisants, en général, pour l'enfant du peuple. Les autres connaissances, suivant elle, ne servent qu'à éveiller l'ambition et à déclasser les demi-savants ; mais la digne dame regardait comme essentielle, dans tous les rangs de la société, la nécessité de savoir coudre parfaitement: « Une femme, disait-elle, qui ne sait pas coudre, manque à l'un de ses premiers devoirs. » Elle voulait de plus que ses petites protégées — et Dieu sait quel en fut le nombre — possédassent aussi le talent de tricoter, repasser, ravauder et tailler le drap et la toile. « Trop souvent, répétait la prévoyante conseillère, une jeune fille qui se marie, entre en ménage, sans savoir raccommoder ses effets, et à plus forte raison ceux de son mari. Qu'arrive-t-il ? Le modeste vestiaire s'use rapidement ; la gêne survient : la mauvaise humeur domine ; le chef de la petite famille s'absente ou n'apparaît que soucieux et mécontent, les enfants souffrent, et le calme, le bonheur du foyer domestique, dont la femme a la garde, s'évanouit pour toujours. »

Scrupuleuse observatrice de ces judicieux préceptes, la supérieure de l'Orphelinat de Sainte-Thérèse, ainsi qu'à Notre-Dame-des-Anges et dans les autres institutions analogues, ne néglige aucun détail pour que ses pupilles en sortant de sa tutelle, soient au fait de tout ce qui concerne un ménage d'ouvrier. En leur enseignant à se servir des deux principaux ustensiles des petits ménages, le balai pour y entretenir la propreté et le fourneau pour y préparer les aliments, on leur apprend non pas à surveiller *la poule au pot* — cet *extra* n'est permis qu'au temps des bons rois — mais à combiner économiquement le pot au feu, *à faire la soupe*, en un mot, base du régime, dans notre pays, de tous les travailleurs de la ville et de la campagne. Enfin les ingénieuses et sages institutrices n'omettent, dans leur programme d'éducation et de science de la vie, aucun des éléments qui constituent le rôle si puissant de la femme dans l'intérieur de la famille, seul moyen d'y assurer la paix chrétienne, en le rendant agréable aux hommes et aux enfants.

Nous avons terminé la série de nos orphelinats ; en donnant une idée de leurs bienfaits nous avons indiqué au prix de quels sacrifices ces bienfaits sont répandus. Il nous semble que ces paternelles institutions, grâce à leur excellente tenue, avaient gagné des droits sinon à la bienveillance, du moins à la tolérance de tous les partis ; mais cette paisible situation ne fait pas le compte de nos adversaires. Dans leur persistance à combattre tout ce qui, de près ou de loin, touche à la religion, ils prétendent se prévaloir de la loi qui réglemente le travail des enfants et des filles dans les manufactures pour interdire le travail des plus jeunes pupilles des orphelinats, comme si ce travail qui se réduit à des espèces de jeux était nuisible à la santé, tandis qu'au contraire, il lui est essentiellement favorable. On nous annonce qu'un inspecteur, venu de Paris, s'est déjà présenté dans une de nos écoles d'orphelins pour prescrire à la supérieure l'obéissance à ces nouvelles interprétations. Si cet avertissement se généralise et vient à exécution, on pourra dire, non sans motif, qu'une loi d'humanité est devenue un acte de persécution.

La loi du 10 mai 1874 avait été inspirée par des principes de moralité. Les membres les plus compétents de l'Assemblée nationale l'avaient élaborée. Notre éminent compatriote, le très aimé et très considéré M. Ambroise Joûbert, était membre de la commission, et même en fut le rapporteur, si nos souvenirs sont fidèles.

« Qu'avaient voulu les auteurs de la loi ? mettre l'enfanée à l'abri de l'exploitation dans les manufactures, fabriques, usines, mines, chantiers ou ateliers de l'industrie et du commerce [1]. »

« Avaient-ils songé à comprendre dans leur énumération les maisons où la charité recueille les enfants pauvres, sans famille ou vicieux, pour en faire d'honnêtes gens, des personnes capables de gagner leur vie et de se rendre utiles à la société ? L'idée même des orphelinats, des maisons de refuge et des autres établissements similaires, leur était-elle venue à l'esprit ? Pour être convaincu du contraire, il suffit de lire les rapports et les discussions du projet de loi. A cette époque les hommes qui détenaient la puissance publique n'étaient pas des persécuteurs. Est-il possible de soutenir sérieusement que les religieux ou religieuses, à la tête de ces établissements doivent être assimilés à des industriels qui font travailler en vue de leurs intérêts personnels ? Est-ce là le but que se proposent les directeurs ou directrices des ateliers de charité ? Non, évidemment non, et on le sait bien. Comme le titre l'indique, c'est la charité seule qui est le but, et l'argent n'est que le moyen. Comment voudrait-on qu'une institution vécût sans ressources ? L'hypothèse est absurde ; donc il faut bien chercher un prix quelque part. Dira-t-on que les religieuses doivent payer de leur avoir le bien qu'elles font ? Mais la plupart n'ont pas ou ont peu de fortune. Faudra-t-il que pour cause de pauvreté elles renoncent à leurs projets bienfaisants et qu'elles abandonnent les enfants à la misère, à l'ignorance, à la paresse et à leurs suites ? Dans les *loges* on peut avoir ce genre de philanthropie, mais elles raisonnent autrement, et leur vocation a

---

[1] P. A. Michel, *Journal de Maine-et-Loire*, 31 octobre 1888.

justement pour objet de travailler au relèvement des deshérités de ce monde... »

LES PETITS VOYAGEURS

S'il est un peuple vivant à part au milieu de nous, un monde qui nous côtoie et dont les lois, les mœurs, les habitudes, diffèrent des nôtres, c'est le monde des foires, les artistes nomades, les pauvres colporteurs errants, que nous nommons sans façon : « saltimbanques ou vagabonds, » tandis qu'eux s'intitulent fièrement : « voyageurs. »

Voyageurs ! tel est bien leur nom quelle que soit leur industrie. Le voyage est leur vie et le fond même de leur existence : « Sauter d'une voiture dans l'autre, courir de ville en ville, changer sans cesse de pays, voilà ce que nous faisons, nous autres ! » disait une femme du métier, et elle ajoutait : « Aujourd'hui un travail enragé, demain dormir tout le jour, aujourd'hui la misère, demain une *noce à tout casser*, pour recommencer à mourir de faim le jour suivant. Nous prenons la vie comme elle est, à la minute, sans penser à l'avenir. »

Voilà le cachet de cette vie étrange : une insouciance profonde, des souffrances facilement oubliées dans une « bombance » un jour de gain, l'absence de toute régularité dans le travail, des journées de *farniente* succédant à des nuits de fatigue, la menace de la police et des dettes à payer, suspendue comme une épée de Damoclès qu'on a pris l'habitude d'éviter et de détourner. A quelles lois peuvent être soumis ces gens qui marchent sans cesse? Se marier? on n'a pas le temps. Avec les formalités exigées par M. le Maire on est parti avant l'arrivée des papiers nécessaires. Faire baptiser les enfants? C'est moins long. Quelquefois on en fait une fête. D'autre fois il se trouve que, faute de connaître les églises, on porte le nouveau-né dans un temple protestant. Il arrive encore qu'on remet le baptême au moment où l'on ira « voir sa famille sédentaire » dans son pays. Ce moment tarde souvent des années. La messe du dimanche est bien difficile, étant donné que le dimanche est, pour le voyageur, le contraire du jour de repos. L'école? le catéchisme? Il faudrait changer de maître et de curé chaque quinzaine. La confession? à peine sait-on ce que c'est. Grand lecteur de journaux à feuilletons, il est rare que le voyageur n'ait pas appris à se méfier ou à se railler du prêtre. La première communion? C'est un mot vague qui, cependant, évoque devant ces imaginations d'artistes au petit pied l'idée d'une cérémonie joyeuse et douce. Des files de fillettes en blanc, des églises illuminées, une musique religieuse émouvante, enfin toute une pompe attendrissante à laquelle ils ne sont pas hostiles. Mais quelles difficultés pour que leurs enfants puissent arriver à participer à une telle fête! L'ignorance, les déplacements continuels, les exigences du métier, l'isolement où notre méfiance tient ces pauvres « gens de voyage » tout conspire à les laisser en dehors de toute religion et de tout sacrement.

Et pourtant ces baladins, ces histrions de foires, ces saltimbanques tant méprisés ont une âme immortelle à sauver, une âme rachetée comme la nôtre du sang de

Jésus-Christ, une âme capable de connaître, servir et aimer Dieu ! Doit-on l'abandonner à Satan sans conteste ?

Les Pères de la Compagnie de Jésus ne le pensèrent pas, et ce fut à Angers même, il y a une quarantaine d'années, que commença l'apostolat forain. Les deux grandes foires du Sacre (Fête-Dieu) et de la Saint-Martin duraient un mois et amenaient en grand nombre des *artistes*. Théâtres, pantomimes, cirques, ménageries, figures de cire, phénomènes, bazars ambulants, transformaient en cité nomade la place du Pélican. On vit alors avec étonnement les novices de la Compagnie guidés par quelques vieux Pères entrer résolument dans les baraques, gravir l'escalier des voitures, nouer conversation avec les voyageurs. Ils furent bien reçus. Reconnaissants et flattés de voir des prêtres leur faire des avances, à eux, tenus à l'écart du monde régulier et civilisé, les artistes forains répondirent à la sollicitude témoignée. Ils acceptèrent avec joie l'offre faite d'instruire leurs enfants et de les préparer à la première communion pendant le temps si court qu'ils passaient à Angers. L'œuvre était fondée. La chapelle des Pères vit chaque année des cérémonies de première communion dont la solennité était augmentée de la musique foraine. Des mariages, des baptêmes, des confirmations, achevèrent le bien entrepris et firent rentrer ces pauvres gens dans la ligne des lois de l'Eglise.

Les garçons étaient catéchisés par les novices, à la résidence ; les filles reçues à l'Ouvroir Saint-Joseph, y passaient le temps de la préparation et de pieuses personnes s'occupaient de leur enseigner l'essentiel.

. . . .

Les expulsions des congrégations religieuses mirent fin à l'œuvre du noviciat. Dispersés par la persécution, les Pères durent céder à l'orage, mais ils n'oubliaient pas les brebis délaissées dont ils s'étaient constitués les apôtres.

Le Père Chateau se demanda si l'œuvre de catéchisation de ces pauvres âmes abandonnées ne pouvait tenter la charité des cœurs chrétiens. En 188...., il rassembla un petit groupe de catéchistes et les envoya à la conquête des voyageurs. Un peu effrayées de leur tâche, tout d'abord, un peu décontenancées d'avoir à aborder un monde si nouveau, les apôtres improvisées ne tardèrent pas à prendre feu pour le salut de leurs chers artistes. Elles trouvèrent bon accueil dans la plupart de ces demeures pittoresques et étranges, dans ces maisons roulantes, contenant tout un univers et logeant des familles nombreuses. — « C'est bien aimable à vous, Mesdames, de vouloir bien vous occuper de nos enfants. » — « Nous serons très honorés de vous envoyer nos filles. » Il est vrai que quelques refus furent essuyés. En général, les mères sont flattées de la démarche, mais les pères, surtout les pères francs-maçons, sont déterminés dans leur : « Non, je vous remercie. » Cependant ils refusent sans impolitesse et sans grossièretés, habitués qu'ils sont à faire bonne mine au public et à *la pratique*. Assez souvent l'influence maternelle l'emporte ; beaucoup de femmes ont connu de meilleurs jours et une autre vie. Elles obtiennent qu'on laisse aller l'enfant et le père ne s'en occupe plus, ni pour aider, ni pour entraver.

Les catéchistes s'occupent des enfants, environ de quatre à cinq heures par jour. Il faut tout apprendre et tout faire apprendre sur place : prières, catéchisme, etc.

Les prières sont le plus souvent ignorées ; quelques savants possèdent le *Pater* et l'*Ave*, mais le *Credo* et le

Confiteor sont hérissés de difficultés. Les commandements de Dieu et de l'Eglise exigent des efforts soutenus. Les actes de foi, d'espérance et de charité ont peine à se faire distinguer les uns des autres. En revanche, l'acte de contrition est facilement saisi et compris. L'enseignement des prières demande une grande patience, car ces petites mémoires ne sont rompues à aucun travail. En fait de notions religieuses, les voyageurs savent qu'un Dieu a créé le ciel et la terre ; ordinairement cela ne va pas plus loin. Qu'est-ce que Notre-Seigneur Jésus-Christ ? bien peu s'en doutent. Qu'est-ce que faire sa première communion ? Tous ou presque tous l'ignorent. Il faut aller par gradation. Un catéchisme spécial très abrégé a été composé pour eux sur le modèle du catéchisme des missionnaires. Il contient l'essentiel en courtes réponses. C'est au personnel enseignant de développer les vérités et de les répéter — sans se lasser — sous toutes les formes. Après avoir posé les premières grandes bases : Dieu créateur, les fins dernières, le péché, vient la vie de Notre-Seigneur Jésus-Christ. Le récit de la Passion est un grand moyen d'action. Il est rare que les enfants ne se prennent pas d'enthousiasme et de pitié pour la patience et les souffrances du Sauveur, et rien n'atteint leurs cœurs plus promptement. Des livres illustrés, des images explicatives viennent ajouter une grande force à l'impression produite. Les yeux et les oreilles ne sont pas de trop pour faire saisir la vérité. Une fois que la personne adorable de Jésus-Christ est devenue familière aux regards, distincte aux esprits, chère aux âmes, l'Eucharistie est comprise du premier coup. Elle apparaît comme le couronnement de tant de merveilles de l'amour de Dieu et n'excite ni surprise ni objections. La grâce du baptême agit en ces pauvres enfants d'une manière admirable, car c'est d'elle seule qu'ils peuvent tenir cette foi, prompte et docile, envers tant de vérités nouvelles. Le germe chrétien sommeille, mais il est facile à éveiller dans ces natures encore incultes et droites. Il peut y avoir des péchés de fragilité, d'entraînement, d'ignorance, il n'y a pas de sophismes ni d'obstination orgueilleuse, pas d'obstacles volontaires à la miséricorde, aussi la rencontre avec Dieu est-elle facilitée, d'une part par la grâce, de l'autre, par une réelle bonne volonté.

La confession est une importante affaire ; la plupart sont effrayés et ne savent comment aborder le confessionnal. L'examen qu'on les aide à faire révèle généralement des consciences nettement informées sur ce point : qu'on ne doit ni tuer ni voler. Mais le pardon des injures est inconnu et c'est avec ébahissement qu'ils entendent le : « Aimez vos ennemis. » La jalousie de baraque à baraque, les rancunes engendrées par les rivalités, sont choses courantes. Les notions de moralité sont douteuses dans ce pêle-mêle de familles cosmopolites et nomades, sans nulle base régulière. L'autorité des parents ne s'exerce guère que par des coups et des menaces (surtout l'autorité du père) et le respect filial s'en ressent. La colère n'est guère réprimée et la gourmandise est plutôt encouragée. Mais à côté des défauts inhérents au milieu *bohême* des forains il y a du cœur et de la franchise ; les contritions sont énergiques et les confessions sincères : « Moi, je suis un vaurien, j'ai *tout fait*, je le dirai bien au Père, et s'il me gronde, tant pire !... je l'aurai mérité ! et après au moins ce sera fini et je serai débarrassé. » Voilà textuellement le langage d'un de ces enfants. Il y a des craintes et des hésitations la première fois. On a peine à croire que des fautes pour lesquelles on est battu chez soi seront accueillies avec indulgence par le confesseur. La foi au secret de la confession n'est pas encore bien ferme ; mais la démarche est décisive. Entrés timides et agités, les pénitents sortent rayonnants de joie et soulagés de toute peine. On les entend s'écrier : « J'ai tout dit ! je n'en ai pas gardé un ! Ah bien ! le Père est bon, oui, il est bon, cet homme-là ! aussi, maintenant, j'irais bien à confesse deux fois par jour. » Pauvres petits ! le confessionnal est souvent le premier lieu où ils entendent parler avec bonté, et ce n'est pas sans les surprendre quelque peu : « Comme le Père est doux ! » disent-ils. Puisse le souvenir de cette mansuétude les suivre pendant toute leur vie et les ramener aux pieds du prêtre à l'heure de l'épreuve, de la maladie ou de la mort ! Les derniers jours avant la première communion, il est touchant de voir s'ouvrir ces intelligences lentes ou rebelles, plier ces volontés indomptées, s'attendrir ces cœurs insouciants.

Après des labeurs patients et qu'on a pu croire stériles, la semence a enfin germé et la moisson s'annonce. Les consciences sont purifiées par l'absolution, les âmes préparées par une dernière instruction du Père, les examens de catéchisme terminés, les robes blanches et les vêtements neufs essayés. Tout annonce un jour unique dans la vie et auquel rien ne ressemblera plus.

Le lendemain, l'église Saint-Joseph (hospitalière de l'Œuvre depuis les expulsions) s'ouvre devant les néophytes. Le clergé vient les chercher au bas de la nef et les conduit processionnellement dans le chœur au chant du *Benedictus*. Là, leurs places sont préparées par un privilège et un honneur que n'ont point les communiants ordinaires. Les parents occupent les premiers rangs de la nef et un auditoire nombreux et charitable remplit l'église. Les enfants sont graves et émus, et quelle qu'ait pu être leur dissipation ou leur turbulence de la veille, l'heure de la cérémonie les trouve toujours sérieux et recueillis. Les chants religieux impressionnent profondément ces natures d'*artistes*. Les deux exhortations, avant et après la communion, sont écoutées attentivement. Enfin le moment de recevoir l'hostie est arrivé, et, près de nos pauvres voyageurs, viennent s'agenouiller à la Sainte Table, dans la touchante fraternité catholique, les âmes pieuses qui s'intéressent à ces abandonnés :

« *Ecce panis angelorum*
« *Factus cibus viatorum.* »

« Le pain des anges est devenu la nourriture du voyageur. »

Ces paroles de l'Eglise ne peuvent être entendues ici sans émotion.

Après la messe, un repas servi par les personnes amies de l'Œuvre réunit les communiants. L'impression de la cérémonie est encore toute fraîche et on a la joie d'entendre souvent de bonnes paroles et de jouir de bons élans : « Ce que le Père nous a dit, ça tapait dans le cœur ! » s'écriait un petit bohémien en frappant sa poitrine d'un geste énergique.

La rénovation des vœux du baptême et la consécration à la Sainte Vierge ont lieu dans l'après-midi ; puis on donne le scapulaire, non seulement aux enfants, mais aux parents qui le désirent, et presque toutes les mères veulent le recevoir. Un salut solennel clôt cette belle journée que tout a tendu à rendre aussi douce que possible au cœur de l'enfant. « Voilà un beau jour passé ! » disent-ils en soupirant. Mais l'heure presse, la foire de Saumur réclame les voyageurs et les voitures sont prêtes à partir. Dès le soir même, il faut se dire adieu. De touchantes scènes ont souvent lieu. Les parents émus et fiers d'avoir vu leurs enfants l'objet d'une telle fête remercient avec effusion. Les catéchistes donnent des souvenirs et font leurs dernières recommandations : « Mes amis, confessez-vous souvent et priez la Sainte Vierge, nous ne vous oublierons pas. » Les garçons font de belles promesses, sincères dans le moment ; parmi les filles, beaucoup pleurent, quelques-unes demandent « si on ne voudrait pas les garder. » Le sort des pauvres enfants délaissés de leurs parents et placés en service ou en apprentissage dans les baraques et dans les cirques est si dur ! Le monde nouveau qu'elles viennent d'entrevoir les a remuées. C'est un crève-cœur que d'avoir à les laisser partir, mais, outre que les *patrons* les réclament, l'expérience a prouvé que ces enfants accoutumées « au voyage » ne peuvent se plier à des habitudes sédentaires ni s'assujettir à un travail régulier.

Les voyageurs s'éloignent donc, emportant une révélation de ce qu'est la religion de Jésus-Christ, instruits de l'essentiel, sachant qu'ils ont une âme immortelle à sauver, qu'un Dieu l'a rachetée de son sang, que des anges veillent sur elle, que la confession lui rend sa pureté et qu'il n'est péché si grand que Dieu ne puisse pardonner. Le souvenir embaumé de la première communion demeure au fond de ces cœurs touchés comme une vision de l'autre vie. C'est le lien qui les rattache à la religion, et, à la dernière heure, un prêtre n'aura qu'à faire vibrer cette corde pour émouvoir une âme qui résiste à la grâce. Il est difficile d'espérer une persévérance soutenue, mais on peut attendre des retours, des repentirs. Une pauvre créature affolée de chagrin et bourrelée de remords peut aller se jeter dans un confessionnal au lieu de se jeter à l'eau ; un moribond appellera le prêtre, cet homme qu'il aurait ignoré ou haï si la première communion ne le lui avait fait connaître.

Sait-on ce que la miséricorde divine peut opérer en ces pauvres âmes plus ignorantes qu'endurcies ? Notre-Seigneur a toujours témoigné une extrême douceur aux pécheurs *de fragilité*, réservant ses sévérités aux pécheurs *de malice*, aux pharisiens orgueilleux qui méprisaient Madeleine et le publicain. La tendresse du bon Pasteur pour la brebis égarée se manifeste d'une façon particulière envers ces pauvres forains dénués de tout moyen d'instruction religieuse et sa Providence veille sur eux avec plus de soin que sur ses enfants dans l'abondance. Les voyageurs ont généralement bon cœur. Ils s'assistent entre eux et sont reconnaissants de l'intérêt qu'on leur témoigne. Au cours des catéchismes, les catéchumènes arrivent souvent avec des bouquets de fleurs, achetés par eux de leur propre mouvement, pour offrir aux personnes qui les instruisent. Il faut se défendre des parents pour ne point accepter de cadeaux tirés de leur éventaire, et prendre encore garde de ne pas les froisser, car ce monde artiste a une vanité susceptible et fière. Il y a des coteries, une aristocratie, une plèbe, des lignes de démarcation, dans cette singulière société. Les panoramas, les ménageries, les cirques, tiennent ordinairement le haut du pavé. Les ménages réguliers frayent peu avec les familles illégitimes et sont entourés de considération.

Les pauvres colporteurs trop misérables pour payer leur place sur le champ de foire et réduits à s'abriter derrière la prison sont traités avec dédain par le reste des voyageurs. C'est la caste des parias et les artistes les nomment : « saltimbanques, » avec une hauteur de grands seigneurs. La belle voiture ornée de glaces, divisée en trois compartiments, habituée des villes, traînée par deux chevaux, et le pauvre équipage noirâtre, allant de village en village, tiré par l'homme ou la femme à défaut d'âne, entouré d'enfants qui mendient, avec un corbeau perché sur la bâche et un chien attaché sous la charrette, sont les deux extrémités du métier et de la fortune. « Je ne vous donnerai pas mon fils, Madame, disait le *patron* de la *Tentation* de *saint Antoine*, vous avez au catéchisme trop d'enfants du commun. Les nôtres ne vont pas avec ces *voyous*. »

Ne dites jamais : « saltimbanque, » mais : « voyageur. » N'appelez jamais une voiture : « baraque, » c'est un « établissement » et surtout ne prononcez pas le mot de servante ou de domestique, « sur le voyage. » on n'a que des « employés. » L'attention à traiter les gens avec politesse et à leur donner des titres respectables est ce qui gagne leur cœur. La composition du monde forain est des plus curieuses. Il y a les vrais enfants de la balle, fils de voyageur, nés dans le voyage, et ayant le métier dans le sang. Ils ont leurs relations, leurs traditions, leurs idées, et sont de beaucoup les meilleurs et les plus honnêtes.

Il y a les déclassés qui ont laissé une vie régulière pour « se mettre sur le voyage. » Ceux-là ne valent guère. La misère, l'inconduite, des démêlés avec la justice les ont poussés dans cette voie. On y trouve jusqu'à des élèves de séminaire, tombés, Dieu sait par quels chemins, dans ces bas-fonds et gardant un reste de coutumes religieuses, malgré le vice et la dépravation. Enfin, il y a les enfants loués par leurs parents à des patrons, *employés* dans des tirs ou des baraques.

apprentis clowns ou écuyers dans des cirques, etc., destinées mélancoliques entre toutes, car ils ont connu une autre vie et nulle affection ne vient adoucir pour eux les épines de leur existence nomade et aventureuse. Malmenés, chargés de besogne, traités avec indifférence quand ce n'est pas avec brutalité, ces pauvres êtres sont délaissés entre les délaissés.

Marie B..., enfant de quatorze ans, Allemande de naissance, fut ainsi laissée à la charge d'un patron belge et protestant, par suite de la mort de sa mère, *employée* dans *l'établissement* (une exhibition de serpent et de singes). Rien ne peut peindre ce qu'était cette créature abandonnée, inintelligente, laide, nonchalante de mouvements au point de ne pouvoir marcher droit, ayant grandi trop vite et laissant pendre avec insouciance des vêtements en guenilles qui la couvraient à peine ; elle ressemblait plus à quelque animal disgracieux qu'à un être humain ; ses fonctions consistaient à soigner les singes et le serpent et, aux heures des représentations, elle demeurait *à quatre pattes* sous le plancher de la baraque, avec un instrument bruyant destiné à renforcer le rugissement des ours. « Ce qu'on s'ennuie là-dessous ! » disait-elle ; quand elle s'ennuyait trop elle priait quelquefois. Tout ce qu'elle savait de Dieu c'est qu'il avait créé le monde. — On eut mille difficultés à apprendre les plus simples prières à cette mémoire ingrate. — Il fallut la baptiser ; nul extrait de baptême, ni même de naissance n'existait pour elle et l'on ignorait le nom de son père. Son patron ne savait qu'en faire ; la trouvant incapable de tout, voire de montrer le serpent, il consentit sans peine à la céder à la charité. Les dames de l'Œuvre arrivèrent à la faire admettre au Bon-Pasteur (à Nazareth). On ne put jamais la plier à la couture, mais on l'employa à cueillir les légumes, à soigner le jardin, et elle s'accoutuma peu à peu à cette vie si nouvelle. Cette pauvre fille, demi-abrutie, avait cependant compris très nettement qu'elle allait recevoir « Notre-Seigneur Jésus. » Elle ne prononçait son nom qu'avec une inflexion de respect et c'était avec avidité qu'elle recherchait les images ou les statues qui le représentaient. Son baptême la remplit de joie, et, huit jours après sa première communion, elle demanda à se confesser pour recevoir encore « Notre-Seigneur Jésus, » si le Père le voulait bien. La requête fut accordée. L'atmosphère de l'Orphelinat de Nazareth a développé peu à peu les rudiments de religion déposés dans cette âme sans malice et sans défense, proie facile pour le démon si elle lui eût été livrée.

Marguerite M... était fille de parents franchement mauvais ; son père débuta par se faire mettre en prison pour rébellion aux agents en arrivant à Angers. Il avait reçu de l'instruction, mais la fainéantise et quelques mésaventures judiciaires l'avaient poussé dans la carrière « du voyage. » Ses enfants demeuraient livrés à une marâtre, leur vraie mère étant partie pour Paris, après avoir enduré longtemps de mauvais traitements. Elle avait emmené « *les plus petits,* » mais deux grands restaient. Marguerite sortait d'une petite pension religieuse où son père l'avait placée. Des passions vives, une intelligence développée, un cœur ardent et affectueux, caractérisaient cette nature méridionale. Elle arrivait quelquefois rouée de coups par la femme qu'elle appelait sa belle-mère, mais ne lui en gardait point rancune. Cette enfant s'était faite l'apôtre des autres. Elle allait les réveiller le matin pour les amener au catéchisme, entraînait les paresseux, exhortait les hésitants, transmettait les demandes de chapelets et de scapulaires, tenait tête aux propos injurieux à la religion. Elle eût bien voulu quitter *le métier* auquel elle n'était pas encore faite. Ses prières de la garder à Angers et de la placer n'importe où étaient émouvantes. Quelques instances furent faites en ce sens aux parents, mais Marguerite remplaçait une servante avec avantage et sa marâtre tenait à la garder. Le jour du départ, elle vint faire ses adieux fondant en larmes : « Cachez-moi dans la cave, disait-elle, ne me laissez pas emmener ! » On eut peine à la calmer. Elle se consola un peu par l'idée de se confesser quand elle aurait trop de chagrin. Il en fut autrement de Juliette H... dont les parents montraient des *vues panoramiques*. Cette famille, honnête et laborieuse, ne donna que de la satisfaction. Les H... avaient six filles, et une septième naquit sur le Champ-de-Foire. Des trois aînées, deux renouvelèrent leur première communion, la troisième, Juliette, fut admise à la faire. Les trois dernières ont été placées par les soins de l'Œuvre dans un orphelinat où elles sont encore. Les parents paient régulièrement la pension et écrivent chaque année pour donner de leurs nouvelles et remercier.

Plusieurs fois les enfants arrivent avec cette parole : « Ma mère a fait sa première communion autrefois à Angers avec les Pères : elle est venue ici exprès pour nous faire faire la nôtre aussi. » Puissance de ce souvenir béni !

Un Italien de vingt-cinq ans, instruit avec soin par un homme charitable, disait : « Vous avez été bon pour moi, je serai bon pour les pauvres plus tard. »

Un petit mendiant, peu intelligent, mais plein de bonne volonté, a passé une nuit à répéter son acte de contrition, de peur de ne pas le savoir pour se confesser. Les natures les plus difficiles sont souvent aussi les plus généreuses : « Tiens, mon Michel, disait à un camarade un petit bohémien, si Notre-Seigneur Jésus-Christ me disait : « Pierre, veux-tu me cirer mes souliers, tirer mon eau, porter mon bois, pour venir au ciel avec moi, » je le ferais dix fois plutôt qu'une. » Il avait énuméré les besognes qui lui répugnaient le plus à accomplir chez lui. Ce même Pierre faisait volontiers de l'apostolat ; il demandait à ses compagnons s'ils avaient bien « tout confessé, » assurant qu'il avait, lui, « tout jeté par-dessus bord, » citant les sottises faites ensemble et menaçant de nommer au Père ceux qui n'oseraient pas les lui dire. Cette hardiesse décida plusieurs timides à ne rien cacher. L'argument : « Je l'ai bien dit, moi ! » était sans réplique. Pierre amena une fois au catéchisme un petit garçon de huit ans, d'une baraque voisine. « Voilà un nouveau ; je lui ai expliqué qu'il irait en enfer s'il ne se confessait pas et en paradis s'il disait tous ses péchés au Père : je lui ai fait son examen de conscience ; il veut se confesser pour aller dans le ciel. Montrez-lui les images où est Notre-Seigneur Jésus-Christ. » Et Pierre expliqua lui-même la Passion à son petit camarade, avec des commentaires, originaux à coup sûr, mais partant d'un cœur chaleureux et sincère. Il y avait de la grandeur chez ce franc *zingaro*, fils d'Espagnole et petit-fils d'Égyptienne, au teint basané et au type fellah : il donnait volontiers ce qu'il avait et cédait dans les querelles *par charité*, si on invoquait ce mobile. Il fallait voir l'air magnanime et dédaigneux avec lequel il jetait à son adversaire l'objet de la dispute : « Tiens, prends cette bille, je ne te la dois pas, mais je t'en fais l'aumône ; seulement, tu me diras merci. » Et l'autre, un Allemand rapace, empochait la bille avec un air furieux, sans remercier ni protester. C'était bon à prendre, mais les façons d'hidalgo du généreux Pierre demeuraient incomprises.

Plus ingouvernable que tout bohémien était Alexandre M..., nature hardie (voire effrontée), emportée, susceptible, rebelle au joug et n'ayant peur de rien. Ses colères étaient violentes, mais il avait de la franchise et du cœur, et après avoir menacé de ne plus revenir, s'être plaint avec larmes et courroux d'être moins aimé que les autres et de ne pas gagner toutes les images, il reparaissait le lendemain, la mine contrite, avouant ses torts : « C'est vrai que j'ai été très insolent, mais j'étais en colère, j'en suis bien fâché à présent. » Dans ses mauvais moments de paresse et d'humeur si on lui disait : « Tu n'aimes donc pas Notre-Seigneur Jésus-Christ qui s'est fait crucifier pour toi ? » l'enfant se redressait comme sous une insulte et répondait d'un ton de défi : « Si fait, je l'aime bien ! » Il avait entrepris d'empêcher son père de jurer (ce qui lui attirait des taloches) et d'enseigner les prières à sa petite sœur, âgée de huit ans. Seulement, le professeur improvisé manquait de patience et administrait des tapes à son élève pour se faire écouter. Il ne comprenait pas l'instruction autrement et s'étonnait fort de n'être pas battu au catéchisme. « Tapez donc dessus, disait-il, lorsqu'un camarade s'émancipait, vous n'en viendrez pas à bout autrement. » Peu à peu, le petit sauvage s'apprivoisa et témoigna une grande reconnaissance d'être doucement traité. Intelligent et vif, il apprenait promptement, comprenait en un clin d'œil, et faisait valoir sa supériorité : « J'ai bonne tête. J'ai appris en trois jours à battre la grosse caisse ; je saurai vite mon catéchisme. » Aussi, se voir refuser des bons points le mettait hors de lui : « Voilà comme vous me traitez ! voilà comme vous m'aimez ! Vous n'aimez rien que les autres. Et qu'est-ce qu'ils font ?... Vous donnez des images à ce grand paysan-là qui met des heures à retenir une question, et à celui-ci qui dit qu'il y a trois dieux ! et moi je n'ai rien ! »

A travers ces orages fréquents, la grâce agissait sur cette âme capable d'aller loin dans le bien comme dans le mal. Alexandre fut très ému et tout changé le jour de la première communion : il se fit un épanouissement subit en lui et ses promesses furent des plus sincères. Huit jours après la cérémonie, étant encore à Angers, il voulut se confesser avant de partir et alla sonner à un presbytère. Il vint ensuite dire un dernier adieu à l'une des dames de l'Œuvre. Il amenait sa petite sœur et celle-ci ne trouva rien de mieux à dire pour affirmer la conversion d'Alexandre, que cette parole : « Nous ne nous sommes pas battus depuis la première communion. » Pour qui connaissait le néophyte, il y avait là une preuve de réels efforts. La contenance de l'enfant était toute autre qu'au début des catéchismes : son air de vaurien indiscipliné sans cesse en défense contre la société, faisait place à un regard franc et ouvert, à une physionomie adoucie : « Je n'oublierai jamais ma première communion, » dit-il en partant. Sans doute, il serait consolant de pouvoir suivre ces oiseaux de passage, de s'assurer si l'oubli ne vient pas étouffer promesses et souvenirs. L'Œuvre, heureusement, existe dans d'autres villes. Angers a vu des renouvelants dont la première communion s'était faite ailleurs, et les communiants d'Angers renouvellent souvent à Paris ou à Bordeaux.

Lorsque les foires les ramènent à Angers deux années de suite, la plupart sont empressés de venir voir leurs catéchistes et de demander à renouveler. Dans les bourgs et les villages du département, il n'est pas rare que les foires et les assemblées attirent des *baraques* venant d'Angers, ou que de pauvres colporteurs ne passent, traînant péniblement un misérable véhicule qu'ils abritent dans un fossé. On a vu plusieurs fois dans ces voitures des images de piété conservées avec soin et placées en évidence ; on a remarqué que les enfants portaient des médailles de la Sainte Vierge et disaient avec fierté que « les dames d'Angers les leur avaient données » et « qu'ils avaient fait leur catéchisme et leur communion. » Enfin on a vu des familles nomades faire leur prière matin et soir devant un crucifix. Beaucoup de familles foraines viennent dans notre ville exprès pour la première communion de leurs enfants, et, le plus souvent, ce sont d'autres voyageurs qui les ont renseignées et envoyées. Tout récemment, l'Œuvre de Paris recueillait une jeune fille poitrinaire de dix-huit ans dont les parents montraient des vues. La malade, Louise B..., était une communiante d'Angers. Elle parlait avec une reconnaissance touchante des dames qui lui avaient appris le catéchisme, et demanda qu'on leur écrivît pour les remercier (ce qui fut fait). Elle se confessa d'elle-même dans d'excellentes dispositions et vit la mort approcher sans effroi. Cette famille B... était honnête et régulière.

Lettre de la Secrétaire de l'Œuvre de Paris au sujet de Louise B... [1] :

« ... En préparant à la première communion nos forains de Neuilly nous avons fait la découverte d'une jeune fille

---

[1] Les journaux ont mentionné la mort de Louise Beaufort, ou, pour mieux dire, Louise *de* Beaufort. Cette famille descendait authentiquement du duc de Beaufort dit : « le Roi des Halles, » petit-fils de Henri IV. Quel tour de roue !

très malade de la poitrine qui nous a parlé des *Dames d'Angers* (qui lui avaient fait faire sa première communion) avec des sentiments de reconnaissance vraiment bien touchants. Cette enfant s'appelle Louise B..., elle a dix-huit ans ; ses parents ont deux autres filles et leur profession consiste à montrer un panorama. Elle s'est confessée à Neuilly, mais ses crises de toux l'ont empêchée de recevoir le Saint Viatique. Nous n'avons pas cependant renoncé à lui obtenir cette consolation, et comme son état ne permet pas à sa famille de la transporter en tournée de province, nous la suivrons pour l'assister, tant que faire se pourra, dans la banlieue de Paris ; si nous pouvions lui dire que vous vous souvenez d'elle, je crois que ce serait un vrai rayon de joie pour cette pauvre malade... »

Une lettre affectueuse, écrite d'Angers à la petite malade, lui fut remise par les catéchistes de Paris [1].

Des mariages et des baptêmes accompagnent toujours les premières communions. Une fois les familles rentrées dans la voie régulière et les âmes admises dans le sein de l'Eglise, bien des difficultés tombent. Désormais, on est dans le droit commun ; il n'est plus d'obstacles à l'absolution, plus de formalités à remplir, plus d'instruction à chercher, plus de démarches à faire. Le sacrement de pénitence les attend, la Sainte Table leur est ouverte à Pâques comme aux autres fidèles. Les barrières entre l'Eglise et le voyageur sont désormais tombées. Il peut vivre en chrétien ; s'il s'égare, il sait comment retrouver sa route ; s'il tombe, comment se relever ; dans la détresse, à qui recourir. Le compte qui lui sera demandé à sa dernière heure sera, certes, moins sévère que le nôtre. Un acte de

---

[1] Elle mourut dans les meilleurs sentiments.

repentir lui vaudra les grâces du bon larron. Maintenant qu'il connaît son Sauveur, il pourra se présenter devant Dieu avec la parole de l'Eglise : « Reconnaissez, Seigneur, votre créature, qui n'est point l'œuvre des dieux étrangers, mais votre ouvrage à vous seul, Dieu vivant et véritable... ; si elle a péché, elle n'a nié ni le Père, ni le Fils, ni le Saint-Esprit, mais elle a cru et espéré en eux. Ne vous souvenez plus des fautes de sa jeunesse. »

La miséricorde sera grande pour ces pauvres gens qui ont cherché leur Dieu à travers tant d'obscurités, d'entraves, d'obstacles presqu'insurmontables, et leur prière attirera des grâces de choix sur ceux qui leur ont tendu une main secourable dans leur misère, et les ont amenés au salut.

L'Œuvre de la première communion des artistes-voyageurs a été placée sous le patronage de saint Louis de Gonzague.

LA MAITRISE — LA PSALLETTE

ÉCOLE DU CHANT RELIGIEUX

Ce dernier mot indique qu'il ne s'agit pas ici du chant ordinaire, inspiré par la joie, la passion ou la gloire. Le mot grec *adô* eût alors suffi, tandis que le mot *psallô*, racine du nom, donne l'idée d'un chant élevé, poétique, obtenu, dit le lexique « *en touchant légèrement* « *les cordes de la lyre.* » Ce titre de noblesse est-il exagéré ? A ceux qui restent étrangers aux offices de l'Eglise, la Harpe dit :

« Quand les poèmes de Moïse, de David, d'Isaïe et
« des autres prophètes, ne nous auraient été transmis
« que comme des productions purement humaines, ils
« seraient encore, par leur originalité et leur antiquité,
« dignes de toute l'attention des hommes qui pensent,
« et, par les beautés uniques dont ils brillent, dignes de
« l'admiration et de l'étude de ceux qui ont le sentiment
« du beau... »

Que deviennent, dans nos temples, ces grandes productions, alliées à la mélodie ? L'homme le plus indifférent, hostile même, peut-il entendre sans ressentir un émoi mêlé de crainte, les sombres accents du *Dies iræ* ? sa pensée ne sera-t-elle pas allégée par le chant joyeux de l'*O Filii* ? n'éprouvera-t-il pas un sentiment de douloureuse compassion en entendant le *Stabat*, disant avec tant de raison : *quis est homo qui non fleret* ? Depuis des siècles, l'expérience de chaque jour peut répondre.

Cette admirable puissance d'expression ne pouvait manquer de frapper les artistes, soit dans les cloîtres, soit dans le monde. Aussi, en quelque temps et en quelque lieu que l'Eglise ait établi son empire, il n'est pas *un* compositeur de talent qui n'ait écrit, qui n'écrive encore aujourd'hui pour le sanctuaire. Beaucoup d'entre eux, d'ailleurs, ont pu apprécier de longue main ces accents, pour les avoir étudiés au début de leur éducation. Citons seulement Joseph Haydn, qui fut enfant de chœur à Saint-Etienne de Vienne, comme Grétry, à Saint-Denis de Liège, nous réservant de rappeler plus tard quelques autres noms...

C'est à ce noble langage qu'il s'agit d'initier des enfants, pauvres pour la plupart, en leur enseignant, en même temps, les éléments de la langue latine et leur donnant les connaissances qu'ils trouveraient dans d'autres écoles. Ces élèves forment deux classes ; la *Psallette*, comprenant ceux qui font, comme enfants de chœur, le service paroissial, et la *Maîtrise*, formant des voix pour le service des offices du *chapitre* de la cathédrale. Le tout est remis aux soins des Frères de la Doctrine chrétienne, rue du Vollier, et se passe dans leur demeure.

L'enseignement musical donné dans cette maîtrise a successivement compté les professeurs les plus distingués. Nommons en premier lieu Pierre Voillemont, de Troyes, né en 1750.

Élève de la Psallette de sa ville, il montra un génie précoce, comme Mozart, né six ans après lui ; à onze ans, il faisait déjà entendre, dans la collégiale de Saint-Étienne, des œuvres de sa composition. Ordonné prêtre en 1771, il venait, quatre ans après, prendre possession de l'orgue de notre cathédrale. En 1788, il concourut à Paris, pour le remplacement, comme chef de la maîtrise, du célèbre Lesueur, et l'emporta sur quarante-sept concurrents ; mais, sur les instances du Chapitre d'Angers, il revint pour toujours parmi nous. Retraité en 1792, il ne cessa pas, jusqu'à sa mort, survenue en 1814, d'être l'inspirateur et le guide de toute réunion musicale dans notre cité. Le *De profundis* exécuté à ses obsèques était de son successeur M. Boyer, né à Tours.

Nul ne dépassait en originalité ce dernier personnage ; mis et coiffé à l'ancienne mode, il souriait niaisement à tout propos et se contentait de répondre aux hâbleries qu'on lui contait. « C'est singulier, c'est sin-« gulier. » Mais devant le clavier, c'était un autre homme et, en l'entendant, personne ne s'étonnait qu'il eût obtenu au concours son emploi d'organiste. Cette opinion favorable a même, semble-t-il, été partagée par Boieldieu et l'on a cent fois conté comment ce compositeur célèbre, se trouvant à Angers en 1819 et étant entré dans la cathédrale, y avait entendu l'organiste ; surpris, enchanté, il voulut monter près de lui, le félicita, exécuta lui-même un passage, et se nomma. Ah ! s'écria M. Boyer ravi : « *Vous êtes Boyer-l'-dieu, et* « *moi, Boyer tout court.* »

Une chose, toutefois, l'attristait : il ne pouvait voir sans regret l'ophicléide de cuivre remplacer le vieux serpent noir, inventé à la fin du xvie siècle par un chanoine de la cathédrale d'Auxerre. Il n'avait peut-être pas tort : cet instrument d'une forme bizarre, il est vrai, semblait, moins les paroles, une magnifique voix de chantre. Aujourd'hui, il est à l'état légendaire et ne se voit plus, en partie, que sculpté dans la boiserie du chœur de la cathédrale, au-dessus de la porte ouvrant sur la sacristie. M. Boyer est mort en 1825.

Ici se place le nom de M. Varet, né dans le département de l'Aisne, en 1783. Admis tout jeune à la Psallette de Paris, il faisait, à l'âge de dix-sept ans, exécuter, dans l'église Saint-Eustache, une messe de sa composition. Marié à Angers en 1807, il y a professé pendant cinquante années le chant, le piano et le violoncelle. Il a été maître de chapelle de la cathédrale et, jusqu'à son dernier jour, affecté de surdité et chargé de près de quatre-vingt-douze ans, il a cultivé l'art dont le culte avait rempli son existence.

Puis est venu M. Édouard Mangeon. Il n'arrivait pas, lui, d'une contrée lointaine, mais sortait de la maîtrise d'Angers. Studieux, inventif, il avait eu la bonne fortune de connaître Henri Brod, premier hautbois de l'Opéra de Paris, un de ces rares artistes dont la parole sait en même temps éclairer l'intelligence et enflammer le zèle. Le disciple n'avait pas vainement écouté de tels conseils : son jeu était animé, ses *Noels* étaient entraînants. Il a un digne héritier dans son fils, organiste à l'église Saint-Joseph de cette ville.

Nous arrivons au chef de maîtrise actuel. D'où vient-il ?

On se rappelle le grand effet produit à Paris par les conférences de Lacordaire. Au moment où l'éloquent dominicain cessait de parler, une voix habile et pure s'élevait du sanctuaire et annonçait le salut. C'était celle du jeune Alfred Delaporte. Le lendemain, la voix avait changé et l'on citait le nom d'un autre élève, Jean-Baptiste Faure. Ce dernier, par ses succès à l'église, au théâtre et dans le monde, s'est acquis, comme chanteur, compositeur et professeur, une universelle renommée. Quant à son collègue de sanctuaire, la tenue des orgues dans plusieurs églises de Paris ou des environs et de nombreuses compositions, l'ont mis en rapport avec les artistes les plus célèbres, et c'est lui, aujourd'hui, qui prépare et dirige les chants de notre cathédrale.

Quelquefois, par ses soins zélés, le sanctuaire recrute des forces nouvelles : il s'agit alors d'exécuter une messe du chef ou d'un des maîtres les plus renommés. C'est ainsi que nous avons pu entendre la messe en *sol* de Gounod. Parfois, aussi, on voit accueillir des compositions écrites par des musiciens de la contrée. On ne doit pas oublier l'éclat donné chaque année, le Vendredi-Saint, au *Stabat* écrit par un des chanoines de la cathédrale. Plusieurs fois aussi, le jour de Noël, un autre amateur, grâce à la Maîtrise, nous a fait entendre les bergers de Bethléem allant, au son des cornemuses, visiter pieusement la crèche du divin nouveau-né.

14.

La liste serait longue, des personnes utiles dans le sanctuaire ou applaudies dans le monde, qui ont reçu ici leurs premières notions musicales. Mais, dès à présent, ne comprend-on pas assez ce que doit avoir d'utile et de fécond un tel enseignement donné par de tels maîtres ?

Toutefois, il s'agit d'une œuvre de l'Église. Cela devait suffire, en notre temps, pour lui susciter des adversaires, et, en 1882, notamment, on proposa de retrancher du budget les fonds alloués aux Maîtrises. C'étaient, disait-on, des écoles non contrôlées, non surveillées par l'Etat : les Chapitres étaient assez riches pour les payer et, enfin, on allait jusque-là, c'est un luxe inutile. La voix de notre évêque ne pouvait manquer de s'élever, avec force. Mgr Freppel établit que le règlement de ces institutions était contrôlé par le pouvoir et que les Chapitres n'avaient nullement les ressources prétendues. Quant à la dernière assertion, il cita le nom de nos maîtres les plus illustres avec une éloquence, qui dut couvrir de confusion le député qui l'avait émise. Le lendemain, un journal hostile à l'Eglise, disait : *Le vainqueur a été en réalité Mgr Freppel.*

Que de nouveaux obstacles se présentent, cette voix s'élèvera encore, soutenue par les vœux de tous.

Quant à ceux qui ont profité de l'enseignement de ces écoles, ils se rappelleront, sans nul doute, la pureté de diction que leur impose le titre même de l'institution et préféreront aux applaudissements souvent mal placés de la foule, les conseils des gens instruits et les exemples des grands maîtres.

LES SOURDS-MUETS

Le xviiie siècle est considéré avec raison comme inférieur au xviie en élévation intellectuelle et morale, cependant combien pourrions-nous citer de noms chers à la religion et à la pure science qui font contraste aux vices et à l'égoïsme du temps par leurs vertus et leurs fécondes découvertes !

Entre tous ces bienfaiteurs de l'humanité on peut citer assurément l'abbé de l'Epée, si bien appelé le Vincent de Paul des sourds et muets. Il suivait de très près deux grands serviteurs du peuple, le Bienheureux de Montfort, fondateur des Sœurs de la Sagesse et le P. de la Salle à qui l'on doit l'institution des Frères des Ecoles chrétiennes.

L'abbé de l'Epée naquit en 1712, à Versailles ; on lui a élevé une statue, celle-ci bien méritée. Touché du sort de deux jeunes filles sourdes et muettes qui vivaient à Paris, près de leur mère, il tenta comme il le dit, de faire entrer par les yeux dans leur esprit, au moyen du dessin et de l'alphabet manuel, ce qui est entré dans le nôtre par les oreilles. Ayant réussi au delà de ses espérances, il résolut de se consacrer au soulagement de ce genre d'infortune. Seul, sans appui et avec ses propres deniers, il parvint, en 1755, à fonder une institution de Sourds-Muets, la première qui ait existé non seulement en France, mais en Europe. Il sacrifia pour le bien-être de ses élèves sa modique fortune, et refusa même un évêché que lui offrit le cardinal Fleury. Un des prêtres éminents de notre ancien clergé, M. l'abbé Fremont, vicaire général, et plus tard supérieur du Séminaire, eut occasion dans un voyage à Paris, d'assister à une séance publique donnée par l'abbé de l'Epée. Saisi d'enthousiasme pour la méthode du célèbre inventeur, il se lia intimement avec lui et en reçut quelques leçons de mimique. De retour à Angers, il rassembla plusieurs sourds-muets qu'il confia aux soins de M. Blouin. Celui-ci tenant pension sur le Tertre, l'abbé Fremont venait chaque jour donner une courte leçon à ses petits protégés. Etonné de leurs progrès qu'en vérité il ne pouvait s'attribuer, il apprit que c'était l'aînée des enfants Blouin qui toute jeune, dans la charité de son cœur, aidait son père pour l'instruction des malheureux privés de l'ouïe et de la parole.

« Mlle Charlotte Blouin [1] née le 4 août 1758 à Angers, avait dix frères et sœurs. Sur le conseil de M. Fremont, elle ouvrit à Angers en 1777, n'ayant que dix-neuf ans, une école spéciale de sourds-muets. Encouragée par le succès et par la reconnaissance publique, elle demanda et obtint son admission aux cours mêmes de l'abbé de l'Epée, qu'elle suivit, avec une subvention de l'Etat, pendant six mois de l'année 1781, et de nouveau, pendant les vacances de 1782 et 1783. L'intendant de la province, Ducluzel, lui alloua, dès son retour à Angers, un traitement de 1,000 livres, douze bourses d'élèves, chacune de 109 livres, et bientôt la libre disposition de l'abbaye de Saint-Nicolas. La Commission intermédiaire d'Anjou porta le nombre des élèves subventionnés de douze à vingt, et sur la demande de la directrice (3 janvier 1791) un arrêté du département (19 juillet

---

[1] Célestin Port. *Dictionnaire historique*, tome Ier

1791) éleva le chiffre de la pension de 400 à 450 livres. Mais quelques mois plus tard, la Révolution éclata, et « une pétition souscrite par un grand nombre de citoyens » dénonçait l'établissement comme un refuge de prêtres insermentés, tenant assemblée de réfractaires dans la chapelle, et la directrice comme insultant ou faisant insulter par ses élèves « les citoyens qui se rendaient dans leurs temples pour y exercer leur religion, ou les officiers de la Garde nationale (25 janvier 1792). »

« Mlle Blouin, mise en demeure de prêter le serment civique s'y refusa, et un arrêté du 15 août 1792 ferma la maison et plaça provisoirement les élèves dans un des hôpitaux de la ville, en attendant une décision définitive à laquelle on ne pensa plus. La directrice en fuite eut peine à gagner, la nuit, en bateau, la ville de Nantes, où elle resta cachée pendant la Terreur.

« Dès la première session du Conseil général du département l'établissement fut réorganisé et une délibération du 11 thermidor an VIII, indemnisa la fondatrice de la perte de son mobilier, évalué par elle à dix mille livres, et reconstitua l'œuvre sur les bases de l'arrêté de 1791, en émettant le vœu que l'Etat prit les frais à sa charge, comme il était fait pour Paris et pour Bordeaux.

« Sous l'Empire, l'autorité ne fit que prêter une aide chaque année plus utile. A la première Restauration, l'ordonnance du 13 décembre 1814 y constituait trente-six élèves boursiers à la charge du département de Maine-et-Loire et des douze départements circonvoisins, mais elle ne reçut pas d'exécution... »

Peu d'années après, Mlle Blouin, qu'on appelait alors Mme Blouin à cause de son air imposant, et peut-être pour éviter la confusion avec sa nièce, vint à Paris et fut présentée aux membres de la famille royale. Louis XVIII et la duchesse de Berry, notamment, la questionnèrent avec un vif intérêt et la gratifièrent de secours qui lui permirent enfin d'acquérir pour son établissement transféré successivement de Saint-Nicolas dans la Cité, puis à l'hôtel Lancrau, puis à l'hôtel Gizeux, le vaste domaine de Mille-Pieds, sur la route de Saumur (1825) où M. Bizard, le disert président d'assises avait réuni une collection de rosiers qui faisait l'admiration des visiteurs.

C'est à l'hôtel de Gizeux, aujourd'hui hôtel de Quatrebarbes, sur la place de l'Académie, que, dans notre enfance, nous eûmes l'honneur de voir la vénérable bienfaitrice des Sourds-Muets. Elle exerçait au milieu de ses quarante enfants adoptifs la douce influence d'une mère de famille. Je me souviens encore de l'impression causée par cette réunion d'êtres silencieux, mais qui néanmoins avaient l'air content de leur sort et savaient exprimer par gestes à leur maîtresse, le respect et la reconnaissance qu'elle leur inspirait.

M@@ Blouin souffrante depuis le mois de juillet 1827, mourut à Mille-Pieds le 20 septembre 1829. Ses élèves éplorés réclamèrent l'honneur de porter son cercueil.

Nous ne pouvons pas terminer l'éloge de M@@ Charlotte Blouin, sans reproduire le certificat d'étude que lui délivra l'abbé de l'Epée et qui est un titre de noblesse pour l'institution, si fidèle aux pieuses et charitables traditions de sa fondatrice :

« Je, soussigné, instituteur gratuit des sourds-muets de Paris, certifie à tous ceux qu'il appartiendra que M@@ Charlotte-Louise-Jacquine Blouin, native d'Angers, m'ayant été adressée par feu M. Ducluzel, intendant de la généralité de Tours, pour que je lui apprenne à instruire les sourds-muets, cette demoiselle fit dans cet art des progrès qui ont surpassé mon attente, et les témoignages que j'en avais rendus, lorsqu'elle retourna dans son pays, engagèrent M. l'Intendant, quelques années après, à m'écrire la lettre suivante, en date du 19 février 1782 :

« ...Enfin, Monsieur, la demoiselle Blouin, pour laquelle
« je vous avais demandé vos bontés, vient d'être autorisée
« à ouvrir un cours d'éducation pour les sourds-muets à
« Angers ; ses talents sont votre ouvrage. Je ne dois nos
« succès qu'aux vôtres dans l'art où vous avez daigné lui
« communiquer vos lumières. Agréez-en le premier hom-
« mage. Ce n'est pas assez que la capitale vous admire ; ma
« Généralité a joui de vos bienfaits. Je m'estime heureux
« d'avoir pu contribuer avec vous à diminuer les malheurs
« de l'humanité.
« J'ai l'honneur d'être, etc.

« Signé : Ducluzel. »

« Mlle Blouin étant revenue à Paris pendant ses vacances de 1782, vient d'y faire un second voyage sur la fin de celles de la présente année, où nous avons déjà repris nos leçons. Dès qu'elle y est entrée, j'ai cessé de les dicter par signes aux sourds-muets, pour lui en laisser faire la fonction, qu'elle a remplie parfaitement. Ses opérations lui ont attiré les applaudissements d'un nombre de personnes de différents pays qui ne pouvaient se lasser d'admirer les talents que Dieu lui a donnés pour réussir dans cette œuvre.

« Je la crois donc capable de conduire ses élèves au degré d'instruction auquel sont parvenus ceux de nos sourds-muets qui en ont donné des preuves dans des exercices publics, et singulièrement dans celui du 13 août 1783, en présence de Mgr le Nonce du Pape et de Mgr l'Archevêque de Tours, accompagné de quelques-uns de ses illustres confrères.

« En foi de quoi j'ai délivré le présent certificat.

« Signé : L'abbé DE L'ÉPÉE.

« *Paris, 19 novembre 1783.* »

A l'époque où le célèbre professeur d'une science inconnue avant lui, rendit à son élève un témoignage si flatteur de sa haute capacité, celle-ci avait à peine vingt-cinq ans.

Mme Blouin avait élevé deux nièces, destinées à lui succéder : la première, demoiselle Ursule Taudon, en religion sœur Marie-Victoire, entra chez les Filles de la Sagesse et fit profiter leurs maisons d'Orléans et de Poitiers des connaissances spéciales acquises à l'école des Sourds-Muets d'Angers.

La seconde nièce, demoiselle Victoire Blouin, née en 1799, fut envoyée par sa tante au cours de l'abbé Sicard, qu'elle suivit, à Paris, pendant cinq ou six mois, en 1815 ; bien qu'âgée seulement de seize ans, elle inspirait tant de confiance par ses aptitudes que le département s'était chargé de son entretien dans la capitale.

L'abbé Sicard, après avoir été le plus brillant élève de l'abbé de l'Epée, l'avait remplacé en 1790, à la tête de l'institution des Sourds-Muets. C'était encore un prêtre comme l'abbé de l'Epée. Ah! si les pauvres gens du peuple, égarés au point de voir un ennemi dans le clergé, savaient combien de ses membres même en dehors du saint ministère, se sont dévoués pour leur bonheur, l'ère des révolutions serait fermée pour longtemps !

Nous avons eu le plaisir de faire connaître le certificat adressé par l'abbé de l'Epée à la tante, nous ne pouvons passer sous silence l'attestation décernée par l'abbé Sicard à la nièce :

« Le Directeur de l'École royale des sourds-muets, chanoine de l'Église de Paris, membre de l'Académie française, etc., etc.

« Je certifie que Mlle Victoire Blouin, âgée de vingt-et-un ans, m'ayant été adressée par sa respectable tante, Mlle Blouin, institutrice des sourds-muets à Angers, et première élève du célèbre abbé de l'Épée, a reçu mes soins, en 1815, pendant l'espace de cinq à six mois, pour se perfectionner dans l'art d'instruire les sourds-muets, dont elle avait reçu les premières leçons de sa tante. Son instruction, sous ce rapport, ne laisse plus rien à désirer. Sa conduite a été exemplaire et digne des plus grands éloges, et je pense que l'on peut en toute assurance lui confier la direction d'un établissement pareil à celui que sa tante gouverne avec la plus grande distinction et le plus noble désintéressement. »

L'abbé SICARD.

Paris, ce 23 août 1820.

Mlle Victoire Blouin ne se contenta pas de cette position si honorable ; aspirant à la vie parfaite, elle voulut, comme sa cousine, entrer dans une communauté d'ordre contemplatif et passa quelque temps chez les Trappistines ; mais elle céda aux instances de sa tante la rappelant près d'elle, et les deux pieuses femmes s'accordèrent pour former une petite congrégation, portant un habit religieux, robe verte et pèlerine blanche, avec le titre de *Sœurs dévouées aux sourds-muets, sous l'invocation de Notre-Dame des Sept-Douleurs* (mars 1822), qui s'engageait, sans vœu formel et autorisation définitive de l'évêque, à continuer l'œuvre de Mlle Charlotte Blouin. En 1829, sa nièce prit la direction de la maison, qu'elle conserva jusqu'à sa mort prématurée, le 8 octobre 1842.

Malgré le dévouement et la rare habileté des dames Blouin, l'existence de l'institution avait plus d'une fois été chancelante ; Mlle Victoire, surprise par la maladie, n'avait pas eu le temps de préparer, pour lui succéder, une organisation suffisante, sa communauté ne comptant que quatre religieuses, elle comprise. Le Conseil général jugea prudent de confier le précieux institut à une congrégation plus largement composée. Le choix s'arrêta sur les Sœurs de Sainte-Marie, qui ont accepté la direction depuis le 1ᵉʳ janvier 1844. C'est la Supérieure générale de cet Ordre qui en est officiellement chargée, ainsi que des rapports nécessaires avec la Préfecture. Pour que la surveillance soit complète, ses pensionnaires habitent, près d'elle, un local de la maison-mère.

Il faut bien dire que ce changement dans le personnel de l'œuvre ne présentait pas de minces difficultés : la vénérable mère Alleau, déjà supérieure des Filles de Sainte-Marie, en acceptant ce surcroît de sacrifices, avait consulté son cœur sans s'arrêter aux embarras de la situation. Elle était entourée d'excellentes institutrices pour les écoliers ordinaires, doués de tous leurs sens, mais aucune d'elles ne connaissait le premier signe des infortunés qui sont privés de l'audition et du langage.

Heureusement, comme il arrive presque toujours dans les communautés, il se trouva une personne qui, sans le rechercher, convenait juste à la fonction nouvelle dans la maison. La digne supérieure, occupée de mille détails, avait besoin d'une autre elle-même pour éclairer l'intelligence, conserver la foi du petit monde dont la Providence lui remettait la garde.

La personne prédestinée à ce rude emploi était une petite sœur, simple, modeste, faisant facilement les choses difficiles, au point que l'on disait d'elle : « Il semble que la besogne fonde entre les mains de sœur Camille ! »

Douée d'une rare intelligence et d'une patience égale

à sa douceur, elle était d'autant plus sensible aux infirmités humaines que la faiblesse de la vue dont elle souffrait dès l'enfance l'avait mise au rang des affligés.

Née à Paris, la sœur Camille eut l'insigne bonheur d'être élevée à la grande école de charité de la sœur Rosalie, rue de l'Épée-de-Bois. Elle y passa tout son temps depuis neuf jusqu'à treize ans. Plusieurs fois son illustre maîtresse, qui l'avait distinguée dans son immense institution, l'envoya porter des lettres à l'abbé Sicard, et ce n'était pas sans crainte qu'elle traversait les groupes de sourds-muets dont les gestes désordonnés ne lui faisaient guère prévoir qu'un jour elle serait appelée à transformer ce mode étrange de communication.

Ayant complété son instruction primaire avec grand succès, la petite écolière, sur les conseils de sœur Rosalie qui pressentait et encourageait en elle la vocation religieuse, fut envoyée dans une communauté de Tours. Là elle eut occasion de montrer la bonté de son cœur en prodiguant ses soins à l'une de ses jeunes compagnes qui était loin de se résigner aux souffrances d'une longue maladie.

La pauvre malade était nièce de Mlle Victoire Blouin. Celle-ci vint la voir ; touchée de la sollicitude tendre et ingénieuse de la sœur Camille pour son amie, elle lui proposa de l'emmener à sa maison d'Angers, où restée cinq ans, elle fut initiée à tous les procédés de l'éducation des sourds-muets. Bien que la plus jeune des trois assistantes de Mlle Blouin, celle-ci la jugeant plus persévérante que ses deux compagnes, la nomma sa légataire universelle ; mais l'héritière d'un honneur sans fortune ne pouvait à elle seule soutenir l'importante institution ; aussi accepta-t-elle volontiers la proposition de rester à la tête de ses élèves transférés à

Saint-Martin. Sœur Camille devint ainsi l'agent essentiel de la transition d'un établissement à l'autre, et la digne supérieure lui en sut si bon gré qu'elle lui abandonna la direction absolue de ses nouveaux pensionnaires, au point qu'elle est décédée sans connaître les éléments de leur langage.

Nous avons entre les mains un traité complet de lecture et d'écriture à l'usage des sourds-muets. C'est pour ainsi dire la clef du trésor qui contient pour eux les connaissances les plus indispensables. A la fois grammaire, dictionnaire et manuel de conversation, ce recueil a grandement servi à la sœur Camille pour se former à la pratique de son ministère. Elle le savait par cœur; l'ouvrage, rédigé avec un talent remarquable par Mlle Victoire Blouin, est dédié à sa tante. On nous saura gré d'en reproduire la touchante préface :

« Vous me pardonnerez, je l'espère, d'avoir osé exécuter un projet que votre amour pour les sourds-muets vous a fait depuis longtemps concevoir, mais que votre modestie vous a toujours empêchée d'accomplir. Vous verrez dans ce cours d'instruction que je n'ai pu résister au désir de témoigner mon attachement à ceux auxquels vous donnez une nouvelle existence, désir que vous avez formé et nourri en me faisant sentir le bonheur d'être utile à mes semblables, surtout à cette classe infortunée et trop délaissée à laquelle vous avez consacré votre vie.

« Oui, ma chère tante, le succès que pourra obtenir cet ouvrage vous est dû, et je vous en fais à l'avance hommage, puisque c'est vous qui, en me procurant la jouissance de servir ces êtres intéressants, avez su me faire goûter les charmes de la vertu, plus encore par vos exemples que par vos paroles. Mon plus grand plaisir sera donc aussi de répondre aux soins que vous avez pris pour moi, et de contribuer de plus en plus au bonheur des sourds-muets pour lesquels vous avez sacrifié vos veilles, votre talent et votre fortune.

« Agréez, etc.

« *Angers, 20 juillet 1820.* »

On conçoit que pour devenir la véritable mère spirituelle de ses pupilles, la sœur Camille ne se borne pas à développer leur intelligence : elle s'attache surtout à toucher leur cœur et à leur inspirer une solide piété. La nature de ces pauvres déshérités est en général rude et violente. Susceptibles à l'excès, ils croient facilement qu'on se moque d'eux et qu'on les considère comme des êtres inférieurs. Jaloux des avantages dont ils sont privés, ils seraient enclins à repousser un abord bienveillant, si une autorité respectée ne venait arrêter ces fâcheuses dispositions. Ce qu'il a fallu de patience, de bonté aux dames Blouin, et à leur digne héritière, pour adoucir ces caractères farouches, pour égayer ces humeurs sombres, Dieu seul le sait et se réserve de le faire connaître. Toutefois, sans qu'ils s'en rendent un compte très exact, les obligés de sœur Camille ne négligent pas les occasions de lui manifester leurs sentiments.

Le 29 janvier 1884, entre autres preuves, ils ont donné un témoignage éclatant de leur reconnaissance envers leur chère maîtresse. On solennisait la cinquantième année de profession de sœur Sainte-Camille. Un grand nombre d'anciens élèves de la maison étaient venus de tous les points du département pour célébrer ses noces d'or. La fête devait, avant tout, être religieuse. Mgr Pessard, directeur de la communauté de Sainte-Marie, prononça un éloquent discours que l'on traduisait par signes aux assistants. Délicieusement émus et heureux, les anciens de la maison comme les jeunes s'empressèrent d'offrir à l'héroïne de la fête force compliments, vœux et souvenirs. Un des vétérans de l'institution, M. Arthur Barré, a écrit sur cette belle journée une relation fort intéressante, mais que son étendue nous empêche d'insérer.

La modestie de l'auteur, ajoute la *Semaine religieuse*, ne lui a pas permis sans doute de mentionner le beau présent qui a été fait ensuite à la sœur Sainte-Camille. Certaines maîtresses d'écoliers aux fines oreilles ont besoin d'excitants pour soutenir leur attention dans l'exercice du professorat, il n'est donc pas étonnant que la chère sœur Camille, qui ne parle qu'à des sourds, use parfois de la poudre inventée par Nicot : c'est pourquoi ses élèves, connaissant sa nécessité, lui ont offert une superbe tabatière ! Sur le couvercle ont été gravées les dates de ses longs services : 1834-1884.

Peu après la mort de Mme Blouin, un grand progrès se manifesta dans l'instruction des sourds-muets : on ne se contenta plus de les faire comprendre par signes, on leur apprit à parler. Cette innovation avait été pressentie par les illustres maîtres de nos institutrices qui ne voyaient dans l'enseignement par signes, si important déjà, que le premier degré de leur judicieuse méthode.

Ce fut Mlle Victoire Blouin qui eut l'honneur de commencer cette transformation, continuée, depuis 1844, par la sœur Camille avec une persévérance qui ne s'est jamais ralentie. Enfin au bout de cinquante ans d'efforts et de patience au-dessus de ce que l'on peut imaginer, on est parvenu à remplacer complètement les signes par la voix, et la faculté d'entendre par la perception du mouvement des lèvres. A l'heure où nous écrivons, sauf quatre *signifiants* que l'on tient à l'écart, on ne compte que des *parlants* chez les pensionnaires confiés aux Sœurs par le Conseil général ou par les familles.

Il y a peu de jours, on a pu constater l'étonnante réussite de ce perfectionnement. Entre plusieurs divertissements à l'occasion de la fête de Mme la Supérieure, trois muets se sont livrés à un dialogue comique en se servant de la voix naturelle qui, sous le rapport de la mélodie, laissait un peu à désirer, mais qui en fait de prononciation nette et claire fut trouvée irréprochable.

Enfin, pour justifier les appréciations que nous venons de lire, nous ne pouvons invoquer un témoignage plus flatteur que celui du Conseil général, rendu dans sa deuxième session par la Commission des établissements de bienfaisance.

« ...Les soins apportés à l'éducation des sourds-muets, dit M. Oriolle, rapporteur, l'intelligente direction imprimée à l'enseignement, les progrès accomplis sont dignes d'éloges.

« La nouvelle méthode qui consiste à faire parler les muets donne les résultats les plus étonnants. En effet, la Commission a été surprise que les élèves, à peine au bout d'une année d'études, arrivent à composer des phrases et à soutenir une conversation ; les intonations sont presque naturelles ; l'habileté des élèves à suivre les mots sur les lèvres devient telle qu'ils causent entre eux sans émettre un son perceptible ; mais cette méthode exige que le professeur s'occupe de chaque élève, et il en résulte un surcroît de travail et de fatigue que la Commission a constaté.

« Aussi M. le Préfet a-t-il tenu à féliciter les maîtresses de leurs succès et à les remercier de leur dévouement.

« Le Conseil général voudra bien s'associer à ces éloges et à ces remerciements, et prier M. le Préfet d'en transmettre l'expression à Mme la Supérieure.

« Les examens au tableau, les travaux manuels ont été satisfaisants, et pour entrer dans les intentions généreuses du Conseil, M. le Préfet a vivement insisté, et avec raison, sur l'importance de donner à l'éducation un caractère pratique qui permette aux élèves, une fois sortis de l'asile, de vivre du produit de leur travail, et d'éviter avec soin le genre de labeur qui transforme l'enfant en machine. M. le Préfet a été heureux de constater qu'on ne s'était pas écarté de ce but.

« Si nous sommes, Messieurs, entrés dans tous ces détails, dit en terminant l'honorable rapporteur, c'est qu'il a paru intéressant que le Conseil général sache que les sacrifices qu'il s'impose sont profitables, que la nouvelle méthode constitue un progrès réel, et que les intentions charitables du Conseil sont admirablement remplies. »

Les boursiers du département sont admis dès l'âge de neuf ans à l'institution et en sortent à quinze. Les élèves confiés par les familles sont reçus à six ans et y restent jusqu'à leur majorité si leur conduite, comme il arrive presque toujours, est satisfaisante. Le nombre moyen des pensionnaires réunis étant de quarante, et la sœur Camille ayant cinquante-sept ans de services, c'est à plus de quatre cents *parias* de la société que la congrégation de Sainte-Marie-la-Forêt a donné le bonheur de devenir les égaux de leurs concitoyens.

LES JEUNES AVEUGLES

Vous avez peut-être remarqué le dimanche, à la sortie de la grand'messe de Saint-Joseph, plusieurs petits garçons, se tenant par la main, sous la conduite d'un surveillant. Ces pauvres enfants sont affligés d'une des plus tristes infirmités ; ils ne connaissent pas la lumière ; cependant le malheur ne semble point les priver de la gaîté de leur âge ; ils ont de bonnes figures et sont aussi chaudement que proprement vêtus.

Si nos petits aveugles se trouvent dans une situation relativement heureuse, c'est qu'un asile, qui répond à tous leurs besoins, leur a ouvert sa porte hospitalière. Une des personnes qui se vouent avec le plus de talent, dans notre ville, à l'éducation de la jeunesse, Mlle Mulot, dont la haute intelligence et l'ingénieuse charité sont bien connues, a recueilli ces humbles déshérités dans une annexe de son institution.

Elle ne s'est pas contentée d'assurer le bien-être de ses petits pensionnaires, elle leur a donné le moyen de s'instruire et d'aspirer à des professions, hors de leur portée jusqu'ici, en leur apprenant à lire et à écrire par des procédés beaucoup plus simples que la méthode en usage dans les établissements consacrés aux malheureux privés de la vue.

Tous les ans une commission de notre Conseil général se plaît à constater les excellents résultats, obtenus à la Communauté de Saint-Martin-la-Forêt, par la sœur Camille, dans l'éducation des sourds-muets ;

Mlle Mulot sera la sœur Camille des petits aveugles ; on ne peut lui souhaiter une plus honorable récompense.

Comment la pensée de secourir les aveugles lui est-elle venue, et comment l'a-t-elle mise en pratique ? Nous laissons l'habile institutrice l'expliquer dans une lettre adressée à une amie qui porte un vif intérêt à son œuvre :

« Chère Madame,

« L'École d'aveugles est aujourd'hui fondée ; à l'heure où je vous écris, j'apprends que le Conseil général vient de nous encourager à en poursuivre l'établissement.

« Au mois de juin 1885, j'étais à Paris. En revenant d'un pèlerinage à Montmartre, et suivant le boulevard des Invalides, je passai devant l'hôtel de M. de la Sizeranne[1] dont j'avais lu plusieurs ouvrages sur l'amélioration du sort de ses compagnons d'infortune. L'idée me vint de me présenter chez un de leurs principaux bienfaiteurs. Je lui fis part de mon intention d'établir une école préparatoire à Angers. Il s'empressa d'applaudir à cette pensée, m'encouragea à la réaliser, et me remit plusieurs brochures propres à faire connaître les avantages de ce projet.

« De retour dans notre ville, je communiquai mes désirs à plusieurs personnes qui les approuvèrent au point de vue chrétien. Puis j'écrivis à M. le comte de Maillé pour le prier de me recevoir. Il me promit de saisir le Conseil général de ma demande de subvention, et il tint sa promesse avec une bienveillance généreuse dont je lui suis profondément reconnaissante.

« Décidée à me vouer au service des jeunes aveugles, il me restait à faire connaître leurs misères aux protecteurs

---

[1] M. Maurice de la Sizeranne, aveugle de naissance, fils d'un ancien député de la Drôme, consacre son temps et sa fortune au soulagement des affligés de cécité.

confiants qui ont bien voulu m'honorer de leurs sympathies.

« D'abord je me mis à la recherche des aveugles d'Angers, sans attendre qu'ils vinssent à moi ; j'avais un logement à leur offrir, avec l'espoir que Dieu pourvoirait à la nourriture et au vêtement. J'ignorais la nature des obstacles qui s'opposent à l'instruction des aveugles, outre la difficulté de se procurer les ressources nécessaires à toute œuvre charitable quand on considère les exigences actuelles de la vie matérielle. Il serait long et fastidieux de dire comment les aumônes de nos élèves, celles de quelques amis dévoués et nos privations journalières, soutinrent les débuts de cette œuvre, dont l'existence s'affirme aujourd'hui, grâce à la Providence qui a soutenu nos efforts. J'appellerai plutôt votre attention sur ces obstacles contre lesquels il faut plus que des secours d'argent, et, pour arriver à cette connaissance, je crois bon de vous donner les détails de nos recherches.

« On m'avait indiqué trois aveugles habitant Angers ; l'un de douze ans, renvoyé de l'Institution nationale après quatre mois d'essai, avec la note d'incapable ; l'autre, âgé de douze ans également, renvoyé après quinze jours comme méchant ; un troisième de seize ans, jugé idiot à l'examen d'admission, et par conséquent refusé. Ces trois épaves des Quinze-Vingts étaient de nature à exercer les premières ardeurs de notre zèle. Mais le dévouement des personnes qui me secondent n'était point au-dessous de la tâche. On commença les leçons aux premiers jours de septembre 1885, et l'on obtint des progrès qui m'engagèrent à étendre mes recherches à tout le département. J'avais, pour diriger mes pas, une statistique imparfaite et les renseignements de plusieurs docteurs d'Angers. Disons d'abord que le très grand nombre, presque la totalité de ces enfants, appartenaient à des familles pauvres et honnêtes, ou à des mendiants qui veulent en tirer profit. Dans ce dernier cas on ne saurait les arracher à leur misère. Quand ils appartiennent à des indigents travailleurs on nous les remet aussitôt que nous offrons de les prendre à notre charge ; les malheureux parents, désireux de s'en débarrasser, ne s'inquiètent nullement de savoir à quelles mains ils les confient : ils vous les abandonnent du soir au lendemain sans aucun souci. Je puis citer en ce genre une fillette de quatre ans et demi que je trouvai couchée dans un misérable panier sur le pavé humide et malpropre. Le père et la mère allaient travailler dès la première heure du jour dans une fabrique où je parvins à leur parler. Je n'étais pas venue chercher cette enfant ; je venais plutôt la voir avec l'intention de m'adresser aux autorités de sa ville pour qu'on la prît en pitié. Son abandon me toucha si profondément que je n'hésitai pas à l'emporter ; son trousseau ne venait pas en augmentation de ma charge, car elle le portait tout entier — « Voilà une poupée à habiller, dis-je à mes élèves, en rentrant à la maison. » — Et dans la semaine chacune s'occupa de renouveler les vêtements usés et trop courts de la pauvre enfant.

« Quand il s'agit de traiter avec les familles laborieuses et ignorantes que nous trouvons à la campagne, la tâche devient vraiment pénible. On sait que le paysan, en général, soigne plus promptement ses bêtes que ses gens ; la raison vient sans doute de ce qu'il tire moins de profit des uns que des autres ; on ne reconnaît pas la nécessité de s'occuper des aveugles qui semblent inutiles à tous et les malheureux sont, en quelque sorte, dans la famille comme les branches mortes dans les arbres. On parle de leur état avec une insensibilité qui nous a quelquefois soulevé le cœur d'indignation. — « Certains jours, disait un de ces braves gens, avec le plus grand sang-froid, l'un des yeux du petit rendait plus d'humeur qu'à l'ordinaire ; on n'a pas vu le médecin parce qu'il disait qu'il ne souffrait guère, et au bout de deux ou trois jours l'œil a coulé comme vous voyez. »

« On ne voit pas le médecin parce qu'il en coûte de le faire venir bien entendu, et là où la tendresse maternelle n'est point assez profonde, elle cède promptement à l'intérêt. J'en donnerai encore pour preuve l'accueil qui m'a été fait par une fermière dont j'allais visiter le fils. C'était assez loin du bourg et j'avais dû prendre, pour me conduire à travers les mauvais chemins, un conducteur par lequel je me faisais instruire. Nous arrivons à la ferme. Il fallait voir l'œil méfiant et presque méprisant avec lequel cette bonne femme écouta les premiers mots que je lui disais à propos de son fils. Assurément elle crut ne pas me devoir plus de respect qu'elle n'en accorde aux charlatans qui parcourent les campagnes.

« Je lui demandai cependant si elle ne songeait pas à l'avenir de cet enfant privé d'instruction. — « Il fera comme nous, dit-elle, il faudra ben qui cherche à gagner sa vie. » — C'est ainsi que la malheureuse s'affligeait de l'infirmité de son enfant. Néanmoins, après avoir vu arriver ce pauvre petit, pieds nus, alors que son frère *voyant* avait de bonnes chaussures, je m'assurai qu'il y avait là, ainsi que j'en avais été prévenue, la victime d'une préférence coupable. J'essayai de me rendre aussi intéressante que possible ; en causant simplement, la méfiance disparut un peu et j'appris que l'enfant aurait pu profiter d'une bourse pour Paris ; on avait proposé de faire les démarches à cet effet, mais il aurait fallu payer un trousseau de 320 francs, sacrifice impossible ! Je n'en continuai pas moins d'inviter les parents à venir visiter les aveugles de la maison. Ils vinrent un jour de marché, et la fermière, qui ne manquait pas d'amour-propre, se dit en les voyant travailler que son fils pourrait devenir aussi habile et lui faire honneur. Dans ce cas il lui deviendrait agréable. C'est par un triste préjugé que souvent l'infirmité d'un aveugle humilie sa famille au point de lui en faire perdre l'amour. La fermière, décidée à essayer, m'adressa cette question qui était pour elle de tout intérêt : — « Un supposé qui vienne chez vous et qui ne s'habitue point, on me rendrait-y les hardes que je lui donnerais? » — Tant que l'aveugle restait chez elle, il n'avait besoin de rien ou de peu, mais s'il fallait le promener à Angers ce serait une différence considérable. Aussi la bonne femme n'hésita-t-elle pas à me demander — « *si je n'aurais pas un méchant petit habit à lui donner pour quand il sortirait avec nous.* » — Jugez par cette anecdote des difficultés auxquelles nous nous heurtons. Si nous demandons quelque sacrifice, il semble que nous veuillons prendre les paysans à la gorge ; j'en ai trouvé plusieurs qui ne se gênaient pas pour observer que j'étais importune ; certains d'entre eux m'ont conduite à la porte trouvant que je n'y allais pas assez vite ; très peu m'ont invitée à m'asseoir et pourtant j'avais fait parfois plusieurs kilomètres pour me rendre à leur village.

« Un autre obstacle à l'instruction des aveugles, c'est que d'après l'opinion générale ils sont jugés idiots et par conséquent incapables de culture intellectuelle.

« Après quelques assurances des progrès que faisaient nos premiers élèves, déjà au nombre de cinq, en novembre 1886, de nouveau je me mis en campagne et j'arrivai au bord de la Loire qu'il me fallait traverser pour gagner le village où je devais trouver un nouveau client. Il y avait du danger ce jour-là. J'hésitais à m'embarquer quand l'un des paysans attablés chez le passeur, me dit qu'il était parent de ce pauvre malheureux ; je me crus alors en très bonnes conditions pour demander, entre autres questions, si ce sujet de dix-sept ans paraissait assez intelligent ; à quoi il me fut répondu : « *Ah ! que voulez-vous ! c'est abruti, çà ne voit point* » La crainte de trouver un idiot décida de mon hésitation ; je revins à la maison sans avoir traversé la Loire. A plusieurs semaines de là, tourmentée par la crainte d'avoir négligé un enfant qui n'était peut-être pas aussi *abruti* qu'on voulait bien le dire, je m'embarquai un beau matin de février, pour aller m'assurer par moi-même de la vérité. J'ai béni le ciel assez souvent depuis, de m'avoir procuré ainsi la satisfaction d'enlever un pauvre garçon à l'ennui le plus amer, en lui donnant le plaisir d'un travail utile, puisque ses sentiments nous semblent si distingués qu'ils nous permettent d'en former un maître pour nos plus jeunes enfants. Cependant jugez du pittoresque des aventures auxquelles donne lieu la recherche des aveugles ! souvent il faut courir loin dans la campagne après le père, la mère ou l'enfant et les heures s'écoulent à ce métier sans qu'on s'en aperçoive. Ce même jour, j'avais fait beaucoup de chemin sur la rive gauche de la Loire : je venais de m'asseoir dans la barque qui devait me transporter sur la rive droite où passe le chemin de fer, quand j'entendis siffler la vapeur ; le vent se plaisant à contrarier mes rameurs, je dus regarder avec résignation s'éloigner le seul train de la soirée. Le froid dans l'âme, il me fallut accepter un lit chez le passeur, car il n'y avait pas d'autre logement dans le voisinage.

« C'était pour moi une véritable pénitence : il m'était si doux de rentrer après ces longues heures toujours pénibles et souvent infructueuses après lesquelles j'étais épuisée ! Ainsi j'ai préféré, certain jour employé à la recherche d'un aveugle, faire dix-huit heures de voiture sans m'arrêter plus de trois quarts d'heure, afin de pouvoir rentrer le soir.

« Vous venez de juger, chère Madame, quelques-unes des difficultés que rencontre l'Ecole d'aveugles ; une autre, peut-être plus insurmontable encore, c'est l'affection ignorante des parents qui peuvent aisément nourrir leur enfant privé de la vue, et qui n'ont pas l'exigence de lui demander du travail. Ils comptent pour très peu sa nourriture puisqu'ils récoltent la plupart des choses indispensables, et ils répondent à tout ce qu'on peut leur dire qu'ils ont *de quoi* le soigner.

« J'avais représenté qu'un enfant de douze ans, élevé sans aucun travail, deviendrait malheureux — « Eh bien ! on dit à çà, n'est-ce pas, que puisqu'on a de quoi il ne manquera de rien, et il est toujours mieux avec nous puisqu'on ne lui demande rien. »

« Il est impossible d'éveiller dans ces natures bornées aux besoins matériels le sentiment de la prévoyance morale ; leurs craintes et leurs désirs se résument dans les chances de la récolte. L'infirmité de leur enfant excite en eux, et par circonstance, certains gémissements que l'on pousse maladroitement devant lui ; c'est toute la sagesse qui préside à son éducation.

« Ces gémissements ont aussi pour effet de traduire l'affection ; le public vulgaire s'en édifie trop souvent ; par là même, il sympathise avec la tendresse qu'il entend exprimer, en sorte que les pauvres aveugles sont victimes de cette affection, approuvée et soutenue par l'opinion.

« J'avais pris en pitié une malheureuse petite fille aveugle de naissance, élevée loin d'un bourg entre deux coteaux, sans autre société que celle de ses parents.

« Quelques personnes dignes de foi m'ayant dit que sa mère avait pour sa fille une tendresse excessive qui l'empêcherait de s'en séparer, je retournai vers cette femme avec l'espérance de la gagner en raison même de cette affection ; je cherchai à lui faire entendre que son enfant, clouée sur une table qui lui servait d'appui, ne pouvait qu'être très malheureuse, qu'elle avait besoin d'occupations différentes des leurs, que l'instruction serait un grand plaisir pour elle. etc., etc. Tous mes plus beaux arguments vinrent échouer devant cette réponse : — « Je comprends tout à fait bien ce que vous me dites, Madame, mais je sais bien ce que c'est que les écoles : *ça tire toujours*, voyez-vous bien. » J'avais la note sincère de cette affection que manifestent aisément les gens de la campagne et au fond de laquelle se trouve souvent l'intérêt. Il y a des exceptions sans doute, je veux le croire, mais je n'ai pas eu l'avantage de les rencontrer en Maine-et-Loire, où j'ai découvert néanmoins vingt-deux aveugles encore assez jeunes.

« Ces longs récits ne seront point inutiles s'ils peuvent vous instruire, chère Madame, des difficultés que nous rencontrons pour concourir promptement à l'éducation de nos aveugles. Ces détails vous montreront qu'il ne s'agit pas seulement de ressources matérielles à trouver, qu'il nous faut en même temps des secours d'un ordre supérieur pour vaincre l'ignorance et forcer l'opinion.

« La bonté divine y a pourvu. Notre école, subventionnée par le Département dès l'année 1885, avait envoyé à Paris un élève de la Sarthe, préparé en six mois pour la deuxième année de l'Institution nationale. Le député de la Flèche, M. Legludic, eut l'obligeance de signaler ce progrès au Ministre qui nous envoya quelques élèves des départements voisins ; en 1886, notre école pouvait déjà compter douze élèves.

« Au mois d'octobre de cette année, un professeur de ma maison s'exerçait inutilement à écrire nos caractères suivant la méthode de M. de Beaufort. Devant ses essais malheureux, j'eus l'idée de chercher un guide pour nos caractères, comme Braille en a donné un à son système de points. Ce fut pour moi l'affaire de quelques heures. Dans la pensée que nos chiffres arabes (selon ce qui a été dit, vrai ou non) ont été formés sur les lignes d'un seul carré et de ses diagonales, je pouvais avoir la prétention de chercher trente formes sur trois carrés superposés, et je trouvai un guide dont les expériences affirment aujourd'hui la qualité.

« Grâce à ce progrès appliqué à leur instruction, les aveugles pourront commencer leurs études avec les clairvoyants. On devra les soumettre à la loi de 1882. Ils échapperont ainsi à l'isolement que leur créent les sentiments peu généreux de ceux qui les entourent, et notre société ne contribuera plus comme aujourd'hui, sans le vouloir, à faire de ces malheureux les êtres les plus misérables, à tout point de vue.

« Notre œuvre a ainsi trouvé dans ce progrès la raison de modifier ses efforts. Elle poursuit aujourd'hui non seulement la création d'une École régionale, mais encore une réforme sérieuse dans l'éducation des aveugles, au moyen de laquelle on pourrait espérer d'assister le plus grand nombre de ces malheureux, au lieu d'en secourir un dixième comme on l'a fait jusqu'à ce jour.

« Cette réforme dont l'influence serait sérieusement bienfaisante pour les aveugles, nous a été inspirée par le christianisme profond d'un ami des aveugles ; nous osons donc espérer que Dieu soutiendra tous les efforts qu'elle réclame. Il a visiblement protégé les premiers jours de notre École, et considérant les égards merveilleux de sa Providence pour nos désirs, nous croyons fermement qu'il nous donnera la satisfaction de créer une meilleure situation, non seulement aux aveugles de Maine-et-Loire, déjà protégés du Conseil général, mais encore à tous ceux qui ont été négligés jusqu'à ce jour..... »

Il y a trois ans, les élèves de l'institution dirigée par Mlle Mulot, eurent la généreuse pensée de se cotiser afin de réunir la somme nécessaire pour l'entretien de quelques enfants aveugles qui seraient placés dans une dépendance de l'institution et instruits du mieux possible. Il s'agissait de créer une École préparatoire à l'Institution nationale des aveugles.

Grâce à la générosité des jeunes filles de la pension Mulot et à celle de leurs parents, dix enfants pauvres purent être recueillis. L'instruction leur fut donnée gratuitement par les maîtresses de la pension. Le Conseil général, afin d'encourager cette œuvre charitable, a voté (session d'avril) deux bourses en 1887 et deux autres en 1888.

Les enfants aveugles de la nouvelle école, encouragés, aidés de toutes façons par les élèves de Mlle Mulot, firent des progrès rapides. Mais c'est surtout depuis un an que ces progrès ont pris un développement considérable, à la suite de l'invention par Mlle Mulot d'une méthode spéciale, qui permet aux aveugles d'écrire en se servant, au lieu du pointillé Braille, des caractères usuels.

A la place des lettres rondes que l'on emploie habituellement en imprimerie, Mlle Mulot se sert de lettres carrées, uniquement formées de lignes droites, verticales, horizontales ou obliques. En outre, et c'est là le point important de sa découverte, elle a imaginé un petit cadre percé à jour, suivant des lignes toujours droites. L'aveugle place son papier sous ce cadre et manie le stylet dont il se sert au lieu de plume, en se guidant sur les lignes : il trace ainsi sur le verso de son papier et à l'envers les mots qu'il veut écrire et qui apparaissent en relief au recto. Il peut alors se relire, être lu par d'autres aveugles au moyen du toucher, et enfin être lu par n'importe qui.

Des livres peuvent être imprimés, en relief naturellement, suivant le même système. Il en existe un déjà.

L'avantage inappréciable de cette méthode, c'est que chacun pouvant lire les caractères dont se sert l'aveugle, sera à même de l'aider et de lui indiquer ses erreurs. Les parents d'un enfant privé de la vue pourront apprendre à lire à celui-ci sans aucune difficulté.

Des expériences ont été faites et ont prouvé d'une façon concluante l'excellence et la simplicité de la méthode Mulot. En novembre 1887, quatre élèves de l'Institution nationale des Jeunes Aveugles furent confiés à Mlle Mulot pendant quinze jours. Au bout de ce temps, tous les quatre écrivaient couramment sous la dictée.

On ne saurait donc trop féliciter Mlle Mulot de son heureuse découverte. Il faut aussi rendre hommage aux élèves de son pensionnat, dont la générosité permet d'entretenir les enfants de l'École d'aveugles d'Angers.

Cette ingénieuse découverte a vivement intéressé toutes les autorités compétentes devant lesquelles la démonstration en a été faite. A Paris, la direction des *Quinze-Vingts* et des *Jeunes Aveugles* s'en est préoccupé au point de songer à substituer la nouvelle méthode à l'ancienne. Avec une ardeur infatigable digne d'une si bonne cause, Mlle Mulot a fait plusieurs conférences dans la capitale sur cet important progrès : elle n'a pas craint d'aller, seule, à Londres où devant un imposant auditoire, elle s'exprima avec une connaissance si parfaite de son sujet qu'elle recueillit spontanément l'approbation unanime. Son plus beau succès est celui qu'elle vient de remporter à la dernière session d'examens pour le brevet d'institutrice primaire. Mlle Plessy, âgée de vingt-cinq ans, et aveugle, était entrée chez elle depuis quelques mois, en qualité de professeur de musique ; à l'aide du nouveau procédé, elle acquit toutes les connaissances requises pour le concours avec une telle rapidité que, devant le jury, elle acheva la dictée de début en dix minutes, aussi vite que ses émules. Pour les autres compositions écrites, en histoire, littérature, arithmétique, elle suivit de très près les plus habiles, et quant à l'épreuve orale, elle l'emporta de beaucoup sur toute la série. Les membres de la Commission étaient émerveillés de cette supériorité, et le président, M. Robineau, professeur de rhétorique au Lycée, s'empressa de rédiger un rapport des plus flatteurs que M. l'Inspecteur d'Académie adressa au Ministre de l'Instruction publique, après l'avoir annoté avec une attention toute favorable.

En parlant des succès de la sœur Camille et de Mlle Mulot, on pense naturellement aux paroles divines : *les aveugles voient, les sourds entendent* : ce ne sont point des savants qui opèrent ces prodiges, ce sont de simples femmes qui n'ont pour inspiration que leur foi et leur ardente charité ; rien ne les arrête, ni ne les décourage, et tandis que le Conseil municipal de Paris après avoir expulsé les Sœurs des hôpitaux, les chasse des hospices des aveugles et des sourds-muets, comme si on pouvait remplacer près de ces malheureux, les Sœurs, leurs seules amies, nos vaillantes concitoyennes ne pensent qu'à l'amélioration morale et matérielle des chers infirmes dont la Providence leur a donné la garde.

Mais ce n'est pas tout encore : quelque pénibles que soient les soins et les sacrifices que s'impose Mlle Mulot pour soulager de grandes misères, c'est au milieu d'épreuves non moins poignantes qu'elle accomplit sa charitable mission. Vous ne pouvons pas dire quelles préoccupations l'obsèdent incessamment, à la suite de faits dont elle a été et dont elle est encore victime, mais ce que nous pouvons affirmer avec admiration c'est que le dévouement chrétien est seul capable de faire supporter les épreuves à travers lesquelles Mlle Mulot poursuit sa bienfaisante entreprise. Par un prodige de sa bonté souveraine, Dieu met toujours le baume à côté de la blessure, et c'est en souffrant que l'on apprend à compatir aux souffrances d'autrui. Enfin grâce à de communes croyances, il y a toujours de belles âmes qui s'attachent à leurs semblables avec d'autant plus de force que celles-ci ont plus besoin d'affection. C'est ainsi que Mlles Faraud [1], et d'autres encore, entourent leur maîtresse d'une tendresse passionnée. Labeurs, privations, chagrins, elles veulent tout partager ; rien ne leur coûte pour témoigner leur reconnaissance à celle qui les a élevées, avec l'amour d'une mère pour ses filles.

De tels sentiments allègent bien des peines. Dans une mesure relative, ils sont communs à tous ceux qui ont eu occasion de connaître Mlle Mulot. Tous appré-

---

[1] Mlles Faraud sont filles de l'honorable M. Faraud, ancien professeur de sciences au Lycée, et nièces de Mgr Faraud, évêque de l'immense diocèse de la rivière Mackensie, au nord des Etats-Unis, qui depuis plus de trente ans, évangélise les sauvages de ces contrées glaciales.

cient ses grandes qualités d'intelligence, de courage et de dévouement. Tous font des vœux pour que le Conseil général qui lui montre des dispositions si bienveillantes, accroisse bientôt sa subvention en faisant le bonheur d'un nombre plus considérable d'enfants atteints de cécité, et permette à leur digne institutrice de continuer sa noble tâche avec calme et repos d'esprit.

LE PATRONAGE DE SAINT-VINCENT-DE-PAUL

Il y avait une fois, s'il m'est permis de débuter comme les contes de fées, il y avait une fois, non pas un ogre au fond d'une forêt, mais un prêtre, jeune encore, dans une maison respectable, puisque c'était le collège Mongazon. Cet abbé de caractère fort affable, ce qui n'est point surprenant, aimait beaucoup les enfants, non à la façon de l'hôte terrible du petit Poucet, pour les croquer, mais à l'imitation de Vincent de Paul, pour conserver leur innocence, la leur rendre au besoin, enfin pour leur faire connaître, aimer et craindre le bon Dieu.

Notre abbé était professeur de mathématiques, emploi un peu sec qui s'accordait médiocrement avec la tendresse de son cœur et le sourire de son regard. Comme distraction des x et des a/b, il se rendait le dimanche à Notre-Dame-des-Champs pour seconder M. d'Arbois dans les divers offices de la direction.

Les deux amis se ressemblaient par leur dévouement à la jeunesse, mais différaient essentiellement par les penchants de leur nature. M. d'Arbois était pâle et valétudinaire ; organisateur réfléchi, il avait un air sérieux et une parole brève ; son collaborateur, doué d'une santé radieuse, avait le visage ouvert et enjoué ; toujours de belle humeur, également capable de réaliser un projet sur des bases durables, il parlait et agissait plutôt par inspiration qu'après des méditations prolongées.

Leurs sentiments de prédilection pour l'enfance n'étaient pas moins variés. Le professeur voyant les choses en beau, aimait les petits surtout pour leur innocence et leurs grâces natives ; le directeur sans illusion sur leurs défauts, pensait plutôt à les corriger qu'à les charmer. Il ne se déridait avec eux qu'autant qu'ils étaient devenus propres, réguliers et polis. Son vicaire était plutôt attiré par le dénûment physique et moral des petits garçons qu'il trouvait sur sa route, et plus ils étaient mal élevés, ou plutôt moins ils étaient élevés, et plus il se sentait pris de compassion et d'affection pour ces pauvres êtres sans famille, ou ce qui est pis, liés à de mauvaises familles.

Tout en cheminant dans la longue rue de la Madeleine, le bon abbé se disait : « Il me semble que je fais fausse route. Ce ne sont pas les habitués si convenables de Notre-Dame-des-Champs qui ont besoin de mon ministère, ce sont les petits vagabonds, grossiers, malpropres, déguenillés, qui m'appartiennent, les vauriens qui ne vont pas plus à l'école qu'à l'église, les polissons qui, dans le beau temps, maraudent dans la campagne, dénichent les oiseaux, jettent des pierres aux chiens, et parfois aux passants, puis l'hiver volent du bois et barbottent dans la boue, voilà mon affaire ; c'est la clientèle dont je serai le patron. »

Certain de sa vocation, M. Fournier — qui ne l'a

deviné ? — ne songea plus qu'à la mettre en pratique, c'est-à-dire à mettre son idée sur pied, ce qui n'était pas facile, car tout manquait à l'inventeur. M. d'Arbois auquel il s'en ouvrit tout d'abord lui démontra, avec la prudence qui le distinguait, combien son entreprise était hasardeuse : les quelques cents francs de traitement d'un professeur de collège ecclésiastique ne composaient pas un capital suffisant ; ensuite il fallait un vaste local ; ce ne serait pas à Notre-Dame-des-Champs, volière très enviable, d'accord, mais où l'on ne pouvait loger des oiseaux de plumage si différent. Malgré toutes les belles phrases des démocrates, il y a entre les diverses couches sociales, même à un degré modeste, des nuances qu'il faut observer, au risque de tout compromettre. La villa de la Baumette est destinée principalement aux fils d'artisans, d'employés ou de marchands ; l'introduction, dans cette compagnie d'élite, de petits bohèmes, ramassés dans la rue, ne produirait que désordre et, bientôt, dispersion. Enfin il fallait des aides pour nettoyer, laver ces fils de sauvages, de l'argent pour leur donner des vêtements, au moins une collation par jour, afin d'attirer ces pauvres êtres, presque nus et affamés.

Toutes ces objections étaient fort sensées. On en comprenait l'importance, mais on n'en persistait pas moins à poursuivre la réalisation de l'idée. Une voix secrète ne cessait de dire : « Marche ; marche, et si les moyens humains te manquent, une force surnaturelle te soutiendra. »

Sur les entrefaites, arrivèrent les vacances de 1869 ; notre professeur partit joyeusement dans la direction de son bourg natal, se promettant bien de mûrir son projet au sein de sa famille. Effectivement il employa si bien ses loisirs que son plan de campagne savamment dressé devait obtenir du premier coup un succès immanquable.

En revenant à Angers, sa première visite fut pour son ancien directeur ; tout plein de son sujet, il en développait le programme avec volubilité, lorsque M. l'abbé d'Arbois l'arrêta en lui disant : « Mon cher, ce que vous m'exposez est excellent, et si excellent que, pendant votre absence, c'est devenu un fait : vous allez en juger par vous-même, » et il l'emmena au siège de l'œuvre naissante.

Qu'on juge de l'agréable surprise de notre initiateur ! Son rêve était réalisé par celui même qui l'avait critiqué et, pendant qu'il invoquait l'assistance de saint Joseph, son puissant patron devançait son attente. Voici ce qui s'était passé à son insu. M. d'Arbois qui était un homme d'action, après sérieuse réflexion, n'avait pas tardé à se convaincre que l'idée de son collaborateur était éminemment chrétienne et que, puisqu'elle avait réussi dans d'autres villes, il fallait s'en occuper dans la nôtre. L'essentiel était de s'assurer des premières garanties de succès, avant tout de la gratuité d'un local. Dans son enquête pour le découvrir, il avait jeté son dévolu sur les ruines de Saint-Laurent, comme très convenables pour la destination nouvelle. Ces bâtiments appartiennent à la ville ; le maire, M. Montrieux, avec sa bienveillante intelligence, s'empressa de les lui accorder, comprenant de suite combien l'institution serait précieuse pour les pauvres enfants les plus déshérités de la population.

Le local trouvé, il fallut le remplir ; ce ne fut pas difficile. Quelques sociétaires de Notre-Dame-des-Champs furent lancés à la recherche des petits vagabonds. Ceux-ci charmés d'entendre pour la première fois, peut-être, de douces paroles, se laissèrent facilement séduire. Dès le premier dimanche, ils se trouvèrent une vingtaine, et lors de l'apparition de M. Fournier parmi ces rudes objets de ses prédilections, ils étaient plus de cinquante.

On a beau être apôtre, on n'en est pas moins homme. Nous ne voulons pas pénétrer au fond du cœur du bon abbé pour savoir s'il n'y eut pas un soupir en voyant l'honneur du début remporté par un autre, mais ce que nous pouvons assurer, c'est qu'il ne parut rien de cette supposition, et l'on se décida aussitôt, humblement et courageusement, à n'occuper que le second rang dans une entreprise que l'on pouvait considérer à bon droit comme personnelle.

Les commencements n'en furent pas extrêmement doux : on possédait bien le local ; c'était beaucoup sans doute, mais il n'y avait rien avec. Les ruines, précisément parce que ce sont des ruines, n'ont point de toit. Pour refuge en hiver, on avait organanisé une espèce de hangar peu abrité de la pluie et très exposé au vent et au froid ; c'était là que le jeudi on tâchait de faire entrer, dans ces têtes quelque peu rebelles, les éléments de l'instruction primaire. Divers jeux alternaient avec les leçons pour les rendre plus coulantes : du reste, on montrait bonne volonté ; l'enfance est naturellement reconnaissante, et pouvait-il en être autrement quand on lui prodiguait tant d'obligeance et d'affection ? Le dimanche était choisi particulièrement pour se préparer à la première communion.

L'œuvre se développait rapidement et heureusement, lorsque survint le terrible hiver de 1870. Les souffrances s'accumulaient au patronage comme partout. Pour les soulager autant que possible, on redoubla de dévouement. M. Fournier, sitôt après son cours, arrivait chaque soir de Mongazon, quel que fût le temps, et faisait ainsi bien près de deux lieues, avant de se livrer au repos. Ses principaux aides étaient partis dans les divers corps de nos défenseurs : il s'en présenta de plus jeunes, qui les égalèrent par le zèle, sinon par l'expérience. Après l'armistice, quand les portes de Paris furent rouvertes, M. l'abbé d'Arbois, malgré la délicatesse de sa santé, partit pour l'Allemagne, afin de prodiguer ses soins à nos pauvres prisonniers ; M. Fournier resta seul à la tête du patronage.

C'était une tâche bien lourde pour tout autre, mais elle sembla légère à l'entrain joyeux du nouveau directeur. Toutefois il fallait y consacrer une plus grande part de son temps. Avec la sûreté de son coup d'œil, Monseigneur jugeant que c'était l'homme compétent échangea sa chaire du collège Mongazon, pour l'aumônerie du Calvaire. Alors le digne abbé put se livrer à son apostolat avec toute l'ardeur de sa nature. Quand il sortait, sa principale occupation était d'accroître son bercail de nouveaux agneaux, parmi lesquels entraient parfois certaines façons de louveteaux, mais qui ne résistaient pas à l'exemple. Il appelait ses recherches aller à la chasse, et il n'était pas content lorsqu'il ne rapportait pas de gibier. C'était même les échantillons de la seconde espèce, quand il en opérait la capture, qui le rendaient le plus heureux.

Un jour, apercevant un groupe attentif à un spectacle quelconque, il s'approcha et vit au centre deux petits garçons qui se battaient en jurant d'une manière effroyable : la colère les égarait et leurs haillons tombaient en lambeaux. De stupides assistants les excitaient. L'abbé rompant le cercle autour des combattants, les prit par le bras en leur adressant de doux reproches. Ils s'arrêtèrent, saisis moins par la main du survenant que par le respect instinctif qu'inspire toujours aux plus réfractaires la robe du ministre de Dieu. Il s'informa du motif de leur querelle : c'était la possession d'un morceau de pain : il leur en promit deux avec quelque chose avec, et emmena dans son asile hospitalier les deux ennemis, réconciliés, aux grands applaudissements de la galerie qui naguère attisait leur fureur.

M. Fournier ne gagnait pas seulement le cœur des enfants par ses qualités sympathiques, il s'attacha également le concours passionné de jeunes auxiliaires qu'il sut réunir autant par leur dévouement à sa personne que par leur admiration pour son œuvre. Nous devons citer au premier rang MM. Paul Myionnet, Cotelle, Cellier et Paul Rondeau. Les trois premiers suivaient les cours de médecine avec une application et un succès auxquels ne nuisait point leur activité charitable. Deux sont encore parmi nous, et nos éloges seraient superflus : quant au troisième, Cellier, il est, aujourd'hui, l'un des docteurs les plus considérés de Laval. Qui ne se rappelle, parmi les anciens membres du Cercle catholique, sa gaîté communicative, sa verve ébouriffante, dans *Le Village*, d'Octave Feuillet, surtout le mordant inimitable avec lequel il accentuait dans *La Leçon de Grammaire*, d'Eugène Labiche, l'exclamation de l'archéologue Poitrinas : — *Ça sent le romain !*

Donc, on peut dire sans exagération que Cellier fut pour beaucoup dans l'heureux développement de l'institution. Tour à tour poète, acteur, conférencier, maître d'école, c'était la joie de la maison ; il suffisait qu'il parût pour exciter les rires et les applaudissements. Ajoutons que l'honnête jeune homme savait profiter de cette sympathie universelle pour adresser à ses protégés, quand le besoin s'en faisait sentir, des conseils et des avertissements toujours bien accueillis, parce qu'ils étaient donnés avec autant de tact que d'affection.

Nous étions arrivé à ce point de notre notice lorsqu'un heureux hasard a mis sous notre main un numéro du *Journal de Maine-et-Loire*, 29 janvier 1870, contenant le récit de la fête d'inauguration du Patronage. L'article est écrit par notre ami Henri Jouin, dont le départ d'Angers, il y a une dizaine d'années, a laissé un si grand vide dans nos œuvres, où il remplissait des rôles aussi variés qu'ils étaient essentiels.

On sait combien les articles de journaux, même les meilleurs, sont éphémères ; on les oublie, et quand par extraordinaire on les recherche, on ne les trouve qu'avec difficulté. L'avantage des livres c'est qu'ils ne disparaissent pas comme les feuilles volantes. A défaut d'autres mérites, ils ont celui de conserver des pages qui, par l'importance du sujet ou par l'intérêt du milieu où elles furent écrites, sont vraiment des pages d'histoire angevine.

Nous revenons donc de quelques pas en arrière, et nous transcrivons le premier fait de la Chronique de l'Ouest du doyen de nos journaux, fait remontant à près de dix-neuf ans.

PATRONAGE DES APPRENTIS

« Le *Patronage* autour duquel se sont groupées tant de chaudes sympathies, depuis sa naissance, a eu le dimanche 23 janvier sa fête officielle. L'inauguration solennelle et la bénédiction du bâtiment y avaient appelé une assistance d'élite, présidée par M. le Maire d'Angers. Quelle joie franche sur les traits de nos jeunes apprentis ! Apprentis ! ne le sont-ils pas deux fois ? L'enfance est l'apprentissage de la vie, et c'était vraiment justice qu'on dispensât ces petits êtres, occupés chaque jour d'un labeur pénible, de cette autre éducation que l'enfant du riche est lui-même impuissant à se donner. On se demande volontiers en entrant pour la première fois dans cette œuvre, comment il se fait qu'elle soit d'hier. D'ailleurs, à n'en considérer que le développement spontané, on la supposerait d'ancienne date.

« M. le Maire, accueilli par l'assemblée avec un respectueux empressement, reçut des hôtes accoutumés de l'endroit un de ces bruyants saluts que l'oreille est toujours fière d'excuser, parce qu'elle en devine la source.

« M. le Président des conférences d'Angers et Mgr Chesneau, vicaire capitulaire, prennent place aux côtés de M. le Maire. La séance est ouverte.

« Un premier discours est lu par M. Pavie. L'histoire du Patronage y est racontée. Nous assistons au récit des premières démarches faites auprès de MM les manufacturiers : nous entendons l'exposé des libéralités de l'administration municipale, toujours empressée de répandre la lumière et le bien-être au sein des classes laborieuses de la cité. Nous nous souvenons, avec l'orateur, de cette parole éloquente qui a été tout ensemble un remerciement et un appel, parole de prêtre aussitôt bénie de Dieu.

« Nous n'avons pas à résumer l'allocution de M. le Maire, nos lecteurs la trouveront plus loin. Comme nous, sans aucun doute, ils admireront, dans cette page trop vite lue, la noblesse des pensées, la chaleur du style, le sérieux intérêt que l'œuvre a rencontré auprès de la municipalité, la touchante sollicitude dont elle fait preuve en faveur des apprentis pauvres, auxquels on destine déjà de semblables abris dans le voisinage des ardoisières.

« A la suite de ce discours, M. le Vicaire capitulaire se prépara pour la cérémonie religieuse qu'il fit précéder de chaleureureux remerciements, à l'adresse de M. le Maire d'abord, et ensuite de MM. les chefs d'industrie qui avaient bien voulu répondre à l'invitation des Conférences. Alors, commentant, dans un langage élevé, quelques-unes des paroles que la liturgie allait placer tout à l'heure sur ses lèvres, M. le Grand-Vicaire a donné à l'Assemblée le sens exact de la cérémonie que l'on attendait.

« Encore quelques courts instants, et la musique qui est de toutes les fêtes, sous la direction d'un jeune homme dévoué à l'œuvre naissante, allait clore cette belle réunion qu'elle avait ouverte par un chant de circonstance, d'un goût parfait.

« M. le Maire, avant de prendre congé, voulut voir les enfants rendus à leurs jeux ; il applaudit à l'ingénieuse disposition de toutes choses, et quitta nos jeunes patronés tout fiers d'une si haute attention.

« L'assistance disparut lentement. Le soir venu, il y eut fête de famille, c'est-à-dire des chansonnettes, des romances, voire même de charmantes scènes de ventriloquie, dues au rare talent d'un amateur bien connu.

« Heureux ces enfants qui jadis erraient délaissés ! heureuses aussi toutes les mains qui leur ont préparé cet asile, car, n'en doutez pas, au soir de cette belle journée, plus d'un de ces petits êtres aura dit à Dieu, dans un langage que Dieu connaît, ce que le poëte, qui parlait aux hommes, a caché dans ces vers :

> Charge-toi seule, ô Providence,
> De connaître nos bienfaiteurs !
> . . . .
> Et que le bienfait qui se cache
> Sous l'humble manteau de la foi,
> A leurs mains pieuses s'attache
> Et les trahisse devant toi !

H. J.

Voici le discours de M. Montrieux :

« Messieurs,

« Je viens vous remercier d'avoir fondé un nouveau patronage des jeunes apprentis.

« Il y a quelques jours à peine, le patronage du tertre Saint-Laurent n'était encore qu'un projet, projet heureusement conçu, qui n'a trouvé sur sa route que faveur et appui, et aujourd'hui le voilà déjà devenu une institution forte et durable.

« Vous poursuivrez la tâche que vous vous êtes faite, sans lassitude, sans défaillance, avec l'énergie que donne la foi chrétienne dans l'exercice des œuvres charitables.

« Les mauvais jours ne viendront pas; mais si cette œuvre soutenue par l'appel persévérant à l'initiative privée et soumise à ses fluctuations, venait à échapper de vos mains, le patronage des jeunes apprentis trouverait après vous le ferme appui du corps municipal, protecteur naturel et défenseur des humbles et des faibles.

« En réalité, la fondation du tertre Saint-Laurent n'a-t-elle pas déjà reçu l'empreinte municipale, et par l'excellence du but qu'elle poursuit et par le populaire accueil qui lui a été fait ?

« Les chefs des principales industries de notre cité se sont empressés de vous donner le concours de leur grande influence et leurs noms se sont associés aux vôtres pour demander l'asile du dimanche pour leurs pauvres enfants.

« La chaire de l'Église a fait entendre ses plus éloquentes paroles et chacun des auditeurs qui composaient la foule attentive et recueillie, pressée autour du prêtre heureusement inspiré, s'est retiré le cœur touché et l'esprit convaincu.

« Les âmes se sont remplies de sollicitude pour ces pauvres enfants exposés à tous les dangers des dissipations mauvaises, et ces détresses de l'ouvrier ont provoqué de salutaires réflexions.

« Je crois, Messieurs, vous apporter une bonne et douce joie en vous annonçant que de grands ateliers se préoccupent sérieusement du succès de vos œuvres. Les doutes disparaissent et avec eux les hésitations : des projets s'étudient et bientôt, j'en ai la conviction, le patronage des apprentis appellera, dans des établissements créés exprès pour eux, les jeunes désœuvrés du dimanche qui viendront s'y pénétrer de salutaires instructions, y vivre en compagnie de bons exemples, l'oreille ouverte aux paroles honnêtes.

« Ils y trouveront, comme ici et à Notre-Dame-des-Champs, les jeux de leur âge et une surveillance amie. Saint-Léonard et Trélazé auront bientôt leur patronage. Ainsi, votre œuvre ne se limite pas à cette enceinte ; l'esprit qui a présidé à sa fondation en a déjà de bien loin franchi les barrières.

« En passant auprès de ces bandes d'enfants dissipés, courant à l'aventure, jouant dans la poussière des routes ou les ruisseaux de la rue, les habits déchirés, la voix enrouée, prononçant des paroles qu'on ne veut pas entendre, qui donc ne s'est pas demandé avec inquiétude et tristesse, que deviendront ces pauvres enfants, pris trop jeunes, hélas ! par les nécessités du travail, et sevrés avant l'âge des bienfaits d'une instruction nécessaire. Ils seront ce que nous aurons su les faire, il ne nous est pas permis de nous éloigner d'eux. Si nous les abandonnons, la conscience se révolte et la société en souffrira cruellement. On n'aura pas laissé impunément cette jeune génération livrée sans frein à toutes les excitations du mal.

« Aussi [votre œuvre satisfait à un des besoins les plus impérieux de notre époque, et répond à une de ses plus saisissantes préoccupations.

« Vous êtes les initiateurs, Messieurs, je vous en remercie au nom de la ville. Vous avez fondé l'œuvre et la cité reconnaissante qui la reçoit dans cette enceinte, moralement en garantit la durée. »

En se retirant le premier magistrat de la cité ne manqua pas d'ajouter à ses encourageantes paroles, une autre preuve généreuse de sa sympathie.

Après les rudes labeurs de sa construction, le cher patronage, navire plein d'espérances, était mis à flot et commençait à naviguer paisiblement, lorsqu'il alla se heurter contre un écueil que l'on ne pouvait apercevoir et qui n'était rien moins que la guerre de 70.

La plupart des auxiliaires de M. Fournier se rendirent sous les drapeaux et il restait presque seul pour commander sa jeune milice qui serait aussi partie volontiers, si chez elle la force eût égalé l'ardeur. Bien que disposée à invoquer le vers célèbre, si elle l'eût connu :

> La valeur n'attend pas le nombre des années,

on l'engagea à prendre patience et à se contenter de prier pour l'heureux retour de ses vaillants précepteurs.

Grâce à Dieu, ceux-ci revinrent sains et saufs de leur patriotique campagne et, à peine remis de leurs nobles fatigues, s'empressèrent d'aller reprendre, près de M. Fournier, les rôles en rapport avec leurs aptitudes.

Les jours s'écoulaient paisiblement à l'intérieur de la populaire institution, mais au dehors, c'était tout un autre monde d'idées et de personnes.... en le considérant, l'on pouvait répéter à bon droit, les gémissements du grand-prêtre Joad à son ami Abner :

> ... Que les temps sont changés !

Bien que les ruines de Saint-Laurent fussent en un lieu écarté, quelques curieux avaient soupçonné qu'il s'y passait des choses étranges, les jeudis et les dimanches. Comment ! des ennemis de la libre-pensée y détiennent des enfants pour leur enseigner le catéchisme et autres superfluités bannies des écoles neutres au lieu de laisser ces jeunes citoyens courir les champs et les rues, pour jouir de la liberté que le nouveau régime leur a donnée comme à tout le monde ! C'est bien là une idée de ces affreux réactionnaires qui ne savent qu'opprimer le pauvre peuple en lui parlant de morale à observer et de devoirs à remplir !

C'était une invention cléricale, on devait à tout prix la proscrire.

Toutefois pour mettre fin à un tel scandale, il fallait un motif ; on ne tarda pas à le découvrir. Comme dans l'enceinte de la vieille église il ne restait pas un coin abrité, on avait construit un hangar en bois qui servait à toutes fins. Pour en soutenir le toit des solives avaient été enfoncées dans la muraille, et des pierres en étaient tombées. Le dommage n'était pas grand ! Tout au plus si quelques giroflées en avaient souffert, et si trois ou quatre lézards pouvaient se plaindre d'avoir été troublés dans leur possession immémoriale : le fait fut trouvé grave, et l'arrêt d'expulsion fut prononcé contre les fauteurs de dégradations dans un monument public.

Les exilés se réfugièrent dans la maison du Cercle d'ouvriers, rue Belle-Poignée ; mais ce local très convenable pour une société d'hommes, manquait des conditions essentielles pour une nombreuse jeunesse, c'est-à-dire d'air et d'espace. Où donc aller planter la tente de cette bruyante et alerte colonie ?

L'embarras était grand, et invisible était le moyen d'en sortir. Les purs désirs, les bons vouloirs abondaient ; mais on devine ce qui faisait défaut. Heureusement la Providence qui ne perd jamais de vue les œuvres utiles, intervint par l'organe d'un médiateur toujours prêt à son service. Notre évêque fit l'emplette d'un terrain dépendant de l'aumônerie du Bon-Pasteur, et en remit la jouissance à la bande joyeuse qui, de parage en parage, avait enfin touché le port.

Il est vrai que ce port ne brillait pas par l'ensemble du confortable ni même par l'aspect de l'indispensable. On lit dans l'histoire de Dom Bosco que la première réunion de son auditoire se tint dans un pré : il en fut de même pour notre patronage. Le terrain qui lui était offert jouissait de la pureté de l'air dans toute sa plénitude, car il n'était couvert que par la voûte céleste et sa surface ne présentait au-dessus de la nudité du sol qu'un prunier et deux amandiers. C'est égal : on était chez soi. Loin de perdre courage, on travailla résolument, surtout gaîment, et d'année en année on vit s'élever, comme à l'ordre d'une baguette enchantée, d'abord les murs de clôture, puis une salle d'études, une salle de récréation, enfin une chapelle de vastes dimensions, d'un goût pur et sous la direction désintéressée autant qu'habile de M. l'architecte Ruault.

Ah ! sans doute tous ces travaux qui s'opéraient comme par enchantement, sous les yeux et souvent par les mains des élèves et des maîtres, causèrent plus d'un souci à leur inspirateur, et malgré l'optimisme de sa philosophie, il passa, en y songeant, plus d'une nuit blanche ; mais quand il sentait les approches de l'hésitation dans la poursuite de son œuvre, il lui suffisait de jeter un regard sur les cent cinquante enfants qui lui viennent des écoles le jeudi et sur les cent cinquante apprentis des usines ou des ateliers qui leur succèdent le dimanche, il suffisait à l'excellent père de voir toutes ces bonnes figures heureuses et riantes pour sentir redoubler son courage et sa confiance en l'avenir.

Hâtons-nous d'ajouter que l'organisateur de l'œuvre multiple serait le premier à se plaindre de notre oubli, si nous ne citions quelques noms des collaborateurs de son entreprise : il y avait et il y a encore place pour des dévouements de genres divers.

Nous avons déjà signalé MM. Paul Myionnet, Marcel Cellier, Cotelle et Rondeau, qui le secondèrent avant les désastres de 1870, et qui vinrent reprendre leur tâche d'assistants, après l'armistice, jusqu'à la fin de leur stage d'étudiant.

A ceux-ci en succédèrent d'autres parmi lesquels je dois citer en première ligne M. l'abbé Arthuis qui, depuis septembre 1877, s'acquitte avec tant de zèle du ministère pastoral; les deux Lebouvier, le père, dont l'ineffable douceur avait pour spécialité de ramener dans la bonne voie les natures indociles, et le fils, qui préludait à ses périls de missionnaire par des récits de voyage qui charmaient ses auditeurs; M. Cherruau, qui se plaît dans une vie d'anachorète, pour consacrer au Patronage tout son temps libre et toute l'aisance, fruit de son travail ; enfin, et je suis contraint d'en passer, le beau-frère de M. Arthuis, M. Edouard Simon, dont la mort récente et prématurée a causé tant de regrets, M. Simon qui sacrifiait le besoin du repos et les douceurs de la famille pour former, avec des éléments fort inégaux, des chanteurs et des instrumentistes dignes d'exécuter ses charmantes compositions.

Ce concours musical contribua beaucoup au succès progressif des représentations théâtrales. Le début en fut des plus primitifs. La scène consistait alors en une table à laquelle accédaient les acteurs par un élan vigoureux et sur laquelle la crainte de chutes arrêtait les pantomimes trop expressives; une vieille toile peinte, donnée par M. Clouard, fermait les coulisses, et le luminaire se composait de quatre chandelles, fichées dans des supports en bois.

Quel chemin on a fait depuis ces préludes modestes pour arriver à la représentation de la *Grande Pastorale de Noël* qui n'a pas été jouée moins de vingt-trois fois, à la parfaite réussite de l'auteur et des acteurs, et à l'émerveillement des spectateurs ! Pour donner une idée du succès de cette pieuse et dramatique création, nous détachons le passage suivant de la délicate analyse qu'en donna M. Ernest Faligan :

« Les représentations de la *Grande Pastorale de Noël* ont révélé, et c'est même leur plus important résultat, quelle action profonde ces sortes de pièces exercent sur les âmes vraiment chrétiennes. En l'an de grâce 1883, acteurs et spectateurs l'ont ressentie avec la même force et la même douceur que leurs pères au moyen âge. Après tant de siècles écoulés, le parfum de piété et d'amour qui s'exhale de ces Noëls, n'a rien perdu de sa puissance. Il semble que les chœurs mystiques des anges, et les chants, les conversations des rois mages et des bergers, qui sont de véritables actes de foi, agissent comme une grâce sur les âmes, et les inclinent sans effort vers les sentiments que la prière y veut faire pénétrer. On ne saurait se figurer quand on n'en n'a pas été témoin, du sérieux, de la conviction et de la joie intime avec lesquels les enfants chargés des différents rôles de ce drame-mystère, les ont remplis.

Ce résultat qui tient du prodige, les deux directeurs du Patronage, MM. l'abbé Fournier et l'abbé Arthuis l'ont obtenu en se dévouant tout entiers à l'entreprise, et ceux-là seuls qui les ont vus à l'œuvre peuvent dire au prix du quelles peines et de quels efforts.

« S'ils se sont prodigués de la sorte, ce n'est pas, on le comprend du reste, pour le vain plaisir de faire parler de leurs talents comme *impresarios*. Ils se proposaient une fin plus haute et qu'ils vont désormais poursuivre. C'est de remettre en honneur, sur les scènes des œuvres chrétiennes, les pieuses représentations de nos pères, et le succès de cette première tentative a dépassé leur attente... »

C'est ici le moment de ne pas oublier Mlle Léontine Guittonneau qui s'est chargée avec tant d'obligeance du soin de déterminer et d'apprêter les costumes.

tâche difficile, remplie avec autant de goût que de bon vouloir.

Cependant, malgré toute la prudence et toute l'économie possibles, il fallait beaucoup d'argent pour la fondation et l'entretien d'une œuvre qui comprend un si nombreux personnel. M. Fournier se résigna en allant de porte en porte, tendre la main comme frère quêteur, en compagnie de notre cher Victor Pavie, dont le sacrifice fut grand, car nul ne demandait plus timidement et n'était plus déconcerté par un refus. La figure ouverte de l'un, sa parole facile et cordiale, la rare distinction de l'autre, la bonne renommée des deux et l'excellence de leur œuvre obtinrent une sympathie générale, soit venue spontanément, soit obtenue par l'entremise des quêteurs. Bon nombre de souscriptions furent recueillies dès les premiers jours ; nous citerons entre autres donateurs :

La Grande Chartreuse	1.000 fr.
M. Paul Myionnet	1,000
M. Gustave Genest	1.000
M. Cherruau, plusieurs mille francs.	
M. Ambroise Joubert	1,000
Mlle Desmazières	1,000
Mgr Chesneau	1,000
Le vicomte de Boissard	1,000
M. Dusouchay	1,000
La sœur Louise, de l'hôpital	300
Le marquis de Maillé	1,000
Etc., etc.	

Une petite rentière prête deux mille francs et d'autres personnes l'imitent, sous la seule garantie de saint Joseph, qui n'a jamais été en défaut. Nous nous arrêtons aux principaux donateurs dont les noms encadrés dans un écusson, figurent à une place d'honneur ; si nous avions pu donner une liste complète des offrandes, elle eût couvert plusieurs pages. Toutefois la générosité s'apprécie selon les moyens de celui qui l'exerce : le don des sommes minimes n'est pas moins méritoire que celui des gros contingents, surtout si l'on s'impose des privations ; ainsi parmi les nombreux ouvriers et ouvrières qui ont apporté leur obole, un d'entre eux s'est engagé à ne point acheter de tabac pendant tout le temps que son fils fréquentera le patronage, et il a tenu parole.

Malgré tous les efforts de la charité, les dépenses courantes étant considérables, on conçoit que les frais de premier établissement ne soient pas encore couverts : néanmoins le déficit du modeste budget diminue graduellement, et il suffirait d'un legs, ou plutôt d'une donation, du vivant d'un testateur généreux, pour le combler entièrement.

Cette espérance transformée en fait, serait d'autant mieux accueillie que l'institution a perdu plusieurs de ses protecteurs, et ne reçoit plus l'annuité de mille francs de la Société de Saint-Vincent-de-Paul. Cette subvention servait à offrir aux trois cents patronnés, une collation bien frugale, puisqu'elle ne revenait qu'à cinq centimes par tête. Ce fut avec un vif regret que le Conseil de la Société suspendit cette allocation, mais l'autorité n'ayant plus permis notre loterie traditionnelle ou plutôt exigeant le partage du produit avec le Bureau de bienfaisance, ce qui revenait au même, la suppression de la principale ressource entraîna celle de plusieurs de nos libéralités. A cette occasion l'on ne peut se défendre d'observer que ces interdictions privent les associations charitables de pouvoir donner :

les pauvres, c'est-à-dire, la partie la plus intéressante du peuple, seuls en sont victimes.

Toutefois, le régime purement idéal, auquel sont voués actuellement les élèves de M. Fournier, est une preuve nouvelle de leur attachement à leur maître et à son institution. Ce changement matériel n'a rien changé à leurs dispositions désintéressées. Au lieu de sortir une fois par jour pour aller prendre part au repas de la famille — quand il y a repas —, ils en sortent deux fois et rentrent au patronage, toujours avec la même allégresse et la même exactitude.

Quand on pense que toute cette jeunesse de dix à dix-huit ans, est à l'âge où l'on n'est plus enfant, sans être homme encore, à l'âge où dans l'ignorance de l'avenir, l'adolescent est exposé à subir facilement toutes les influences, bonnes ou mauvaises, selon le milieu où il se trouve, on ne saurait trop bénir ces dispensateurs de la bonne semence qui passent leurs jours à la répandre dans les cœurs, afin d'y faire germer des sentiments d'amour et d'espérance. On a pu souvent juger du progrès intellectuel de ces natures un peu rudes et de l'enthousiasme de la foi qu'ont su développer, exciter dans ces âmes naïves, les encouragements de leurs dignes instituteurs ; on a pu souvent en juger aux solennités théâtrales, en voyant ces acteurs improvisés représentant des drames chrétiens tels que : *Les Enfants nantais, Les Machabées, Saint François d'Assise. Saint Vincent de Paul à Tunis, Saint Louis en Égypte.*

Nos sensibles artistes se passionnent pour leurs rôles, et leur illusion est telle qu'ils la communiquent à l'auditoire, composé de leurs parents, fort peu habitués aux jeux de la scène, et qui passent des pleurs aux rires comme s'ils étaient en présence de personnages réels.

Ce n'est pas seulement aux représentations drama

tiques que nos jeunes amis montrent l'ardeur de leur foi, ils la témoignent à tous les exercices religieux, à tous les offices, pour lesquels ils quittent leurs récréations non seulement sans regret, mais avec empressement. Un seul souvenir en dira plus que beaucoup de paroles : à la dernière solennité de l'Adoration, cinquante des plus grands veillèrent toute la nuit dans la chapelle.

Nous venons de parler d'exercices, ceux du gymnase sont des plus recherchés. A ce propos, on sait qu'une grande Société a été fondée dans un local sur le boulevard Daviers, sous le nom de Société de tir et de gymnastique, à l'instar d'associations analogues en Suisse et en Ecosse. La pensée de cette création était assure-t-on patriotique : on n'a, sous ce rapport, qu'à lui rendre hommage, toutefois, on n'est pas sans appréhension sur la tendance des sectes à s'y introduire, de même que l'*Internationale* avait envahi une partie de l'excellente institution si connue sous le titre de Société de secours-mutuels. La Société de tir et de gymnastique d'Angers nous semble faite pour des hommes ; par conséquent il serait regrettable que de très jeunes gens quittassent les patronages pour s'y associer, avant d'avoir terminé leur éducation religieuse. C'est cette crainte et ce regret, nous a-t-on dit, qui ont déterminé M. Oberthur, de Rennes, à créer dans sa belle imprimerie, une Compagnie de gymnase dont le succès est si éclatant qu'elle a remporté neuf prix sur onze, au concours de cet été à Angers.

Comment, nous demanderont nos lecteurs, soit qu'ils aient assisté aux travaux, aux jeux, aux offices, aux représentations du Patronage de Saint-Vincent-de-Paul, soit qu'à tort, à grand tort, ils ne l'aient pas encore visité, comment est-on parvenu à de tels résultats ? Ah ! certes, je ne me charge pas de répondre à cette question pourtant bien naturelle.

Ce n'est pas seulement la question d'argent qui faisait obstacle, mais ce sont les procédés d'invention, de goût, de savoir, les trésors de patience et d'imagination qu'il a fallu prodiguer ; voilà ce qu'on ne saura jamais au juste. Pour remplir sa mission d'apôtre sans argent et sans expérience sur beaucoup de points, M. Fournier a dû réunir à son caractère de directeur des âmes, les talents d'*impresario*, de décorateur, de peintre, de machiniste, etc. Sans doute il a été secondé par des auxiliaires aussi dévoués qu'intelligents, mais ayant la responsabilité de tout, il a dû être l'inspirateur universel, en un mot, réunir un bien rare ensemble de bonne santé, de belle humeur et d'expansive charité. Bref pour connaître son secret, il faut avoir lu l'histoire de dom Bosco et de même que celui-ci a été nommé le Vincent de Paul de l'Italie, de même on acclamera M. Fournier le dom Bosco de notre chère cité.

LES PATRONAGES PAROISSIAUX

A côté de Notre-Dame-des-Champs et du Patronage de Saint-Vincent-de-Paul, MM. les curés ont établi, depuis quelques années, des réunions du jeune âge, dans le but de grouper autour de leurs églises, un certain nombre d'enfants dont ils se servent pour rehausser l'éclat des cérémonies et qui, plus tard, deviendront des apôtres dans la paroisse.

C'est à ce dernier groupe que se rattachent les Patronages de Saint-Serge et de Sainte-Madeleine, de Saint-Jacques, de Saint-Laud, de Saint-Joseph et de Sainte-Thérèse.

Le Patronage de Saint-Serge a été fondé par M. l'abbé Bachelot, curé de la paroisse, qui le dirige toujours, et l'on sait avec quelle ingénieuse activité et quel succès.

Celui de Sainte-Madeleine, fondé en 1875, par M. l'abbé Christaud, de loyale et généreuse mémoire, a eu pour directeurs MM. les abbés Marais, aujourd'hui curé de Trélazé; Jouan, aumônier de l'Hôtel-Dieu de Beaufort; Olivier, aumônier de la prison; A. Huré, vicaire à la paroisse.

Le Patronage de Saint-Jacques a été fondé en 1883, celui de Saint-Laud en 1885, celui de Saint-Joseph en décembre 1887, et celui de Saint-Thérèse en octobre 1888.

Toutes ces œuvres vivent de la charité des catholiques; néanmoins quatre d'entre elles reçoivent de modiques subventions des Conférences de Saint-Vincent-de-Paul : Notre-Dame-des-Champs, Saint-Vincent-de-Paul, Sainte-Madeleine et Saint-Jacques.

On observera que, dans l'énumération de ces patronages, ne figurent ni la paroisse de Saint-Maurice, ni celle de la Trinité, les deux plus populeuses de la ville, et aussi celles qui contiennent le plus grand nombre d'indigents. Ce sont elles qui fournissent le plus fort contingent de la belle institution de M. l'abbé Fournier, dont la clientèle, on peut dire spéciale, lui est si attachée qu'elle n'a point été diminuée par la création de ses jeunes émules; au contraire l'ouverture des patronages dans les faubourgs éloignés du centre de la ville contribue à populariser une œuvre excellente, en permettant aux enfants, et même à leurs familles, de jouir d'avantages dont ils ne pouvaient profiter à cause de leur éloignement.

En regrettant de ne pas nous arrêter à chacun de ces patronages avec l'attention qu'ils méritent, nous dirons seulement quelques mots sur l'avant-dernier en date ; ils suffiront pour indiquer l'importance de ce nouveau genre d'institutions en faveur de la jeunesse.

Le dimanche 18 décembre 1887, Monseigneur devait bénir trois œuvres fondées, grâce à l'initiative de M. le Curé de Saint-Joseph et au concours sympathique de ses paroissiens reconnaissants : la Congrégation des mères de famille, le dispensaire et le patronage dont Monseigneur assura le succès par cette invitation aux assistants en terminant sa réponse au zélé fondateur : « Envoyez ici vos enfants quand ils seront sortis de l'école ; grâce aux bons conseils qu'ils recevront au patronage, ils resteront de bons Français et de bons chrétiens. »

Le soir, pour clore cette belle journée, avait lieu une première représentation, salle comble. Les jeunes gens du Patronage de Saint-Serge, prêtant leur expérience à leurs jeunes frères de Saint-Joseph, jouèrent avec le talent et le dévouement qu'on leur connaît une grande et belle pièce : *Rêve et Réveil*. Pour Saint-Joseph, ce n'était point le rêve mais le réveil, et un beau réveil. Dans un entr'acte, M. le Curé, heureux comme un bon pasteur peut l'être en de tels jours, remercia chaleureusement toutes les personnes qui l'assistèrent de leurs sympathies, de leurs conseils, de leurs bienfaits, particulièrement M. le Curé de Saint-Serge pour la bonne grâce avec laquelle il est venu en aide à son confrère, nouvelle preuve de la générosité dont il est la personnification, et à laquelle chacun, dans notre ville, se plaît à rendre hommage ; enfin ne furent point oubliés les jeunes gens qui, comme venait de le dire une charmante poésie, avaient tendu avec tant de cordialité leur main fraternelle aux enfants de l'œuvre naissante, et dont le talent fait revivre dans nos patronages le théâtre moral où l'on voyait toujours autrefois le vice puni et la vertu récompensée.

NOTRE-DAME-DES-CHAMPS

Notre-Dame-des-Champs et Notre-Dame-de-Saint-Vincent-de-Paul ont d'étroits liens de famille. En face l'une de l'autre la transition est facile puisqu'elles ne sont séparées que par la rivière : ce sont deux sœurs nées sous la même inspiration et protégées par la même patronne.

Depuis cinquante ans, si notre ville a gagné sous certains rapports, et perdu sous d'autres, l'extérieur a perdu sans compensation, jusqu'ici du moins. Que sont devenues nos charmantes promenades de la Baumette et des Fourneaux ? Elles existent encore, mais dans quel état ? Aujourd'hui nous n'avons à parler que de la première.

Au temps de notre jeunesse, après avoir dépassé les jardins de la Visitation occupés maintenant par les bâtiments de la Gare, la pleine campagne s'ouvrait devant vous. On entrait par une barrière, fermée seulement aux animaux, dans un vaste enclos, bordé par des haies d'aubépines blanches et roses, parfumées de violettes. C'était les champs de Saint-Martin qui descendaient, par une pente douce, du haut de la colline jusqu'à la promenade de la Baumette. Le dimanche, tout le long des larges *cheintres* ou allées qui les entouraient, des groupes de citadins, usant de la tolérance des propriétaires, s'installaient tranquillement autour de la modeste collation, apportée par la prévoyante mère de famille, et servie sur un tapis de gazon et de pâquerettes.

Au delà de ce premier plan, le regard s'étendait librement sur les prairies de la Maine, formant un bassin circulaire, aussi majestueux qu'une de nos rades de l'Océan. Puis les savants apprenaient aux novices les noms des sites et des riantes villas qui émaillent le coteau des Fouassières, aux limites de l'horizon, entre ses deux pointes d'arc, l'abbaye de Saint-Nicolas et les rochers de Pruniers.

Aujourd'hui cet admirable point de vue que la Providence avait comblé de ses bienfaits d'air pur et de soleil radieux, est remplacé par une levée massive qui intercepte la chaleur et la lumière de l'astre du jour, sans compter les colonnes de fumée qui se prolongent incessamment dans l'atmosphère. L'industrie profite de cet envahissement, d'accord ; mais la nature et ses admirateurs sont réduits à en gémir.

C'était un spectacle frais comme une idylle et gai comme un chant d'alouette celui de ces longues files de promeneurs en habits de fête, suivant les sinueuses *voyettes*, entre les nappes azurées du lin en fleur et les champs de blé, parsemés de bluets et de coquelicots dont les couleurs ardentes s'accordaient avec les toilettes printanières des femmes et des enfants.

Toutefois cette promenade de la Baumette avait tant

d'attraits que sa métamorphose n'a pu les voiler entièrement ; il en restait assez pour séduire un ami de la jeunesse, en quête d'un site pour y installer une maison de plaisance. Voyez la vertu des fondations religieuses et charitables : il a suffi de l'érection des divers bâtiments qui composent Notre-Dame-des-Champs pour rendre à la promenade une grande part de son ancien agrément. Quand un vieil Angevin vient à passer le long des cours et de la chapelle de l'élégant édifice, les cris joyeux de la jeunesse en récréation, ou ses chants religieux aux offices, lui rappellent la gaîté et les douces impressions des anciens jours.

Pour remonter aux origines de Notre-Dame-des-Champs, nous devons céder la plume à M. le chanoine Picherit. C'est un maître dans l'art difficile d'écrire, et nous sommes trop heureux de le trouver sur notre chemin pour ne pas saisir l'occasion de lui dérober quelques belles pages. Bien que l'autorisation du larcin n'ait point été sollicitée, on espère que le docte et indulgent abbé n'en voudra pas trop à son spoliateur car il sait que dans l'ordre intellectuel, comme en matière positive, on n'emprunte qu'aux riches [1].

... « C'était en 1850. La révolution de février avait été un coup de tonnerre ; et, comme l'éclair qui jaillit au milieu de la nuit, d'autant plus éblouissant que l'obscurité est plus profonde, fait apparaître aux yeux du voyageur le précipice que lui cachait l'épaisseur des ténèbres, ainsi la lueur sinistre de cette soudaine tempête, projetant de vives clartés sur l'état latent du pays, révéla à tous l'existence d'un danger que personne ne soupçonnait auparavant. La sur-

---

[1] M. *l'abbé Le Boucher et la Société de Notre-Dame-des-Champs*, 1887, in-12. Germain et Grassin.

prise n'eut d'égale que l'épouvante. Un cri sortit de toutes les bouches : Le peuple ! sauvons-nous du peuple, et pour nous sauver de lui, sauvons-le lui-même, ou nous sommes perdus ! C'est qu'en effet cet effrayant acteur avait fait sa brusque apparition sur la scène qu'il n'a plus quittée depuis, pour y jouer un rôle de plus en plus important. Et sous quel aspect il s'y montrait ! la rage au cœur, la fureur dans les yeux, la menace à la bouche. Fou de haine, altéré de vengeance, le Samson populaire secouait de ses bras puissants les colonnes de l'édifice social pour écraser sous ses ruines une civilisation qu'il accusait de tous ses maux.

« En face de ce péril suprême, il se fit, sans entente préalable, comme une coalition instinctive de toutes les forces vives de la société pour arrêter l'envahissement du fléau qui la menaçait d'un désastre complet et prochain.

« C'est de cette époque que date le grand mouvement en faveur des Œuvres d'ouvriers. Sans doute il en existait çà et là quelques-unes auparavant. Mais, créations isolées d'un effort individuel, tout en opérant un bien partiel dans les lieux où elles étaient établies, elles ne pouvaient exercer une sérieuse influence sur l'état général de la classe pour laquelle elles avaient été fondées. A partir de 1848, le mouvement, à peine perceptible jusque-là, s'accentue, s'accélère et se généralise. C'est une germination soudaine, une floraison instantanée. Les œuvres surgissent et se multiplient sur tous les points, sous tous les noms, sous toutes les formes. Presque pas de cité importante qui ne désire avoir la sienne ; elles gagnent bientôt les villes secondaires pour s'étendre jusqu'aux simples bourgades au fond des campagnes. Le peuple ouvrier est attaqué avec suite et ensemble ; on fait peu à peu des brèches sensibles dans ses masses profondes, et enfin, dans une ville où, il y a quarante ans, on comptait à peine quelques centaines d'hommes adultes de toutes les classes autour de la table sainte, le jour de Pâques, on a pu voir plusieurs milliers d'ouvriers, avec un empressement grandissant chaque soir, suivre au chant des vieux cantiques une retraite terminée, hors du temps pascal, par de nombreuses communions.

« Ce fut au moment précis où se réunissaient des circonstances si favorables que l'abbé Le Boucher arriva à Angers vers le milieu de 1850, à la fleur de l'âge, dans la fraîcheur de son zèle, les mains encore humides de l'onction sacerdotale, le cœur tout imprégné des grâces qu'y avait versées à flots abondants et purs la vertu de l'ordination qu'il venait de recevoir. Je l'ai dit : il n'avait pas créé le mouvement qui se prononçait alors de toutes parts, et à Angers même, sa venue avait été précédée de quelques tentatives, hélas ! impuissantes, ou plutôt de simples projets irréalisés. Mais, s'il n'avait pas créé ce mouvement, il sut en tirer parti avec un vif sentiment de la situation et une exploitation habile des moyens de succès dont il pouvait disposer. Si le vent soufflait de ce côté, il eut le mérite d'y tendre aussitôt sa voile : il se lança hardiment vers la haute mer, en bravant les tempêtes et l'inconstance des flots.

« L'Œuvre était résolue dans sa pensée, il fallait procéder à l'exécution. Or, à ce moment décisif, un homme pouvait tout arrêter d'un mot. Je ne fais pas ici allusion à l'évêque, à Mgr Angebault dont l'approbation nécessaire avait été donnée tout d'abord au principe de l'Œuvre avec une effusion paternelle, et toujours maintenue depuis sans regret comme sans retour. Je veux parler de M. Lecoindre, curé de Saint-Laud, dont le rôle, dans la fondation de Notre-Dame-des-Champs, n'est peut-être pas assez apprécié parmi nous. Pour les rendre impossibles, il n'avait pas besoin de faire une opposition directe et ouverte aux projets de son vicaire. Il lui suffisait d'exiger de lui, comme il en avait le droit strict, l'accomplissement régulier et intégral de ses fonctions vicariales. L'abbé Le Boucher était aussitôt réduit à l'impuissance : car astreint sans aucune dispense aux mille détails du ministère paroissial où l'imprévu est si fréquent et les dérangements si nombreux, il n'aurait eu ni le loisir ni la liberté d'esprit nécessaires à la réalisation de ses desseins. Mais le mot qu'il pouvait dire, M. Lecoindre se garda bien de le prononcer. Esprit large, cœur plus large encore, et, par ces deux côtés, supérieur à toute préoccupation personnelle, ne voyant que le bien en lui-même, il se félicitait d'avoir auprès de lui un collaborateur qui avait le désir et la capacité d'en faire beaucoup. Il lui accordait sans compter et lui offrait même toutes les dispenses dont il pouvait avoir besoin, poussant la complaisance jusqu'à le remplacer dans l'enseignement du catéchisme et le chant des vêpres. Aussi le nom de M. Lecoindre doit-il être inscrit sur les diptyques de Notre-Dame-des-Champs parmi ses bienfaiteurs insignes, par cela seul que, n'empêchant rien, il a tout rendu possible.

« Muni des approbations les plus explicites et des autorisations les plus formelles, assuré du concours de plusieurs collaborateurs volontaires qui l'auraient au besoin plutôt poussé que retenu, l'abbé Le Boucher pouvait marcher : il marcha.

« Il commença par grouper une demi-douzaine d'enfants de treize à quatorze ans, récemment sortis du catéchisme, et sur lesquels il croyait pouvoir compter. Il les réunissait à la cure, portion détachée d'un ancien couvent, qui s'élevait à la place qu'occupe aujourd'hui un parterre fermé par une grille, sur le côté gauche de la nouvelle église. Ils couraient et sautaient dans le jardin que le bon M. Lecoindre leur abandonnait, au grand détriment de ses légumes et de ses arbres, et où, avec son consentement tacite, ils étaient devenus plus maîtres que lui. Le soleil couché, ils se repliaient pour se récréer dans la grande salle du rez-de-chaussée. Les beaux jours venus, pendant l'été de 1851, M. Le Boucher les conduisait à la Musse, ferme ou closerie qu'il avait louée sur le chemin de la Baumette, à quelques pas d'ici.

« Toutefois un état de choses si rudimentaire ne pouvait durer longtemps. A un arbre planté pour devenir grand, il faut assurer l'air et l'espace, et l'on n'établit pas une institution importante sur un terrain étranger. Aussi, dès qu'il vit que les enfants venaient se ranger volontiers sous sa conduite, que leur confiance et leur docilité fournissaient un fondement désormais solide à ses espérances, il songea à donner à son ébauche une forme définitive en acquérant un enclos où l'Œuvre, installée chez elle, pût prendre à l'aise tout le développement que réclameraient ses besoins présents et futurs.

« Alors surgit un incident qui faillit tout compromettre ; il s'agissait d'acheter ; mais l'abbé Le Boucher, dépourvu de ressources personnelles, était hors d'état de le faire par lui-même, et, d'un autre côté, il n'avait pas encore eu le temps d'acquérir, auprès de la société angevine, assez d'influence pour fournir une de ces garanties morales dont un propriétaire heureux de vendre veut bien quelquefois se contenter. Seul l'abbé d'Andigné pouvait être le donateur ou la caution du prix exigé ; car, sans avoir une grande fortune, il jouissait d'une très large aisance, et en outre, par son nom, par ses relations, il était à même de trouver des sommes importantes dans la haute classe où sa naissance lui donnait un rang distingué. Or l'abbé d'Andigné s'était épris d'un site magnifique, il est vrai, mais à si grande distance de Saint-Laud que toute coopération à l'Œuvre était physiquement impossible pour un vicaire de cette paroisse. A l'émission de cette idée inattendue, voyant s'évanouir en un instant des plans si laborieusement étudiés, des espérances si chèrement caressées, l'abbé Le Boucher, pris d'un vif chagrin, éprouva un moment de découragement. Mais, réagissant contre cette première surprise de la nature, il courut chez le P. Chaignon, son conseiller habituel dans les cas difficiles. Arrivé là, l'émotion lui coupa la parole ; il pria l'ami qui l'accompagnait de la prendre à sa place. Celui-ci plaida chaleureusement sa cause, et fut assez heureux pour la gagner. Le P. Chaignon, mis au courant de la question, se déclara convaincu, intervint auprès de l'abbé d'Andigné qui abandonna son idée sans grande résistance, et l'on acheta, finalement, l'enclos où nous sommes aujourd'hui.

« Cet enclos était loin d'avoir alors l'étendue et l'aspect qu'il offre actuellement aux yeux. On y accédait du côté de la Baumette par une pente raide dont la crête venait presque affleurer le terre-plein où s'élève aujourd'hui le grand bâtiment. A droite, il s'arrêtait court à quelques mètres de la chapelle actuelle, surplombé par un champ appartenant à M. Textoris. A gauche, il était borné par un jardin qui occupait l'emplacement complanté d'arbres où se dresse le gymnase et se jouent ordinairement les parties de barre et de ballon. Ce jardin, toutefois, ne tarda pas à être ajouté à la propriété. Je me rappelle la fête qui fut donnée peu de temps après cette adjonction. Elle était bien simple. Quelques banderoles, quelques lanternes vénitiennes suspendues aux branches, c'était à peu près tout. La vraie fête était dans les cœurs. Un enfant qui courait depuis quelque temps dans les allées, les cheveux au vent, tout en sueur, vint se jeter tout à coup dans mes bras, en s'écriant : « Mon Dieu ! que je suis heureux ! » Ah ! me dis-je à moi-même, tout ému, quand on a le cœur pur, qu'on est heureux à peu de frais ! A l'endroit où se dessine le parterre anglais que domine le groupe des saints Donatien et Rogatien, et s'allongeant environ jusqu'à l'alignement des arbres qui forment le côté droit de la grande allée, s'élevait la maison de maître, composée d'un rez-de-chaussée avec grenier au-dessus.

« Tel était le champ d'opération où l'abbé Le Boucher allait déployer son activité et son zèle. Il se mit aussitôt à l'œuvre avec la double ardeur du jeune homme et du prêtre, en y joignant le talent d'organisation qu'il possédait à un haut degré. La maison fut appropriée sur-le-champ à ses divers services. Le grenier fut réservé aux représentations de petits drames que jouaient de loin en loin des acteurs bien novices, avec des paravents pour coulisses, au risque pour eux et les spectateurs de se heurter la tête contre les poutres qui soutenaient la toiture. Le rez-de-chaussée fut partagé entre le cabinet du directeur, une salle de jeu et la chapelle qui ne tarda pas à l'envahir presque tout entier. Humble chapelle, quel doux souvenir elle a dû laisser dans votre cœur, à vous qui êtes venus prier dans sa modeste enceinte !... »

Les hommages rendus à M. l'abbé Le Boucher, dans la journée du 5 juin 1887, à Notre-Dame-des-Champs, eussent pas été complets, si les sociétaires n'avaient pas tenu, par la voix de l'un des leurs, à célébrer la mémoire du bien regretté fondateur.

Ce devoir fut dignement rempli par M. Bernard Sommier, l'un des dignitaires de l'Œuvre, l'un des « anciens, » et l'un de ceux qui, ayant vécu auprès de M. Le Boucher, l'ont accompagné dans ses luttes, dans ses joies, et ont pu le mieux apprécier son grand cœur et ses vertus !

Voici quelques passages de la touchante allocution :

« M. Le Boucher qui aimait tendrement la sainte Vierge s'efforçait de la faire aimer, et comme il avait pris Marie pour guide et pour mère, il lui confiait, dès son arrivée, la garde de l'institution naissante, gravant sur le socle de la statue qui, la première, s'offre aux regards à l'entrée : *Posuerunt me custodem*; puis, pour justifier le vocable si gracieux de Notre-Dame-des-Champs, il empruntait au Cantique des Cantiques le verset : *Ego flos campi et lilium convallium*; enfin à l'article 2 du règlement et pour indiquer la voie et les devoirs des associés, il ajoute : La jeunesse est le printemps de la vie ; c'est le temps où il faut semer : *spes messis in virtute*.

« ... Je ne puis entrer dans de bien longs détails sur les rapports de M. Le Boucher avec les associés en dehors de l'Œuvre : pour cela il faudrait écrire une biographie complète et, d'ailleurs, il ne me pardonnerait pas, sans doute, de divulguer maintenant ce qu'il a voulu tenir secret et de trahir sa confiance ; mais ce que je puis dire sans manquer à la discrétion, c'est qu'il n'épargnait ni ses peines ni ses démarches pour rendre service à ses protégés et leur adoucir les épreuves qui les atteignaient. Il prenait part aux douleurs de ses amis et, absent, il leur adressait de loin des consolations qu'il n'eût pas manqué de leur apporter lui-même s'il s'était trouvé à Angers. A la fin de 1854, un de nous perdit son père. M. Le Boucher était à Rome, et dès qu'il eut connaissance du malheur qui avait frappé la famille de ce jeune homme qu'il affectionnait, il lui écrivit :

Rome, 17 décembre 1854.

« Pour des amis, les joies et les peines sont communes ; j'apprends la triste nouvelle qui vient de jeter votre famille dans l'affliction, je viens vous dire combien je prends part à votre peine...

« J'ai beaucoup prié pour votre père[1] ; dans ces circonstances, on sent le besoin de la prière, c'est un baume qui adoucit toutes les plaies. . . . .

« Je ne suis plus pour longtemps à Rome, je compte prendre le chemin de la France et d'Angers aussitôt les fêtes de Noël ; dites à tous ceux qui pensent à moi, que ma pensée est souvent à Saint-Laud et TOUJOURS à Notre-Dame-des-Champs. »

« Messieurs les sociétaires de Notre-Dame-de-Beaufort, vous avez, comme nous, connu M. Le Boucher, vous l'avez vu au travail pendant vingt-cinq ans, et vous avez pu apprécier quels étaient sa piété et son grand cœur. Vous allez, vous aussi, lui élever un monument. Poursuivant le même but, nous sommes arrivés premiers, c'était notre droit et surtout notre devoir. Nous l'aimions, nous prierons pour lui, et je

---

[1] M. Sommier, Jean-Baptiste, homme excellent, aussi distingué par les qualités de l'intelligence que par celles du cœur. Il fut, pendant près de quarante ans, attaché à l'imprimerie de M. Lesourd et de ses successeurs, MM. Cosnier et Lachèse, M. Sommier avait fait de très bonnes études au collège de Beaupréau où il obtint le second prix de discours français en rhétorique. Ce fut M. de Quatrebarbes qui remporta le premier. M. Sommier joignait à ses fonctions typographiques celles de rédacteur du *Journal de Maine et Loire*. L'administration lui allouait pour ce second emploi qu'il remplissait avec autant de tact que de patriotisme, un traitement annuel de six cents francs. Le budget de la presse, comme celui de l'État, s'est quelque peu enflé depuis ces temps primitifs.

ne puis mieux finir qu'en faisant redire par les deux œuvres sœurs [1], puisqu'elles sont nées de l'action charitable du même homme, la conclusion du discours prononcé par M. l'abbé Perdrau [2], le 23 mai 1875, dans l'église de Beaufort, à l'occasion du vingt-cinquième anniversaire de l'ordination sacerdotale de M. Le Boucher : « Nous vous accompagnerons devant le trône de Dieu ; tous nous témoignerons de votre foi, de votre zèle, de votre vie passée au service des âmes, et nous demanderons pour vous au juste Juge cette couronne de gloire qu'il a promise à ses ministres fidèles. »

Pendant que M. Le Boucher organisait sa belle institution, une œuvre analogue s'élaborait à Paris, et ce que l'on ne sait peut-être pas assez, c'est qu'elle était due à une initiative angevine.

Il y a une quarantaine d'années un homme, jeune encore, inspirait autour de lui par son énergie et son abnégation une profonde estime et une sorte de respect : un des membres les plus zélés de notre conférence de Saint-Vincent-de-Paul, il avait une nature d'apôtre, c'était Clément Myionnet.

Tout en s'acquittant avec délices de tous les devoirs qu'impose la règle instituée par Ozanam, de la Noue et consorts, il pensa qu'il y avait encore quelque chose à faire à côté, une création de Frères qui, sous le même patronage, se consacreraient à réunir et à édifier le jeudi et le dimanche les enfants des familles que les confé-

---

[1] Tout naturellement M. Le Boucher, dès son arrivée à Beaufort, résolut d'y créer une œuvre semblable à celle qui lui avait fait tant d'honneur à Angers.

[2] M. Paul Perdrau, notre compatriote, aussi distingué par l'aménité de son caractère que par ses talents d'orateur et d'écrivain, est curé de la paroisse Saint-Etienne-du-Mont, l'une des plus importantes de la capitale.

rences adoptaient, en un mot une congrégation d'hommes détachés d'intérêts temporels, et qui prêtres ou laïques rechercheraient et accueilleraient les enfants sortis de l'école, les apprentis, heureux de rencontrer un paternel patronage.

Notre ami Myionnet, après maintes méditations, alla les communiquer à Mgr Angebault. Chose merveilleuse, le vénérable prélat, comme il arrive parfois, la veille de l'éclosion des grandes choses, avait été préoccupé du même ordre d'idées, si bien que l'on ne sait lequel des deux en eut la première révélation. Les deux fervents chrétiens en furent si frappés qu'ils décidèrent de la mettre sans retard à exécution. Ils se rendirent à Paris, et là devant la châsse de saint Vincent de Paul, à la chapelle des Lazaristes de la rue de Sèvres, l'un d'eux promit de se consacrer tout entier à la sainte entreprise, et son auguste collaborateur l'encouragea par la plus solennelle des bénédictions.

Mgr Angebault regagna le siège de son diocèse, et Myionnet resta seul pour exécuter l'immense projet ; ne perdant pas une minute dans l'indécision, il se rendit chez Léon Leprévost auquel Victor Pavie l'avait recommandé.

Leprévost ! ah ! qu'on me permette de m'arrêter, tout attendri, à ce touchant souvenir. Leprévost a passé ses dernières années comme un saint. Il en avait la grâce, l'ineffable douceur, le charme enfin. Je l'ai beaucoup connu vers 1830. Sorti du professorat au collège de Rouen, il était rédacteur au ministère de l'Instruction publique. Doué d'une charmante figure, élégant, distingué, très instruit et causeur intéressant toujours, il était éminemment aimable ; appartenant à l'Université, il n'avait pas les préjugés de certains de ses membres, mais il se laissait aller à l'indécision de beaucoup d'entre eux pour les pratiques de la foi. Ce fut Pavie qui le décida, comme il en a décidé bien d'autres, à les observer, sans les prêcher, par la seule influence de son exemple et du rayonnement de ses vertus.

Leprévost, par souvenir d'enfance, avait épousé une femme très digne, mais plus âgée que lui. Il était encore marié quand Myionnet se présenta chez lui. Il accueillit son projet avec la douce effusion qui le caractérisait, et tous deux, avec le consentement spontané de Mme Leprévost, allèrent trouver M. Meignan, comme Leprévost un des dignitaires des conférences de Paris. Telle fut l'origine de la congrégation des Frères de Saint-Vincent-de-Paul qui, maintenant, compte des fondations dans toutes les villes de France et qui doit son établissement à une inspiration angevine.

M. Le Boucher nommé curé de Beaufort, eut pour successeur à Notre-Dame-des-Champs M. l'abbé de Beauvoys, son zélé collaborateur. Puis ce digne prêtre ayant été appelé à la cure de Louvaines, on s'adressa aux directeurs de l'Œuvre naissante pour le remplacer. Ils nous traitèrent en privilégiés en nous envoyant M. l'abbé d'Arbois de Jubainville, frère du savant archiviste du département de la Côte-d'Or, un des premiers agrégés à la pieuse association dont M. Leprévost, entré dans les ordres, depuis la mort de sa femme, fut acclamé supérieur, ainsi que Clément Myonnet le fut, comme son assistant principal.

M. d'Arbois ainsi que nous l'avons dit, étant parti en 1870, pour aller en Allemagne consacrer à nos soldats captifs les restes d'une santé bien éprouvée, nous vîmes arriver pour lui succéder le R. P. Leclerc qui venait d'encourager, dans leurs derniers moments, avec une ardeur infatigable, des centaines de communards condamnés par le conseil de guerre du Luxembourg.

Nous avons fait ressortir le contraste extérieur entre M. d'Arbois et M. Fournier, il n'était pas moins frappant entre le premier et son successeur. Autant l'un vous imposait par son calme et sa mesure, autant le second vous saisissait par sa verve et son entrain. On ne peut mieux donner l'idée de ce pétillant esprit qu'en reproduisant le récit d'un banquet offert aux enfants pauvres, à Notre-Dame-des-Champs, en 1878 :

« Si vous aviez vu quel remue-ménage à la maison de famille, le dimanche 26 janvier [1] ! C'était un bruit de casseroles, une danse échevelée de vaisselle, de verres, carafes, bouteilles, cuillers, fourchettes, etc. Et quel mouvement joyeux de la part des organisateurs !

« Au passage, une odeur de fricot chatouillait délicieusement et dilatait les narines les plus rebelles (déposition d'un sociétaire enrhumé du cerveau). Enfin l'animation semblait avoir gagné jusqu'à la rue Saint-Aignan ellemême; oui, notre paisible rue, dont le passage de quelques rares chanoines fait tout le mouvement, avait perdu son air momifié. Toutes aux fenêtres, yeux écarquillés, les antiques et respectables habitantes de notre vieille rue, n'en revenaient pas de voir passer des gigots rôtis, une fouasse, deux, trois, quatre, cinq fouasses, etc., etc.

« Après la procession des comestibles, celle des invités. Quels invités ? direz-vous. Voici le mot de l'énigme qui exerce tant les langues de nos voisines. — Les associés de Notre-Dame-des-Champs, membres de la petite conférence de Saint-Vincent-de-Paul, ont eu la pensée de donner une fête aux petits enfants des familles pauvres qu'ils visitent chaque semaine.

[1] Cette maison, dans la Cité, était occupée par de jeunes ouvriers de passage qu'on y logeait à peu de frais.

« Cette idée, petite fleur de Noël, était naturellement éclose au pied de la crèche où repose le saint Enfant Jésus, le frère des petits enfants pauvres. Et puis on entrait en janvier, quelles fêtes pour tous les enfants! d'abord les étrennes précédées de rêves enchanteurs, suivies de ravissements inexprimables; ensuite les Rois et les joyeuses réunions de famille; quoi donc! seuls nos chers petits frères pauvres n'auraient qu'à grelotter dans leurs masures humides et glacées? Janvier, auquel on donne ailleurs un si brillant cortège de fêtes et de réjouissances, ne ferait pas luire même un faible rayon de joie dans le cœur de ces petits déshérités? — La prudence qui veille avec un souci dévoué à la caisse de la conférence faisait des objections financières. — Cela coûtera. — Nous ne le nions pas, répondaient les plus ardents, mais est-ce un mal, n'est-ce pas plutôt un bien? Nous redoublerons de zèle et d'activité et la brèche sera facilement réparée. — Si l'on se contentait, disaient d'autres, d'accorder à chaque famille pauvre un secours extraordinaire d'aliments, de chauffage ou de quelque autre nature? — Ce projet ne semblait pas atteindre le but que l'on poursuivait. Sans négliger les secours matériels qui soulagent le corps, on voulait faire une meilleure aumône, l'aumône d'un peu de bonheur; on voulait faire goûter aux âmes de ces enfants les douces joies d'une fête de famille. La proposition du banquet rallia donc tous les membres de la conférence. L'invitation faite d'un cœur joyeux, fut acceptée avec empressement et reconnaissance. Les voici qui arrivent par groupes, ces chers petits, accompagnés par les mamans. Voici la famille J..., presqu'une tribu, un, deux, trois, quatre, cinq, six, sept enfants, et le huitième que le père garde à la maison. La famille B... en met six en file, la famille L.. cinq, etc., etc. Sur le seuil, ils trouvent les membres de la conférence qui leur font les honneurs de la maison avec l'entrain joyeux de la jeunesse et de la charité.

« Vers cinq heures et demie, tous se rendent à la chapelle pour recevoir la bénédiction du Saint-Sacrement. La prière du pauvre, comme celle du petit enfant, jouit de précieux privilèges : *Le Seigneur exauce le simple désir du pauvre*, dit le Saint-Esprit. Nous trouvons ainsi notre avantage dans ce mutuel échange de prières.

« Enfin les portes de la salle du banquet sont ouvertes. Beau coup d'œil, vraiment ! Des oriflammes, une table de cinquante couverts, des desserts placés dans un bel ordre, un brillant éclairage, etc. Nos chers petits, déjà moins timides, ouvrent de grands yeux tout rayonnants de plaisir, qui passent la revue de toutes ces belles et bonnes choses.

« Mais nous n'avons pas encore salué ces deux amis de Notre-Dame-des-Champs, disons de toutes les œuvres, dont le gracieux dévouement a bien voulu accepter la présidence de la fête. Nommer MM. Pavie et Toutain n'est-ce pas évoquer l'image de la charité avec ses saintes ardeurs et ses plus exquises délicatesses ? N'est-ce pas... A cet endroit celui qui écrit ces lignes doit tirer de toutes ses forces sur les rênes pour empêcher sa plume de se lancer à bride abattue. Aussi bien il est préférable d'arrêter court : après les joies que nous leur devons, pourquoi leur ferions-nous cette peine de les louer ? Et d'ailleurs serait-il si facile de dire brièvement les sentiments de vénération, de gratitude, de respectueuse affection qui entourent à Notre-Dame-des-Champs le Président des conférences de Saint-Vincent-de-Paul d'Angers, et le généreux bienfaiteur qui nous disait avec un accent inoubliable que son grand regret était de n'avoir pas connu plus tôt notre société ?

« La table offre un coup d'œil charmant ; plusieurs têtes blondes émergent juste à fleur de table ; il faut de toute nécessité faire appel à l'industrie des servants pour exhausser nos petits Poucets. Plusieurs membres de la conférence que le sort défavorable (car il avait fallu tirer au sort) n'avait pas désignés à l'honneur de servir, sont placés de distance en distance, chacun près de la famille qu'il est chargé de visiter. D'ailleurs leur rôle est assez actif ; ils ne se bornent pas à encourager par le sourire et la parole leurs convives ;

ils sont aux petits soins ; plus d'un de ces petits n'a pas dû s'apercevoir ce soir-là que ce n'était pas sa maman qui lui coupait son pain, sa viande, qui le faisait boire, etc. En vérité n'est-ce pas plaisir que les grands appétits de toutes ces petites bouches ? Aussi voyez ces regards heureux, ces visages épanouis, ces lèvres souriantes. A n'en croire que ses oreilles, on se serait cru au printemps sous la feuillée : le gazouillement, auquel la timidité du commencement avait mis des sourdines, peu à peu fait entendre ses notes claires et argentines, mais jamais bruyantes.

« Les membres de la conférence, favoris du sort, la serviette sur le bras, servent à table. Jamais service certainement n'a été fait par des gens plus heureux. A la cuisine deux privilégiés (le 4 septembre n'a pas fermé l'ère des privilèges), ceints du tablier réglementaire, lavent et essuient la vaisselle avec une ardeur et un succès qui ne saurait surprendre de la part de deux ex-troubades.

« Le moment du dessert est arrivé. En présence de tant de brillantes et savoureuses séductions, quelle âme de bronze pourrait répondre de soi ? mais de petits enfants, mais surtout de petits pauvres ! Aussi les yeux s'animent ; les figures palottes de tout à l'heure sont transformées en chérubins roses qui croquent à belles dents pralines, dragées et croquignoles.

« Mais ai-je bien entendu ? Un bouchon a sauté. Vite portons la santé de nos chers Présidents. M. Pavie répond par quelques paroles sorties d'un cœur débordant de charité. (Applaudissements redoublés). Les plus petits très fiers, se dressent sur la pointe du pied pour pouvoir faire toucher leurs verres. Deux chansonnettes d'un membre de la conférence ont obtenu un rare succès d'éclats de rire.

« Tout à coup s'élèvent des oh !... oh !... oh ! .. qui expriment tous les degrés de l'admiration. On vient en effet d'apporter une table chargée de tambours, de trompettes, de poupées, de soldats, etc., etc. Comme tous les numéros sont gagnants, à chaque instant ce sont des joies, des ravissements, des transports. Il est vrai que l'aveugle fortune a attribué les poupées aux petits garçons et les tambours aux petites filles. Eh bien ! tant mieux ! petits frères et petites sœurs obligés à des échanges, n'en seront que plus unis.

« La fête s'est naturellement terminée à la chapelle, par la prière du soir faite en commun. Nos cœurs ne pouvaient résister au besoin d'adresser des actions de grâces à Jésus auteur de toute joie.

« Au départ, lorsque les mères venaient nous remercier avec une si touchante effusion au nom de leurs enfants, nous ne pouvions que leur dire : « Non, aujourd'hui c'est nous qui vous remercions : votre présence honore notre maison : c'est pour nous un grand honneur et une grande joie d'avoir pu servir Notre-Seigneur dans la personne de ceux qui sont sa vivante image sur la terre. »

« Le souvenir de ces aimables émotions et de ces douces joies vivra longtemps dans le cœur des membres de la conférence de Saint-Vincent-de-Paul. Le dernier mot a été : A l'année prochaine. »

Depuis plusieurs années le P. Leclerc est l'héritier des traditions du saint abbé Leprévost à Paris, et à Angers, M. Paul Myionnet de zélateur laïque dès les anciens jours de Notre-Dame-des-Champs, en est devenu le directeur, avec la consécration du sacerdoce. Il est près de nous, impossible d'en dire ce que nous en pensons ; qu'il nous suffise de répéter que fils et neveu d'hommes dont la vie ne fut qu'une suite de dévouements, il a sacrifié les certitudes charmantes d'un établissement prospère, pour se livrer tout entier aux saines récréations de la jeunesse ouvrière et chrétienne.

Comme les choses les plus excellentes ont toujours un côté d'apparence contestable, on a dit que l'Œuvre si bien administrée éloigne les jeunes gens de la famille. Cette appréhension n'est nullement justifiée.

Sans doute il n'est pas pour la jeunesse de compagnie préférable à celle des père et mère, mais ce milieu n'est pas toujours possible ; la prévoyante Œuvre ne conseille point de s'en éloigner, et c'est au contraire pour y suppléer, quand malheureusement cet avantage fait défaut, qu'elle a été instituée.

Bien loin d'éloigner la famille, Notre-Dame-des-Champs l'appelle au contraire, sans exception, sous les ailes de son amour. Pères, mères, petits enfants, tous sont conviés à ses cordiales réunions. Cette extension est l'idée que poursuit le directeur actuel M. Myionnet et qui lui a semblé découler de la fondation de M. Le Boucher.

L'*Annexe* comprend les petits agrégés, fils des sociétaires, et les écoliers. Il en résulte que, dans toutes les sections : hommes faits, adolescents, enfants (futurs sociétaires, et espoir de la *Société* comme de la patrie) l'élan donné par le fondateur se perpétue, adapté aux différents âges, reliant le passé au présent, la tradition aux idées nouvelles.

Cette objection des esprits chagrins, à savoir que l'*Œuvre de jeunesse* nuit aux liens de famille, a été brillamment réfutée par M. Victor Peltier, un des premiers rôles de la troupe comique, dans l'extrait suivant de son exposé :

La famille A ou DE *Notre-Dame-des-Champs* démontrera que la verve de l'écrivain n'est point au-dessous du jeu de l'acteur.

« ... A Notre-Dame-des-Champs, et s'appliquant à la lettre la devise de nos œuvres : *Sint unum*, anciens et nouveaux, jeunes et vieux, ne font qu'un, tout est commun, joies et peines, et notre Société est véritablement une famille dont tous les membres sont les enfants.

« Les aînés, ce sont les hommes graves ; il y a dix ans, vingt ans, trente ans et plus, ils étaient les jeunes d'alors, et la Société n'avait pas de membres plus assidus et plus fidèles. Ils étaient l'Œuvre, et l'Œuvre s'incarnait en eux ; elle abritait et sauvegardait leur jeunesse ; ils lui conservaient en retour tout leur dévouement et tout leur zèle. Depuis, ils ont grandi, vieilli ; leurs cheveux ont blanchi, mais le cœur resté jeune n'a pas changé. De nouveaux devoirs, d'impérieuses obligations ont pu les éloigner, mais les liens qui les unissent à l'Œuvre n'ont pu se rompre et, fidèles aux affections de leur jeunesse, ils ont su sans en négliger aucun, concilier les devoirs d'état et de famille avec les sentiments de reconnaissance qu'ils ont voués à la Société.

« Aussi, les voyons-nous souvent reprendre ce chemin que naguère ils parcouraient chaque dimanche et venir, non plus seuls, cette fois, mais accompagnés de leurs femmes, précédés de leurs enfants, se reposer et se récréer au spectacle des ébats des jeunes de la famille. Parfois, oubliant ou voulant oublier leur âge, vous les verrez se jeter à corps perdu dans la mêlée d'une partie de barres ou de ballon. Hélas ! le lendemain, une courbature leur rappelle durement qu'ils n'ont plus quinze ans ; leçon bien inutile, car vous les verrez recommencer à la prochaine occasion.

« Notre-Dame-des-Champs est bien véritablement une famille. Voyez ces charmants bébés, nos futurs sociétaires, ébauchant sous l'œil attendri de leurs mères, une de ces solides et durables amitiés qu'ils noueront plus tard sous la protection de Marie, et qui perpétuera celle qui a uni leurs pères.

« Voyez quelle affectueuse sympathie, quelle cordiale intimité se sont établies entre ces jeunes mères, hier encore inconnues les unes aux autres.

« Voyez, dans nos fêtes religieuses, nos associés confondre leurs rangs et leur âge au pied de la Table Sainte et, touchante union, les fils prendre place au banquet sacré aux côtés de leur père. Tous, d'un seul cœur, d'une seule âme, prient les uns pour les autres : ils appellent les bénédictions du Ciel sur la famille de Notre-Dame-des-Champs.

« Si vous assistez à nos fêtes profanes, voyez comme petits et grands, à l'envi, apportent, à défaut de talent, une bonne volonté, un dévouement, un entrain qui ne se ralentissent jamais. Il s'agit, en effet, de maintenir nos vieilles traditions, il s'agit d'assurer le plaisir de tous, il s'agit enfin de distraire et d'amuser la famille de Notre-Dame-des-Champs.

« Avez-vous eu la bonne fortune d'assister à l'une de nos réunions intimes, en particulier à notre banquet traditionnel du lundi de la Pentecôte ?

« Alors vous avez vu nos sociétaires, anciens et nouveaux, faisant cortège au vénéré et à jamais regretté fondateur de l'Œuvre, se presser autour de lui et le saluer de leurs joyeuses acclamations ; vous avez été témoins de la franche et communicative gaieté, de la cordiale simplicité qui présidaient à ces fraternelles agapes. C'étaient des enfants qui fêtaient leur père, c'était la famille de Notre-Dame-des-Champs, unie dans un même sentiment de respectueuse et filiale reconnaissance. »

Ah ! la reconnaissance ! jamais on n'en concevra et on n'en témoignera assez aux grands cœurs qui se consacrent aux amusements, aux saines récréations de la jeunesse ! Est-il rien de plus difficile que d'occuper tout un jour, par une succession de passe-temps agréables et salutaires, cet âge où bouillonnent des passions et des désirs insatiables ? Quel ensemble bien rare de qualités il faut avoir pour charmer les esprits, édifier les âmes ! C'est ce trésor que possédait M. Le Boucher, et pour ceux qui n'ont pas eu le bonheur de le connaître, on peut comprendre les bienfaits de son irrésistible ascendant, à l'aspect de ce visage ouvert, radieux, où s'épa-

nouissaient toute la franchise et la loyale bonhomie de
l'apôtre si heureusement reflétées dans le buste vivant
d'un de ses plus anciens et plus chers élèves, M. Joseph
Rouillard, premier praticien de M. Bouriché.

Avec les offices religieux alternent judicieusement
divers genres de récréations. Les plus recherchés sont
le théâtre et le jeu de boules. Le premier emploie
beaucoup de temps et beaucoup d'efforts. Ce n'est
qu'après des répétitions multipliées que l'on est parvenu à représenter, de façon satisfaisante, des pièces
assez compliquées telles que *Bouvines*, *la Fille de
Roland*, *les Parisiens*, *Vercingétorix*, etc. : quand on
applaudit le talent souvent fort remarquable de nos
jeunes artistes, on ne se doute guère des efforts de
patience qu'il a fallu prodiguer pour que les instructeurs pussent dire : En voilà assez ; c'est bien !

En général, et ce n'est point amoindrir les mérites
de nos jeunes gens, que de l'observer, leur éducation
scénique est plus laborieuse que celle des jeunes filles.
Cela tient à la nature plus souple de celles-ci ; leur sensibilité étant plus vive, elles s'identifient plus vite
avec leurs personnages. On en a vu un exemple fameux
aux représentations d'*Athalie* et d'*Esther* à la maison de
Saint-Cyr. Tous les mémoires du temps racontent que
les élèves de Racine étaient parvenues à la perfection :
l'enthousiasme du public, composé des seigneurs de
la cour, s'éleva au point que Mme de Maintenon se crut
obligée de mettre un terme à des solennités que tout
le grand monde voulait applaudir et applaudir encore.

Toutefois cette admiration ne tourna point celles qui
l'inspiraient vers les idées profanes, car l'histoire nous
rapporte qu'à l'exception de Mme de Caylus, nièce de
Mme de Maintenon, toutes ses compagnes à la sortie de
leur cher institut, prirent le voile dans différentes

communautés. Il en a été un peu de même parmi nos artistes dramatiques. Deux de leurs camarades figurent parmi les quatre prédestinés que Notre-Dame-des-Champs eut l'honneur de compter au grand séminaire.

Nous ne devons pas oublier de rendre justice à un agent essentiel dans les jeux de la scène, c'est M. Des Rivières, le sous-directeur de la maison, qui remplit le rôle bien ardu de décorateur-machiniste, avec une habileté, une fécondité de moyens et une science de bon effet, qui font illusion au vulgaire et surprennent les connaisseurs.

Nous sommes plus en peine pour désigner le persévérant et ingénieux *impresario*, M. l'abbé ***, chargé de transformer nos novices en d'autres individus plus ou moins différents d'eux-mêmes, de leur *souffler* en un mot, le feu sacré.

Toutefois, si l'on veut absolument soulever le voile qui couvre la modestie de notre professeur de déclamation, nous dirons qu'il joint à ce premier talent celui de docteur ès-boules, de poète au besoin et le droit au bonnet de professeur de la première des sciences, la philosophie, dont nul ne possède mieux la langue subtile.

« Ah! le jeu de boules[1], c'est plus qu'un jeu, c'est une institution. Dire que ces quatre mots si simples font dresser l'oreille à nombre d'hommes parfaitement exempts de passions, d'ailleurs. Qui croirait que ce jeu si innocent absorbe de braves gens, au point de les faire rester debout, les jambes écartées, l'œil rivé sur le maître, et cela sous trente-cinq degrés de chaleur, pendant cinq ou six heures consécutives? Les bonnes gens, les riches natures! Ils

---

[1] Le spirituel article auquel nous empruntons cet extrait est signé M. L.

forment un groupe vraiment homérique et, pour ma part, j'ai plus de plaisir à les admirer qu'à faire la partie avec eux.

« Mais silence ! la pièce traditionnelle désigne le sort ! on forme les camps ; l'appel commence ; il est d'une importance capitale de choisir premier, car là est un joueur émérite, d'une supériorité incontestable, qu'une valeur que soixante ans de pratique et d'expérience ont consacrée ! un demi-dieu du jeu de boules. On se l'arrache, et quand par bonheur on le possède, on se croit déjà vainqueur... »

Enfin la partie commence et poursuit son cours accidenté :

« ... Mais tout bruit cesse comme par enchantement. Le docteur ès-boules se prépare à jouer. Il se réserve toujours pour la fin, soit pour réparer les erreurs de ses partenaires, soit pour écraser ses adversaires par un coup de maître. Il est campé immobile, traçant des yeux la ligne que sa boule doit parcourir et calculant avec une précision mathématique le point déterminé où elle doit s'arrêter. Le jeu de boules pour lui n'a point de secrets ; la couverture et le tirage ne l'embarrassent en aucune façon ; les bandes et les doubles bandes, les longues avec fort haut et fort bas, les tirs droits et les tirs courbes sont pour lui jeu d'enfant ; il n'y a rien jusqu'aux paraboles les plus compliquées qui ne soit pour lui une cause de succès.

« En revanche, comme tous les instruments d'une grande précision, il est d'une sensibilité nerveuse. Une mouche qui vole, une feuille qui tombe, un joueur qui parle ou une dame de la galerie qui éternue, en voilà bien plus qu'il n'en faut pour lui faire manquer le plus beau coup ; aussi personne ne respire plus dès qu'il entre en scène...

« ... On trouve de tout parmi les joueurs de boules, même des philosophes. J'en connais un [1] qui triomphe

---

[1] Quelque peu cousin du docteur ès-boules.
(*Note de l'éditeur*).

quand son camp est vainqueur. Rien que de très naturel, me direz-vous. C'est vrai, mais aujourd'hui, par exception, je le vois parmi les vaincus et il jubile ; il est battu et il semble très content. Quel est ce mystère ? C'est que, nous explique-t-il avec le plus grand sérieux du monde, ce que le vulgaire appelle sa défaite est une des plus belles victoires morales qu'il ait jamais remportées ; que la victoire morale est la certitude acquise que son jeu a été plus savant, supérieur en tous points à celui de ses adversaires, et que la chance seule a fait gagner ces derniers.

« La victoire morale, ajoute-t-il, est la seule vraie, la seule de laquelle on doive tenir compte, puisqu'elle est indépendante de la chance qui, au contraire, joue un très grand rôle dans la victoire matérielle. »

« J'étais bien convaincu de cette vérité jusqu'au jour où je rencontrai le neveu de la servante de notre philosophe, lequel neveu me fit bientôt voir la victoire morale sous un autre jour.

« Après une victoire morale, dit-il, mon maître, nonobstant son air joyeux, mange peu, digère mal et ne dort presque plus. S'il parvient à clore les paupières, il est aussitôt pris de rêves effroyables ; il voit toujours sa boule, sa bonne boule si docile à sa main, heurtée violemment, poussée, repoussée, ballottée en tous sens, renvoyée dédaigneusement de l'une à l'autre, comme un objet de dérision, par de misérables boules qui prennent à ses yeux des proportions gigantesques et enfin, ô comble de l'infamie ! chassée honteusement du jeu comme une indigne, et cela... par la boule d'un novice, d'un raccrocheur ; alors il se réveille dans un état d'exaspération difficile à décrire, et dire que ce cauchemar se prolonge quelquefois jusqu'au milieu de la semaine !

« Depuis cette révélation, je ne crois plus à la victoire morale.

« O cher lecteur, toi dont la main n'a point encore touché la boule tentatrice, si tu tiens à ta tranquillité, à ton sommeil, à ton bonheur, n'essaie jamais de ce jeu pour lequel on se passionne si fortement, et qui est d'autant plus dangereux qu'il paraît plus innocent. »

C'est au milieu de l'élégante chapelle que l'attention respectueuse est attirée par le monument funéraire de l'abbé Le Boucher. De chaque côté, sur deux plaques de marbre noir sont gravés les noms de trente sociétaires défunts, ses vaillants frères d'armes :

A. Humeau ; H. Charron ; C. Lebeau ; J. Dodin ; E. Buret ; L. Vérité ; L. Laboureau ; L. Ponanceau ; L. Crestia ; E. Haffner ; Th. Dupé ; H. Corbin ; Fr. Colinet ; H. Leclerc ; J.-B. Le Proust ; Fr. Touchet ; E. Sorre ; A. Chesnos ; J. Prezelin ; A. Giraud ; Fr. Poirier ; A. Bouvier ; E. Meneux ; M. Hersen ; V. Faligand ; J. Brossard ; R. Naudé ; J.-B. Cochon ; R. P. Chesnos, jésuite ; H. Dupont, missionnaire.

Le premier de ces jeunes gens est décédé en 1853. Le dernier a été martyrisé au Tonkin, en 1885.

En continuant notre inspection dans la chapelle nous nous arrêtons devant un *ex-voto* en marbre blanc, preuve éclatante de l'intercession de la sainte Vierge en faveur des associés de Notre-Dame-des-Champs. Voici l'inscription dans son éloquent laconisme :

M

ACTION DE GRACES A NOTRE-DAME-DES-CHAMPS

Guerre de 1870-1871

Soixante-dix associés atteints par les lois militaires.
Cinquante dans l'armée active.
  (Pas un n'a péri).
Trois devenus officiers.
Quatorze sous-officiers.
Deux décorés.

TOUT PAR MARIE !

En face du monument de M. Le Boucher on voit le médaillon en bronze de M. d'Arbois de Jubainville, d'après le modèle sculpté lui aussi par M. Rouillard. À l'entour, on lit les noms des principaux bienfaiteurs défunts de l'institution :

P.-J. d'Andigné, prêtre, 1853.
R. P. Bigot, S. J., 1855.
R. P. Ch. Hymann, S. J., 1856.
G.-R. Lecoindre, prêtre, 1858.
M. Richard, O. ✻. †, 1859.
M. Pocquet de Livonnière, 1865.
P. Espivent de la Villeboisnet, 1869.
Guillaume-L.-L. Angebault, évêque d'Angers, 1870.
A. Myionnet, 1870.
Comte Th. de Quatrebarbes, 1871.
R. P. Legall, S. J., 1871.
R. P. de Poulpiquet, S. J., 1871.
B. Maugrain, 1871.
H. de Beauvoys, prêtre, 1875.
Comte de Boissard, 1872.
Dély, 1873.
A. Le Boucher, prêtre, 1874.
Ch. d'Arbois de Jubainville, prêtre, 1877.
Marquise de Villoutreys, 1880.
Mgr Joseph Menard, vicaire général, 1880.
Marquis de Maillé, 1882.
L. Helot, 1883.
Capitaine Textoris, ✻, 1884.
Comtesse Th. de Quatrebarbes, 1885.
V. Pavie, 1886.
Courtigné, 1886.

Une plaque spéciale a été placée, au-dessous du médaillon de M. l'abbé d'Arbois, elle rappelle les titres de M. Dusouchay à la reconnaissance de l'Œuvre :

R.-E. DUSOUCHAY

Architecte et bienfaiteur de Notre-Dame-des-Champs

1878

Nous devons ajouter à cette honorable liste deux noms bien connus de Notre-Dame-des-Champs et appartenant à des bienfaiteurs décédés récemment. Ce sont les noms de M. le vicomte de Boissard et de M. Lelong père, toujours fidèle au poste d'honneur qu'il avait choisi lors de la création de l'Œuvre.

On comprend que malgré toute la vigilance possible un établissement aussi important ait entraîné des frais considérables : la chapelle seule a coûté 40,000 francs. Néanmoins, grâce à la générosité des amis de l'institution, il ne reste plus, nous a-t-on dit, qu'une dette de 17,000 francs que l'on espère amortir en peu de temps, à l'aide de quelques offrandes bien avisées, ainsi que d'une intelligente économie.

D'après tout ce que nous venons de dire, on doit voir clairement que l'association de Notre-Dame-des-Champs est une grande famille dans toute la vérité de l'expression.

Cette famille comprend depuis le grand-père jusqu'au petit-fils.

Les aînés ont près de soixante ans, et les plus jeunes ont parfois quelques heures, au moment où on les inscrit sur les registres de la famille.

La première section (section de Notre-Dame-des-Champs) est instituée pour les membres de la Société qui ont dépassé vingt et un ans.

La deuxième section (section Saint-Joseph) comprend les jeunes gens de dix-sept à vingt et un ans.

La troisième section, sous le vocable de Saint-Louis de Gonzague, comprend les jeunes gens de seize à dix-sept ans.

La quatrième section comprend les adolescents de douze à seize ans (section des Saints-Anges).

Viennent ensuite les écoliers.

Et enfin les enfants des sociétaires, compris sous la dénomination de *petits agrégés*, depuis leur naissance jusqu'à dix ans.

Telles sont les grandes divisions.

Les caractères, les penchants, les jeux, varient suivant les âges. Grouper ensemble les âges qui ont le plus d'analogie, de conformité de goûts, leur donner une salle où ils trouvent des jeux qui correspondent à ces penchants, semble la conclusion la plus logique et par suite la plus pratique.

Chaque section a donc une salle spéciale.

Nous voudrions reproduire en entier la touchante allocution prononcée par M. l'abbé Bazin dans la chaire de Saint-Maurice, le 19 janvier de l'année dernière ; mais nous ne pouvons en reproduire que l'analyse, très bien faite d'ailleurs, insérée dans la *Semaine religieuse* du 6 février :

« M. le curé s'excuse d'abord sur le malentendu, peu regrettable du reste, qui a fait annoncer, pour cette fête, un sermon et surtout un sermon de charité. Les sociétaires de Notre-Dame-des-Champs ont rendu à la cause religieuse, et notamment à la paroisse Saint-Maurice, tant de services, que toute offrande qui pourrait être faite à l'Œuvre, après le sermon, ne serait pas un acte de charité, mais un acte de justice et de reconnaissance.

« Il n'est personne de bonne foi qui, aujourd'hui, au milieu des erreurs sociales qui se propagent en tous sens, en mille directions souvent imprévues, ne se préoccupe de la nécessité de la fondation et de l'entretien des écoles chrétiennes. Ces écoles versent chaque année, dans notre excellente cité angevine, quelques centaines de jeunes gens, préparés aux luttes de la vie et affermis déjà dans la pratique du bien. Or, ce premier résultat, quoique particulièrement appréciable, tangible et considérable dans ses effets immédiats, serait compromis si, sortant des écoles, le jeune homme se trouvait, pendant les heures d'inaction et de liberté, livré à lui-même, guetté qu'il est par l'ennemi éternel, toujours irréconciliable et toujours menaçant. C'est contre ce danger permanent, incontestable et incontesté, que veut réagir l'Œuvre de Notre-Dame-des-Champs, la plus ancienne des associations ouvrières de la ville d'Angers. Cette Société a ceci de remarquable que son but est bien déterminé; elle s'est en quelque sorte *spécialisée*. C'est grâce à cette *spéciale* chose que le succès devait répondre et a répondu à son programme bien défini, bien étudié, demandant des aptitudes spéciales et exigeant des vocations particulières dans ses directeurs; réclamant non la forme ou l'apparence, mais des règles et la tradition.

« M. le curé Bazin, depuis onze ans, a vu à l'œuvre les directeurs de Notre-Dame-des-Champs et, touché de leur abnégation, de leur dévouement, de la précision de leur méthode, a reconnu qu'on ne pouvait mieux faire. L'ennemi est toujours sur la brèche, il faut qu'une œuvre qui veut lutter soit toujours armée, toujours prévoyante, toujours prudente, veille sans cesse pendant les soirées d'hiver et les belles journées d'été, pendant les heures de liberté du jeudi et la longue et dangereuse journée du dimanche. Lors des vacances, si pernicieuses pour l'enfant devenu libre de toute surveillance, les directeurs de Notre-Dame-des-Champs s'ingénient, pendant le mois d'août et la première quinzaine de septembre, à procurer aux enfants qui leur sont confiés les distractions du jeu, de la promenade, des plaisirs honnêtes, en même temps que, par l'étude et la prière, ils s'adressent à leur cœur et à leur esprit, depuis sept heures du matin jusqu'à sept heures du soir.

« Toutes les minutes des heures sonnent au milieu des distractions et des études, et du travail incessant et fatigant des directeurs de l'Œuvre. C'est avec un véritable sentiment d'admiration qu'il faut contempler cette tâche absorbante, à laquelle il est si désirable de pouvoir se donner entièrement. Aussi, dans cet ensemble, et avec cette succession d'occupations offertes à l'enfant dès le jour où son esprit s'ouvre à la raison et à la lumière, jusqu'à ce qu'il entre à son tour, avec ses chères convictions, dans la lutte de la vie et pour la vie, l'Œuvre de Notre-Dame-des-Champs n'abandonne pas l'écolier d'hier dont elle fait l'honnête ouvrier, ou l'honnête employé, ou l'honnête patron de demain. Pour mener à pareille fin une pareille œuvre, tous les dévouements s'ajoutent, se multiplient : de jeunes apôtres y apportent l'ardeur de la foi ; de plus âgés — dont le cœur n'a pas vieilli — consacrent leur longue et précieuse expérience en répandant, au milieu des plaisirs et des travaux, l'amour du beau, de la vérité et de l'art. Ils y maintiennent aussi la tradition, c'est-à-dire l'esprit de son fondateur, le si estimable M. Le Boucher. Un prêtre vénérable, qui, sans jamais ambitionner de faire acte d'autorité, s'efface modestement, est, dans les termes que nous venons de dire, resté toujours fidèle à l'Œuvre depuis sa création.

« Pourquoi citer son nom ? tous le connaissent et prient Dieu de le conserver encore, pendant de longues années, à la filiale affection de tous les membres de Notre-Dame-des-Champs.

« Mais ici, comme dans toute entreprise, on ne peut arriver à obtenir des résultats considérables sans des efforts continus et toujours coûteux. Toutes les œuvres ont besoin du nerf sans lequel tout s'écroule et tout se pulvérise : Notre-Dame-des-Champs, parmi tant de faits qui singularisent son histoire, offre, dans sa création, de très intéressantes particularités.

« Cette Œuvre a suivi une marche inverse de celle qu'a parcourue la construction du temple de Salomon. David a amassé de nombreux matériaux, qui ont permis à Salomon d'édifier un temple magnifique. Dans l'Œuvre de Notre-Dame-des-Champs, Salomon a précédé David : les premiers directeurs ont édifié le temple, laissant à leurs successeurs le soin, non pas d'assembler les matériaux, mais d'en acquitter le prix. Notre-Dame-des-Champs aidant, grâce aux privations de tout genre que se sont imposées les directeurs de l'Œuvre, grâce aussi à l'esprit de dévouement, de prudence et d'habileté des membres du Conseil d'administration, la dette ancienne s'amortit chaque année.

« David doit-il donc se reposer en paix ? Mais on trouve que le charmant séjour de Notre-Dame-des-Champs, à la Baumette, est bien loin de la ville d'Angers, et qu'après avoir, pendant les belles journées de l'été, respiré l'air pur de la campagne, il est bien pénible, pendant les froides soirées de l'hiver, de venir dans une des rues les plus retirées et les moins praticables de la Cité, et dans des bâtiments que ne rappellent guère le temple de Salomon, y regretter le palais de la Baumette.

« C'est une des préoccupations de M. le Curé de modifier cette situation anormale ; c'est son vœu le plus cher, d'y apporter un remède, et il se propose de travailler à cette organisation nouvelle qui, à divers points de vue, est indispensable à cette œuvre si intéressante de la paroisse de Saint-Maurice. Notre-Dame-des-Champs ne restera pas sourde aux prières de ceux qui l'implorent ; et peut-être, en ce moment, quelques personnes dévouées pensent-elles à réaliser ce vœu si cher aux cœurs de tous, et bien vite, afin que les David d'aujourd'hui puissent être les Salomon de demain.

« Sous le charme de cette spirituelle invitation, les assistants ont, dans la mesure de leurs forces, contribué à venir en aide à ce projet si réalisable ; nous espérons que leurs efforts n'en resteront pas là ; que bientôt David et Salomon assisteront à l'inauguration, dans la paroisse de Saint-Maurice, d'une succursale digne de l'Œuvre de Notre-Dame-des-Champs. — Ainsi soit-il. »

Le Conseil d'Administration de la Société de Notre-Dame-des-Champs est composé ainsi :

Président : Mgr Pessard, prélat romain, vicaire général, à l'évêché.
Secrétaire : M. E. Lelong, rue Desjardins, 9.
Trésorier : M. A. Toutain, cloître Saint-Martin, 4.

MM.

L'abbé Bazin, curé de la cathédrale, rue St-Christophe, 4.
G. de Capol, rue Boreau, 25.
Cassin de la Loge, rue Fulton, 36.
Le baron de Champrel, boulevard du Roi-René, 34.
Le comte de Gautret, boulevard du Roi-René, 37.
René Lelong, rue du Bellay, 41.
L'abbé P. Myionnet, directeur de la Société de Notre-Dame-des-Champs, avenue de la Baumette, 5, et rue Donadieu de Puycharic, 9 (Cité).
Eusèbe Pavie, rue Chèvre, 16.
E. Planchenault, boulevard du Roi-René, 23.
Le comte Ch. de Quatrebarbes, rue Corneille, 13.
Le comte Henri de Saint-Pern, boulevard de Saumur, 18.

NOTRE-DAME-DE-BON-CONSEIL

L'établissement de Notre-Dame-des-Champs, au midi, ne pouvait manquer d'exciter l'ingénieuse émulation de nos concitoyennes. C'est ainsi que l'on vit s'élever, au nord, une maison pour les jeunes personnes, analogue à celle que fonda l'abbé Le Boucher, à l'autre extrémité de la ville, pour les jeunes gens.

Le dimanche 28 janvier 1877, Monseigneur bénissait la nouvelle chapelle et les bâtiments affectés à l'Œuvre de Notre-Dame-de-Bon-Conseil, rue de Paris. On connaît, à Angers, le but de cette association morale et religieuse. Son origine remonte au 1er mars 1865. A cette époque, le P. Château que nous avons déjà cité et que nous aurons le plaisir de citer encore, eut l'idée de fonder une association qui permît à toute une classe de jeunes filles, employées de commerce, modistes, institutrices, maîtresses d'atelier, de se réunir dans un triple but : 1° se lier avec des amies sûres et vertueuses ; 2° se soutenir mutuellement dans la pratique des devoirs religieux ; 3° sanctifier le dimanche, tout en s'adonnant à d'honnêtes récréations.

De telles entreprises se passent d'éloges. Sans doute, le foyer de la famille sera, presque toujours, pour une jeune fille, le meilleur lieu de ses délassements. Après la famille, l'enfant retrouvera dans l'école même où elle a été élevée, où elle a déjà fait partie de quelque pieuse congrégation, un autre refuge contre les périls qui l'entourent ; mais ces secours qu'il est facile de trouver à la campagne et dans les petites localités, ne sont pas, dans une grande ville, à la portée de toutes les jeunes personnes ; l'éloignement de la famille et des premières maîtresses, mille circonstances diverses les privent d'une bonne compagnie, d'amusements honnêtes, d'un lieu de réunion, à l'âge où elles en ont le plus besoin.

L'association de Notre-Dame-de-Bon-Conseil ne borne pas, d'ailleurs, son action aux trois fins qu'on vient d'énumérer. Grâce au zèle intelligent, à la charité toujours croissante des dames patronnesses, la Société a pu organiser une caisse de *secours mutuels*, pour les cas de chômage ou de maladie. Présentement, cette caisse permet de soigner sans rétribution, pendant deux mois, les associées malades, et de les loger gratuitement, lorsqu'elles se trouvent sans place. Enfin les religieuses de Saint-Charles prêtent à cette œuvre le concours le plus dévoué, et, de concert avec les dames patronnesses, font des démarches pour procurer des emplois aux sociétaires sans travail.

Cette association, modeste à son début, compte aujourd'hui plus de soixante membres. Assez longtemps la difficulté de trouver un local convenable a pu s'opposer aux progrès de l'Œuvre; mais l'établissement d'une société analogue pour les jeunes ouvrières de fabrique, en permettant d'installer à l'aise dans un même enclos, mais séparées, les deux associations, favorise désormais leur complet développement.

L'*Œuvre de la Sainte-Famille*, de fondation plus récente, se compose de jeunes filles, travaillant dans les manufactures. Elle a le même but, les mêmes ressources et les mêmes avantages que celle de *Notre-Dame-de-Bon-Conseil*. Elle a fait aussi de grands progrès, dans ces derniers temps, avec l'aide de Dieu. N'est-ce pas sa grâce qui a inspiré à une famille charitable [1] de venir en aide au P. Château, en créant un asile pour les petites ouvrières de nos grandes industries ? On ne saurait louer trop haut de tels exemples. Que tous ceux qui travaillent à résoudre les questions sociales, mais surtout que les faux économistes du jour, romanciers, journalistes, orateurs de clubs, qui cherchent dans de vaines déclamations sur la misère du pauvre, une popularité si peu désintéressée, commencent par imiter les gens de cœur qui s'occupent si pieusement d'alléger les souffrances d'autrui.

Voyez ce qui se passe au grand jour, dans les associations ouvrières, les patronages et les cercles catholiques ; et, pour ne parler que de la Société qui nous occupe, dites s'il est un spectacle mieux fait pour réjouir la vue et consoler le cœur, que celui des associées de Notre-Dame-de-Bon-Conseil et de la Sainte-

[1] M. et Mme Genest-Launay.

Famille, dans la solennité où la maison, le jardin, tous les bâtiments, sur un plateau très aéré, avaient pris un air de fête. Monseigneur vint consacrer l'Œuvre en bénissant la chapelle, et les nombreux assistants n'oublieront jamais cette mémorable cérémonie.

Après l'historique des deux œuvres tracé par le P. Château, et dans lequel il n'oublia que sa personne. Monseigneur le remercia d'avoir doté la ville d'Angers d'une si belle création, ainsi que les personnes charitables qui l'aidèrent de leurs offrandes, et en particulier les chefs de nos grandes industries qui ont compris l'utilité de son œuvre.

« Comme il faut, de nos jours, ajouta Sa Grandeur, multiplier pour les jeunes gens les associations chrétiennes, les patronages et les cercles catholiques, ainsi devient-il nécessaire d'offrir aux jeunes personnes des lieux de réunion où elles puissent trouver, après une semaine de travail, des récréations innocentes et les leçons maternelles de la religion. Elles en ont besoin pour se défendre contre les séductions de l'erreur et du vice. Dans le magasin comme dans l'usine, dans l'atelier comme au foyer domestique, ne rencontrent-elles pas le danger sous toutes les formes ? Mauvais exemples, mauvais propos, lectures suspectes, occasions délicates, que de périls pour les jeunes filles dans un milieu où ne règnent pas précisément la foi et les mœurs sévères ! L'industrie, dont on admire à bon droit les merveilles, n'offre pas moins d'inconvénients au point de vue moral. Qui n'a senti son cœur se serrer en voyant sortir d'une grande manufacture, ce flot mélangé d'hommes et de femmes, de jeunes gens et de jeunes filles, de vieillards et d'enfants, qui venus de tous les points de l'horizon, travaillent journellement côte à côte ? Malgré les précautions que peuvent prendre les chefs honorables de l'établissement, que ne peut-on pas craindre pour la foi et les bonnes mœurs de ce pêle-mêle inévitable ?

« Ah ! s'il est des œuvres dignes des sympathies de tous les gens de bien, ce sont les associations nouvelles de Notre-Dame-de-Bon-Conseil et de la Sainte-Famille. Sous la direction d'un religieux de cette admirable Compagnie de Jésus qui, pour répondre à ses détracteurs, ne cesse de couvrir la France de ses œuvres et de ses bienfaits, les deux associations vont se développer et rendront d'éminents services. Unies toutes ensemble, les jeunes filles qui les composent, grandiront dans la piété et les bonnes mœurs, se préparant ainsi à la mission de foi et de dévouement qui est le propre de la femme chrétienne. »

Le dimanche 30 octobre 1883, nouvelle solennité, présidée par Monseigneur, pour la bénédiction d'une statue de la sainte Vierge érigée au milieu des parterres. Le P. Château signale les progrès de l'Œuvre depuis sa dernière allocution. Le nombre des associées dans les deux compagnies s'est développé. La religion occupe la place principale. Une instruction est donnée chaque dimanche après les vêpres. L'installation matérielle ne laisse rien à désirer. De vastes préaux, l'un pour les demoiselles de commerce, l'autre pour les ouvrières de fabrique, sont pourvus de jeux variés ; des salles de récréations, une bibliothèque assez complète, sont à la disposition des associées. Quand vient la maladie elles trouvent à Bon-Conseil un asile où leur sont prodigués gratuitement les soins les plus dévoués. Le R. Père s'est justement réjoui du succès déjà obtenu. Cinq religieuses sont sorties de la Société, et sont aujourd'hui à Saint-Charles, au Calvaire et à la Visitation. Il s'est plu à remercier les généreux bienfaiteurs dont le concours si dévoué et si constant avait créé et soutenu l'Œuvre...

Ne pouvant compléter l'éloge bien dû à ces généreuses personnes de peur de blesser leur modestie, nous croyons répondre à leur désir en évoquant la mémoire de leur principale collaboratrice.

Le 18 décembre 1886 succombait une admirable femme, une de celles qui ont fait le plus de bien dans notre ville, emportant des regrets universels, adoucis seulement par un édifiant souvenir.

Voici le touchant hommage que lui rendit dans la *Semaine religieuse* le P. Louis, le pieux fondateur de l'Œuvre de Saint-Joseph-du-Chêne, dont elle fut l'auxiliaire aussi intelligente que dévouée, pendant plus de trente ans.

« Une existence modeste, mais précieuse devant Dieu, et bien chère aux hommes, vient de s'éteindre : Mlle Léocadie Lelondal expirait samedi soir, emportée par une congestion pulmonaire, à l'âge de soixante-quatorze ans.

« D'un abord prévenant, d'une bienveillance pleine de délicatesse, elle possédait à un haut degré l'intelligence des œuvres et cet esprit de conciliation qui sait unir les cœurs et écarter les levains de discorde ; aussi tout ce qu'elle a entrepris ou soutenu a constamment prospéré. Elle a été d'un grand secours pour la fondation du pèlerinage de Saint-Joseph-du-Chêne. Toute dévouée à l'œuvre de Notre-Dame-de-Bon-Conseil, elle aimait à passer la journée du dimanche au milieu des jeunes associées qui, pleines de confiance dans sa sagesse et son zèle, se soumettaient avec bonheur à sa direction.

« La mort de Mlle Letondal causera de profonds regrets, mais qu'ils seront adoucis par la pensée que le Ciel ne l'a retirée de ce lieu de misères que pour la mettre en possession de la couronne qu'elle a si bien méritée par une longue vie de travaux et de sacrifices !

« Auprès de Dieu, nous n'en doutons pas, elle sera d'un grand secours pour ceux qu'elle laisse sur la terre et qui n'oublieront pas les exemples de dévouement et de perfection qu'ils ont admirés en elle. »

Qu'on nous permette d'ajouter une réflexion à cette note déjà si pleine dans sa modeste brièveté. Pas plus que sainte Geneviève, la Providence n'avait doté Mlle Letondal de dons extérieurs : elle ne possédait ni beauté, ni santé, ni fortune ; mais dans ce corps chétif et infirme il y avait un trésor près duquel pâlissent tous les avantages matériels ! c'était une âme angélique, dont la candeur et la bonté, illuminant son visage, transformaient tout son être en un idéal, triomphe de la foi et de la charité, dont elle était seule à ne pas s'apercevoir. Malgré une timidité naturelle, sa voix, son regard, étaient empreints d'une douceur, d'une grâce, tellement irrésistibles, que, presque sans effort, elle recueillit, pour une seule de ses œuvres, plus de vingt mille francs ! Les pauvres avaient en elle une avocate si persuasive et si aimable que les indifférents mêmes étaient heureux de verser dans ses généreuses mains des offrandes d'une importance inespérée.

LES OUVROIRS

Cette bienfaisante institution remonte à une quarantaine d'années ; une dame très respectable, nommée

Mme Bourdais, ayant perdu son mari et ses enfants et pensant avec raison que le meilleur moyen de se consoler consiste à secourir de plus malheureux que soi, résolut de consacrer ses loisirs et sa fortune à propager une œuvre protectrice des jeunes filles ; ce fut sur les *Ouvroirs*, de création récente, qu'elle arrêta son choix. Du nord de la Bretagne qu'elle habitait, Mme Bourdais s'arrêta d'abord à Rennes, puis elle vint à Angers où elle communiqua ses idées, croyons-nous, à Mlle Grosbois, une sainte femme qui consacra toute une longue vie au soulagement des pauvres et des abandonnés. Elle est morte dernièrement après avoir rempli près d'un demi-siècle les fonctions de Dame de Charité, dans la paroisse de Sainte-Thérèse. Dès 1852, elle avait recueilli trois ou quatre petites pauvres, orphelines ou maltraitées par leurs parents, afin de les élever dans les sentiments de la piété et l'amour du travail.

Un peu plus tard, quelques dames charitables se réunirent à Mlle Grosbois, et dans le désir de rendre stable l'entreprise dont elle eut l'initiative, elles achetèrent une maison près de Lesvières, pour y loger les petites adoptées ; puis on se transporta dans un local plus vaste à l'entrée de la rue de Paris.

Mlle Terrien qui portait un vif intérêt à cette Œuvre, et qui était en même temps une des dignitaires des *Demoiselles de la Providence*, proposa de placer dans cette maison, connue dès lors sous le nom d'*Ouvroir Saint-Joseph*, les enfants secourus et patronnés par ces demoiselles, ce qui fut agréé et s'est toujours continué jusqu'ici.

L'Ouvroir Saint-Joseph, maintenant établi rue de Bel-Air, contient de trente-cinq à quarante jeunes filles qui ne peuvent y être admises aujourd'hui qu'à l'âge de treize ans. Elles y sont formées au travail de couture, de lingerie et repassage. Elles y reçoivent les principes d'une vie chrétienne, et sont soumises à l'observation d'un règlement qui fixe l'emploi de leur temps. Après avoir passé quatre ans au moins dans la maison, les jeunes filles sont en état de subvenir à leurs besoins, en se plaçant comme ouvrières ou femmes de chambre.

Le personnel de l'établissement se compose de la directrice [1], de maîtresses ouvrières et de personnes de service. Il se recrute par les soins des membres de la Société établie en tontine, qui fournit le local. Le produit du travail, la pension des enfants, avec quelques aumônes, couvrent les dépenses.

Non seulement Mlle Terrien a été très utile à l'Ouvroir Saint-Joseph en y amenant des pensionnaires, mais encore elle lui a rendu de signalés services par son expérience du commerce et le courant d'ouvrage que lui procuraient ses nombreuses relations dans la ville et même au dehors. Elle venait très souvent à la maison, et prêtait un concours précieux à l'ancienne directrice, Mlle Lebiez, surtout en inspectant le travail des jeunes ouvrières, genre de connaissance où elle était experte consommée ainsi qu'en plusieurs autres. Mlle Terrien et Mlle Lebiez s'accordaient parfaitement : nouvelle preuve de l'harmonie des contrastes. La première avait un caractère décidé, une voix bien timbrée, la parole facile et le geste énergique ; son amie s'exprimait avec peine, n'osant vous regarder, et bien qu'assez résolue au fond, présentait comme trait distinctif le charme d'une modestie qui lui attirait de suite un respect sympathique. Sa douceur était à ce point

---

[1] Mlle Laurent, la digne sœur de M. le chanoine Laurent, dont la mort est si regrettée.

sensible qu'elle ne put jamais gronder ses élèves ; quand une réprimande devenait nécessaire, une sous-maîtresse intervenait pour semoncer la délinquante, ce qui arrivait du reste bien rarement, car la seule crainte d'affliger la bonne supérieure suffisait pour prévenir les fautes. Bref, les deux amies se complétaient, chacune étant excellente, et réunies formaient un ensemble parfait.

A l'Ouvroir Saint-Joseph il n'y a que des pensionnaires ; à l'Ouvroir Saint-Vincent, composé principalement des grandes orphelines, viennent prendre part aux travaux quelques jeunes ouvrières du dehors. Nous en avons parlé à la notice sur l'Orphelinat, nous n'y reviendrons pas, quel que soit notre plaisir d'en faire l'éloge ; mais nous sommes limité et nous passons au troisième Ouvroir, fondé à notre connaissance à Angers.

Au temps du vénéré M. Pasquier, de ce curé de Notre-Dame, *à la voix de fer et au cœur d'or*, une petite sœur de Saint-Charles, nommée sœur Saint-Martin, était chargée par le Bureau de bienfaisance de la visite des pauvres. La dame qui l'accompagnait était ordinairement Mlle Noémie Le Boucher, appartenant à l'une de ces anciennes familles dont le nom est synonyme d'honneur et de charité. Au cours de leur distribution de secours, les deux pieuses associées rencontraient de pauvres petites filles qui leur inspiraient grand'pitié. Elles en parlaient au bon curé qui, non moins compatissant, veillait à les secourir. On en réunissait un certain nombre dans la tribune de l'église pour leur enseigner les principes de la religion, et puis on les logeait chez d'honnêtes femmes du voisinage.

Le nombre de ces enfants devenait si considérable que l'on jugea nécessaire de les réunir. Pour abriter tout ce petit monde il fallait une habitation vaste, commode et pas chère. Sur les entrefaites on apprend que M. d'Andigné de Lanereau veut vendre son hôtel. « Un hôtel où, dit-on, a demeuré Henri IV, c'est notre affaire, » se dit la petite sœur Saint-Martin, et, se présentant bravement chez l'honorable propriétaire, elle lui proposa d'acheter son immeuble. M. d'Andigné lui dit en souriant. « C'est très bien, ma chère sœur, mais permettez-moi de vous demander si vous avez de l'argent ? — Non, Monsieur, répliqua la sœur, mais j'en trouverai. — Je suis touché par votre franchise et votre confiance. Trois compétiteurs se disputent ma maison, reprit le vieux gentilhomme, avec ce ton de courtoisie inhérent aux nombreux membres de la famille d'Andigné ; » puis il ajouta : « On m'en offre trente mille francs ! eh bien, je vous la cède pour vingt-cinq mille francs ; je vous la donnerais même pour rien, très volontiers, mais j'ai des enfants, il faut bien que je leur laisse l'équivalent de l'héritage que j'ai reçu. »

Après avoir remercié avec effusion son généreux interlocuteur, la zélée religieuse courut chez M. Bompois, supérieur de la communauté de Saint-Charles. L'excellent homme accueillit d'abord avec réserve l'ouverture charitable, puis bientôt gagné par l'air de confiance de la sœur, il lui promit d'autoriser l'acquisition si l'on pouvait réaliser en peu de temps une avance de 5,000 francs. La somme fut apportée le lendemain au notaire de M. d'Andigné.

Une œuvre aussi bien commencée ne pouvait que réussir. La dette contractée pour l'acquisition fut amortie peu à peu ; des appropriations nécessaires furent heureusement exécutées. Enfin nul incident regrettable n'est venu, que nous sachions, troubler la paisible existence de l'Ouvroir Saint-Charles. Il contient cinquante à soixante ouvrières dont plusieurs vont travailler en ville et sont logées et nourries à la maison moyennant une rétribution modérée.

Ce même mode d'externat est adopté chez les Sœurs de charité du Sacré-Cœur de Jésus, rue de la Blancheraie, qui offrent ainsi à une vingtaine de jeunes personnes, une maison de famille aussi sûre qu'elle est agréable. On ne saurait trop encourager l'établissement de ces asiles pieux, sans être austères, où les jeunes filles isolées, venant de la campagne ou sorties des orphelinats, trouvent une protection et les ressources du travail, sans craindre les dangers auxquels ailleurs elles sont exposées.

Malheureusement pour les Ouvroirs la loi sur l'instruction primaire de M. Jules Ferry, a de si tristes conséquences, qu'elle est venue troubler jusqu'à la paix de ces humbles institutions, destinées surtout aux orphelines ou aux petites filles abandonnées : on y plaçait celles-ci dès l'âge de six ans : maintenant on ne peut plus les y mettre qu'à treize ans, parce que la loi néfaste exige qu'elles aillent à une école publique lorsqu'il n'y en a pas une de brevetée dans l'intérieur de l'Ouvroir.

Cette exigence est d'autant plus déraisonnable que la loi n'est nullement observée dans les campagnes, surtout quand elles possèdent des écoles libres : si on n'usait pas de tolérance, les écoles publiques seraient désertes. A la ville même ne voyons-nous pas souvent encore des enfants mendier dans les rues entre les jeudis et les dimanches? Certes nous ne nous opposons pas à la pitié qu'ils inspirent : mais pourquoi n'a-t-on pas les mêmes égards pour les pupilles des Ouvroirs? Est-ce parce que ces bienfaisants asiles sont dirigés par des religieuses ? ce serait doublement odieux : frapper des innocents sans défense, surtout des femmes et des enfants : comme l'a si bien dit M. de Châtaux, ce n'est pas français.

LES DEMOISELLES DE LA PROVIDENCE

Habitués que nous sommes à prononcer d'un seul trait ce titre : *Les Demoiselles de la Providence*, on ne réfléchit guère à sa gracieuse signification. Appartenant à des familles aisées, des personnes trop jeunes pour être mariées ou ayant renoncé au mariage, se réunissent pour faire jouir de leurs avantages, de pauvres enfants, maltraitées par le sort. Elles les adoptent et les prenant par la main, comme des seconds anges gardiens, les conduisent dans de pieux asiles, et veillent sur elles jusqu'au moment où l'on n'aura plus besoin de tutelle. En remplissant ce rôle de déléguées de la Providence, c'est-à-dire de la puissance souveraine, est-il possible aux généreuses bienfaitrices de mieux justifier leur titre ?

L'Association des Demoiselles de la Providence fut fondée à Angers, en mars 1816, par M. l'abbé Guyon, missionnaire, à la suite d'une célèbre mission donnée en cette ville, par M. l'abbé de Rauzan, supérieur des Missions de France.

Cette association se forma d'abord sous le titre d'*Association des Jeunes économes* ; elle eut ses statuts et un règlement provisoire jusqu'à ce que la mission eût adopté un règlement universel pour les associations de ce genre. En 1817 le règlement définitif lui fut donné.

et elle reçut en même temps son nouveau nom d'*Association des Demoiselles de la Providence*.

Deux articles des statuts nous diront ce qu'était l'Œuvre et quel était son but.

A l'article 6, il est dit : « l'Association se compose
« de jeunes demoiselles de famille, qui sont maîtresses
« de leur volonté et de leur temps, et qui n'ont à dé-
« pendre que de leurs père et mère. »

Le but de l'Association est résumé ainsi dans l'article 13 de ces mêmes statuts :

« Les œuvres de charité à exercer par les *Jeunes*
« *économes* sont de travailler pour les pauvres mères
« de famille, pour les prisonniers, de visiter la maison
« de la Providence et d'y aider la directrice en cas de
« besoin et toujours sur la demande de la présidente
« et avec l'agrément des parents. Une œuvre qu'elles
« veulent encore exercer, c'est de faire apprendre un
« état à quelques pauvres petites filles appartenant à
« des parents chrétiens, et en même temps veiller à
« leur conduite et les instruire de la religion ; enfin
« d'habiller quelques petites filles, d'apprendre la prière
« et le catéchisme à quelques-unes de ces enfants né-
« gligées par leurs propres mères. »

Un but aussi noble excita le zèle des jeunes filles d'Angers : quarante-quatre répondirent avec empressement à l'appel du missionnaire. Ce petit groupe, sous la direction de M. l'abbé Breton, curé de la Cathédrale, — choisi par Mgr Montault pour directeur de l'Œuvre, — travailla avec ardeur et prit un soin tout particulier à sanctifier ses bonnes œuvres.

Un Conseil fut nommé parmi les membres de l'Association. La première présidente élue fut Mlle Cassin. Une réunion, fixée au premier mardi de chaque mois, entretenait l'émulation des associées, puis à ces réunions une instruction solide leur était donnée par M. le Directeur ou quelqu'autre ecclésiastique invité par lui : après l'instruction on traitait des besoins de l'Œuvre, des conditions d'apprentissage avec les différentes maîtresses ouvrières chez lesquelles les enfants adoptées par l'Œuvre devaient être placées ; souvent — les premières années — il était fait lecture de lettres échangées entre les membres des Associations des *Jeunes économes* fondées à Nantes et à Orléans, à la même époque et dans les mêmes conditions que celle d'Angers ; elles s'entretenaient ainsi en union de bonnes œuvres et s'excitaient au bien.

Mgr Montault, qui témoignait à cette œuvre naissante une véritable sollicitude, — sollicitude qu'il ne cessa de lui accorder tant qu'il occupa le siège épiscopal d'Angers — se préoccupa des ressources de l'Œuvre, qui, à cette époque, étaient fort minimes. Les petites économies des associées apportées à chaque réunion, augmentées des généreuses offrandes de M. le Directeur et de dons que Monseigneur voulait bien faire à l'Œuvre, étaient tout son trésor. Pour le grossir, à deux réunions générales chaque année, un sermon de charité était donné et une quête était faite au profit de l'Œuvre ; de plus, tous les ans, pendant les journées du Jeudi et du Vendredi-Saint et le matin de Pâques, on quêtait pour les pauvres aux portes de l'église Saint-Maurice. Mgr Montault proposa aux Demoiselles de la Providence de se faire quêteuses ; la proposition acceptée, l'évêque, heureux de reconnaître ce service, leur abandonna la moitié du produit de ces quêtes, ainsi que la moitié de celui des quêtes, également faites par elles, chaque dimanche à la messe de midi.

Économies, dons et quêtes, les ressources de l'Œuvre ainsi composées étaient alors fort variables. Les premières années elles atteignent 700 francs, 800 francs, puis elles montent à 12 et 1,300 francs, un moment elles retombent à 800 francs. Le nombre des apprentissages est, bien entendu, subordonné aux recettes. Au début cinq enfants sont placées chez des maîtresses ouvrières choisies par la présidente et le Conseil de l'Œuvre : mais une fois apprentie, l'enfant adoptée n'est pas oubliée ; les Demoiselles de la Providence veillent à son entretien et surtout, pour atteindre le but de l'Œuvre, elles se font bien vraiment les protectrices de l'enfant : pratique de religion, devoirs d'état, conduite, tout est surveillé. Dans ce temps-là, l'argent ne suffisait pas pour faire marcher une œuvre : on donnait, assurément, de sa bourse tout ce que l'on pouvait, mais bien plus large encore était l'aumône du cœur : *on se donnait*, et dans l'exercice de cette vraie charité se trouvait une force et un élan qui rendaient faciles, à celles qui la pratiquaient, les devoirs de la vie chrétienne.

Ainsi comprise, l'Œuvre prospérait. Son but unique étant devenu l'apprentissage des jeunes filles indigentes, ses recettes et ses soins leur furent entièrement consacrés : pendant vingt-deux ans aucun changement ne se produisit dans son organisation : les recettes variables nécessitaient, par année, plus ou moins d'adoptions ; le nombre des associées augmentait ; les réunions étaient régulièrement suivies.

M. l'abbé Prieur, vicaire-général d'alors, qui remplaça, au bout de deux ans seulement, M. l'abbé Breton, trop absorbé par les obligations de son ministère paroissial, sut, par son dévouement et son zèle, être le digne successeur de ce premier directeur qui avait si puissamment contribué au développement de l'Œuvre.

A la mort de M. Prieur, qui fut un véritable deuil pour l'Association de laquelle il était devenu le sûr conseiller, M. l'abbé Mossion, chanoine, fut chargé de la direction pendant sept années ; après lui, M. l'abbé Mochet, — qui venait de quitter la cure de Notre-Dame, — aidé par M. l'abbé Régnier, vicaire-général, continua de prendre soin de l'OEuvre. Rien de plus intéressant et de plus édifiant, en même temps, que les comptes-rendus des exhortations qu'à chaque réunion ces directeurs dévoués voulaient bien adresser aux associées, qui savaient répondre, par leur zèle plein d'union et d'entrain, aux sages enseignements qui leur étaient donnés.

En cette année 1839, où nous arrivons avec M. l'abbé Mochet et M. l'abbé Régnier, ce dernier, homme prudent et administrateur éclairé, fit remarquer au Conseil de l'OEuvre que des inconvénients inévitables, et une foule d'embarras fort nuisibles au bien que pouvait faire l'Association, venaient de ce que son administration ne savait pas assez sur quels fonds elle pouvait compter ; il démontra qu'il serait utile que chaque associée voulût bien assurer une partie de ce qu'elle apportait aux réunions mensuelles, en souscrivant tous les ans pour la somme de 10 francs. L'opportunité de cette mesure ayant été reconnue, elle fut adoptée à l'unanimité et accrut sensiblement les ressources de l'OEuvre qui s'augmentèrent encore, à cette époque, du produit d'une loterie organisée par les Demoiselles de la Providence.

Grâce à ces nouveaux moyens, pendant les années 1842 et 1843, les recettes s'élèvent à près de 3,000 fr., ce qui permet d'adopter une vingtaine d'enfants. Le nombre des petites filles, acceptées par l'OEuvre, ne fut pas aussi considérable les années suivantes ; mais jusqu'en 1853, il est encore de douze à quinze chaque année.

En 1842, peu de temps après son élévation au siège épiscopal d'Angers, Mgr Angebault voulut bien se faire rendre compte de l'Œuvre et prouva l'intérêt qu'il lui portait en venant, comme l'avait fait si souvent Mgr Montault, présider les réunions plusieurs fois l'année. A sa première visite, il présenta M. l'abbé Joubert, son vicaire-général, auquel il recommanda tout particulièrement le soin d'une œuvre qui, depuis tant d'années, n'avait cessé d'exercer une influence réelle, non seulement sur les pauvres enfants qu'elle avait adoptées, mais encore sur les jeunes filles de la ville. M. l'abbé Joubert prit à cœur sa nouvelle mission et, pendant quatorze ans, celles qui l'ont connu peuvent dire avec quelle sollicitude il s'en acquitta.

En 1853, le Conseil, avec son approbation, prit une détermination qui apportait une importante modification dans l'organisation de l'Œuvre.

Mlle Grosbois, réunie à quelques personnes charitables, avait installé et dirigeait un établissement d'apprentissage pour les jeunes filles nécessiteuses. Elle proposa à l'Association des Demoiselles de la Providence de se charger des enfants qu'elles adoptaient. Cette proposition examinée, discutée, fut acceptée par M. le Directeur et le Conseil, le 10 avril 1853. A partir de ce jour l'Œuvre devait nécessairement subir une espèce de transformation : les enfants confiées pour quatre années à Mlle Grosbois, tout en étant un peu suivies par l'Association, n'étaient plus autant sous sa surveillance et sa direction ; dans cet établissement où elles devaient apprendre à bien travailler, elles recevaient, en même temps l'instruction nécessaire à leur position et surtout devaient y acquérir une véritable connaissance de Dieu, de la religion et de leurs devoirs. L'action directe des associées sur leurs protégées, non seulement n'avait plus sa raison d'être, mais ne pouvait plus exister. Huit enfants, cette année-là, furent placées dans le nouvel établissement. La pension était de 250 francs pour les quatre années ; quand, pour quelque raison, l'enfant prolongeait son temps dans la maison, on ajoutait 50 francs à cette pension.

Dans une des années qui suivirent, Mlle Grosbois se retira ; les enfants furent alors placées à l'Ouvroir Saint-Joseph : là, des personnes dévouées et charitables prirent, à leur tour, soin des enfants. Ce fut alors que les réunions, qui jusqu'à cette époque s'étaient tenues chez les Sœurs de la Sagesse, au parvis Saint-Maurice, se firent à l'Ouvroir même qui à ce moment-là était rue de Paris. Elles furent encore assez suivies les premières années. M. l'abbé Bompois succéda à M. l'abbé Joubert et continua à l'Œuvre la bienveillance de ses prédécesseurs.

Mais nous arrivons à un temps où la multiplication des œuvres devient telle qu'à force de vouloir être associé des nouvelles on abandonne un peu les anciennes, sans que les créations du jour en soient mieux servies. Les Demoiselles de la Providence continuèrent cependant à se recruter. Le zèle de M. l'abbé Priou qui, à la mort de Mgr Bompois, devint directeur de l'Œuvre, essaya tous les moyens pour rendre aux associées leur ardeur ; mais peu à peu les réunions furent moins suivies. La suppression de la loterie annuelle, en 1881, enleva à l'Œuvre une partie de ses ressources ; à ce moment-là le zèle des associées se réveilla un peu ; par des ventes de charité, des concerts, tombola, on parvint à combler le déficit : les finances de l'Œuvre restèrent encore suffisantes pour permettre d'adopter quelques nouvelles enfants chaque année. Les pensions qui avaient été élevées au taux de 400 francs, puis de 600 francs, plus 140 francs de trousseau, en 1882 redevinrent de 400 francs, les enfants n'étant plus prises à l'Ouvroir au-dessous de treize ans et n'y restant plus que quatre années. La loi scolaire a nécessité cette mesure, les directrices de l'Ouvroir ne pouvant pas consacrer à l'étude le temps exigé. Les recettes annuelles s'élèvent de 3,500 à 4,000 francs. Cent quatre-vingts enfants ont été secourues par l'Œuvre depuis que l'apprentissage a été confié aux directrices de l'Ouvroir Saint-Joseph.

Nous ne saurions terminer cette notice très sommaire sur une Œuvre qui compte aujourd'hui soixante-treize ans d'existence, sans nommer au moins les cinq présidentes qui, par leur zèle, en ont assuré le développement et maintenu la prospérité jusqu'à ce jour :

Mlle Cassin, 1816 à 1817 ; Mlle Desplaces, 1817 à 1839 ; Mlle Bellanger, 1839 à 1853 ; Mlle Terrien, 1853 à 1871. La présidente actuelle, Mlle de Foucauld, continue l'Œuvre de ses devancières : ses efforts constants pour attirer aux réunions les jeunes filles, membres de l'Association, et pour y enrôler celles qui peuvent en faire partie, sa grande bonté et sa sollicitude pour les petites filles placées à l'Ouvroir Saint-Joseph, suffisent pour prouver que l'Œuvre a gardé son véritable esprit et n'a cessé de remplir son but.

LE CERCLE MILITAIRE

Le Cercle militaire d'Angers est un des premiers qui ait été fondé après la guerre, grâce à l'initiative de notre évêque. Sa Grandeur Mgr Freppel écrivit au général de Cissey, alors ministre de la guerre, pour lui parler de ses projets et le général envoya à l'évêque une lettre de félicitations. Monseigneur voulut que l'œuvre eût une existence légale : le maréchal de Mac-Mahon l'approuva par un décret revêtu de sa signature et la Préfecture de Maine-et-Loire reconnut le Cercle d'utilité publique.

En même temps le service religieux fut organisé en l'église Saint-Laud, paroisse des militaires. Chaque dimanche la messe était célébrée par M. l'abbé Chaplain qui fut nommé aumônier de la garnison d'Angers. Dès le commencement Monseigneur fit appel au patriotisme chrétien d'anciens officiers qui se réunirent en comité pour patronner l'œuvre naissante et lui fournir des moyens d'existence.

Dès le commencement toutes les sympathies furent acquises au Cercle militaire. Les officiers étaient heureux de voir les soldats le fréquenter, bien persuadés que leurs hommes avaient tout à gagner en y venant assidûment.

Eux-mêmes comprenant que l'exemple est d'autant plus puissant qu'il part de plus haut, se faisaient un devoir d'assister à la messe militaire et aux fêtes données dans l'établissement.

Depuis lors, quinze ans se sont écoulés, et grâce à Dieu le Cercle n'a pas cessé d'être fréquenté par un bon nombre de sous-officiers et de soldats, à la satisfaction de toutes les familles.

Mgr de Ségur a écrit cette phrase qui dit en peu de mots de grandes vérités : « Si les Œuvres militaires « ne réussissent pas, l'armée devient le tombeau de « toutes nos Œuvres catholiques. »

En effet, si les jeunes gens qui sortent de nos patronages, de nos cercles d'ouvriers, de nos collèges chrétiens, des familles religieuses, ne trouvent pas dans l'armée un abri, un asile, tout cet édifice spirituel élevé au prix de tant de dévouement, croulera en quelques jours.

Car, au point de vue moral et religieux, le soldat est absolument abandonné. Entendant souvent les plus horribles blasphèmes, ayant sous les yeux une immoralité qui ne craint pas de s'afficher, ce jeune homme de vingt ans, à l'âge des passions, n'ayant plus les encouragements et les exemples d'une pieuse mère, les leçons de son père, de sa famille, de ses amis, que va-t-il devenir ?

Hélas ! demandez aux prêtres de paroisse ce que sont les jeunes gens qui reviennent du service...

Il y a là une situation particulièrement grave et c'est pour cela que, partout où on le peut, on établit des Œuvres militaires pour sauvegarder la foi et l'honneur de la jeunesse, espérance de la France et de la sainte Église.

C'est un fait d'expérience, les meilleurs soldats sont les meilleurs chrétiens.

Donnez-nous une armée où Dieu soit le maître, où sa loi soit observée, ses sacrements reçus, cette armée sera invincible : la victoire contre nos ennemis est assurée.

Mais comment le soldat qui passe sa vie dans la débauche peut-il être un bon serviteur de son pays ? Comment peut-il obéir à ses chefs ? ou, s'il est *gradé*, comment peut-il commander à ses subordonnés ? Quelle autorité peut-il avoir sur ses inférieurs, celui dont la vie est celle d'un homme sans principes, sans moralité ? Les punitions ne le corrigeront jamais : elles ne feront que l'endurcir, et en sortant de la salle de police ou de la prison, il se promettra d'être plus adroit à l'avenir pour éviter le châtiment, mais il ne se dira jamais « convertissons-nous. »

Qui donc donnera aux soldats le dévouement, l'esprit de sacrifice dont il a besoin ? où trouvera-t-il des compensations à la vie pénible qu'il mène loin des siens, loin de tout ce qu'il aime ?

La religion seule peut élever l'homme et le maintenir toujours à la hauteur de ses devoirs. Elle a des secours divins d'une merveilleuse efficacité.

Si le soldat n'a pas la foi, on sait où il ira chercher des délassements. L'espérance des galons de caporal ou de sergent ne suffit pas pour retenir dans la bonne voie un jeune homme de vingt ans. Il faut que Dieu vienne dans son âme pour la fortifier et lui donner l'amour du sacrifice.

Pères et mères de famille, priez beaucoup pour que vos enfants fréquentent les Œuvres militaires, où ils trouveront tous les secours dont ils ont besoin et pour l'âme et pour le corps.

Voilà pourquoi le Cercle militaire d'Angers est entouré de tant de sympathies : c'est qu'il a pu, grâce à Dieu, sauver bien des âmes qui se seraient perdues. Que de jeunes gens lui doivent leur salut !

Que ne pouvons-nous citer ici les nombreuses lettres de remerciement qu'a reçues M. l'abbé Chaplain ? Rentrés dans leurs foyers ces jeunes gens écrivent à leur ancien aumônier pour lui exprimer toute la reconnaissance dont leurs cœurs sont pénétrés.

« Chère et sainte maison où j'ai passé les plus douces « heures de mon congé, va, je ne t'oublierai jamais ! » (Paroles d'un soldat en quittant notre garnison.)

Que dire de ces jeunes gens qui sont la gloire du Cercle militaire d'Angers ? Nous voulons parler de ceux qui, après leur congé, sont entrés au grand Séminaire, ou se sont faits religieux. Ainsi celui qui est actuellement le collaborateur zélé de M. l'abbé Chaplain, a fait partie de notre garnison, il y a quelques années. Aussi avec quel empressement M. l'abbé Eugène Bombois est-il revenu travailler auprès de son ancien aumônier ! Ce qui ne l'empêche pas de prodiguer son dévouement aux élèves de l'externat Saint-Maurille qui tous l'aiment comme un père.

Connaissant mieux la vie et les besoins du soldat, M. l'abbé Bombois est à même de lui donner des conseils appropriés à sa situation et de lui rendre de très utiles services.

On nous permettra de citer ici les lignes suivantes écrites par un jeune religieux, ancien soldat de notre garnison, à un de ses amis.

« ..... Le Cercle militaire d'Angers ! Oh ! mon cher ami, que de bons et pieux souvenirs ce nom éveille en moi ! C'est là que le dimanche, j'allais entendre la sainte Messe ; là, que j'allais puiser, aux pieds du divin Sauveur, la force qui m'était nécessaire pour lutter contre mes passions et l'entraînement du mauvais exemple ; là, je trouvais, en la personne du digne et pieux aumônier, si bon et si dévoué pour le soldat, qui connaît si bien son cœur, ses aspirations, ses goûts, ses qualités et ses défauts, un guide sûr et éclairé, un ami, un père qui partageait mes joies et mes tristesses, me consolait dans mes épreuves (et elles sont nombreuses dans la vie militaire), m'encourageait et me fortifiait par ses conseils ; là, je me trouvais chaque jour au milieu de camarades nombreux et d'amis sincères dont la franche et aimable gaîté me faisait oublier les ennuis de la caserne, et remplaçait pour moi la famille absente ; là j'avais à ma disposition une bibliothèque dont les livres, tour à tour m'édifiaient, m'instruisaient ou me délassaient agréablement l'esprit.

« Je ne puis me rappeler, sans une profonde émotion, la pieuse chapelle du Cercle que de charitables mains ornent avec autant de grâce que de dévouement, la messe de onze heures où, chaque dimanche, quelques-uns d'entre nous s'approchaient de la Table sainte, à la grande édification de leurs camarades ; ces saluts si solennels du très saint Sacrement, où nous rendions avec tant de bonheur les honneurs militaires au Dieu des armées bénissant ses enfants ; ces chants, ces cantiques exécutés avec autant d'entrain que de piété ; ces adorations mensuelles réparatrices et cette garde d'honneur, montée devant l'adorable Sacrement par des soldats qui demandaient grâce et pardon pour leurs camarades coupables, pour les péchés de l'armée ; ces communions presque générales aux grandes fêtes; cette modestie, ce profond recueillement dans le saint lieu, qui frappait d'admiration et édifiait tant ceux qui venaient au Cercle pour la première fois, et mille autres souvenirs touchants me remuent jusqu'au fond de l'âme, lorsque ma pensée se reporte vers ces heureux jours ; mon cœur alors déborde de reconnaissance envers la divine bonté qui m'a ménagé tant de grâces et de consolations, pendant cette épreuve si critique du service militaire, où le jeune homme, encore inexpérimenté, se trouve seul en présence de tant d'ennemis divers. S'il ne cherche, dans la fréquentation assidue du Cercle militaire, ou à défaut de cette institution si utile, dans quelqu'autre œuvre chrétienne, un lieu de refuge, où il puisse, chaque jour, retremper ses forces et puiser un nouveau courage pour soutenir la lutte quotidienne, sa foi et son honneur feront, comme cela arrive, hélas ! trop souvent, tristement naufrage.

« Ces impressions dont je vous fais part, mon cher ami, sont, je ne crains pas de l'affirmer, celles de tous les anciens soldats du Cercle ; mais il est une grâce plus insigne que je dois à cette œuvre bénie et dont je ne saurais trop remercier la divine Providence et celui qui a été son instrument ; je veux parler de ma vocation religieuse ; c'est là, en effet, qu'elle a germé, qu'elle a ensuite grandi sous l'influence salutaire du vénérable aumônier qui dirigeait ma conscience et qui, après trois ans d'étude des opérations divines dans mon âme, m'indiquait comme lieu de repos cet asile de la prière et de la pénitence où, en effet, j'ai trouvé la paix et le bonheur. »

Un des professeurs du grand Séminaire de Clermont-Ferrand, M. l'abbé Legoux, de la Compagnie de Saint-Sulpice, a servi d'abord son pays comme soldat et a quitté le 32e, naguère en garnison à Angers, après avoir gagné les galons de sous-officier.

D'autres, nous dit-on, sont en ce moment au grand Séminaire ou se préparent à entrer dans les ordres religieux. Oui, il est visible que Dieu bénit et protège cette Œuvre.

En terminant, nous devons parler des dames patronnesses du Cercle militaire dont le nombre augmente de jour en jour. Qui pourra dire leur zèle ? Toute la ville d'Angers sait avec quelle activité, quel infatigable dévouement quelques-unes de ces dames travaillent à créer à l'Œuvre les ressources dont elle a toujours besoin. Toutes les mères sont invitées à faire partie du Comité ; qui plus qu'elles est intéressé au succès des œuvres militaires ?

Enfin on vient d'ériger dans la cour du Cercle un très beau monument en l'honneur de Notre-Dame-des-

Armées [1]. La très sainte Vierge tient l'Enfant Jésus dans ses bras. Le Sauveur du monde présente aux soldats la croix, le symbole du sacrifice. Aux pieds de ce monument des mains habiles [2] ont placé un trophée : l'infanterie, l'artillerie, la cavalerie, la marine y sont représentées.

Sur le socle on lit ces mots : « Soldats ! voici notre Mère ! C'est la parole de Jésus mourant à saint Jean : *Ecce mater tua.* »

La très sainte Verge a une couronne de douze étoiles que l'on éclaire, le soir, à l'aide du gaz, ce qui ajoute encore à la beauté du monument.

Mgr l'Évêque d'Angers a bien voulu accorder quarante jours d'indulgence à ceux qui réciteraient un *Ave Maria* au pied de la statue. Mères de famille qui avez vos enfants à l'armée, venez prier Notre-Dame-des-Armées.

Un dernier mot : c'est un appel à la générosité des grandes âmes en faveur de cette Œuvre qui a déjà tant fait pour l'armée et qui peut encore tant faire pour l'avenir. Dieu veuille lui susciter de généreux bienfaiteurs qui aideront le prêtre à sauver les âmes de nos chers soldats ! L'aumônier militaire n'a qu'un désir, rendre cette jeunesse vraiment digne de l'Eglise et de la France.

---

[1] La photographie de Notre-Dame-des-Armées est en vente chez la concierge du Cercle.

[2] Un ancien pontonnier d'Angers a exécuté ce trophée très remarqué de tous les connaisseurs.

LES ENFANTS DE MARIE

En 1843, Mgr Angebault venait de prendre possession du siège épiscopal d'Angers ; il fut affligé du peu de solennité de la procession en l'honneur de la sainte Vierge, le jour de l'Assomption ; son tendre amour pour elle, sa longue expérience des bonnes œuvres lui firent rechercher les moyens d'honorer celle qu'il regardait comme sa mère et la protectrice de son diocèse... ; mais le bien se fait lentement. En 1845, la statue de la sainte Vierge fut portée sur un brancard bien simple : un chœur de jeunes filles suivait en chantant des cantiques ; elles étaient dirigées par une personne qui remplit un grand rôle dans nos œuvres de charité, pendant sa trop courte existence : Mlle Célestine Boguais devait naturellement les tributs de sa magnifique voix à la reine des cieux. Le lendemain, Monseigneur réunit les chanteuses dans une chapelle de la cathédrale : il les remercia de leur dévouement de la veille, les encouragea à persévérer, en les exhortant à l'amour, à la confiance envers Marie, et leur donna rendez-vous pour l'année suivante [1].

---

[1] Pour ce chapitre, nous avons largement puisé dans la *Notice* que publia Mme Hector Boguais de la Boissière, peu de temps après la mort de sa belle-sœur. Cette *Notice*, de 184 pages, imprimée par MM. Lainé frères, en 1865, est malheureusement épuisée. Il est bien à désirer qu'on la réimprime, car, écrite avec autant de charme que de talent, elle offre une lecture non moins agréable qu'elle est édifiante.

Le zélé prélat avait un vaste projet et cherchait un aide : il connaissait M⁽ˡˡᵉ⁾ Boguais : de son coup d'œil habitué à démêler le mérite, il avait vu ce qu'il pouvait en attendre. Il lui fit part de ses plans, écouta ses observations. Une association de jeunes filles, sous le titre de *Filles de Marie*, fut décidée en principe ; un règlement longuement médité fut rédigé ; mais ce qui effrayait M⁽ˡˡᵉ⁾ Boguais, c'est qu'elle devait être présidente de l'Œuvre naissante. Avec la permission de l'Évêque, elle communiqua le règlement projeté à une amie, une parente qu'elle honorait de sa confiance et qui, après en avoir pris connaissance, lui dit : « Monseigneur a raison, vous êtes la seule personne qui puisse fonder une œuvre pareille ; par votre position dans le monde, par vos œuvres de charité, vous imposerez le respect, vous gagnerez la confiance, et vous ferez du bien. Vous avez, dites-vous, beaucoup d'occupations, ne craignez rien ; dans le service de Dieu, il faut toujours dépasser un peu ses forces.

M⁽ˡˡᵉ⁾ Boguais avait alors trente-quatre ans.

En 1846, les chanteuses de l'année précédente furent fidèles au rendez-vous ; beaucoup de nouvelles s'adjoignirent ; alors Monseigneur leur exposa ses intentions ; l'Œuvre des Filles de Marie fut fondée, et la chapelle des Ursulines fut désignée pour lieu de réunion.

Le but de cette association est de conserver l'esprit de piété parmi les jeunes personnes qui se dévouent au service de la sainte Vierge et s'efforcent d'imiter ses vertus. Elles se réunissent tous les quinze jours, le dimanche après-midi, chantent les Vêpres, écoutent une instruction sur leurs devoirs particuliers ou sur les vérités de la religion. Les motifs de leurs absences doivent être connus de la *dizainière* chargée de les surveiller ; elles ont en outre des fêtes où la messe et le salut sont plus solennels.

Quel bien n'était pas appelée à faire une œuvre qui donnait appui à de pauvres jeunes filles, souvent isolées dans une grande ville, libres d'elles-mêmes une fois sorties de leur atelier ou de leur magasin ! ces pauvres cœurs de bonne volonté pour la vertu, mais entourés de dangers, souvent même au sein de la famille... L'Œuvre qui veille sur elles comme une tendre mère, leur offre l'exemple si doux de pieuses compagnes, le secours pendant la maladie, et les ingénieuses ressources que trouve un cœur maternel quand il faut soutenir, consoler et prévenir le danger.

Pour que tout ce bien pût s'opérer, il fallait à la tête de cette Œuvre une personne réunissant d'éminentes qualités, ayant l'intelligence des besoins de chaque enfant de la pieuse famille, sachant unir la fermeté à la tendresse d'une mère avec un dévouement infatigable et sans bornes.

Dieu qui avait choisi Mlle Boguais pour diriger cette Œuvre importante, lui avait départi tous les dons nécessaires ; sa position dans le monde lui attirait le respect ; sa bonté appelait l'amour et la confiance ; elle était la première à donner l'exemple de l'obéissance au règlement, de l'assiduité aux réunions, du respect et de la déférence envers les supérieurs de l'Œuvre.

M. l'abbé Chesnel, désigné pour cette direction, s'en acquitta avec ce zèle persévérant, cette sagacité, ce sens droit, cet esprit de justice qui le caractérisaient.

Rien ne fera mieux connaître la nouvelle présidente qu'elle-même, dévoilant le secret de son cœur dans les résolutions d'une des premières retraites données à l'association des *Filles de Marie*.

« La Providence ayant permis que je fusse mise
« (quoique indigne) présidente des *Filles de Marie*, je
« promets à mon Dieu :

« D'être une mère tendre et compatissante et toute
« dévouée près des Enfants de Marie ; de les écouter,
« de les consoler dans leurs peines, de les encourager,
« de les conduire dans le chemin de la vie ; d'avoir
« une charité sans bornes pour ces bonnes filles. Dai-
« gnez, mon Dieu, me donner les grâces nécessaires
« pour accomplir une si belle mission. Je prie l'Esprit-
« Saint de me donner la lumière, l'esprit de foi, de
« conseil, de sagesse, de crainte de Dieu. Je mets ces
« résolutions sous la protection de Marie, ma tendre
« mère, et de saint Joseph, mon patron, en qui j'ai
« une confiance toute spéciale.

« Je lirai souvent ces résolutions. »

Tel fut le programme de Mlle Boguais, et elle y fut
fidèle jusqu'au dernier moment. Elle fut une mère
tendre et confiante pour ses filles d'adoption, les recevant quand elles voulaient venir la trouver, les écoutant pendant de longues heures, se faisant toute à
tous, ne paraissant n'avoir pas autre chose à faire, et
chaque enfant, heureuse de la place qu'elle savait
occuper dans le cœur de sa bonne mère, laissait son
âme s'épancher avec confiance, exposer ses peines, ses
joies, ses dangers, ses aspirations, sûre de trouver en
elle un conseil sage et discret, consolations, encouragement et une direction judicieuse et prudente, car
Mlle Boguais ne se laissait jamais aller aux égarements
de l'imagination ; elle voyait les choses d'une manière
éminemment lucide et pratique : elle n'aimait pas les
affaires louches et embrouillées, et elle apportait ces
qualités solides dans la direction de son cher troupeau.
Si quelqu'une put avoir des regrets et des repentirs au

fond de son cœur, une voix lui criera certainement :
« Si tu avais suivi les conseils que te donnait cette
« bonne mère !... »

Il y en avait qui venaient trouver leur présidente
pour lui ouvrir leur cœur, comme poussées par un
sentiment irrésistible ; la main sur la sonnette, elles
hésitaient, tremblaient ; la grâce l'emportait ; elles sortaient consolées, éclairées, et retrouvaient auprès d'elle
le courage qui, peut-être, allait défaillir.

Que de pauvres jeunes filles aux sentiments généreux, mais dont l'imagination était malade, trouvaient
la paix au son de cette parole calme, en contemplant
ce visage toujours serein, pendant de longues séances
écoutant toujours les mêmes plaintes : Elles pouvaient
remarquer que la patience de Mlle Boguais était inépuisable comme sa bonté.

Non seulement les **associées** entretenaient leur chère
directrice de ce qui les concernait personnellement,
mais aussi des peines et des besoins de leur famille ;
tout était bien accueilli.

A la suite de ces entretiens Mlle Boguais multipliait
ses démarches pour rendre les services demandés :
c'était pour une de ses filles une position à trouver,
de l'ouvrage à obtenir ; c'était une réconciliation à
opérer, une pauvreté honteuse à soulager, des douleurs
poignantes à consoler, un écueil à éviter, des liaisons
naissantes à briser... Oh ! avec quelle délicatesse elle
savait secourir ! quelles pieuses et douces paroles elle
trouvait pour consoler ! Ses obligées ne pouvaient s'en
détacher, et l'espérance de la revoir pouvait seule faire
oublier son absence.

Tout ce qui lui était confié n'était jamais divulgué
par elle ; la reconnaissance seule a pu être indiscrète...
le plus scrupuleux secret était gardé de son côté ; aussi

la confiance qu'elle inspirait était absolue : on ne craignait pas de lui révéler les positions délicates, dangereuses, où les jeunes filles de la classe ouvrière se trouvent parfois. Mlle Boguais avait à sa merci bien des réputations et jamais un mot, un geste, n'a trahi le secret déposé dans son cœur.

Sous le titre d'infirmière, une associée est désignée pour visiter les malades et prévenir la présidente de leur position ; souvent la bonne demoiselle n'attendait pas le rapport de l'infirmière : elle était la première au chevet de ses chères malades : quel que fût leur éloignement, les visites étaient fréquentes ; elle les consolait, les encourageait ; sa présence seule leur faisait du bien : elle aimait à leur porter ces petites douceurs qui font toujours si grand plaisir aux malades : elle suppléait, s'il en était besoin, au déficit que causait la perte du temps. Après elle sa prévoyance devait s'étendre à cet important sujet : ses intentions généreuses furent pieusement réalisées par les dépositaires de ses dernières volontés. La malade venait-elle à succomber, Mlle Boguais n'abandonnait pas sa fille ; elle assistait à l'office funèbre et suivait le cercueil jusqu'au terme suprême.

S'il m'est permis d'évoquer un souvenir, il fera mieux comprendre que mes paroles l'influence de l'excellente demoiselle sur ses protégées.

Quand j'étais administrateur des hospices, je causais un jour avec une ancienne Sœur sur les visites que les dames de la ville faisaient plus fréquemment au vieil hôpital qu'au nouveau. Ces visites produisaient toujours un excellent effet sur tous les rangs du personnel religieux ou laïque, malade ou bien portant. Parmi les noms prononcés par la Sœur, vint celui de Mlle Boguais. — Ah ! vous la connaissiez ? dis-je, en l'interrompant. — Beaucoup. Nous la voyions souvent. Elle nous a rendu de grands services, entre autres une fois... puis la Sœur s'arrêta. — Ah ! racontez-moi cela, repris-je, avec mon empressement ordinaire d'apprendre les faits édifiants et pathétiques qui se passent fréquemment dans les hôpitaux. — Puisque vous le désirez, reprit la Sœur, de ce ton aimable et naturel, un des caractères de toutes les Filles de saint Vincent-de-Paul, je continue : « Il y a plus de vingt ans, nous étions alors à Saint-Jean ; je vis entrer dans la grande salle une jeune personne, remarquable par sa beauté et sa distinction, mais d'une pâleur extrême ; une femme de figure honnête l'accompagnait. « Ma Sœur, dit celle-ci : Mademoiselle est en pension chez moi ; elle est tombée malade il y a quelques jours. Je l'ai soignée de mon mieux ; mais le médecin, craignant une aggravation, m'a donné ce certificat pour vous l'amener, afin de la guérir promptement. » Je pris la main brûlante de la jeune fille, et dans la pensée qu'il s'agissait d'un cas extraordinaire, je la conduisis dans une chambre où se trouvaient plusieurs personnes de relations sûres.

« Notre nouvelle cliente semblait en proie à un violent chagrin, ne voulait rien prendre et répondait à nos questions d'une voix bien douce, mais en quelques mots seulement. La nuit suivante fut agitée, elle eut des rêves effrayants ; une forte fièvre se déclara, et quand le docteur l'eut examinée à la visite du matin, il hocha la tête d'un air qui voulait dire : c'est bien inquiétant. Il prescrivit une potion qui fut prise avec obéissance, mais tous les adoucissements furent refusés. A l'entrée du public, vers midi, une autre jeune personne se présenta. C'était une dizainière des Filles de Marie ; sa compagne la remercia, mais sans lui donner plus d'explications qu'à nous. Une heure ne s'était pas écoulée, depuis cette visite infructueuse, lorsque nous vîmes paraître Mlle Boguais : quand elle fut aperçue de la pauvre malade, celle-ci se couvrit le visage avec la couverture. — Ah ! ma chère... ne me reconnaissez-vous pas ? Je viens vous voir, vous consoler ; qu'avez-vous donc ? Pourquoi êtes-vous si affligée ? A ces paroles dites avec une suavité, un charme inimitable, la pauvre enfant tourna sa tête vers la grande consolatrice, et se mit à fondre en larmes. Je m'éloignai alors par respect pour un échange de pensées, si maternelles d'un côté et si confiantes de l'autre.

« A partir de ce moment, la jeune fille se soumit à toutes les prescriptions, à tous les conseils, avec la docilité d'un enfant. Elle nous pria de lui pardonner la peine que, suivant ses scrupules, elle nous avait causée et demanda M. l'Aumônier. Le bon M. Périsseau accourut, enchanté de voir ses exhortations accueillies avec attendrissement. Elle communiait tous les matins. Mlle Boguais venait la visiter chaque jour, et se désolait de voir que le mal s'aggravait ; le siège était au cœur. Les souffrances, de plus en plus vives, étaient supportées avec une angélique résignation. Bientôt les étouffements se succédèrent presque sans intervalle ; enfin l'agonie vint qui dura plus de deux heures ; elle fut des plus douloureuses. Pendant sa durée, Mlle Boguais ne quitta pas un instant la pauvre mourante : d'une main elle tenait la sienne et de l'autre essuyait son front et sa bouche, en lui disant ces mots si doux qu'une mère seule sait trouver pour sa fille que veut prendre le bon Dieu.

« Après cette grande épreuve les souffrances cessèrent ; le calme qui est souvent ménagé aux âmes d'élite revint. Les derniers sacrements furent administrés. La pauvre enfant nous fit ses adieux, de la manière la plus touchante, surtout en s'adressant à sa maîtresse bien-aimée, puis, charmante et pure comme un petit ange, elle exhala son dernier soupir, le crucifix sur les lèvres, la médaille miraculeuse au cou et ses beaux yeux souriant au ciel.

« Le surlendemain Mlle Boguais présidait à la sépulture ; notre Supérieure l'accompagna au cimetière, deux lignes de jeunes filles encadraient le char funèbre simplement décoré d'une couronne blanche. Nous étions suivies par plusieurs centaines de filles de Marie, et tous les spectateurs étaient édifiés par le recueillement et la modestie de ce long cortège virginal.

« La touchante victime d'une imprudence, à une partie de campagne un dimanche, et dont elle s'était, dans sa candeur, exagéré la gravité, avait à peine vingt ans ; orpheline dès son bas âge, elle exerçait la profession de modiste et avait été confiée par sa mère à une amie, la brave femme qui nous l'avait amenée.

« Peu de jours après la sépulture, un jeune homme vint frapper à la porte de l'hôpital et demanda au concierge s'il pouvait lui donner des nouvelles de Mlle...

— Elle n'est plus ici !
— Où est-elle ?
— Elle est morte.
— Morte ! s'écria le jeune homme ; ah ! mon Dieu ! c'est par ma faute ! et il s'enfuit comme un désespéré.

« Nous apprîmes plus tard, dit en terminant la Sœur, que ce malheureux fut pris d'une fièvre cérébrale qui mit longtemps sa vie en danger. Quand il fut en convalescence, il se convertit, quitta Angers, et alla s'installer dans une ville voisine, où nous avons toute raison de croire qu'il continue de vivre en chrétien fervent et repentant. »

Voilà comment Mlle Boguais tenait sa promesse d'être une mère tendre, compatissante et dévouée. Pendant seize ans ce zèle n'a pas eu de défaillance ; jamais la fatigue ou l'ennui ne la firent faiblir un seul jour.

Cette œuvre était difficile ; elle apportait à la nature une ample moisson de peines, de travail, d'amertumes et de déceptions. C'est à la Table sainte que la vertueuse femme trouvait le secret de cette persévérance infatigable, et dans les conseils que lui écrivait son guide spirituel. Mgr Regnier, alors évêque d'Angoulême.

« Je désire exercer dans le monde un apostolat de « charité et de douceur pour attirer les âmes à Dieu », telle était la résolution qu'elle exprimait dans les écrits de sa dernière retraite. Nous en appelons au souvenir que les pieuses enfants de Marie conservent de celle qui fut leur bienfaitrice et leur mère. Ah ! qu'elles disent si un seul jour, une seule fois, leur chère présidente a failli devant le devoir qu'elle s'était imposé !

Mgr Angebault voulait que la procession de la sainte Vierge, le jour de l'Assomption, fût digne de la Reine du ciel ; depuis plusieurs années il s'efforçait de la rendre plus solennelle ; il trouva dans Mlle Boguais et ses Filles de Marie un zèle égal à son zèle. La compagnie comptait quelques années d'existence ; les associées étaient nombreuses et offraient bien des ressources ; de leurs mains habiles sortirent ces merveilleuses décorations en fleurs de plumes dont Angers garde encore le souvenir. La statue de la sainte Vierge, sur un brancard d'une blancheur éblouissante, d'une légèreté aérienne, était portée par des dignitaires, et d'autres entouraient l'image de leur divine mère, en tenant élevées des oriflammes flottant comme des vapeurs légères et des arceaux charmants. Les attributs de la Mère du Sauveur la suivaient : la *Rose mystique*, la *Porte du Ciel*, l'*Étoile de la mer*, accompagnées de leurs gracieuses bannières et de corbeilles de fleurs. Cette pieuse phalange, vêtue de blanc, enveloppée de ces vaporeuses fleurs de plumes et d'or, formait un digne cortège à la Reine des vierges et des anges, et offrait un coup d'œil dont le souvenir est ineffaçable.

Mlle Boguais, à la tête de ses filles, portait une grande croix ornée de tout ce que l'art du fleuriste peut produire de plus léger, de plus gracieux ; un agneau d'or décorait le milieu ; des écharpes de tulle bordées de fleurs aidaient à la soutenir. La digne présidente marchait, selon l'expression du bon évêque, comme une reine à la tête de son peuple, vêtue de blanc, enveloppée de son long voile comme d'un nuage transparent. Son front rayonnant de candeur, son air recueilli, sa démarche ferme et majestueuse frappaient la foule. On entendait circuler dans les groupes des spectateurs ces questions : Où est donc Mlle Boguais ? — La voilà qui porte cette grande croix. — Oh ! est-elle belle ! qu'elle a bonne mine ! qu'elle a l'air pieux ! — Et ces réflexions qui se croisaient, témoignaient la profonde sympathie que le peuple avait pour elle.

Dieu sait au prix de quelles fatigues ces décorations si belles étaient réussies ; le dévouement des associées prodigues de leur temps, était infatigable. La nuit ne les ralentissait pas. Leur zèle était soutenu par l'exemple de leur présidente qui commandait comme un général et travaillait comme un soldat ; à peine avait-elle le loisir de prendre un court repas, et le plus souvent, bien souffrante, elle n'épargnait ni son temps ni ses forces.

Nous nous sommes laissé entraîner, par le charmant

récit dû à Mme Boguais, de la fête de l'Assomption, au temps de sa belle-sœur : nous devons ajouter que la présence de celle-ci ne produisait pas de l'effet seulement sur les fidèles : quand, sous les rayons d'un soleil d'août, on la voyait s'avancer au milieu du chœur de ses compagnes qu'elle dominait de la tête, son beau et pur visage baigné de sueur, sous le poids de son pieux fardeau, l'admiration gagnait même les hommes éloignés des traditions de leur enfance, tout en leur témoignant un grand respect. « Il suffit de voir Mlle Boguais portant la croix, nous disait Bordillon, pour avoir l'idée des splendeurs du catholicisme. »

Hâtons-nous d'observer que, malgré la différence des temps, la solennité de la procession du 15 août n'a point dégénéré, depuis l'heureuse restauration, due principalement à Mgr Angebault et à Mlle Boguais ; c'est toujours le même éclat, la même piété dans le cortège virginal, la même affluence de spectateurs sympathiques. On ne se lasse pas d'admirer le gracieux spectacle de ces jeunes mères présentant leurs petits enfants aux bénédictions empressées de notre évêque. C'est vraiment l'image du Bon Pasteur entouré de ses agneaux. Les étrangers qui assistent à cette scène émouvante où tous sont unis par la même foi, ne comprennent pas comment quelques sectaires continuent de blesser les sentiments de l'immense majorité de la population.

Mlle Boguais avait pour assistantes Mlles Mortier, Bergeret et Prou. Les deux premières existent encore : par conséquent, il nous est interdit de rappeler le bien que tout le monde en pense. Mlle Prou était fille de l'ancien et très estimable sous-directeur de l'Ecole des arts et métiers ; on se souvient du brillant et trop court passage au barreau d'Angers, de son frère Émile Prou.

Sa sœur, douée comme lui d'éminentes qualités, prit comme secrétaire, une part des plus actives à la réorganisation de l'Œuvre, par la sûreté de son jugement et la facilité de sa rédaction.

La mort prématurée de Mlle Célestine Boguais — elle n'avait que cinquante ans — fut une épreuve bien grave pour l'Association. Personne n'osait accepter son héritage ; ce ne fut qu'à force d'instances, et en donnant un bel exemple d'abnégation que Mlle Phelippot se dévoua le 26 mars 1865.

Mgr Freppel, adoptant de grand cœur l'Œuvre chère à son prédécesseur, nomma présidente, le 6 décembre 1870, Mlle de Foucauld dont la santé malheureusement ne se trouva point à l'égal de la bonne volonté. Mlle de Cacqueray remplaça sa charitable amie, le 13 juin 1872.

Le 27 juillet 1879, M. l'abbé Chesnet remit la direction de l'Œuvre à laquelle il avait tant travaillé aux R. P. Oblats de Marie. Le nom même de leur famille religieuse les appelait à cet honneur. Les P. Jeanmaire, Roux et Duclos se succédèrent, et, sous leur inspiration, la Société continua de prospérer.

Les décrets de 1880 ayant expulsé les Pères Oblats, comme il arrive dans une famille, le coup qui atteignit les Pères fut fatal aux enfants. Pendant quelque temps l'Association périclita. Heureusement la céleste Mère veillait sur ses filles, et le 15 juin 1883, Monseigneur s'adressa aux fils de saint Dominique. Tout ce qui contribue à la gloire de Marie devient cher aux disciples de son illustre serviteur. Aussi sous l'impulsion des Pères Dominicains l'Œuvre reprit un nouvel essor.

Le procès-verbal du 16 septembre 1883 constate une prompte et brillante réorganisation. Depuis, grâce à la direction éclairée du R. P. Florent [1], l'Œuvre ne fait que progresser en donnant des résultats de plus en plus satisfaisants. Toujours régulièrement tenues, les réunions virent s'augmenter le nombre des assistantes et actuellement l'Œuvre compte cent cinquante *Enfants de Marie*. Ce succès est d'autant plus remarquable que Messieurs les Curés ont établi, presque dans toutes les paroisses, des Congrégations analogues à celle dont nous parlons ; mais il n'y a nulle concurrence entre elles, c'est purement l'émulation du bien, qui profite à tout le monde.

Pour rendre plus harmonieuses les louanges de leur mère, les associées se sont toujours préoccupées de concours musical. Elles ont eu le bonheur d'avoir successivement pour diriger cette importante partie de leurs exercices Mlles Poché et Delaporte dont l'obligeance est supérieure comme le talent. Aujourd'hui c'est Mme la générale Bertrand qui a bien voulu accepter ces délicates fonctions.

Grâce à son initiative et à son entrain, le chœur reprit une nouvelle vie ; non seulement il se trouva en mesure de satisfaire aux exigences de l'Œuvre, mais encore il put prêter utilement son concours à plusieurs cérémonies religieuses : le mois du Rosaire à la cathédrale ainsi que le mois de Marie, les messes et saluts du Congrès catholique. la messe de minuit à la chapelle de l'Espérance… Outre les éloges mérités que ces jeunes filles ont obtenus sous la conduite de Mme Ber-

---

[1] Autorisé par son prieur le R. P. Marie-Eugène d'Alauzier. Le P. Florent (Florent Chené) est angevin ; né à La Poitevinière, il a commencé sa carrière sacerdotale par les vicariat de Saint-Florent-le-Vieil.

trand, elles ont acquis à l'OEuvre, par leur modestie, leur piété et leur tenue exemplaire, une réputation et des sympathies aussi honorables que précieuses.

Les associées ne se contentent pas de s'acquitter avec ferveur de leurs devoirs religieux nous osons ajouter, au risque de les faire rougir, en révélant leurs petits secrets, qu'inspirées par la bonté de leur cœur, elles s'imposent des sacrifices, d'autant plus méritoires que la plupart, simples ouvrières, n'ont que le gain de leur travail quotidien. Une indiscrétion, ou plutôt un élan d'admiration, nous a appris que, depuis quatre ans, en accumulant obole sur obole, elles n'ont pas offert moins de 5,000 francs, employés soit en emplettes d'ornements pour les fêtes de leur patronne, soit en intelligents actes de charité.

De même que les supérieures de nos communautés religieuses, avec un fond de ressemblance, brillent par des qualités diverses, les présidentes de nos œuvres laïques ont des facultés particulières qui, tout en étant différentes, ne sont point inférieures les unes aux autres; Mlle de Cacqueray est la digne héritière de Mlle Boguais.

Le 15 août 1885 on célébra la cinquantaine de sa consécration d'*Enfant de Marie*. Toutes les associées tinrent à honneur de fêter cet anniversaire. Réunies dans la salle synodale de l'Évêché, elles lui offrirent une statuette de l'auguste patronne, en argent, d'après Overbeck. Monseigneur voulut bien bénir celle qui, aux jours difficiles, avait soutenu la Congrégation, en lui adressant de cordiales félicitations auxquelles le R. P. Marie-Eugène, prieur des Dominicains, s'empressa de joindre un chaleureux témoignage de sa reconnaissance.

Tout en craignant de causer un peu d'embarras à

Mlle de Cacqueray, déjà inquiète de nous voir insister sur son nom, je ne puis me défendre d'une allusion aux souvenirs de l'*hiver terrible*. Qui n'a fait l'éloge à cette époque, de cette vaillante femme, dans son magasin de lingerie, à la gare, travaillant comme une ouvrière, taillant, cousant des bandes, des compresses pour les blessés et pour les varioleux, y passant des jours entiers, pendant plusieurs mois, toujours ingénieuse, douce, obligeante, bravant le froid, la faim et le sommeil, ne s'apercevant ni de ses fatigues ni de ses privations, enfin, faisant dire à plus d'un de ses admirateurs : Ah ! si l'on était juste, on décernerait la croix d'honneur à Mlle de Cacqueray !

La charmante institution des Enfants de Marie, d'origine toute française, ne s'est pas arrêtée au point de départ. Répandue aujourd'hui dans toute l'étendue de la propagande catholique, elle est un des moyens les plus efficaces pour gagner les âmes, non seulement de la jeunesse, mais encore des personnes de tout âge, surtout des mères, ravies de voir leurs filles, enrôlées sous la bannière de la Reine des cieux.

Aussitôt qu'à l'étranger, nos zélées religieuses pénètrent dans un nouveau champ d'apostolat, elles organisent la pieuse Congrégation, et aussitôt que celle-ci paraît en public, on ne peut se faire l'idée de l'effet qu'elle produit. Toutes les relations des missionnaires et des voyageurs en font foi. Pour expliquer cette impression universelle sur les infidèles comme sur les chrétiens, on ne peut l'attribuer qu'à la vertu surnaturelle des œuvres consacrées à la sainte Vierge.

« En 18..., nous disait, il y a quelques années, un jeune chirurgien de marine, le docteur B... ; j'eus le bonheur de faire partie de l'escadre du Levant ; embarqué comme aide-major sur la frégate *la Jeanne d'Arc*[1], je pus jouir de tous les avantages qu'offre le navire sur lequel flotte le pavillon du commandant de l'escadre : or ce commandant était l'amiral de la Grandière[2], le conquérant de la Cochinchine, un vrai type de marin, franc et chevaleresque.

L'amiral, au cœur et à la foi de Breton d'ancienne roche, avait coutume de jeter l'ancre dans un des principaux ports des *Echelles*, la veille des grandes fêtes. C'est ainsi que nous stationnâmes à Smyrne, le jour de l'Assomption. Le soleil, — un soleil d'Orient, c'est assez dire — brillait de tous ses feux ; l'air était transparent, le ciel bleu de roi. Dans la rade, une des plus belles du monde, s'entassaient des vaisseaux de guerre et de commerce, parmi lesquels on distinguait ceux des nations catholiques, pavoisés d'éclatantes couleurs.

L'état-major de la frégate, l'amiral en tête, suivit la procession, à travers une foule immense, aux costumes de toute sorte, le long des quais, d'où le coup d'œil sur la mer était vraiment enchanteur ; une compagnie de nos fusiliers bordait les rangs des jeunes filles, conduites par des Sœurs de Saint-Vincent. A l'aspect des blanches cornettes, si populaires partout en France, en écoutant ces cantiques de la mère-patrie, chantés en français, sur la terre étrangère, par ces voix virginales, je surprenais plus d'un de nos braves matelots, au bon visage, bruni par le soleil, hâlé par la mer, s'essuyer le dessous des yeux avec le revers de leurs rudes

---

[1] Nous croyons, sans pouvoir l'affirmer, que la frégate portait le nom de l'héroïne de Domrémy ; en tout cas, il ne pouvait mieux convenir au vainqueur de Saïgon.

[2] La Supérieure de notre hôpital, en 1870, dont le doux souvenir est conservé par tous ceux qui ont pu apprécier sa haute intelligence et ses aimables vertus, était sœur de l'amiral.

mains, et je vous assure que je n'étais pas moins
ému.

Ce fut bien autre chose à Constantinople où, l'année
suivante, nous arrivâmes la veille de la Fête-Dieu. La
procession partit du couvent de Saint-Benoît, dans le
faubourg de Galata, résidence des Lazaristes; un pelo-
ton de *Cavas* [1] ouvrait la marche. Le Saint-Sacrement
était porté par l'archevêque Latin, venu de Scutari.
Tous nos officiers, les ambassadeurs de France, d'Autriche, d'Espagne, d'Italie et de Portugal, suivaient le
dais décoré magnifiquement. Il était précédé par le
corps de musique de la Garde du Sultan [2], escorté par
un piquet d'honneur turc : l'étendard du Croissant fra-
ternisait avec le drapeau de la France. Votre illustre
compatriote, le R. Père Boré, marchait en tête avec
tout son collège de Bebek [3], élèves et professeurs. Des
religieux de différents ordres, Jésuites, Lazaristes,
Franciscains, Dominicains, Frères des Écoles chrétiennes, des députations de diverses communautés de
femmes, faisaient partie du cortège, excitaient le respect sympathique de la foule, mais aucune ne charmait

---

[1] Gardiens de la paix.
[2] L'harmonieuse compagnie avait alors pour chef le fils de
Donizetti, l'auteur de *Lucia di Lamermoor*.
[3] Bebek où le Père Boré érigea son collège est un village à
quatre lieues de Constantinople, dans un site admirable d'où la
vue s'étend sur la mer de Marmara et sur la mer Noire. Le Père
Boré, par le renom dont il jouissait dans le Levant, y avait
attiré plus de deux cents jeunes gens, appartenant aux premières
familles du pays, Grecs, Arméniens, Turcs, etc., sans exclusion
religieuse. C'était le principal établissement d'instruction supérieure en Orient, avant la fondation de la magnifique Université
des Pères Jésuites à Beyrouth, où comme à Bebeck, on enseigne
toutes les sciences, mais par-dessus tout, l'amour de la France,
de la vraie France, la France traditionnelle, généreuse et catholique.

les regards autant que les deux files blanches des *Enfants de Marie*, toujours guidées par nos chères Filles de la Charité, et portant la statue de leur céleste patronne.

Quand, après avoir gravi la longue montée de *Péra*, nous fûmes arrivés au lieu du reposoir, près du palais de notre ambassade et de l'hôpital français, en face de la *Corne d'Or*, de la *Pointe du Sérail* et du merveilleux spectacle qu'offre le Bosphore, sillonné par des milliers de vaisseaux, la scène fut des plus émouvantes. Elle devint sublime lorsque avant la bénédiction de l'archevêque, au milieu d'un silence solennel, le capitaine de pavillon commanda : *A genoux ! Terre !* Ah ! alors je crois que toute l'assistance, Musulmans, Grecs, Russes, Anglais, Juifs, Arméniens, etc., se prosternèrent comme obéissant à un ordre du ciel. Puis la musique turque fit vibrer tous les cœurs aux magnifiques accords de la prière du *Moïse*, de Rossini :

> Des cieux où tu résides,
> Grand Dieu, toi qui nous guides.... »

Ce triomphe de la civilisation française, dans une capitale, naguère le foyer du fanatisme et de la haine de l'étranger, n'est-il pas la preuve de la persistance de son prestige en Orient ? seulement il a changé de caractère ; s'il n'est plus exercé par la gloire des armes, il est entretenu actuellement par les œuvres de charité, et à qui en sommes-nous le plus redevables ? à quelques religieuses et à leurs *Enfants de Marie*, les bien-aimées de la Reine des anges.

LE BON-PASTEUR

Parmi les Congrégations que le XIXe siècle a vu éclore en grand nombre, il n'en est peut-être aucune qui témoigne plus que le Bon-Pasteur des bénédictions de la Providence. On sait quelle prodigieuse expansion a prise cette grande Œuvre, grâce aux libéralités du comte de la Potherie de Neuville, ainsi qu'au génie bienfaisant de Mme Rose-Virginie Pelletier, en religion Marie de Sainte-Euphrasie, secondée par Mmes Cesbron de la Roche, de Couëspel et d'Andigné de Villequier.

La mère de M. de Neuville, décédée en 1827, avait légué une somme pour fonder un asile de pénitentes à Angers. Cinq prêtres de la ville, MM. Breton, curé de la cathédrale, Genneteau, curé de Saint-Joseph, Gruget, curé de la Trinité, Vincent, curé de Saint-Jacques et Bureau, curé de Saint-Laud, se concertèrent afin d'établir cette maison. Ce fut M. Breton que Mgr Montault désigna pour aller à Tours, demander à la R. M. Sainte-Euphrasie de venir organiser le nouvel établissement. Le 31 juillet 1829, on lui donna le nom de Bon-Pasteur, en mémoire de l'ancien Bon-Pasteur d'avant la Révolution, rue Saint-Nicolas. La maison fut consacrée, sous le vocable de *Notre-Dame-de Charité du Bon-Pasteur d'Angers*, en 1835, quand au titre de supérieure fut ajouté celui de générale, devenu nécessaire par la rapide fondation des succursales de Poitiers, Grenoble et Metz, fondations qui en faisaient prévoir bien d'autres.

Mme Pelletier partit pour Angers le 29 mai 1829, et prit possession des bâtiments de Tournemine [1], à l'acquisition desquels avait été employé le legs de Mme de Neuville. Obligée de retourner à Tours afin de remplir des engagements envers son ancienne communauté, la jeune supérieure ne put revenir dans notre ville que le 31 mai 1831, pour diriger l'Ordre naissant qui n'avait fait que végéter pendant son absence.

Aussitôt après ce retour tant désiré, le monastère prit une nouvelle vie, mais au prix de quels sacrifices ! C'était une époque des moins favorables aux fondations religieuses, un an après la révolution de juillet, et deux mois seulement après le sac de l'archevêché de Paris. L'esprit voltairien régnait en maître, et les préjugés les plus absurdes étaient répandus contre les institutions monastiques. Le temps des Lacordaire, des Ravignan et des Guéranger, qui rétablit la vérité, n'était pas encore arrivé. L'établissement du Bon-Pasteur souffrit cruellement d'être venu cinq ou six ans trop tôt, avant que la lumière fût faite; sa gloire n'en est que plus grande. Dieu sait à quelles privations se résignèrent ces ouvrières de la première heure, quelles souffrances elles endurèrent, quels ravages la maladie et la mort firent dans leurs rangs. Souvent même elles manquèrent du strict nécessaire. Du pain noir et des légumes cuits à l'eau composaient la nourriture habituelle des religieuses. Elles se réjouissaient et remerciaient Dieu lorsque cette pénurie n'était

---

[1] Tournemine était autrefois une closerie qui fut transformée, en 1757, par les frères Danton, en manufacture de toiles peintes. Contrairement à l'usage, et par un heureux privilège, cette fois c'est l'usine qui devint monastère. Depuis 1831 l'enclos de Bel-Air et en 1856, l'ancienne abbaye de Saint-Nicolas, y ont été ajoutés.

ressentie que par elles ; mais profonde était leur peine lorsque la disette atteignait leurs chères pénitentes : aussi prenaient-elles tous les moyens possibles pour adoucir les privations de leurs pauvres pupilles.

C'était le renouvellement du martyre que les saints des premiers siècles de l'Église s'imposaient dans les solitudes du désert. Qui peut mesurer la glorieuse part de ces victimes volontaires dans l'épanouissement du christianisme ? De même l'indigence inouïe des premières années du Bon-Pasteur a produit une merveilleuse floraison. Le grain semé aux limites d'un faubourg s'est transformé en une moisson immense dont les épis s'étendent jusqu'aux cinq parties du monde.

La Maison-mère d'Angers, si humble dans ses commencements, a déjà donné naissance à cent soixante-six monastères : trente-quatre en France, cinq en Belgique, trois en Hollande, dix-huit en Italie, quatorze en Allemagne, quatre en Autriche, quatorze dans la Grande-Bretagne, trois en Asie, sept en Afrique, vingt-huit dans l'Amérique du Nord, trente dans l'Amérique du Sud, deux en Portugal, un en Suisse, un en Espagne, trois en Océanie.

La maison d'Angers contient d'ordinaire mille personnes, en comprenant les religieuses, les novices, les pénitentes, les madeleines et les enfants et adolescentes, divisées en quatre sections, sous le nom général de classe de préservation. Il y avait naguère une cinquième division, qui contenait les jeunes détenues confiées par l'autorité. Pendant plus de trente années, ces petites malheureuses avaient été traitées avec autant d'intelligence que de bonté, et la plupart s'étaient transformées par les soins et les exemples qu'elles ne trouvaient point dans leurs familles. Les inspecteurs de l'Etat ne cessaient de constater l'excellente situation des choses ; néanmoins, il y a deux ans de même qu'à Nazareth, sans le moindre motif que la haine religieuse, on est venu arracher ces enfants à leurs mères adoptives, et sans avoir égard à leurs larmes, à leurs supplications, à leurs cris déchirants, on les a fait monter dans des voitures cellulaires, pour les conduire dans des maisons de détention laïques ! A part le prix des pensions, presque toujours insuffisant, alloué pour les plus jeunes pupilles, le produit du travail est à peu près le seul revenu de l'établissement. Ce travail ne nuit pas aux ouvrières de la ville, puisqu'il est presque exclusivement demandé pour l'exportation, cette branche si importante du commerce français, qui dépérirait si les couvents n'existaient pas.

C'est du noviciat d'Angers, de cette ruche inépuisable que sont parties, dans toutes les directions, les 4,200 religieuses qui forment aujourd'hui le personnel de l'Ordre éminemment angevin. Le sort des diverses fondations varie beaucoup. Il dépend des ressources que peut fournir le pays où elles sont établies. Toutes sont soutenues par la sympathie des populations, quelle que soit la différence de race ou de latitude. Souvent on est favorisé par des circonstances heureuses, d'autres fois on est exposé aux privations des premiers jours ; alors on lutte avec espoir et courage, et l'on finit toujours par vaincre les grands obstacles, en restant fidèle au vœu de pauvreté comme à l'obéissance envers le Seigneur.

Pour donner l'idée de la misère de certains débuts, nous raconterons ce qui s'est passé en 1878, à Mysore, au Bengale, dans l'ancien royaume de Tippo-Saëb, notre fidèle et malheureux allié [1]. Deux petits groupes

---

[1] Nous devons ce récit au respectable P. Neveu, né à Morannes.

de messagers de la bonne parole avaient été dirigés sur cette résidence, un des principaux foyers du paganisme de l'Asie. Le premier groupe, composé de trois membres des Missions étrangères de la rue du Bac, à Paris, arriva le premier. Il fut suivi quelques jours après par trois religieuses du Bon-Pasteur, venant de Calcutta. Par une méprise facile à commettre dans ces localités séparées par de grandes distances, rien n'avait été préparé pour leur réception. Les uns et les autres étaient logés dans de pauvres cabanes dont le toit formé de branchages, laissait passage à la pluie. On ne pouvait rester couché dans de misérables grabats et la nuit s'écoulait à porter, pour s'y asseoir, des chaises en rotin dans les coins les moins inondés. Quant à la nourriture, elle ne consistait qu'en une poignée de riz cuit à l'eau, et en salade de fanes de pommes de terre.

« Émus de compassion pour nos pauvres compagnes, continua le narrateur, qui souffraient plus que nous de ce dénuement, notre supérieur cherchait le moyen de leur venir en aide, lorsqu'il apprit que la fille du Raïa [1] était dangereusement malade. La pensée lui vint de se présenter au prince et de lui annoncer qu'une religieuse française, experte dans l'art de guérir, venait d'arriver à Mysore. Aussitôt le Raïa qui se désespérait en voyant que l'art des médecins du pays avait échoué devant la maladie de sa fille, députa un de ses officiers pour aller quérir l'éminente praticienne. L'officier n'était pas seul : accompagné par le missionnaire, il était suivi d'un éléphant pour faire honneur à la docte étrangère. Celle-ci n'avait pas été prévenue,

---

[1] Les Raïas, dans l'Inde anglaise, sont les anciens souverains du pays. Le Gouvernement en les dépouillant de leurs Etats, leur a laissé les avantages matériels d'une fastueuse existence.

et l'on peut juger de sa frayeur lorsqu'il fallut se hisser sur le colosse, et ce qui lui sembla plus grave encore, s'exposer à une confusion lamentable si elle ne réussissait pas à guérir la jeune princesse.

« Heureusement le mal de celle-ci n'était qu'une bronchite. Grâce à quelques laits de poule et autres sudorifiques, la jeune malade avait repris, au bout d'une huitaine, son teint de lys et de rose, un peu foncé, et la bonne religieuse se disposait à prendre simplement congé, quand le Raïa, ravi de la guérison inespérée, lui dit, en lui montrant tout un cortège qui attendait dans la cour du palais, qu'elle ne pouvait se retirer qu'avec tout le cérémonial, mérité par le service inestimable qu'elle venait de lui rendre.

« L'humble servante de la charité se prêta de bonne grâce à cette représentation qui lui parut un trait de la Providence. Montée sur un éléphant somptueusement harnaché, entourée de gardes aux costumes éclatants, précédée d'une musique de trompettes et de cymbales, elle parcourut les beaux quartiers de Mysore, et quand elle descendit à la porte de sa pauvre cabane, le principal officier lui mit en main deux titres enluminés, l'un de 20,000 *roupies* (40,000 fr. environ), l'autre d'un vaste terrain pour y bâtir un monastère. »

C'est par cette heureuse conclusion que finit notre gracieuse histoire ; n'est-elle pas digne de figurer dans les *Mille et une nuits ?* Il est vrai que nous sommes assez près du pays où elles ont pris naissance, et l'on pourrait nous rappeler le proverbe : *A beau conter*... mais nous avons pour garant un prêtre des Missions étrangères, et nul ne peut mettre en doute sa véracité.

Si nous avions de l'espace nous placerions en regard de la légende du monastère de Mysore, la brillante origine des maisons du Chili, où plusieurs familles, des premières du pays, rivalisent de générosité pour l'établissement du Bon-Pasteur, à Santiago, à Valparaiso, à sept ou huit autres cités de ces splendides contrées favorisées du ciel. Nous aimerions à citer en détail la fondation du monastère de *Los Anjeles*, au pied des Cordilières et tout près des frontières de la Patagonie. Ne résistons pas cependant au plaisir d'emprunter quelques mots à une lettre écrite de Santiago, le 1er janvier 1885. Après avoir passé en revue les maisons du Chili en plein exercice, la pieuse correspondante continue :

« ... Mais le Bon-Pasteur va porter plus loin ses bénédictions et ses bienfaits. Il s'approche de ces régions de l'Araucanie, où dans un zèle apostolique, notre sainte Mère fondatrice avait, mille fois sans doute, cherché les pauvres petites Indiennes, pour les arracher à l'idolâtrie, et les amener à la connaissance et à l'amour de la vraie religion. Jusqu'à présent il ne nous avait pas été donné d'entrer dans le diocèse de l'*Immaculée-Conception* ; pourtant plusieurs congrégations y étaient déjà établies : enfin l'heure marquée par Dieu arriva, et deux maisons s'y fondèrent dans le court espace de trois mois. La première fut celle de *Los Anjeles*, commencée le 7 mars 1884, premier vendredi du mois, par la pose de la première pierre de l'église, qui se fit avec toute la pompe possible. Le terrain avait été donné par dom Giovanni Santander, qui travaillait depuis dix ans à y établir un monastère du Bon-Pasteur. Ce fut M. Cruz, le vicaire capitulaire qui vint présider à la pieuse cérémonie en présence de toutes les autorités de la ville, religieuses, administratives et militaires, ainsi que d'une grande affluence de peuple. La musique du régiment précédait le char élégamment décoré qui portait la pierre. Après les cérémonies liturgiques, M. le Secrétaire lut à haute voix l'acte par lequel l'église était placée sous l'invocation de la

Sainte-Famille, *Jésus, Marie et Joseph*. Suivit le beau sermon du vicaire capitulaire. Il parla admirablement de notre chère congrégation, du bien qu'elle réalise partout, et, comme sous une inspiration céleste, il fit un magnifique éloge de notre sainte fondatrice. Nos cœurs tressaillaient de joie, en entendant proclamer ainsi le nom d'*Euphrasie*, béni par les anges et par les hommes, et auquel se joignait le nom de celle qui lui a succédé, notre vénérée Mère générale, *Marie de Saint-Pierre de Coudenhove*[1] »...

Le Bon-Pasteur avait été précédé à *Los Anjeles* par une petite colonie de Sœurs de Saint-Vincent, appelées pour desservir un hôpital de soixante lits environ, situé à une demi-lieue de la ville, du côté des montagnes. La supérieure est Angevine, née dans la paroisse de la Trinité, Mlle Maria Piet (en religion sœur Germaine). Elle a eu le plaisir de souhaiter la bienvenue et de rendre de bons offices aux nouvelles arrivées de la Maison-mère d'Angers. La courageuse femme, secondée par quatre ou cinq compagnes, de nationalité chilienne, se livre là tranquillement à ses devoirs charitables, comme si la maison n'était pas exposée aux incursions des Indiens de la montagne, ainsi que des Patagons de la plaine, non moins sauvages les uns que les autres ; mais elle ne s'en inquiète nullement, dans sa

---

[1] Par sa naissance la Supérieure générale actuelle appartient à la haute aristocratie de Vienne, en Autriche. Bien qu'étrangère elle a dû son élection plus encore à sa tendre bonté qu'à sa distinction et à son intelligence du gouvernement. De même que sa sainte compatriote, la Reine-martyre, elle confond dans son cœur l'amour de la France et celui de sa première patrie. Une des causes de la rapide prospérité du Bon-Pasteur, c'est que depuis sa naissance, c'est-à-dire, depuis cinquante-six ans, il n'a eu que deux supérieures, pénétrées du même esprit. La Révérende Mère Marie de Saint-Pierre a mis sa gloire à suivre pieusement les traditions de son illustre devancière.

conviction que ce qui est gardé par Dieu est bien gardé. De temps à autre, on voit venir à la porte hospitalière des individus de ces peuplades peu civilisées ; mais loin d'être animés d'intentions hostiles, ils se présentent humblement pour demander des remèdes ou des pansements ; comme on s'empresse toujours de les satisfaire, cette bienveillance est, pour la sainte maison, un préservatif plus puissant qu'une force armée, même considérable.

Après l'amour divin, le principal stimulant pour supporter vaillamment les épreuves dont se compose la vie d'une religieuse du Bon-Pasteur est le sentiment du bien, accompli par la communauté. Qui pourra jamais énumérer les âmes sauvées, apprécier la quantité de brebis égarées qu'elle a ramenées au bercail ? Depuis cinquante ans, on n'évalue pas à moins de dix mille le nombre des Pénitentes sorties de l'établissement d'Angers, sans compter celles qui obtiennent d'y rester ; et, dans les colonies de la pieuse maison, combien de baptêmes, de rachats d'esclaves, de conversions ! A combien d'enfants, de jeunes filles et même de mères de famille ont été distribués les bienfaits inappréciables de l'éducation chrétienne ? Dieu seul en connaît le total qui s'accroît chaque jour.

« Avez-vous jamais bien apprécié, écrivait le 15 août 1868 un prêtre d'Orléans, à un jeune homme de Toulouse qui lui avait demandé, au nom de sa mère, une notice sur le Bon-Pasteur et sa fondatrice, avez-vous jamais apprécié, mon cher ami, les nobles dévouements qui se consacrent au service des infirmités morales dans ce saint Institut ? Comprenez-vous tout ce qu'il faut de courage, d'énergie et d'abnégation à de jeunes filles pures, délicates, élevées avec le plus grand soin, pour s'enfermer volontairement dans la prison d'un cloître, et y vivre avec des créatures dégradées que le monde repousse de son sein, après les avoir honteusement flétries et avilies ? — Elles ont juré pourtant de réhabiliter ces malheureuses aux yeux de Dieu, des anges et de la conscience humaine, à force de douceur, de charité, de patience et d'amour. — Comprenez-vous à quelle hauteur elles doivent maintenir leur cœur et leur pensée, pour relever des intelligences déchues, pour redresser des volontés perverties, les faire monter de la fange du vice vers les régions sereines de la vertu, leur inspirer une confiance filiale, et les transformer ainsi par degrés, jusqu'à ce qu'elles viennent les déposer enfin, baignées de larmes, pénétrées de regrets et de reconnaissance, aux pieds indulgents du Bon Pasteur ? Le Bon Pasteur donne sa vie pour ses brebis, et ces admirables femmes, réalisant en elles cette parole du Maître, font vœu, le jour de leur consécration, de vivre et de mourir dans leur saint Institut.

« Avez-vous remarqué encore le contraste touchant que présentent, dans leurs sublimes fonctions, ces dignes religieuses dont une main est occupée à fermer, à cicatriser les plaies des cœurs ulcérés, tandis que de l'autre, elles abritent, elles protègent l'innocence ? Voyez-vous autour d'elles, à côté des nombreuses victimes du vice, de pauvres enfants abandonnés et toutes ces jeunes filles exposées, dont une généreuse compassion a soustrait l'innocence à des périls imminents ? — Leurs mères d'adoption les conserveront pures ; elles leur fourniront le pain de chaque jour, et les formeront au travail et à la vertu.

« Quand on pénètre d'un regard pieusement scrutateur, dans l'intérieur de ces hospices des âmes, on ne tarde pas à découvrir un lieu retiré, calme et silencieux, où la religieuse vient déposer, triomphante, pour l'y cultiver avec amour, le fruit le plus doux de ses glorieuses conquêtes ; ce lieu est la grotte ou le désert des Madeleines.

« La Madeleine pénitente, transfigurée, est à la fois le trésor et la fleur de ces solitudes, la joie et la couronne de la fille du Bon-Pasteur. La charité ingénieuse qui a ouvert là des asiles au repentir, des orphelinats à l'enfance abandonnée, des abris à l'innocence exposée, cette même charité a créé, dans chacun de ces monastères, une Sainte-Baume, véritable désert où, dans l'exercice de la vie pénitente et religieuse, les âmes régénérées se transforment pour le ciel, sous le regard miséricordieux du Bon Pasteur. Qui nous dira combien se sont déjà envolées de ces chastes solitudes vers le royaume céleste, où plusieurs d'entre elles, selon le témoignage du Fils de Dieu, prient devant les apôtres mêmes ?...

« La Révérende Mère Sainte-Euphrasie avait fait profession à l'âge de vingt et un ans dans le monastère de la Charité de Tours, dont quelques années plus tard, mais bien jeune encore, elle fut élue supérieure.

« L'exercice d'une autorité consacrée tout entière à donner l'impulsion aux œuvres de zèle, lui révéla sa vocation apostolique. Nature ardente et généreuse, son action se trouva bientôt à l'étroit dans l'enceinte d'un seul cloître. Douée d'un tact exquis, d'une intelligence supérieure et d'une imagination féconde, au service d'un grand caractère, Marie de Sainte-Euphrasie joignait aux plus riches qualités naturelles, la plus ardente foi, et la plus tendre, la plus compatissante charité. Un charme imposant, d'ailleurs indéfinissable, était répandu sur toute sa personne ; son regard pénétrant était à la fois plein d'éclat et de bonté ; sa belle âme avait contracté quelque chose de la majesté et de l'étendue de l'Océan, au milieu duquel elle était née dans une île, et, sans en connaître les orages, elle en avait parfois les irrésistibles élans. Que de fois dans ses rêves prophétiques, elle abaissait momentanément les murailles du cloître et envoyait les filles de Notre-Dame de Charité à la conquête des âmes égarées ou perdues ! Que de fois, les suivant par la pensée, à travers les nations étrangères et jusqu'au delà des mers, elle invoqua sur elles la protection du Bon Pasteur, dont elle brûlait d'étendre l'empire, et dont le nom était constamment sur ses lèvres ! C'est ainsi qu'elle conçut dès lors le plan d'une vaste propagande des miséricordes de Dieu, dans l'idée d'un généralat.

« Concentrer en un seul foyer les riches éléments que renferme l'Institut de Notre-Dame-de-Charité, déposer en eux un germe énergique d'expansion par la nomination d'une supérieure générale ; fonder à côté d'une Maison-mère, un vaste séminaire pour y former les apôtres de la miséricorde, et assigner aux âmes d'élite qui viendraient peupler cette école, non plus un seul monastère, non plus une ville, ou même une province, mais le monde entier pour théâtre de leur zèle : tel était le plan que formait, dès l'âge de trente ans, cette femme extraordinaire qui, au témoignage de tous ceux qui l'ont approchée, semblait avoir été faite pour exercer un grand commandement...

Ne pouvant suivre les voies mystérieuses par lesquelles la Providence conduisit cette grande âme à la réalisation de ses desseins, nous dirons seulement que ce ne fut pas dans le monastère de Tours, mais dans celui d'Angers que, par une grâce ineffable pour notre cité, le plan gigantesque fut mis à exécution.

A peine cette femme de génie eut-elle organisé sa Maison-mère que des encouragements, des sympathies affluent du dehors, sans provocation, sans appel à l'intérêt public, sans éloges recherchés ; la renommée se fait toute seule ; c'est un courant religieux qui circule de diocèse en diocèse, et qui bientôt, dépassant la frontière française, se répand en Europe et jusqu'en des contrées si lointaines qu'on en savait à peine le nom.

Ce furent les villes de Poitiers, de Grenoble et de Metz qui eurent l'honneur de solliciter et d'obtenir les premiers essaims partis de la ruche d'Angers.

« A partir de ce moment, la fondatrice inspirée vit son œuvre grandir au delà de tout espoir ; elle sentit son courage augmenter ; forte désormais de l'appui des quatre évêques dont son œuvre a conquis les sympathies et dont elle possède personnellement la confiance, elle se tourne vers Rome, elle veut imprimer à son œuvre le double caractère d'universalité et de stabilité que reçoivent les œuvres catholiques de la main vivifiante du vicaire de Jésus-Christ.

« Sa prière fut exaucée ; le 16 mars 1835, Grégoire XVI érigeait la maison d'Angers en monastère général et déclarait la révérende Mère Marie de Sainte-Euphrasie, supérieure générale de toute la congrégation. Sa Sainteté nommait pour protecteur de l'Ordre, le cardinal Odescalchi, auquel a succédé le cardinal Patrizzi. L'Œuvre était consacrée ; les fruits de cette bénédiction ne devaient pas tarder à se produire... »

Ce n'est pas assez de faire connaître la sainte maison par des considérations générales. Visitons-en l'intérieur, à la suite d'un ami de M. le vicomte de Melun, l'éminent directeur des *Annales de la charité*.

« ... Je parcourus d'abord le bâtiment habité par la communauté et j'y vis des cloîtres immenses où allaient et venaient des religieuses dans le beau et sévère costume de laine blanche qui fait songer aux célèbres fondatrices du moyen âge ; puis j'entrai au réfectoire où trois cents religieuses se trouvent à l'aise en venant prendre tous les jours leur frugal repas. On me montra aussi les services généraux, c'est-à-dire la dépense, les cuisines, la boulangerie, la boucherie, la buanderie et les ateliers des tisserandes où se fabriquent les étoffes de laine, de coton et de toile, la roberie où se confectionnent leurs vêtements et la cordonnerie où se font leurs chaussures. Ensuite on me conduisit au pensionnat.

« La règle veut que dans chaque monastère de l'Ordre, il y ait un pensionnat destiné à de pauvres jeunes filles, à des orphelines qui peuvent, moyennant une très modique rétribution, y commencer ou y continuer des études que leur état de fortune ne leur eût pas permis d'entreprendre ou de poursuivre. Le pensionnat de la maison d'Angers, placé sous la direction de maîtresses instruites, contient de nombreuses élèves qui suivent des cours très étendus sur les différentes branches de l'enseignement, le dessin, la musique, les langues étrangères ; car l'Ordre compte parmi ses membres, des religieuses très érudites, et j'ai pu m'en convaincre, le jour où j'ai assisté dans la vaste chapelle du monastère d'Angers, à l'imposante cérémonie de la profession de cinquante-une novices de différentes nations. Mgr de Hercé, évêque de Nantes, qui leur donnait le voile, prêcha, à l'occasion de cette solennité, non seulement en français, mais encore en allemand, en anglais et en italien. Parmi les religieuses qui l'écoutaient, un certain nombre le comprenaient parfaitement et parlaient aussi ces langues avec beaucoup de facilité. Bien plus il est deux de ces religieuses polyglottes dont les connaissances sont si étendues qu'elles possèdent encore le latin, le grec, l'arabe et l'hébreu ; il ne faut pas croire que tant de science soit inutile dans le cloître, elle leur est au contraire indispensable, appartenant à un Ordre qui a des relations avec le monde entier .

« L'Œuvre capitale du Bon-Pasteur, l'œuvre à laquelle se dévouent plus particulièrement les religieuses de cet Ordre en prenant le voile, c'est la réhabilitation morale, devant Dieu, de ces femmes plus à plaindre qu'à blâmer, peut-être, et qui, trop souvent corrompues par les mauvais exemples d'un père, d'une mère, dépravés eux-mêmes, sont bien vite arrivées au dernier degré de l'abjection. Pour réussir dans leur difficile entreprise, pour réformer ces intelligences avilies, combien de combats les saintes filles du Bon-Pasteur n'ont-elles pas à soutenir contre ces natures pour qui le désordre est devenu une habitude, un besoin ; et, que de soins assidus, empressés, ne doivent-elles pas prodiguer à ces malheureuses femmes, avant de les retirer de la fange où la plupart sont tombées ! Une foi ardente, la vocation, peuvent seules leur donner les forces, la patience et l'aptitude nécessaires pour supporter sans murmure, les injures, les outrages, les *voies de fait* mêmes, qui sont la récompense d'une abnégation sans bornes. Cependant Dieu bénit les efforts des religieuses du Bon-Pasteur, car, chaque année, de nombreuses pénitentes entrent à leur monastère pour expier une vie d'oisiveté par le travail, et réparer leurs excès passés par une existence régulière. Le nombre de ces pénitentes était naguère augmenté des femmes et des filles, condamnées par les tribunaux du département de Maine-et-Loire et des départements circonvoisins, envoyées à la maison d'Angers pour y passer le temps de leur détention. Mais depuis que ces pauvres femmes ont été emmenées du Bon-Pasteur, pour être *laïcisées*, l'accroissement du nombre des *Pénitentes* doit être léger.

« Je n'ai pas besoin de dire que la surveillance la plus active est exercée dans l'intérieur de chaque quartier, et que les précautions les plus minutieuses ont été prises pour interdire rigoureusement toute communication entre les pensionnaires et les préservées, entre les pénitentes et les madeleines. Ces précautions sont même poussées si loin que tous les dortoirs sont gardés la nuit par deux ou trois religieuses, et que l'église contient quatre chœurs séparés, où les habitantes de chaque classe assistent à un office, sans pouvoir communiquer entre elles, et sans être aperçues des personnes du dehors...

« Enfin après avoir visité les salles d'études espacées, les vastes dortoirs du pensionnat et de la préservation, dont la propreté est extrême, après avoir parcouru les immenses ateliers de travail, les dortoirs spacieux et aérés des pénitentes et de la communauté des madeleines, où règne un ordre parfait, après m'être promené dans ces jardins, ces enclos qui font de la maison un des couvents les plus étendus et les plus salubres de France, en un mot après avoir vu les diverses parties du célèbre Bon-Pasteur d'Angers, ma visite étant terminée, je sortis de ces lieux, témoins muets des sublimes travaux de trois cents religieuses qui ont consacré leur vie, leur existence tout entière, à la magnifique mission de relever de son avilissement, l'humanité dégradée. »

Ce qui distingue, entre autres mérites, la congrégation du Bon-Pasteur, c'est un grand air de famille, parmi les membres divers qui la composent ; c'est là qu'il est vrai de dire à la lettre : toutes les filles ressemblent à la Mère. Parmi les dons que Dieu s'était plu à répandre dans l'âme de la fondatrice, le plus remarquable peut-être, fut la vertu d'assimilation. Tout ce qui touchait cette femme supérieure, recevait une empreinte spéciale ; et quand une fois elle s'était emparée d'une âme, elle l'avait bientôt transfigurée et formée à l'image de la sienne. C'est dans le noviciat surtout qu'elle déployait tous les trésors de sa riche nature et de son ardeur apostolique. Un des prodiges de la foi chrétienne, c'est la maturité précoce que son activité développe dans la conscience de la jeunesse, c'est la prudence consommée que la lumière de la grâce établit dans ces tendres cœurs à qui le temps n'a pas encore donné l'expérience. C'était un spectacle touchant, disent les témoins, lorsque à la veille du départ pour une fondation lointaine, un groupe de jeunes et timides religieuses venaient s'agenouiller autour de leur Mère et recevaient avec sa bénédiction, cette parole apostolique qui devenait une prophétie : « Je n'ai ni or, ni argent, mais ce que j'ai, je vous le donne ; au nom du Bon-Pasteur, levez-vous et marchez. assurées que vous étendrez son empire ! » et ces jeunes messagères de la bonne parole se relevaient, et l'âme pénétrée de la foi de leur Mère, le cœur embrasé de sa charité, elles partaient pour étendre l'empire de Jésus-Christ parmi les infidèles.

Pour justifier cette confiance de la Supérieure et de ses chères déléguées, nous ne pouvons mieux faire que de mettre sous les yeux du lecteur le tableau des cent soixante-six fondations du Bon-Pasteur d'Angers. Il donnera d'abord une idée du merveilleux épanouissement de l'Œuvre salutaire ; ensuite, il servira de leçon de géographie, car bien savant celui qui connaît tous les noms que nous allons citer.

La liste cosmopolite commence par la désignation des trente-quatre maisons de France :

Angers; la fondation remonte au 31 juillet 1829 [1] ; *Poitiers*, 3 décembre 1833 ; *Grenoble*, 26 décembre 1833; *Saint-Hilaire-Saint-Florent*, 21 juillet 1835 ; *Nancy*, 30 novembre 1835 ; *Amiens*, 9 mars 1836 ; *Lille*, 15 septembre 1836 ; *Le Puy*, 1er janvier 1837; *Sens*, 15 mai 1837 ; *Reims*, 11 juin 1837 ; *Arles*, 25 septembre 1837 ; *Chambéry*, 12 janvier 1839 ; *Perpignan*, 25 janvier 1839 ; *Bourges*, 20 février 1839 ; *Nice*, 1er avril 1839 ; *Avignon*, 9 mai 1839 ; *Paris*, 1er janvier 1841 ; *Toulon*, 15 août 1841 ; *Lyon*, 29 juin 1842 ; *Dôle*, 18 décembre 1844 ; *Laon*, 25 avril 1845 ; *Saint-Omer*, 3 septembre 1845 ; *Moulins*, 28 août 1846 ; *Angoulême*, 28 octobre 1846 ; *Annonay*, 30 août 1850 ; *Arras*, 2 juillet 1852 ; *Nazareth*, près Angers, 20 décembre 1852 ; *Cholet*, 23 juin 1859 ; *Orléans*, 1er mai 1860 ; *Bastia*, 15 août 1860 ; *Écully*, près Lyon, 13 mars 1867 ; *Pau*, 11 août 1876 ; *Troyes*, 2 juillet 1879 ; *Cambrai*, 15 octobre 1880.

---

[1] Cette date est bien celle de la prise de possession, mais la vraie fondation ne date que du jour de l'installation de la R. Mère Sainte-Euphrasie.

Puis viennent, dans le tableau, deux villes que nous ne pouvons nous résigner à comprendre dans les fondations hors de France : Metz, 15 août 1834 ; Strasbourg, 15 mai 1837.

On observera que d'après cette liste si glorieuse pour le Bon-Pasteur d'Angers, vingt-six maisons ont été fondées en France sous la Monarchie de juillet, sept sous le second Empire, et trois seulement sous la troisième République. Ces différences n'ont pas besoin de commentaires.

Nous passons aux fondations en pays étranger. Naturellement, elles devaient commencer par :

3. — 4 juin 1838, *Rome* (Italie).
4. — 25 décembre 1839, *Mons* (Belgique).
5. — 25 mars 1840, *Londres* (Angleterre).
6. — 25 mai 1840, *Namur* (Belgique).
7. — 30 mai 1840, *Munich* (Bavière).
8. — 1er juillet 1840, *Rome* (Italie).
9. — 1er mai 1843, *Alger* (Algérie).
10. — 8 septembre 1843, *Louisville* (États-Unis).
11. — 1er novembre 1843, *Turin* (Italie).
12. — 25 mai 1844, *Montréal* (Canada).
13. — 20 octobre 1845, *Imola* (Italie).
14. — 6 janvier 1846, *Le Caire* (Égypte).
15. — 17 mars 1848, *Limerick* (Irlande).
16. — 29 septembre 1848, *Aix-la-Chapelle* (Prusse).
17. — 29 janvier 1849, *Saint-Louis* (États-Unis).
18. — 15 mai 1850, *Philadelphie* (États-Unis).
19. — 16 septembre 1850, *Munster* (Prusse).
20. — 13 mars 1851, *Glascow* (Écosse).
21. — 20 avril 1851, *Oran* (Algérie).
22. — 19 juin 1851, *Bristol* (Angleterre).
23. — 8 septembre 1853, *Neudordf*, près Vienne (Autriche).
24. — 1er janvier 1854, *Mayence* (grand duché de Hesse).

25. — 15 août 1854, *Bangalore* (Indes-Orientales).
26. — 16 août 1854, *Bologne* (Italie).
27. — 16 avril 1855, *Constantine* (Algérie).
28. — 28 mai 1855, *San-Felipe* (Chili).
29. — 11 novembre 1856, *Baumgartenberg* (Autriche).
30. — 5 février 1857, *Santiago* (Chili).
31. — 11 février 1857, *Modène* (Italie).
32. — 26 février 1857 *Cincinnati* (États-Unis).
33. — 25 mars 1857, *Gênes* (Italie).
34. — 15 août 1857, *Trèves* (Prusse).
35. — 22 septembre 1857, *New-York* (États-Unis).
36. — 28 novembre 1857, *Reggio* (Italie).
37. — 11 février 1858, *Charlottenbourg* (Prusse).
38. — 18 avril 1858, *Waterford* (Irlande).
39. — 18 avril 1858, *Liverpool* (Angleterre).
40. — 15 octobre 1858, *Malte* (Ile de Malte).
41. — 25 décembre 1858, *Gratz* (Autriche).
42. — 22 janvier 1859, *Forli* (Italie).
43. — 13 mars 1859, *Nouvelle-Orléans* (États-Unis).
44. — 20 mars 1859, *Chicago* (États-Unis).
45. — 19 novembre 1859, *Breslau* (Prusse).
46. — 20 janvier 1860, *Valparaiso* (Chili).
47. — 30 mars 1860, *Leiderdorp*, près Leyde (Hollande).
48. — 16 mai 1860, *New-Ross* (Irlande).
49. — 23 septembre 1860, *Capoue* (Italie).
50. — 28 avril 1861, *La Serena* (Chili).
51. — 15 juillet 1861, *Ettmansdorf* (Bavière).
52. — 25 avril 1862, *Viterbe* (Italie).
53. — 21 novembre 1862, *Cologne* (Prusse).
54. — 28 juillet 1863, *Faënza* (Italie).
55. — 9 mars 1863, *Cincinnati* (États-Unis).
56. — 8 avril 1863, *Monza* (Italie).
57. — 19 avril 1863, *Port-Saïd* (Égypte).
58. — 22 juillet 1863, *Melbourne* (Australie).
59. — 24 septembre 1863, *Talca* (Chili).
60. — 17 avril 1864, *Santiago* (Chili).
61. — 3 août 1864, *Finchley-Londres* (Angleterre).

62. — 6 août 1864, *Baltimore* (États-Unis).
63. — 10 décembre 1864, *Louvain* (Belgique).
64. — 8 mai 1865, *Columbus* (États-Unis).
65. — 31 mai 1865, *Suez* (Égypte).
66. — 31 juillet 1865, *Bellary* (Indes-Orientales).
67. — 8 février 1866, *Rangoon* (Birmanie).
68. — 1er mai 1866, *Newport* (États-Unis).
69. — 18 août 1866, *Louisville* (États-Unis).
70. — 3 février 1867, *Manchester* (Angleterre).
71. — 1er mai 1867, *Boston* (États-Unis).
72. — 30 mai 1867, *Vienne* (Autriche).
73. — 1er juin 1867, *Belfast* (Irlande).
74. — 15 septembre 1867, *Philadelphie* (États-Unis).
75. — 16 avril 1868, *Allstetten* (Suisse).
76. — 21 mai 1868, *Saint-Paul* (États-Unis).
77. — 8 mai 1868, *Brooklyn* (États-Unis).
78. — 17 novembre 1868, *Tertibut* (Belgique).
79. — 25 avril 1869, *Columbo* (Ile de Ceylan).
80. — 24 juillet 1869, *Cleveland* (États-Unis).
81. — 28 mars 1870, *Montréal* (Canada).
82. — 30 mars 1870, *Cork* (Irlande).
83. — 3 mai 1870, *Saint-Hubert* (Canada).
84. — 22 août 1871, *Quito* (Équateur).
85. — 11 décembre 1871, *Lima* (Pérou).
86. — 1er novembre 1872, *Cardiff* (Angleterre).
87. — 19 mars 1873, *Indianopolis* (États-Unis).
88. — 2 août 1873, *Schaerbeck* (Belgique).
89. — 24 mai 1875, *New-York* (États-Unis).
90. — 21 novembre 1875, *Memphis* (États-Unis).
91. — 2 mars 1876, *Montevideo* (Uruguay).
92. — 20 août 1876, *Almelo* (Hollande).
93. — 28 septembre 1876, *Messine* (Italie).
94. — 25 décembre 1877, *Milwaukee* (États-Unis).
95. — 10 mai 1878, *Palerme* (Italie).
96. — 14 septembre 1878, *Montréal* (Canada).
97. — 8 décembre 1878, *Mysore* (Indes-Orientales).
98. — 20 août 1879, *Harlem* (Hollande).
99. — 8 décembre 1879, *La Havane* (Ile de Cuba).

100. — 2 octobre 1880, *Barcelone* (Espagne).
101. — 8 février 1881, *Curieo* (Chili).
102. — 2 juillet 1881, *Porto* (Portugal).
103. — 15 octobre 1881, *Quillota* (Chili).
104. — 26 août 1882, *Naples* (Italie).
105. — 15 juin 1882, *Santiago*, calle del Manzano (Chili).
106. — 5 août 1883, *Santiago*, calle Santo-Domingo (Chili).
107. — 16 août 1883, *Washington* (États-Unis).
108. — 26 août 1883, *Normandy* (États-Unis).
109. — 30 septembre 1883, *Denver* (États-Unis).
110. — 23 novembre 1883, *Detroit* (États-Unis).
111. — 22 décembre 1883, *Oakleigh* (Australie).
112. — 7 mars 1884, *Los Anjeles* (Chili).
113. — 20 juin 1884, *Chillan* (Chili).
114. — 20 juin 1884, *Troy* (États-Unis).
115. — 24 avril 1885, *Cauquenes* (Chili).
116. — 24 avril 1885, *Conception* (Chili).
117. — 15 octobre 1885, *Buenos-Ayres* (République Argentine).
118. — 26 octobre 1885, *Portici* (Italie).
119. — 22 juillet 1886, *Norristown* (États-Unis).
120. — 22 juillet 1886, *Christchurch* (Nouvelle-Zélande, Océanie).
121. — 26 juillet 1886, *Mendoza* (République Argentine).
122. — 4 février 1887, *Lisbonne* (Portugal).
123. — 14 avril 1887, *Reinickendorf* (Prusse).
124. — 29 juin 1887, *Kansas City* (États-Unis).
125. — 1er décembre 1887, *Acireale* (Italie).
126. — février 1888, *Guaranda* (Équateur).
127. — 19 mars 1888, *Archidona* (Équateur).
128. — janvier 1888, *Albany* (États-Unis).
129. — octobre 1888, *Newcastle* (Angleterre).
130. — 3 novembre 1888, *Minneapolis* (États-Unis).
131. — 7 novembre 1888, *Mulhouse* (Alsace).
132. — 3 décembre 1888, *Coblentz* (Prusse).

Après ce défilé de villes conquises à la foi et à la charité, nous pourrions terminer là notre notice sur la sympathique congrégation. Toutefois nous nous permettrons d'ajouter deux réflexions que, peut-être, on aura faites avant nous. C'est d'abord sur le mouvement de propagation qui, loin de s'affaiblir, s'accentue graduellement[1]. S'il se ralentit en France, il s'accélère dans les pays qui jouissent d'une heureuse sécurité, notamment dans l'Angleterre, la Prusse, les États-Unis et le Chili. Il est vrai que les deux derniers États sont républicains, mais comme ils sont gouvernés d'une façon vraiment libérale et tolérante, la religion catholique y voit se répandre et prospérer ses bienfaisantes institutions.

On a dit et répété que la France ne sait pas coloniser : rien n'est plus injuste ; elle réussirait bien mieux qu'aucune autre nation si ses aptitudes étaient secondées par son gouvernement, s'il savait se servir des éléments incomparables que lui fournissent nos communautés religieuses à l'étranger.

Sans parler de nos missionnaires dont l'action contemporaine n'a jamais été plus puissante et plus salutaire, quel spectacle merveilleux et qui ne s'est jamais vu que cette croisade de plus de vingt mille religieuses de presque tous les ordres, qui, de nos jours, quittent le doux pays de France, pour aller braver tous les dangers, conquérir les âmes, sans autres armes que la tendresse de leurs cœurs, sans autres ressources que les subventions des fidèles et leur vœu de pauvreté. Si ces vaillantes femmes, réduites à elles-mêmes accomplissent de si grandes choses pour l'honneur de l'Église et la gloire de Dieu, que ne feraient-elles avec l'assistance de l'autorité, quand celle-ci ne leur accorderait que la gratuité sur les bâtiments de transport,

---

[1] En 1886, les diverses maisons du Bon-Pasteur contenaient 1,125 madeleines, 9,200 pénitentes et 12,400 enfants de toutes catégories.

qui servent aux récidivistes, et ne reçoivent plus les Sœurs de charité !

Dans une relation des évènements dont l'Égypte, fut le théâtre il y a six ans, nous avons dit avec quelle émotion nos Sœurs du Bon-Pasteur parlent des égards que leur témoignèrent les officiers de marine, l'amiral Conrad en tête, sur tous les bâtiments de l'État et de commerce où elles furent embarquées. Ces hommages font encore plus d'honneur à ceux qui les rendent qu'à celles qui les reçoivent. Les premiers s'acquittent ainsi d'un devoir de reconnaissance pour les services que les communautés sont heureuses de leur offrir dans tous les ports où ils font relâche. Nul d'entre eux ne nie la part considérable qui revient à nos missionnaires des deux sexes dans l'estime dont jouit le pavillon français, sur toutes les plages, même les plus lointaines.

Nous tenons de la bouche d'un officier supérieur de la marine, ce propos qui nous a été confirmé il y a peu d'années, par l'amiral de Cornulier-Lucinière : « Si l'Empereur, au lieu des guerres néfastes d'Italie et du Mexique, avait donné l'ordre d'armer cinq ou six frégates, dans le but spécial de transporter et de protéger nos missionnaires, le pavillon français jouirait aujourd'hui de la prépondérance sur tout l'univers, non seulement pour les intérêts religieux, mais encore au double point de vue du commerce et de la colonisation. »

Une heureuse circonstance nous a mis en rapport, il y a quelque temps, avec une Anglaise fort instruite, très distinguée, ayant beaucoup voyagé, et pour l'heure revenant des Indes. Avec la franchise ordinaire de sa nation, elle s'exprima, sur l'opinion de l'étranger à l'égard de notre pays, d'une façon sévère, mais dont il est difficile de contester la justesse.

« La principale cause de vos malheurs, disait-elle, vient de votre ingratitude envers la Providence ! Elle vous a comblé de faveurs ; vous habitez la contrée la plus agréable du monde, avec un climat si doux qu'il permet à presque toutes les plantes de s'y couvrir de fleurs et de fruits. De plus, votre caractère national étant sociable par excellence, vous gagnez facilement les sympathies des populations, au milieu desquelles le sort vous conduit. Malgré vos défauts qui sont grands, la vanité, la légèreté et l'esprit frondeur, nul autre peuple ne jouit de ces avantages, dont ne se soucient pas assez mes compatriotes qui passent fièrement à travers les peuples, sans faire la moindre concession de leurs usages, ni même de leurs préjugés.

« Enfin vous possédez une élite de personnes de dévouement, qui ont vos qualités sans vos défauts, et votre Gouvernement ne s'en sert point. J'ai rencontré dans un grand nombre de villes et même de petits ports de mer, des colonies de vos religieux et religieuses, soutenues seulement par les offrandes de vos associations catholiques ; la plupart d'entre elles périraient de misère si les sympathies locales ne venaient à leur secours. Partout on les aime et on les admire. J'ai visité particulièrement les maisons de votre Bon-Pasteur, en Égypte, au Bengale, dans l'île de Ceylan et en Australie. C'est en tout pays, les mêmes concerts d'éloges et de reconnaissance pour les religieuses et pour la France, si dignement représentée. L'opinion est si favorable à vos communautés que les fonctionnaires les plus élevés tiennent à honneur d'en être les interprètes, en dépit de la différence de religion : ainsi le gouverneur général des Indes, lord Canning, en présidant, quoique protestant, une distribution du magnifique collège des Jésuites, à Calcutta, félicita les élèves d'obéir à des maîtres si savants et si vertueux. A Singapour, l'évêque, votre compatriote, Mgr Gasnier, est l'aumônier rétribué des catholiques de la garnison Anglaise. Eh bien, tandis qu'en dehors de la France il n'y a qu'une voix pour reconnaître les services que vos missionnaires rendent à leur mère-patrie, en semant le bien partout sur leur passage, comment les récompense-t-on sur votre commun sol natal? »

Dans une séance du Sénat où le comte de Saint-Vallier, ancien ambassadeur à Constantinople, faisait l'éloge de l'admirable dévouement déployé par les religieuses françaises, durant la guerre turco-russe, en 1877-78, il terminait son discours par le loyal aveu du représentant de la Russie près la Sublime-Porte, le général Ignatief : « La France a en Orient un régiment qu'elle ne connaît pas ; si, comme elle, nous avions des missionnaires et des Sœurs pour les œuvres de charité et l'instruction de la jeunesse, il y a longtemps que l'Orient serait à nous ! »

« Puisse l'Orient être bientôt à Dieu, d'abord [1], et « que ce soit par la médiation de la France, qui « gagnerait ainsi une belle et désirable gloire que bien « des cœurs lui souhaitent... »

Or, dirons-nous à notre tour, qui a rempli tous ces cœurs de l'amour de la France ; qui les a éclairés et charmés par un prosélytisme bien plus puissant que la force des armes ou les habiletés de la diplomatie? Nous laissons à nos lecteurs le patriotique plaisir de la réponse.

---

[1] *Annales des filles de la Charité*. Lettre de la Sœur Renault. M. Léon Renault, sénateur, est son frère.

TABLE

	Pages.
Avant-propos................................	1
La Société maternelle.........................	4
Les Crèches..................................	21
Les Salles d'asile.............................	37
L'Adoption...................................	65
La Sainte-Enfance............................	71
Les Écoles chrétiennes........................	92
Les Écoles d'Orient...........................	122
Orphelinat de Pouillé.........................	149
— municipal................................	168
— de Saint-Vincent-de-Paul................	183
— de Notre-Dame-des-Anges...............	201
— de Nazareth.............................	208
— de Sainte-Marie-la-Forêt.................	217
Les Petits voyageurs..........................	222
La Maîtrise — La Psallette....................	241
Les Sourds-Muets.............................	247
Les Jeunes aveugles...........................	261
Le Patronage de Saint-Vincent-de-Paul........	274
Les Patronages paroissiaux....................	295
Notre-Dame des-Champs......................	298
Notre-Dame-de-Bon-Conseil...................	330
Les Ouvroirs..................................	336
Les Demoiselles de la Providence..............	342
Le Cercle militaire...........................	350
Les Enfants de Marie.........................	357
Le Bon-Pasteur...............................	376

ERRATUM

Page 109, ligne 14 :

Au lieu de : L'Orphelinat municipal établi à l'hôtel d'Ambray, dirigé par Mlle Béchet, assistée de plusieurs adjointes, ne compte que treize jeunes filles ;

Il faut lire : L'Orphelinat municipal établi à l'hôtel d'Ambray, dirigé par Mlle Béchet, pourra contenir, en 1889, vingt-cinq jeunes filles et coûtera à la ville 10,000 francs :

Traitement de Mlle Béchet	1,700 fr.
Cuisinière et jardinier	800
Bonne	400
Entretien de vingt-cinq enfants	7,000
Gaz	100
	10,000 fr.

L'Orphelinat des Sœurs de Saint-Vincent-de-Paul ne coûtait rien à la ville ; on voit ce que nous avons gagné à cette laïcisation.

ANGERS, IMPRIMERIE LACHÈSE ET DOLBEAU

www.ingramcontent.com/pod-product-compliance
Lightning Source LLC
Chambersburg PA
CBHW050920230426
43666CB00010B/2256